Texas

Eine Übersichtskarte von Texas mit den eingezeichneten Routenvorschlägen finden Sie in
der vorderen Umschlagklappe.

Horst Schmidt-Brümmer und Carina Sieler

Texas

VISTA POINT

Inhalt

ZENTRAL-TEXAS UND DIE GOLFKÜSTE

OST-TEXAS

WEST-TEXAS

TEXAS PANHANDLE

The Lone Star State
Willkommen in Texas

Stets hat der einsame Stern seinem Land heimgeleuchtet und ihm gute Dienste erwiesen. Seit den alten Tagen, als Texas noch unabhängige Republik war, ist er als Sinnbild allseits beliebt: auf den Helmen der Footballspieler, auf den flatternden Landesfahnen, auf den »Longneck«-Bierflaschen. Die Bilanz kann sich sehen lassen, denn wie ein Phönix ist Texas aus dem Staub des Wilden Westens zum Superstar des amerikanischen Sonnengürtels aufgestiegen. Wahre Trecks von Jobsuchern bewegten sich im letzten Jahrzehnt in seine Richtung. Im Schnitt zieht es täglich 1000 Menschen aus anderen Bundesstaaten nach Texas. Und das schon seit Jahren. So wie einst die Spanier dem Phantom der Sieben Städte aus Gold nachjagten, so kommen die neuen Schatzsucher in den *Sun Belt*, den amerikanischen Süden, um Anteil am Texas Miracle zu haben. Nicht mehr zu Pferde, sondern oft nur im Wohnwagen, um von einem Parkplatz aus eine neue Karriere zu starten. Sie kommen aus allen Bundesstaaten, aus Südostasien, Mailand, Mexiko und El Salvador, von überall. Keine staatliche Einkommenssteuer, geringe Lebenshaltungskosten, moderate Immobilienpreise, kaum politische Einmischung, wenig Neigung zu gewerkschaftlichen Ansprüchen oder kostspieligen Umweltauflagen halten die Wirtschaft ebenso in Schwung wie die angestammten Tugenden des Selfmademan, jenes amerikanischen Unternehmertyps, der in Texas noch in Reinkultur zu besichtigen ist. Leute wie die Ölmilliardäre Hunt oder der ehemalige US-Präsident Lyndon B. Johnson verkörpern mit ihren Bilderbuchkarrieren dieses Ideal, den amerikanischen Traum im Großformat.

Glanz und Geld werfen aber auch Schatten. Sie fallen in erster Linie auf die sozial Schwachen im Land, auf die ethnischen Minderheiten, die Hispanics, wie sich die Mexiko-Amerikaner nennen, deren Bevölkerungsanteil zur Zeit am schnellsten wächst, und auf die Schwarzen, die keine mehr sind, weil sie nun African Americans heißen. Die gesetzliche Wohlfahrtsbeihilfe liegt in Texas weit unter der nationalen Armutsgrenze. Nur Mississippi zahlt weniger. Nach wie vor setzt sich der unverhüllte Reichtum der Städte von der Not in den Ghettos und Barrios ab, aber auch von einigen Gegenden des ländlichen Texas, wo vieles an die Dürftigkeit des Alten Südens erinnert. Dennoch besteht trotz sozialpolitischer Spannungen kaum Zweifel an der wirtschaftlichen und gesamtgesellschaftlichen Widerstandsfähigkeit des Staates.

Dafür sitzen Agribusiness, Öl- und Gasgeschäft sowie Hightech-Industrien (z. B. Elektronikbranche, Biomedizin, Raumfahrt) zu fest im Sattel. So hat sich in der Finanzkrise und der sich anschließenden Rezession kein anderer Staat in den USA als wirtschaftlich so robust erwiesen wie Texas. Kein Wunder, dass Houston, Dallas und Austin laut Forbes die drei am schnellsten wachsenden Städte der USA sind. Nur der Ölpreissturz setzt Texas mittlerweile kräftig zu. Seit 2008 revolutionierte die vor allem in Texas forcierte Fracking-Technologie die Öl- und Gasförderung. Rund ein Drittel der amerikanischen Ölförderung kamen von hier. Das brachte Arbeit und Wohlstand vor allem nach Südtexas. Der Ölpreiseinbruch seit 2014 brachte den Fracking-Boom zum Stillstand mit gravierenden Folgen für Konjunktur und Arbeitsplätze in Texas. Wann die Talsohle erreicht ist, weiß keiner.

Anzeichen von Größenwahn? Ein bisschen schon, denn die Texaner lassen sich den Glauben an ihre Einmaligkeit nicht gern nehmen. Es war schon schlimm genug, als sie ihre Unabhängigkeit aufgaben und der Union beitraten. Das schmerzt so manchen heute noch. »Wir sind die einzige Nation, die jetzt ein Bundesstaat ist«, erklärt ein Patriot aus San Antonio. Ganz ernst meint er das natürlich nicht, aber ein wenig doch. Wie er neigen viele Texaner zu nostalgischen Trips in die glorreiche Vergangenheit. Dass aber Alaska in die USA aufgenommen wurde, das ärgert sie nun wirklich alle, denn plötzlich war Texas nicht mehr der größte Bundesstaat, sondern nur noch die Nummer zwei.

Dabei liebt dieses Land die Superlative. Die dicksten Steaks, die größte Ranch, die schönsten Girls, die höchsten Wolkenkratzer, das erfolgreichste Baseball-Team, die meisten Millionäre – alles und alle müssen möglichst *made in Texas* sein. *Think big* ist gefragt. Wer's mit zurückhaltendem *talking small* versucht, setzt sich dem Verdacht aus, ein Yankee zu sein, ist also unbeliebt. Das sind überhaupt alle, die nördlich des Red River geboren wurden. Diese Nordstaatler missfallen den Texanern durch ihre, wie sie finden, arrogante Art, ihr ständiges Gekrittele und unnötiges Getue. Auch

Cowboys als Zuschauer beim Bullenreiten

wegen ihrer gelegentlichen Heuchelei. »Wenn die hier sind, dann fallen sie über unsere Steaks und Drinks her. Aber hinterher reden sie abfällig über uns«, schimpft ein Barkeeper in Dallas nach der Abreise einer Beratergruppe aus Boston.

Umgekehrt muss man sich wegen des Imponiergehabes aber auch das eine oder andere sagen lassen. »If God meant for Texans to ski, he would have made bullshit white«, lautet so ein Spruch – fast ebenso unübersetzbar wie hämisch. Da die Texaner als Angeber in der Familie der Vereinigten Staaten gelten, halten viele Yankees sie für hemdsärmelige Haudegen und Machos, die alberne Hüte tragen und nicht mal gutes Englisch sprechen. Texaner, das sind halt die Rebellen und Südstaatler von gestern, die nichts dazugelernt haben.

In Europa klingt das kaum anders. Auch hier lächeln viele milde, wenn vom Lone Star State die Rede ist. Gern denkt man sich da seinen abendländischen Teil. Und liegt damit meistens schief. Sehr schief. Mitnichten nämlich ist Texas die grobschlächtige Hinterwelt verschwitzter Viehtreiber. So manche Ranch besitzt ihren eigenen Flug-

Tadao Andos Meisterwerk: The Modern Art Museum in Fort Worth

zeugpark samt Rollbahn. Computer statt Cowboys zählen die Rinder und zudem leben mehr als zwei Drittel aller Texaner längst in den großen Metropolen und träumen allenfalls noch romantisch vom Land. Dieses besteht auch nicht bloß aus platter Prärie mit und ohne Ölpumpen, sondern präsentiert eine faszinierende Vielfalt: zerklüftete Bergregionen und Canyons, magische Wüsten und duftende Nadelwälder, Bayous mit Entenflott und tropische Zitrusgärten. Von der fast tausend Kilometer langen Golfküste ganz zu schweigen.

Dallas Museum of Art

Man hält die Texaner für permanente Steakesser mit ausufernden Bierbäuchen – wahrscheinlich, weil man noch wenig gehört hat von den Leckerbissen einer inzwischen sehr verfeinerten Südwestküche, den Gerichten der Cajuns, den Raffinessen der Cross-over-Cuisine und dem wirklich respektablen texanischen Wein. Kaum einer stellt sich Texas – Herzzentrum hin, NASA her – nicht als kulturelle Hinterwelt vor. Dabei verfügen Dallas, Fort Worth und vor allem Houston über Top-Museen und Kunstsammlungen in zum Teil Aufsehen erregender Architektur, die den internationalen Vergleich nicht zu scheuen braucht. Sie haben eine Vielzahl prächtiger spanischer Missionskirchen, deren originale Bausubstanz (etwa im Vergleich zu Kalifornien) erheblich besser erhalten ist, progressive Country & Western-Musik (Austin!) und eine bedeutende Filmproduktion. Hinzu kommen die sehr lebendige hispanische Kultur mit ihrer englisch-spanischen Zweisprachigkeit und die frappierende Erbfolge deutscher Siedler in Orten wie Fredericksburg, Boerne oder New Braunfels, die mit bayerisch-deftiger Folklore die Herzen der Amerikaner höher schlagen lässt.

Früher schien das mit den Stereotypen und Abziehbildern von Texas besser zu klappen. Im 19. Jahrhundert pries Hoffmann von Fallersleben die texanischen Freiheiten und Karl Anton Postl, alias Charles Sealsfield, konnte mit seinem Roman »Das Kajütenbuch« auswanderungswilligen Deutschen den Mund nach Texas wässrig machen. Karl May gelang es immerhin, der Alten Welt den Llano Estacado einzuprägen, jenen Teil der Great Plains, der das nördliche Texas und den Panhandle einnimmt. Schließlich trug Hollywood mit Westernfilmen kräftig zu dem Texas-Bild in unserer Fantasie bei: einen Traumstaat aus Postkutschen, die in den Hinterhalt sausen, Indianern, die durch den Rio Grande schwimmen, und aus Heldenfiguren – mal Männer des Rechts wie Judge Roy Bean oder Wyatt Earp, mal solche jenseits davon wie John Wesley Hardin oder Billy the Kid.

In den 1980er Jahren lieferte »Dallas« ein Texas fürs Wohnzimmer. Ihm fehlte zwar der regionale Touch, weil die TV-Serie von Anfang an als ein Produkt konzipiert war, das schlichtweg synthetisch sein musste, um es weltweit vermarkten zu können. Immerhin aber brachte »Dallas« dem Lone Star State Sympathien. Vielleicht, weil ihm, aufs Ganze gesehen und trotz aller Gemeinheiten seitens J.R., das Monströse und Gewalttätige fehlte, das immer noch das Landes-Image mitprägt. Die Ermordung John F. Kennedys, der Kultfilm »Easy Rider« und der radikale Vollzug von Todesstrafenurteilen tragen dazu bei, dass sich daran bisher nichts geändert hat. Aber wenn Miss Ellie die Pferde streichelte, dann schien die Welt auch in Texas wieder in Ordnung.

Dallas – die schicke Metropole in der Prärie

Wie auch immer: Reisen ist oft das beste Mittel gegen Gemeinplätze, die über ferne Länder im Umlauf sind, auch und vielleicht erst recht bei einem so großen. Der Einstieg verläuft, wie dürfte es anders sein, über einen der großspurigsten Flughäfen der USA: **Dallas/Fort Worth International Airport**, die Gemeinschaftsanlage bringt es auf eine Fläche größer als Manhattan und auf rund 2000 Starts und Landungen täglich. Die Zwillingsstädte könnten nicht verschiedener ausfallen und sind deshalb ein seltsames Pärchen. Hier Dallas, die schicke Metropolis der Prärie, die gern New York sein will, und auf

Live Music Capital of the World: Austin

der anderen Seite Fort Worth, die *cowtown* mit ihren ruppigen *stockyards*, aber eben auch einem feinen Arts District. Kühe und Kunst – näher als hier können sie sich kaum kommen. Die eine Seite, Dallas, liegt am Ende des fruchtbaren Ost-Texas, bei ihrem Gegenüber fängt der Westen an. Der östliche Nachbar bleibt trotz seiner komplizierten Finanzwelt und eher puritanischen Gesinnung der Südstaatenmentalität verpflichtet, der Nachbar im Westen schlicht dem Cowboy-Image. Der eine trägt meist Schlips, der andere eher den Kragen offen.

Was spricht also dagegen, die Reise durch Texas in **Fort Worth** zu beginnen, um erst einmal das angenehme Grundgefühl zu spüren, Boden unter den Füßen zu haben: mit Stallgeruch in den Stockyards, durch Kunstgenuss, im urbanen Sundance Square, benannt nach dem Tunichtgut Sundance Kid, den wohlwollende Kritiker gern als den Robin Hood des Wilden Westens sehen? Er soll hier einmal sein Hauptquartier gehabt haben. Erst danach kommt **Dallas** an die Reihe, eine Stadt, die dem Besucher nicht gerade gleich um den Hals fällt, die aber durch eine Strategie gezielter Kostproben überraschende Qualitäten an den Tag legt.

Austin, die alternative und liberale Hauptstadt, kann sich immer noch auf ihre den Gang der Dinge deutlich beeinflussende Universität und eine einmalige Musikszene verlassen. Die selbst ernannte »Live Music Capital of the World« unterscheidet sich vom Big Business in Nashville, Tennessee, und Branson, Missouri, durch alternative Klänge und nachdenklichere Verse – nicht zuletzt geprägt von den Country-Originalen Waylon Jennings und der lebenden Legende des *King of outlaw music*, Willie Nelson. Bluegrass, Rock'n' Roll, Polka und Walzer, Blues und Honky-Tonk – alles und mehr gibt's in Austin zu hören.

Stockyards von Fort Worth, früher Rinderzucht-zentrum, heute Shoppingmeile

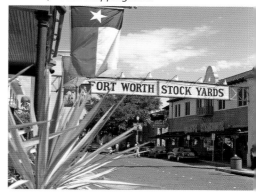

Rosettenfenster an der Mission San José in San Antonio

»Deep in the Heart of Texas«: So macht sich ein bekannter Song seinen Reim auf das gefällige Hügelland rund um Austin, das **Texas Hill Country**. Die natürlichen Reize seiner sanften Bergrücken und saftigen Weiden, die kühlen Creeks und Flüsse, Wiesen und Felder voller *blue bonnets* und zunehmend auch die lokalen Weingüter locken Jahr für Jahr massenhaft Naturfreunde und Ausflügler an. Aber auch Kulturgeschichte wird großgeschrieben, schließlich feierten Landes- und Gründervater Stephen Austin und seine Leute hier ihre Siedlungspremiere, dicht gefolgt von Deutschen, Wenden, Tschechen, Polen, Skandinaviern. Sie alle drückten dem Hill Country ihren Stempel auf, der diesen Landesteil noch heute von anderen Gegenden in Texas unterscheidet.

Was Camper, Autopilger oder Wandersleute, Teenies und Senioren mit den ersten warmen Sonnenstrahlen hierher lockt, ist neben Auslauf die hübsch herausgeputzte Kultur von damals. Hinzu kommen folkloristische *fests* und eine Küche, die bei budgetbewussten Touristen vor allem durch große Portionen Zufriedenheit schafft. Eins der pittoresken Städtchen heißt sogar Utopia. Na bitte! Ständig wechseln auf den kleinen Farmroads die Grünschattierungen, und manchmal ist es, als fahre man durch ein verkleinertes Siebengebirge, durchsetzt mit gepflegten Weiden und noch gründlicher gepflegten Rindern.

Flüsse, Wasserfälle, Höhlen und Seen zählen zu den erfrischenden Vorgaben, die hier das Erwachen heiterer Gefühle bei Ankunft auf dem texanischen Lande fördern. Die Seenkette nordwestlich von Austin – Lake Travis, Lake Marble Falls, Lake Buchanan – ebenso wie Lake Medina, Medina River und die Umgebung von **New Braunfels** machen klar: Wasser hat's reichlich – in der sengenden Sommerhitze dieses Landesteils eine gute Gabe Gottes!

San Antonio ist zweifellos die beliebteste Großstadt von Texas, jedenfalls die europäischste. Den zentralen Riverwalk darf man getrost als einen touristischen Geniestreich bezeichnen, von dem andere Stadtväter eigentlich träumen müssten, denn er bringt eine ganze Stadt auf einen schönen Filmstreifen – ohne störende Übergänge, Durststrecken und Lärm. Im Klartext: Der Riverwalk wirbt laufend für San Antonio, ohne dass dieses sich selbst überhaupt zeigen müsste!

Mit Superlativen, besonders auf architektonischem Feld, schmückt sich vor allem **Houston**. Um die Jahrhundertwende noch lieblich Magnolia City genannt, hat sich die Stadt zu einem petrochemischen Moloch entwickelt und gleichzeitig bestens davon profitiert. Drei Fakten brachten sie auf Touren: Galveston, der wirtschaftliche Mitbewerber im Süden, wurde 1900 durch einen Hurrikan und eine Springflut ausradiert; im benachbarten Beaumont wurde reichlich Öl entdeckt; und der Bau des Ship Channel machte Houston zum größten Umschlaghafen der USA, obwohl es 50 Meilen vom Golf entfernt liegt.

Lange Zeit konnte jeder bauen, was und wie er wollte *(no zoning)*, was viel Wildwuchs zur Folge hatte und Houston Los Angeles immer ähnlicher machte – durch einen *urban sprawl*, zusammengehalten durch ein Netz von Freeways. Diese heiße Phase ist vorbei und Houston erwachsener geworden. Geblieben ist das Wetter, das vor allem im Sommer nicht jedermanns Sache ist. So erteilt die Stadt jedem Besucher denn erst einmal eine wohltuende Lektion zum Thema Airconditioning, wenn man nach dem Schwitzbad im heißen Gelee des subtropischen Klimas (draußen) plötzlich in eine Tiefkühltruhe (drinnen) gerät, und umgekehrt.

Was wäre eine Reise durch Texas ohne die NASA, die Hightech-Version von Peterchens Mondfahrt? Also führt die Route zum **Space Center Houston** südlich der Stadt, dem Hauptquartier des amerikanischen Raumfahrtprogramms und der Bodenstation des recycelbaren Spaceshuttle, das 1962 gebaut wurde.

Das verträumte Inselstädtchen **Galveston** mit seiner stürmischen Geschichte bringt ein bisschen Ruhe in die Reise – wie überhaupt die Fahrt am Golf entlang zur erholsamen **Mustang Island**, der schmalen Insel, die schützend **Corpus Christi**, der Stadt mit dem

Koloss am Bayou: City Park und Houston Skyline

denkwürdigen Namen, vorgelagert ist. An Mustang Island schließt sich **Padre Island National Seashore** an, eine paradiesische Sandwildnis mit extrem ruhiger Gangart, weitgehend von der Zivilisation abgeschnitten und ökologisch noch völlig intakt. Nur wenige nehmen es recht zur Kenntnis: Immerhin knapp 1000 Kilometer lang ist die **Texas Riviera** zwischen Louisiana und Mexiko.

Wer ganz bis zum *southern tip of Texas* vordringen möchte, kann weiter nach Süden durchs struppige Brush Country über die berühmte **King Ranch** bis nach **South Padre Island** fahren. Auf der munteren Insel werden zwar die Meeresschildkröten geschützt, nicht aber ahnungslose Touristen, die im März während der sogenannten Spring Break auf mehr als 100 000 High-School- und College-Schüler treffen, die die Insel in eine wilde Partyzone verwandeln.

Wer sich in Galveston für die Osterweiterung der Route entscheidet, gerät in eine andere texanische Welt, denn ein Hauch vom Alten Süden weht durch die dortigen dichten Wälder und stillen Wasser. Die Baumwoll- und Plantagenkultur des Old South hat die Landesgrenzen nie so recht akzeptiert. Mal drängten Siedler ins texanische Waldland, mal rabiate Freibeuter, die *filibusters*, mal prächtige Antebellum-Villen, liebliche Magnolienbäume und Azaleen. Umgekehrt hat Louisiana texanische Importe erhalten. Bonnie und Clyde, das Gangsterpärchen, wurden 1934 von Texas Rangers in einen Hinterhalt gelockt und östlich von Shreveport beim Ambrose Mountain erschossen. Und heute geht es vor allem im Nordosten Louisianas eine Spur forscher zu als im behäbigeren Süden des Bayou-Staates. Auch landschaftlich sehen sich die beiden Seiten links und rechts vom grenzbildenden Sabine River ähnlich – die Mar-

Texas Riviera: Sonnenuntergang auf Padre Island

Texanischer Scherenschnitt: Cowboyfrühstück

schen am Golf, die feuchten Waldböden, die Bayous und Wasserzypressen, die die Ufer der Flussläufe und Seen drapieren.

Nach der anfangs erfolgreichen Baumwollproduktion besann sich der Osten auf die kommerzielle Ausbeutung des nächsten (und naheliegenden) Rohstoffs: seines immensen Baumbestands. Zwischen 1890 und 1940 ging es Millionen und Abermillionen Hektar Kiefern an den Kragen. Dann sprudelte das Öl, kurz vor der Wende zum 20. Jahrhundert zuerst in Corsicana, gleich danach – und wie ein Paukenschlag – aus der Megaquelle Spindletop bei Beaumont und schließlich (das große Finale in den 1930er Jahren) in Kilgore. Der kurze Streifzug durch den immergrünen (weil regenreichen) Osten führt von Galveston nach **Beaumont**, durchs urwaldähnliche Dickicht des **Big Thicket National Preserve**, ins Reservat der Alabama-Coushatta-Indianer, zum erfrischenden **Lake Livingston** und schließlich nach **The Woodlands**, einer Resortgemeinde mit Modellcharakter – durch ihre gelungene Mischung aus Naturnähe und komfortabler Service-Community.

Auf nach Westen: Das 2006 Kilometer lange Flussbett des **Rio Grande** zwischen Texas und Mexiko, von El Paso/Ciudad Juárez bis Brownsville/Matamoros, ist mit allen Wassern gewaschen. Von Anfang an war der Fluss *la frontera*, Grenzlinie, Durchgang und Kämpferzone. Lange wollten die Mexikaner ihn als Grenze nicht anHerkennen. Den Nueces River ja, aber nicht den Rio Grande. Das brachte Ärger, meist blutigen. Hier tobten die ersten Gefechte des Amerikanisch-Mexikanischen Kriegs, dann die des Bürgerkriegs mit seinen Baumwollblockaden. Es folgten Attacken der *bandidos* auf die Texas Rangers und umgekehrt. Hier kreuzten die Schnapsschmuggler, die *tequileros* und *rumrunners,* während der Prohibition und in jüngster Zeit folgten die Drogenschmuggler. Hier suchten die straffällig gewordenen Gringos Zuflucht am anderen Ufer und die zahllosen Mexikaner auf Jobsuche trieb es auf die Gegenseite. Der Rio Grande – wer ist durch ihn nicht schon geschwommen, geritten, gewatet oder gefahren!

Mehr als 20 Prozent aller Texaner sind mexikanischer Abstammung. Die weitaus meisten leben inzwischen in den Städten. In den Grenzorten am Rio Grande stellen die Mexiko-Amerikaner in der Regel die Mehrheit. Lange verdienten sie nur einen verschwindenden Teil der Löhne, die Anglos gezahlt werden, blieben oft lebenslänglich Analphabeten und verspielten damit jede Chance, weiterzukommen. Ein rigides Patronatsprinzip sorgte für klare Verhältnisse. Die sogenannten Patrons waren meist Sheriffs mit guten Beziehungen zum Öl- und Banken-Establishment, die bei ihren mexikanischen Arbeitern für die rechte Stimmabgabe bei Wahlen zu sorgen wussten. Notfalls mussten angeheuerte *pistoleros* nachhelfen. Erst die Bürgerrechtsbewegung der 1960er Jahre brachte Änderungen. Organisationen wie die *La Raza Unida*-Bewegung, öffentliche Proteste, Wählerinitiativen und Rechtshilfefonds führten zur Verbesserung der Lebens- und Arbeitsverhältnisse in Stadt und Land.

Von den Erfolgen, wie sie die gewerkschaftlich organisierten Landarbeiter in Kalifornien unter César E. Chávez errangen, blieben die mexikanischen Kollegen in Texas

Auf nach Westen

zwar weit entfernt, aber es gelang ihnen, zahlreiche Volksvertreter in die Schul- und Stadträte zu wählen. Die Einwandererströme aus dem Süden versorgen nach wie vor die texanischen Felder, Ranches und Kleiderfabriken mit ungelernten Arbeitern, die Restaurants, Hotels und privaten Haushalte mit Personal und Hilfskräften. Und sie füllen die Blutbanken im südlichen Grenzland.

Mexiko, auf der anderen Seite, freut sich über die Entlastung seines Arbeitsmarktes. Unter dem Druck des schwachen Pesos betreibt Mexiko die Politik verstärkter Grenzansiedlung, um sein Arbeitslosenproblem Texas näherzubringen und um die Landflucht in die eigenen Großstädte zu bremsen. Umgekehrt: US-Firmen siedeln gern knapp hinter der Grenze, weil hier die Löhne niedriger sind. *Maquiladora* heißen die Montagewerke, die sich zwischen Ciudad Juárez und Matamoros der billigen Arbeitskräfte bedienen.

Die natürliche Grenze entlang dem Rio Grande ist bis heute praktisch nicht zu sichern. Daran hat letztlich auch der 2006 vom US-Repräsentantenhaus beschlossene Secure Fence Act nichts geändert. Das umstrittene Projekt versuchte, die US-Grenze zu Mexiko durch einen massiven Grenzzaun bzw. Kameras, Hightech-Sensoren und Radaranlagen zu sichern, um den illegalen Grenzübertritt aus Mexiko zu erschweren. Wer nur einen Blick auf den Rio Grande wirft, erkennt sogleich, dass weiträumige

Flussauen, dichtes Gestrüpp und unwegsames Geröll ein geradezu perfektes Terrain für Versteckspiele der sogenannten *wetbacks* (weil sie vom Durchschwimmen des Rio Grande einen nassen Rücken bekommen hatten) bilden. »Es ist, als ob man mit einem kurzen Messer gegen den Degen Zorros kämpft«, beklagt ein US-Grenzer seine Ohnmacht gegenüber dem Zustrom heimlicher Einwanderer.

Trotz ausgeklügelter Überwachungslogistik sind die Border-Patrol-Leute letztlich machtlos. Wenn auch die Zahl illegaler Einwanderer rückläufig ist, der Run auf den Dollar setzt immer noch viele Menschen in Bewegung: Einzelne, die es auf eigene Faust versuchen, und Grüppchen, organisiert von *coyotes*, professionellen Menschenschmugglern, die Taktik und Terrain beherrschen. Allen verschärften Grenzkontrollen zum Trotz erreichen immer noch zahlreiche mexikanische Immigranten die USA bis in den hohen Norden, wo sie Sardinen verpacken, Unkraut jäten und auf Eierfarmen arbeiten.

Das soll sich ändern: Der neue US-Präsident Donald Trump hat gleich nach

Wildblumen im Big Bend

Amtsantritt im Januar 2017 ein Dekret unterzeichnet, wonach entlang der 3200 Kilometer langen Grenze eine unüberwindbare Mauer gebaut werden soll. Zumindest in Texas am Rio Grande ein nahezu unmögliches Unterfangen. Schließlich soll Mexiko auch die Kosten für das absurde Bauwerk tragen, z. B. über Strafzölle. Nicht nur die Natur entlang dem Rio Grande wird großen Schaden nehmen, sollte es dazu kommen, auch das freundschaftlich-partnerschaftliche Verhältnis zwischen beiden Staaten. Und ob es der US-Wirtschaft wirklich ohne die *low wage workforce* aus Mexiko besser gehen wird, das muss Donald Trump erst noch beweisen.

Die westliche Region des Lone Star State ist nicht nur geographisch, sondern auch kulturhistorisch aufs Engste mit dem Südwesten der USA verbunden. In **El Paso** stehen sich die Südzipfel der Rocky Mountains und die Nordzipfel der Sierra Madre gegenüber. Und Judge Roy Bean, der legendäre Friedensrichter, der jenseits des Rio Pecos einst für *law & order* sorgte, residierte in Langtry, also sogar noch östlicher als Big Bend, die »Große Biege« des Flusses. Das Wichtigste aber: West-Texas wartet mit einigen der schönsten Westernlandschaften der USA auf und mit einer, die noch kaum einer kennt.

Über **Del Rio** in Richtung Norden durchquert die West-Texas-Route das karge alte Land des Trans-Pecos-Gebiets, die einstmals letzte *frontier*. Hier ist es so trocken, dass meist sogar der Regen aufgibt und verdurstet, bevor er überhaupt die Erde erreicht. Dass in diesen wundersamen Weiten einer der schönsten Naturparks der USA liegt, wissen die wenigsten. Die meisten machen um den **Big Bend National Park**, die Krümmung des Rio Grande, einen großen Bogen. Verständlich, denn er liegt weitab vom Schuss. Big Bend: eine Art touristisches Rumpelstilzchen!

Nach der kleinen Kunstmetropole **Marfa** unterbrechen nur noch No-Name-Nester wie **Shafter** und **Van Horn** die Breitwandpanoramen des texanischen Westens, bis sich am Horizont das urzeitliche Riff der **Guadalupe Mountains** aus dem kargen Wüstenboden der Chihuahua-Wüste erhebt zur Reise in die Unterwelt, dem Abstieg in die Superhöhlen des **Carlsbad Caverns National Park** im südlichen New Mexico. Und eine weitere imposante Landschaftsform folgt auf dem Fuß, die schlohweiße Gipswüste **White Sands**. Über **Las Cruces** geht es zurück nach **El Paso**.

Der **Panhandle** ist die nördlichste der hier vorgestellten texanischen Reiseprovinzen. Ein Blick auf die Landkarte zeigt, woher der Name kommt. Die Kontur des Landzipfels ähnelt tatsächlich dem »Stiel«, der die »Riesenpfanne« des Lone Star State gut im Griff hat. Oder sind das weite flache Hochplateau, der endlose Pelz aus Grasland und die zerklüfteten Canyons doch nur eine Hinterwelt, in der es heftig windet und sich die Präriehunde gute Nacht sagen? Kaum, denn die südlichen Ausläufer der Great Plains besitzen durchaus ihre herben Reize. Einsam und endlos dehnen sich die Äcker und Weiden unter einem riesigen Cinemascope-Himmel. Berüchtigt sind *die blue northers*, heftige Stürme, die plötzlich lostoben, Temperaturstürze bescheren und ebenso rasch wieder abflauen. Kein Wunder, dass sich die ersten Siedler an die Baukunst der heimischen *prairie dogs*, der Erdhörnchen, hielten, die in Löchern siedeln. Die Neuankömmlinge machten es den drolligen Moppeln nach

Laster mit Longhorn: Route 66 bei Amarillo

– in Form von Erd- und Grubenhäusern, den sogenannten *dugouts*, um sich in diesem windigen Westen zu schützen. Der Wassermangel war groß. Lange kannten nur die Indianer und Büffel die wenigen Quellen und wussten sich deshalb im unendlichen Grasmeer zu bewegen und zu behaupten. Zur Orientierung rammte man Stöcke in den Boden, daher der Name: *Staked Plain* oder *Llano Estacado*.

Unsere Exkursion beschränkt sich auf **Amarillo** und Umgebung, das vorzügliche **Panhandle-Plains Historical Museum**, den **Palo Duro Canyon** und die ulkige **Cadillac Ranch**, Sinnbild amerikanischer Autokultur, ausgerechnet an einer Straße, die dafür wie keine andere steht: die **Route 66**.

Texanischer Cowboy

Routen und Routenplanung
Varianten zwischen zehn Tagen und vier Wochen

Trotz seiner Wundertüte voller touristischer Angebote ist Texas erst noch auf dem Weg, ein Reiseland zu werden, das sich Europäer gern einmal allein vornehmen und im Zusammenhang erschließen möchten.

Das hat vielerlei Gründe. Vom vermutlich wichtigsten war schon die Rede: Alte Klischees und Vorurteile von Texas haben sich zäh und die Neugier entsprechend gering gehalten. Anders als die pausenlos umworbenen Renner unter den US-Destinationen – Florida, Kalifornien, der

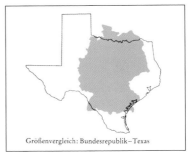

Größenvergleich: Bundesrepublik–Texas

Südwesten und, mit Einschränkungen, auch die Südstaaten – hat sich Texas auf den internationalen Reisemärkten noch nicht richtig durchsetzen können. Texas' Küste liegt weder am Pazifik noch am Atlantik, sondern am Golf von Mexiko; texanische Indianerkulturen blühen eher am Rande und im Verborgenen. Metropolen wie Dallas, Austin, Fort Worth oder Houston ziehen, was ihr Image angeht, gegenüber

Goin' Texan – so wie die Reiter in diesem nostalgischen Treck, der über den »Salt Grass Trail« alljährlich von Cat Springs nach Houston zur Livestock Show führt

New York, San Francisco, Washington, ja selbst Las Vegas den Kürzeren. San Antonio macht da eine gewisse Ausnahme, aber eine Stadt allein, von New York einmal abgesehen, motiviert noch zu keiner USA-Reise.

Nimmt man die simple Tatsache hinzu, dass der Lone Star State bereits durch seine physische Größe (1300 Kilometer Ost–West, 1500 Kilometer Nord–Süd) schlecht in die meist knapp bemessenen Urlaubszeiten passt, so wundert es nicht, dass Texas bisher allenfalls an seinen Rändern touristisch angeknabbert wurde, quasi als Zugabe auf jene Regionen, die, wie gesagt, traditionell in der Gunst der europäischen Reisenden liegen: von New Orleans und den Südstaaten aus in Richtung Houston und Golfküste, von Phoenix/Tucson/Albuquerque aus in Richtung El Paso und West-Texas und auf der Route 66 durch den Panhandle.

Texas, der »Lone Star State«

Die hier vorgeschlagenen Routen berücksichtigen zunächst das Terrain dieser Schnuppertouren, aber sie gehen weit darüber hinaus. Je nach individueller Präferenz und verfügbarer Zeit lassen sie sich so kombinieren, dass sie ein nahezu umfassendes Bild dieses Staates ergeben. Im Vergleich zu früheren Ausgaben enthält die Routenplanung nicht mehr die seinerzeit reizvollen Stippvisiten im benachbarten Mexiko, in den sogenannten *twin towns* Matamoros, Reynosa, Nuevo Laredo, Ciudad Acuña und Ciudad Juárez. Gutes mexikanisches Essen, Mariachi-Musik, folkloristische Souvenirs und Margaritas waren immer einen Ausflug nach Mexiko wert.

Heute gelten diese Abstecher in die mexikanischen Grenzstädte wegen des anhaltenden Drogenkriegs als gefährlich und das US State Department hat entsprechende Reisewarnungen ausgegeben. Auch wenn Touristen nicht das Ziel von Übergriffen sind, geraten sie doch immer wieder ungewollt in Auseinandersetzungen. Damit haben aus touristischer Sicht vor allem auch die südtexanischen Schwesterstädte Brownsville und Laredo deutlich an Anziehungskraft verloren und sind daher nicht mehr Teil der Routenplanung.

Zusammengenommen lassen sich die vorgeschlagenen Routen wohl in den seltensten Fällen als reine Autotour realisieren, sondern eher als eine Art Froschhüpfen nach Fly-Drive-Manier. Das ist gerade in Texas nichts Besonderes, denn die Texaner benutzen das Flugzeug in ihrem eigenen Staat so wie wir hierzulande Bahn oder Bus.

Für jedes Fly-Drive-Programm bietet **Southwest Airlines** (www.southwest.com) flexible Reisemöglichkeiten. Mehrfach täglich verbindet die Fluglinie die wichtigsten Städte: Amarillo, Austin, Corpus Christi, Dallas (Love Field), Houston (Hobby), Lubbock, Midland/Odessa, Rio Grande Valley (Harlingen) und San Antonio.

Kernroute: Zentral-Texas und Golfküste (10–15 Tage)

Nach der Ankunft am Airport Dallas/Fort Worth, dem wichtigsten Ankunftsflughafen von Transatlantikflügen, beginnt die Kernroute in Fort Worth, geht ans Ostende des Metroplex, nach Dallas, und quer durchs Zentrum von Texas in die musikalische Hauptstadt Austin, durch das in vieler Hinsicht überraschende Hill Country nach San Antonio, dann in den Osten nach Houston, von dort zum Golf nach Galveston und an der Küste entlang bis

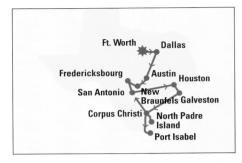

North Padre Island und Corpus Christi. Von hier bietet sich die Rückfahrt nach San Antonio an.

Alternativ kann man noch einen Tag für die King Ranch und South Padre Island einplanen und dann von dort über Dallas/Fort Worth wieder nach Hause fliegen. Vor allem wer in Austin und Mustang Island etwas länger bleiben möchte oder sich das reichhaltige Museumsangebot in Dallas, Fort Worth und Houston nicht entgehen lassen will, sollte ein paar Puffertage einplanen.

Route: Ost-Texas (2 Tage)

Ausgangspunkt ist Galveston, es folgen Beaumont, die Wälder von Big Thicket, das Reservat der Alabama-Coushatta-Indianer und der Lake Livingston. Übernachtungsstopps liegen in Beaumont und in The Woodlands weiter südlich.

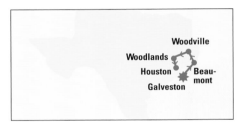

Route: West-Texas (7–10 Tage)

Die Erkundung des flächenmäßig üppigen Westens beginnt in San Antonio, führt an den Rio Grande und folgt ihm durch die Trans-Pecos-Region und über Marathon in den Big Bend National Park. Hier sollte man mindestens zwei, besser mehr Tage einplanen, wenn man die vielen Outdoorangebote nutzen möchte. Über die River Road geht es nach Presidio und in die winzige Kunstmetropole Marfa. Reisende, die die West-Texas-Route abkürzen wollen, verbringen danach noch

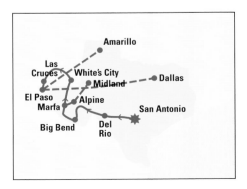

Texas lebt auf großem Fuß, natürlich auch beim Shopping

einen Tag rund um Alpine und fliegen von Midland via Dallas oder Houston zurück nach Hause. Wer mehr Zeit hat, setzt die Reise fort zu den gewaltigen Guadalupe Mountains und den kühlen Höhlen der Carlsbad Caverns. Schließlich geht es durch den Süden von New Mexico zum stillen Gips der Wüste von White Sands, und in El Paso endet die Route. Von dort kann man entweder nach Dallas/Fort Worth zurückfliegen oder nach Amarillo weiterreisen.

Route: Texas Panhandle (2 Tage)

Am besten startet man den Abstecher in den »Pfannenstiel« vom Flughafen in El Paso. Selbstverständlich geht das auch von Dallas/Fort Worth. Richtige Route-66-Fans werden Lust verspüren, von Amarillo ein Stück auf dieser legendären Route zu fahren, z. B. nach Osten und nach Oklahoma City – ein typischer und schöner Streckenabschnitt, der zahlreiche Highlights bereithält: die No-Name-Nester Shamrock und McLean, ein vorzügliches Route-66-Museum in Clinton und Oklahoma City, eine freundliche Midwesten-Stadt, die mit der Cowboy Hall of Fame ein erstklassiges Cowboymuseum bietet. Von Amarillo erfolgt der Rückflug nach Dallas/Fort Worth.

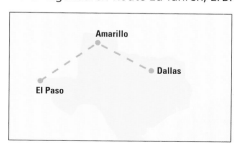

Rinder, Öl und Elektronik
Landeschronik

Was hierzulande der Neandertaler, das war in Nordamerika die »Midland Minnie« – eine Urtexanerin sozusagen, von der man 1953 auf der Scharbauer Ranch bei Midland Kopf und Knochen fand. Man nimmt an, dass sie zu den Plainsbewohnern zählte, die ihrerseits den nomadischen Jägern zugerechnet werden. Lebensumstände und -formen dieser prähistorischen Texaner sind aber noch weitgehend unbekannt.

Mehr weiß man über die sogenannten *West Texas Cave Dwellers*. Diese Höhlen-bewohner (ähnlich wie die *Basket Makers* in Arizona und New Mexico) hinterließen Felsbilder, Knochen und Gegenstände des täglichen Gebrauchs, die die Archäologen auf ihre Spur brachten. Sie führt in den State Historical Park von Seminole Canyon bei Comstock, wo es noch heute sehenswerte Zeichnungen dieser frühen Rock Art gibt.

Als die ersten Europäer in das Gebiet des heutigen Texas kamen, fanden sie im Wesentlichen vier Indianergruppen vor. Zunächst, in der Küstenregion des Golfs, die mit der See verbundenen Stämme der Attacapas und der Karankawas; südlich von San Antonio die der Coahuiltecans. Im Osten wohnten die friedlichen Caddo-Stämme in Dörfern aus Holzbauten und Tempelhügeln und bestellten ihr Land. Bei ihnen setzten die Franziskaner mit ihren ersten Bekehrungsversuchen an. Außerdem trafen sie auf nomadische Plains-Indianer, vertreten durch die Tonkawas in Zentral-Texas, die Apachen im Nordwesten und später, gegen 1700, die Comanchen und Kiowas. Schließlich begegneten sie den Umsiedlern der Pueblo-Stämme aus dem Norden, die weiter südlich am Rio Grande bei El Paso ihre Kultur etablierten, den Boden künstlich bewässerten und ihre Lehmbaukunst pflegten.

Indianer auf Büffeljagd: Stich nach einem Ölbild von George Catlin

Heute leben in Texas nur noch wenige Mitglieder dreier Indianerstämme. Es sind die Tiguas südlich von El Paso und die Alabama- und Coushatta-Indianer in den *Big Thicket*-Wäldern von Ost-Texas.

1519	Alonso Alvarez de Piñeda entdeckt auf der Fahrt von Florida nach Yucatán bei der Suche nach einem direkten Wasserweg nach Indien den Golf von Mexiko und die Mündung des Rio Grande. Er erklärt das Land zum Territorium Spaniens und zeichnet die erste Karte. (1513 war Florida entdeckt worden.) In den folgenden Jahren scheitert eine weitere Expedition am Widerstand der Indianer.
1528	In der Nähe von Galveston Island wird eine Gruppe von Schiffbrüchigen mit Cabeza de Vaca, einem spanischen Granden, an Land gespült. Sie erlangt die Achtung der dortigen Karankawa-Indianer durch die Fähigkeit, Krankheiten zu heilen. 1535 ziehen die angesehenen Medizinmänner weiter und erreichen nach langem Fußmarsch und unter großen Entbehrungen den Golf von Kalifornien. 1542 publiziert de Vaca in Spanien die erste Erzählung vom Landesinneren. Das Territorium heißt Neu-Spanien, denn Spanien sieht es als sein Eigentum an, obwohl es von Indianern besiedelt ist. Insgesamt 92 Expeditionen führen in der Folgezeit durch dieses Neu-Spanien: auf der Suche nach Land, Gold und Sklaven.
1541	Unter ihnen sind 1541 Francisco Vásquez de Coronado, der West-Texas erkundet, und Hernando de Soto, der mit seinem Trupp durch den Ostteil des Landes und Zentral-Texas zieht. Sie geben dem Land zahlreiche Namen, unter anderem »Amichel«, »New Philippines« und »Tejas«. Die Caddo-Indianer hatten den Spanier Luis de Moscoso mit dem Wort »Tayshas« oder »Teyas« empfangen, was soviel wie Freundschaft bedeutete. Daraufhin nennen die Spanier alle Indianer in Ost-Texas so. Später bezieht sich das Wort, das schließlich zu »Texas« wird, auf den gesamten Staat.
	Die Reiseberichte der prominenten Spanier Coronado und de Soto sind so entmutigend, dass erst einmal für eine Weile keine weiteren Versuche der Landerkundung unternommen werden. 50 Jahre lang kommen keine neuen Entdecker mehr. Niemand scheint Neigung zu verspüren, das flache Küstenland oder das ruppige West-Texas in Besitz zu nehmen. Im Übrigen findet man die Indianer sehr unfreundlich und kriegerisch. Gold und Silber sind nicht in Sicht.
1660	Immer mehr Indianer verschaffen sich Pferde, die die Spanier importiert hatten, und erhöhen so ihre Mobilität beträchtlich.
1680	Tigua-Indianer gründen das Dorf Ysleta del Sur bei El Paso. Sie wurden zusammen mit den Spaniern durch den Pueblo-Aufstand am oberen Rio Grande (aus dem Isleta Pueblo südlich von Albuquerque) vertrieben. Ein Jahr später entsteht hier eine spanische Mission.
1685	Ein Schiff der Flotte von Sieur de La Salle strandet in der Matagorda Bay. Sofort beanspruchen die Franzosen den Rio Grande als Westgrenze des Louisiana Territory und bauen das Fort St. Louis am Garcitas Creek. Aber Pech und Indianer bereiten der allzu nonchalanten Art der französischen Kolonialpolitik ein rasches Ende.

1690 Auch die Spanier setzen den Franzosen zu, denn die Fort-Gründung spornt sie ihrerseits zu neuen Kolonialmaßnahmen an, unter anderem zum Bau neuer Missionskirchen. Spanien ist wieder Herr im Hause.

1700 Dennoch, die spanischen Missionen im Osten müssen bald wieder aufgegeben werden. Stattdessen betreibt man beschleunigt den Aufbau neuer Kirchen im zentralen Süden des Landes, rund um Goliad und San Antonio (1718). Bis ins 19. Jahrhundert hinein bleiben sie die einzig nennenswerten Siedlungen im ganzen Land.

1719 Die Querelen zwischen Frankreich und Spanien enden vorerst, Texas wird wieder spanisch. Die Spanier leben in Grandenmanier im wilden Land, dessen Bedingungen sie sich nicht anzupassen verstehen. Ihre Bemühungen zielen mehr auf die Pflege feiner Tischsitten bei Festmählern als auf die Bebauung des Landes oder die Rinderzucht. Das gilt nicht für die Missionen, die als straff von Mönchen durchorganisierte Kleinzellen funktionieren.

1800 Die Alabama- und Coushatta-Indianer ziehen von Louisiana nach Texas, als sie erfahren, dass Louisiana an die USA verkauft werden soll, was tatsächlich 1803 mit dem sogenannten Louisiana Purchase auch geschieht.

1810 Die Herrschaft Spaniens in der neuen Welt gerät langsam aber sicher ins Wanken. Die mexikanische Revolte seit dem legendären 16. September unter Pater Miguel Hidalgo springt auf Texas über. Obwohl sie niedergeschlagen wird, folgen unruhige Jahre. Texas, das keine natürlichen Grenzen im Osten hat, zieht mehr und mehr Abenteurer, Freibeuter und Banditen an. Immer wieder müssen die spanischen Soldaten Abwehrkämpfe gegen illegale Einbrüche in ihre Provinz bestehen.

Auch angloamerikanische Siedler drängen in das als reich und begehrenswert beschriebene, unbewohnte Land. Und obwohl die US-Regierung 1819 in einem Vertrag mit Spanien formal alle Besitzrechte fallen lässt, stoßen weiterhin bewaffnete Gruppen nach Texas vor. 1813 nehmen sie sogar einmal kurz San Antonio ein.

1821 In diesem Jahr, in dem Mexiko seine Unabhängigkeit von Spanien durchsetzt, beginnt die moderne Geschichte von Texas. Es wird zusammen mit Coahuila Mexikanische Republik. Um das riesige Territorium unter Kontrolle zu bringen, vergibt die junge Nation forsch Land an jeden, der sich dort niederlassen und es bebauen will. Mit der Zustimmung Mexikos übernimmt Stephen F. Austin die Ansiedlung von 7000 Angloamerikanern rund um die 1823 von ihm gegründete Metropole der Kolonie, San Felipe de Austin. Damit führt er das Werk seines Vaters fort, der bereits 1820 von der spanischen Regierung die Erlaubnis erhalten hatte, 300 Familien in Texas einwandern zu lassen. Das Leben für die Siedlerfamilien ist mittelalterlich hart, ohne jeglichen Luxus der westlichen Zivilisation. In einer zeitgenössischen Quelle heißt es: »Texas ist für Männer und Hunde der Himmel – aber die Hölle für Frauen und Ochsen.«

Austin legt Wert auf die Integrität seiner Siedler, doch er kann nicht verhindern, dass immer mehr *G.T.T.'s (Gone to Texas)* nach Texas stürmen – kriminelle Elemente, auf der Flucht vor Strafverfolgung. Kolonialagenten, sogenannte *empresarios*, treten auf den Plan und steigern die Zuwanderungsquoten. Die Siedler bauen hauptsächlich Baumwolle an und leben von der Arbeit der Sklaven, die sie aus den Regionen des Alten Südens mitbringen. Ihre Mentalität unterscheidet sich beträchtlich von der der Lateinamerikaner. Die unabhängigen, beharrlichen Individualisten stehen den der Tradition eng verhafteten und römisch-katholischen Spaniern verständnislos gegenüber – und umgekehrt.

1825 Die USA versuchen, das Land östlich des Rio Grande für eine Million Dollar zu kaufen.

1828 Die Kolonisten rebellieren jetzt offen gegen Mexiko, es kommt zum Fredonian War, aber der bringt nichts ein.

1830 Mexiko sieht sich immer mehr durch den großen US-Nachbarn und die wachsende Zahl seiner Siedler bedroht. Deshalb wird am 6. April eine Verordnung erlassen, die die Registrierung weiterer US-Emigranten vorschreibt. Texas soll von nun an im Wesentlichen nur noch von Mexikanern besiedelt werden. Doch obwohl mexikanische Soldaten in Texas stationiert werden, können die Kontrollen den Zuzug aus dem Norden nicht bremsen. Das Verhältnis der angloamerikanischen Siedler zu den mexikanischen beträgt 4:1. Und auf beiden Seiten wachsen die bösen Gefühle. Zusätzlichen Zündstoff liefern die Versuche Mexikos, die Sklaverei zu begrenzen, und nicht zuletzt die Tatsache, dass die Militärdiktatur von Santa Ana die mexikanische Verfassung von 1824 ständig missachtet. Schließlich formen die Kolonisten eine »Kriegspartei« – zum Unwillen Mexikos.

1831 Friedrich Ernst, ehemaliger Gärtner und Verwalter in feudalen deutschen Diensten, erwirbt Land in Austin County und ermuntert seine Freunde in Westfalen und Niedersachsen zur Emigration. Zahlreiche Familien wandern daraufhin nach Texas aus, darunter auch die Klebergs und die von Roeders. Sie siedeln 1843 in Cat Springs, westlich von Houston. Friedrich Ernst selbst gründet 1838 die Siedlung Industry.

1833 Stephen F. Austin reist mit einer Bittschrift nach Mexiko, in der er für seine Siedler die amerikanischen Bürgerrechte fordert. Daraufhin wird er für fast zwei Jahre ins Gefängnis geworfen, das er erst 1835 als kranker Mann verlässt. Seine folgende Rede zeigt Wirkung: »Texas braucht Frieden und eine lokale Regierung. Seine Bewohner sind Farmer. Sie brauchen ein ruhiges und friedliches Leben. Aber wie kann jemand unparteiisch bleiben, wenn unsere Rechte, unser Alles, in Gefahr sind?« Aufruhr breitet sich aus. Der Diktator Santa Ana schickt Truppen.

1835–36 Beginn der texanischen Revolution. Am 9. Oktober 1835 nehmen 50 freiwillige Texaner Fort Goliad ein. Austin wird Kommandeur der neuen texanischen Armee, die zwei Tage später mit 700 Mann nach San Antonio marschiert, es belagert und am 9. Dezember einnimmt. Für die Texaner ist damit der Krieg mit Mexiko beendet. Doch Santa Ana zieht eine riesige Armee zusammen, erobert Goliad zurück und erreicht am 23. Februar 1836 San Antonio. Die texanischen Soldaten mit den später zu Volkshelden stilisierten Travis, Jim Bowie und David Crockett sind der Überzeugung, dass das dortige Fort, die sogenannte Alamo, gehalten werden müsse, um die Mexikaner daran zu hindern, weiter ins Landesinnere vorzudringen.

Gral von Texas: The Alamo in San Antonio

Doch heftige politische Kontroversen verhindern eine rechte Übersicht und Organisation der unterschiedlichen militärischen Vorgänge.

So kommt es, dass die knapp 200 Verteidiger der Alamo keinen Nachschub bekommen und einem Heer von 6000 Mexikanern gegenüberstehen. Nach zermürbenden Gefechten folgt schließlich der letzte Angriff am 6. März 1836, der die erschöpften Texaner im Schlaf überrascht. Kein männlicher Verteidiger der Alamo überlebt, nur 15 schutzsuchende Frauen, Kinder und Sklaven. Das Opfer dieser 188 Männer macht die Alamo seither zur Pilgerstätte texanischer Patrioten. Schon vier Tage vor der Schlacht in der Alamo, am 2. März, erklärte Texas seine Unabhängigkeit in Washington am Brazos River. Am 21. April kommt es zur Entscheidungsschlacht der mexikanischen Armee unter Santa Ana und der texanischen unter Sam Houston – dort, wo sich Buffalo Bayou und San Jacinto River treffen. Während der Siesta überraschen die Texaner ihre Feinde mit dem Schlachtruf: »Remember the Alamo! Remember Goliad!« und entscheiden die Schlacht von San Jacinto nach nur wenigen Minuten für sich.

1836–46 Die *Lone Star*-Zeit. Zehn Jahre lang dauert die Außenposten-Demokratie von Texas als unabhängige Nation. Sam Houston wird erster Präsident der Republik Texas. Sein Ziel ist der Anschluss an die USA. Doch bis dahin muss das Land erst einmal im Alleingang harte Jahre überstehen. Der Krieg hat einen hohen Preis gefordert, ständige Einfälle der Mexikaner auf texanisches Gebiet ebenso wie Überfälle der Indianer kommen hinzu. Austin hatte bereits 1835 eine Gegenkampftruppe entwickelt: die Texas Rangers – ursprünglich zehn berittene Männer, die das Land der Siedler durchstreifen, um sie vor möglichen Gefahren zu schützen: vor Viehdieben, Banditen und Alkoholschmugglern. Eine Konsequenz aus der Arbeit jener Männer, die »wie Mexikaner reiten und wie Tennesseeans schießen« konnten, ist, dass die Stämme der Karankawas und der Attakapas schließlich 1844 flohen – einige nach Mexiko, andere auf die Insel Padre Island.

1839 Sam Houston ist um faire Verträge mit den Indianern bemüht, aber er kann seine eigenen Leute davon nicht überzeugen. Als sein Nachfolger, Mirabeau Lamar, Präsident der Republik wird, sind die Versöhnungsmöglichkeiten endgültig dahin. Unter dem Vorwand, die Cherokees würden mit den Mexikanern gemeinsame Sache machen, lässt er die Indianer durch Truppen aus dem Land jagen. Da sie sich wehren, kommt es zum Cherokee-Krieg, den die Indianer verlieren. Anderen Stämmen, die sich mit den Angloamerikanern anzufreunden versuchen, ergeht es genauso.

1841 Unter dem Pseudonym Charles Sealsfield veröffentlicht Karl Anton Postl den populären Reiseroman »Das Kajütenbuch«. Die Handlung spielt in Texas und das Werk beeinflusst in der Folgezeit potenzielle Auswanderer erheblich. Weitere Reisebücher folgen, Romane, regelrechte Reiseführer, aber auch Gedichte und Lieder über Texas. Hoffmann von Fallersleben zum Beispiel schreibt ein Gedicht über die Schlacht von San Jacinto und Abschiedslyrik für Auswanderer wie »Der Stern von Texas«. Viele Schriftsteller und Intellektuelle der Generation der sogenannten Jungdeutschen um 1840 begeistern sich für die Neue Welt. Büchner, Heine oder Börne sind überzeugt, dass man Deutschland den Rücken kehren sollte.

1842 In Bieberich bei Mainz tritt der sogenannte Adelsverein zusammen. Carl, Prinz zu Solms-Braunfels, übernimmt den Vorsitz. Aufgabe: Organisation und Schutz der deutschen Aussiedler in Texas. Im Einvernehmen mit der texanischen Regierung beginnt die Übersiedlung der ersten großen Kolonistenschar von 600 Familien. Die Segelschiffe brauchen zwölf Wochen bis nach Galveston. (Bei Führungen durch das Solmser Schloss Braunfels ver-

Die Grenzen der Republik Texas von 1844

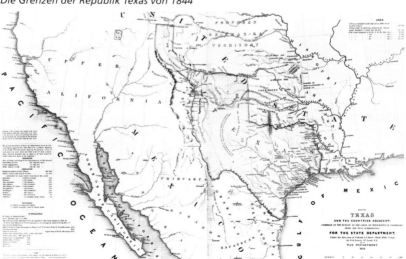

29

Mission de Nuestra Señora de Guadalupe, Ciudad Juárez, Chihuahua, Mexiko (El Paso) um 1850

weist der Fremdenführer noch heute auf den »Texas Carl«, wenn er seine Gruppe am Bild des weltläufigen Prinzen vorbeilotst.)

1843 Sam Houston, zum zweiten Mal Präsident der Republik, versucht in Einzelverträgen, das erschütterte Vertrauen der Indianerstämme zurückzugewinnen. Einer seiner Unterhändler ist Jim Shaw, Delaware-Indianer, Scout, Übersetzer und Diplomat, der später (1847) dem deutschen Unterhändler von Meusebach bei dessen Friedensvertrag mit den Comanchen helfen wird. Ähnliche Vermittlungsdienste leistet 1850 Jesse Chisholm, Halb-Cherokee, bei den Comanchen und Kiowas.

Die junge Republik hat ihre Probleme mit der schwankenden Währung, internen Streitigkeiten und Löchern in der Staatskasse. Die Forderung Englands nach größeren Baumwoll-Lieferungen bestärkt die US-Regierung in ihrem Entschluss, Texas zu annektieren.

1845 Texas wird 28. Staat der USA und J.P. Henderson erster Gouverneur. Die stolze *Lone Star*-Flagge rückt nun hinter das Streifen- und Sternenbanner der USA auf Platz zwei. Der letzte texanische Präsident fasst das in die Worte: »The Republic of Texas is no more.«

1846 Mexiko sieht die Annexion als Kriegserklärung der USA an. Der Amerikanisch-Mexikanische Krieg beginnt. Die erste Schlacht wird bei Brownsville ausgefochten. Baron Ottfried Hans von Meusebach, zweiter Vorsitzender des Adelsvereins und Preuße, gründet Fredericksburg, während mit der »Galveston Zeitung« die erste deutsche Zeitung in Texas erscheint.

1848 Mit dem Vertrag von Guadalupe Hidalgo endet der Amerikanisch-Mexikanische Krieg. Die USA bekommen von Mexiko das Territorium zwischen Rio Grande und Nueces River; der Rio Grande wird endgültig Staatsgrenze. Texas erhält seinen Anspruch auf Gebiete nordöstlich des Rio Grande aufrecht. Ein Kompromiss regelt das so: Für zehn Millionen Dollar verzichtet Texas auf weitere Gebietsansprüche im heutigen New Mexico und Co-

lorado. Bis heute haben viele Texaner diese Schmälerung nicht verwunden. Andererseits freuen sich so manche New Mexicans heute, keine Texaner zu sein.
Die Flüchtlinge der 1848er Revolution in Deutschland kommen nach Texas. Ein Jahr darauf gründen Freidenker und Intellektuelle eine Farmkommune mit dem Namen Tusculum, das spätere Boerne.

1850 In Texas leben jetzt rund 200000 Einwohner. Rund 20 Forts sollen die Siedler vor Übergriffen der Indianer schützen. Die Caddo-Stämme fliehen aus Texas, die der Tonkawas werden einem Reservat zugewiesen. – Rund 20 Prozent beträgt inzwischen der deutsche Anteil unter den weißen Siedlern. Sie ziehen zunehmend aus den Städten aufs Land und engagieren sich in Farmen und Ranchbetrieben.

1853 Erstes deutsches Sängerfest in New Braunfels; Ferdinand Lindheimer gibt die »Neu-Braunfelser Zeitung« heraus. Die »San Antonio Zeitung« erregt Unmut, weil sie Position gegen die Sklavenhaltung bezieht. Dampfschiffskapitän Richard King kauft einen riesigen Batzen Land im südlichen Texas und beginnt mit der Zucht von Longhorn-Rindern. Die King Ranch wird einmal die größte in Nordamerika werden.

1854 Noch eine sozialistische Kommune entsteht in Nord-Texas: La Réunion, von französischen Siedlern unter Berufung auf die Philosophie Fouriers ins Leben gerufen. Weitere europäische Auswanderer treffen ein, aus Norwegen, Polen und der Schweiz. Zahlreiche Klubs zur Pflege von Kultur und Gesellschaft werden von den deutschen Siedlern ins Leben gerufen: ein deutsch-texanischer Sängerbund, eine literarische Gesellschaft mit dem poetischen Namen »Prärieblume«, der Kasinoclub und der Männerchor in San Antonio und zahlreiche Turnvereine.

Abenteuerreisen: Überquerung des Pecos River (Stich von 1851)

1857 Die erste Postkutsche fährt von San Antonio nach San Diego, Kalifornien. Die Zeit zwischen der Annexion und dem Beginn des Bürgerkriegs bringt Texas einen geradezu explosionsartigen Bevölkerungszuwachs. Überall wird Land zur Besiedlung angeboten, immer mehr Städte erscheinen auf der Landkarte, Schulen und Straßen werden gebaut, und eine gewisse soziale und sicherheitspolitische Ordnung macht sich breit. Die meisten Siedler kommen aus den Südstaaten, samt Baumwollkultur und Sklaven. Die westliche Region des Staates wird nur schleppend besiedelt, obwohl sie durch eine Reihe von Forts gegen den indianischen Widerstand gesichert wird.

1861 In den späten 50er Jahren des 19. Jahrhunderts erreicht die Sklavenfrage auch Texas. Schnell gewinnen extreme Pro-Sklavenvertreter und Befürworter der Sezession die Oberhand, während Sam Houston, schon zweimal Präsident der Republik und 1846–59 US-Senator, gegen die Sklavenhaltung und für die Union votiert. Zu seinem Schaden. Nachdem er 1859 zum Gouverneur gewählt worden war, wird er abgesetzt und ins Exil geschickt. Präsident Lincoln bietet ihm Truppen zur Unterstützung an, doch Houston lehnt ab. Die Texaner sagen sich von der Union los und schließen sich der Konföderation an.

1862 Als sich einige Deutsche für die Ziele der Union einsetzen und sich bewaffnen, geraten sie in einen Hinterhalt der Konföderierten. Die sogenannte Schlacht von Nueces beendet die kurze Tradition des liberal-radikalen Zweigs der Deutschen in Texas.

1863 Die siegreichen Schlachten von Galveston und Sabine Pass verhindern zwar eine Invasion der Unionisten über den Seeweg nach Texas, aber

Bürgerkrieg: Die kleinen Baumwollschiffe (die mit den Doppelschornsteinen) der Konföderierten zerstören gerade (1863) die Unionsflotte vor Galveston

nicht, dass die Union die Häfen schließt. Texas versorgt sich und andere Konföderierte mit Waren aus Europa, die über Mexiko eingeführt werden, sowie mit eigenen Vorräten und Erzeugnissen. Wer sich den Idealen der Konföderation widersetzt – Unionstreue im Norden des Landes und die deutschen *Counties* in Zentral-Texas –, wird unter Druck gesetzt, muss fliehen oder wird aufgehängt.

Büffeljagd in Taylor County, in der Nähe von Buffalo Gap (1874)

1865 Ende des Sezessionskriegs. General Granger landet in Galveston und erklärt alle Sklaven für frei. Rassenkonflikte breiten sich aus, und der Ku-Klux-Klan gewinnt an Boden.

1865–69 Während der Ära der Reconstruction steht Texas unter einer Militärregierung: Gleiche Rechte für Schwarze und Weiße sollen eingeführt werden.

1866 Der erste Viehtreck nach Kansas leitet zahlreiche Herden-Trails ein.

1868 In der Nähe von Texarkana wird Scott Joplin geboren, der Begründer des klassischen Ragtime. Seine berühmteste Komposition: »Maple Leaf Rag«.

1870 Texas ist wieder Staat der Union. Rund 820 000 Menschen leben jetzt hier. John B. Stetson, Hutmacher in Philadelphia, produziert jene Hüte, die von nun an zur Standardkopfbedeckung der Texaner werden.

1872 Ernst Hermann Altgelt baut sich ein Haus im King William District von San Antonio und legt damit den Grundstein dieses vornehmen Wohnviertels der deutschen Oberschicht. – Die Reconstruction dauert bis 1877. Die riesigen Longhorn-Herden erweisen sich als Retter des verarmten Staates nach dem Bürgerkrieg.

Zusammen mit anderen Rindern werden sie in Millionenzahl auf die großen Trails zu den Fleischtöpfen des Nordens getrieben.

Deutsche Blaskapellen sind noch heute in Texas beliebt. Das Foto zeigt die Loescher Band in Cat Springs um 1890

Deutsche in Texas (1892): Gartenfest bei Anton Wulff auf der King William Street in San Antonio

1875   Die Indianer, immer weiter nach Westen gedrängt, sind so gut wie vernichtet. Die Überlebenden (z. B. die Comanchen) werden in Reservate nördlich des Red River eingewiesen.

1879   Die Zeit des offenen Landes, der *open range*, ist passé. Der Stacheldraht sorgt dafür. Die Siedler umzäunen damit ihre Felder oder pferchen ihre Schafe ein. Die Auseinandersetzungen zwischen Ranchern und Farmern gipfeln im sogenannten *fence cutting war*. Erst zerschneiden die Rinderbarone die Zäune der neuen Siedler, der *homesteaders,* dann tun es ihnen die Rancher nach und umzäunen einfach alles – ihr eigenes Land, öffentliches Land, Wasserlöcher, alles. Dagegen wehren sich wiederum andere und schneiden die Drähte nachts wieder durch. Seit 1884 verbietet ein Gesetz, Zäune zu durchschneiden.

     In die 1880er Jahre fällt eine kurze Periode der Reformen, die auf Gleichstellung der Schwarzen abzielt, aber schon am Ende des Jahrhunderts will davon keiner mehr etwas wissen: Die Rassentrennung ist praktisch installiert.

1883   Die Universität von Texas nimmt ihren Lehrbetrieb auf, und die Eisenbahn beschert wirtschaftliche Fortschritte. Dennoch kehren die alten wilden Zeiten wieder. Banditen, Viehdiebe und Pistoleros machen die Gegend unsicher, und ständig gibt es Ärger an den Grenzen. Die Texas Rangers haben Hochkonjunktur. Das erste Rodeo findet in Pecos statt.

1885   In Waco erfindet ein experimentierfreudiger Drogist die bis heute beliebte süße Dr. Pepper-Limonade. Ab 1923 wird sie bundesweit vertrieben.

1900   In Texas leben jetzt über drei Millionen Menschen, davon 82 Prozent auf dem Lande. Am 8. September fegen ein verheerender Hurrikan und eine Springflut über Galveston, töten 6000 Menschen und verwüsten die Stadt.

So sah es am 6. Oktober 1902 auf dem »Spindletop« aus, dem Ölfeld bei Beaumont

1901	Die Spindletop-Quelle in Beaumont beginnt zu sprudeln, ihr Öl prägt die Entwicklung des Landes entscheidend. 1904 folgt der nächste große Ölfund bei Humble, in der Nähe von Houston.
1912	Die mexikanische Revolution seit 1910 macht die texanisch-mexikanische Grenze wieder unsicher. 1914 werden US-Truppen in Fort Bliss in El Paso stationiert. 1916 leitet General Pershing eine militärische Strafexpedition gegen die Übergriffe von Pancho Villa.
1915	Einführung der allgemeinen Schulpflicht.
1900–20	Texas mausert sich zu einem modernen Staat, der Industrie, Landwirtschaft (Bewässerungssysteme) und Straßen ausbaut. Der *Cotton Belt*, der vor dem Bürgerkrieg bei San Antonio und Fort Worth endete, dehnt sich nun bis in die südlichen Plains aus. 1914 wird James E. Ferguson Gouverneur, und mit ihm kommt eine Reformpolitik zum Zuge, die von seiner Frau fortgeführt wird. Erfolg: Verdrängung des Ku-Klux-Klan.
1918	Frauen erhalten Wahlrecht, die Prohibition wird verhängt, die Zahl der Städte hat sich seit 1900 fast verdoppelt.
1930	Die Depression trifft auch Texas hart. Dürreperioden und verstärkte Bodenerosionen kommen erschwerend hinzu.
1931	Reiche Ölfunde in Ost-Texas.
1936	Buddy Holly kommt in Lubbock zur Welt. Mit seiner Band (The Crickets) beeinflusst er die Rock'n'Roll-Szene.

Deutsche Schule um 1915 in Castell, Texas

1940	Zu Beginn des Zweiten Weltkriegs wird Texas zu einem großen Truppen-Ausbildungslager. General Eisenhower und der Flottenadmiral und Oberbefehlshaber der Pazifikstreitkräfte Nimitz sind Texaner. Während und nach dem Krieg erlebt Texas einen wirtschaftlichen Aufschwung und einen neuen Konservativismus. Die Reformen aus den *New Deal*-Programmen werden entweder umgangen oder verzögert, und es wird alles unternommen, um den Einfluss der Gewerkschaften klein zu halten. Die Universität von Texas gerät aufgrund ihres Liberalismus unter Beschuss.
1942	Die erste Margarita wird gemixt, in Juárez, gegenüber von El Paso.
1953	Dwight D. Eisenhower wird der erste in Texas (Denison) geborene US-Präsident.
1954	Der Oberste Gerichtshof verbietet Rassentrennung an öffentlichen Schulen, doch dauert es noch zehn Jahre, bis die Gesetze tatsächlich vorliegen.
1958	Die Elektronikfirma Texas Instruments entwickelt in Dallas den ersten Computer-Chip, der den Beginn des Computerzeitalters einläutet.
1961	Houston wird zum Forschungszentrum der NASA für den bemannten Raumflug.
1963	Am 22. November wird John F. Kennedy in Dallas ermordet. Lyndon B. Johnson, geboren in der Nähe des texanischen Stonewall, rückt als 36. US-Präsident nach.
1965	Edward H. White (1930–67) aus San Antonio ist der erste Texaner im All und zugleich der erste Amerikaner, der im Weltraum spazieren geht.
1973	Der gebürtige Texaner Willie Nelson tritt zum ersten Mal in Austin auf und formt in den folgenden Jahren den Austin Sound.
1978	Nach 100 Jahren wird wieder ein Republikaner Gouverneur: Bill Clements.
1980	Der Film »Urban Cowboy« hat in Houston Weltpremiere und löst in den USA einen modischen Cowboykult aus. Die South Fork Ranch mit Fiesling J. R. Ewing steigt für ein paar Fernsehjahre zum weltweit bekanntesten Fleck von Texas auf.
1988	George Bush sr., Houstonian, wird zum 41. US-Präsidenten gewählt.
1990	Unter den wirtschaftlich erfolgreichen Staaten im *Sun Belt* hat Texas nach wie vor die Nase vorn. Sowohl der Wert der Bodenschätze wie auch der Ausbau der Elektrotechnologie sichern die Fortsetzung dieser Rolle, vorausgesetzt, der Staat löst seine dringenden Probleme. Dazu gehören u.a.

Zu Beginn des 20. Jahrhunderts: eine amerikanische Gruppe unterwegs mit Wagen voller Wolle

Blick auf den Arts District von Dallas

die Beziehungen der weißen Mehrheit zu den ethnischen Gruppen, die partielle Wasserknappheit und die gravierenden Umweltschutzprobleme.

2001 George Bush jr., zuvor Gouverneur von Texas, wird 43. US-Präsident.

2002 Informelle Grenzübertritte nach Mexiko werden vom Heimatschutzministerium (Department of Homeland Security) untersagt.

2005 Im März ereignet sich eine Explosion in der größten Erölraffinerie des BP-Konzerns in Texas City am Golf von Mexiko; mindestens 15 Menschen kommen ums Leben, 180 werden verletzt.

2007 Der 11. September 2001 hat auch die Spannungen zwischen den USA und Mexiko verschärft, neue Grenzzäune werden errichtet. In der mexikanischen Grenzregion nimmt die Gewalt durch den Krieg krimineller Organisationen um die Kontrolle des Drogenhandels dramatisch zu.

2008 Die Fracking-Technologie führt zu einem Boom der heimischen Öl- und Gaswirtschaft, der erst in 2014 zu Ende geht.

2010 Der Untergang der Ölplattform »Deepwater Horizon« im April sorgt für die größte Ölkatastrophe aller Zeiten im Golf von Mexiko. Texas bleibt aber weitgehend unbeschadet.

2011 In West-Texas fordert der zuständige Staatsanwalt, dass die Countrylegende Willie Nelson (77) wegen Marihuana-Konsums zu einer Gesangseinlage im Gerichtssaal statt zu einer Haftstrafe verurteilt wird.

2013 In einer Düngemittelfabrik in West, die mindestens 245 Tonnen Ammoniumnitrat gelagert hatte, ereignet sich am 18. April eine verheerende Explosion. Dabei sterben 15 Menschen und 200 werden verletzt.

2016 In Texas tritt ein neues Gesetz in Kraft: In Texas dürfen Handfeuerwaffen erstmals seit 1871 wieder offen getragen werden (sog. »Open Carry«). Donald Trump wird zum 45. US-Präsidenten gewählt.

2017 US-Präsident Trump ordnet den Bau eines 3200 Kilometer langen Grenzwalles zu Mexiko als Schutz gegen illegale Einwanderer an. Für die Kosten des Baus soll nach seinen Vorstellungen Mexiko selbst aufkommen, z.B. über Strafzölle und höhere Visagebühren. ✳

ZENTRAL-TEXAS UND DIE GOLFKÜSTE

1 **Cowtown:** Fort Worth

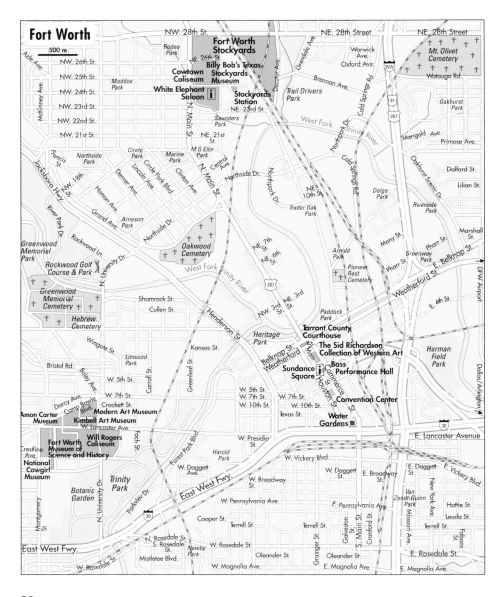

1. Tag: Fort Worth

Vormittag   Spaziergang im **Stockyards Historic District**, später Lunch.
Nachmittag Besuch der Museen im Cultural Arts District, später **Sundance Square**.

Alternativen und Extras

Wer sich ein bisschen mehr Zeit als hier vorgesehen in Fort Worth nimmt, dem wird vielleicht das **Fort Worth Nature Center and Refuge** am nordwestlichen Ufer von Lake Worth gefallen (vgl. S. 49). In dem schilfgerahmten See angeln die Leute am Wochenende und verzehren ihren Fang meist gleich an den alten Picknicktischen. Trails führen zur Tiersammlung des Besucherzentrums und außerdem zu Freigehegen mit böse blickenden Büffeln oder ängstlich blinzelnden Erdhörnchen. Bei der Prairie Dog Town ist ein interessanter Lageplan angeschlagen, der zeigt, in welchen Immobilien diese quirligen Burschen leben: Sie hausen überaus gesellig in unterirdischen Suiten mit Toilette, Trockenhaus, zwei Schlafzimmern, einer Vorratskammer, Horchraum (!) und einem Notausgang!

Die Seen rund um Fort Worth locken überall aufs Land. Hinter Lake Worth beispielsweise versucht es der **Eagle Mountain Lake** mit Erfolg bei Anglern, Bootsleuten und – am Twin Points Beach – bei Strandhockern: mit blauem Wasser und Wiesen voller *bluebonnets*. Hier gibt es auch einen guten Campingplatz: AAA Twin Points Resort and Beach, 10200 Ten Mile Bridge Rd., ✆ (817) 237-3141.

Im Südwesten konkurrieren der **Benbrook Lake** und **Lake Granbury** um die besten Plätze am Wasser. Bevor 1960 ein Damm den Brazos River staute, war das stille **Granbury** auf dem absteigenden Ast. Erst der Kunstsee brachte Besucher, neue Einwohner und neues Geld. Klugerweise steckten die Granburianer einen Teil davon in die Pflege ihres Ortsbilds, das heute beispielhaft zeigt, wie eine Kleinstadt in Texas um die Wende zum 20. Jahrhundert ausgesehen hat.

Vorzügliche Unterkunft und Verpflegung: **Historic Nutt House Hotel**, 119 East Bridge (Town Sq.), Granbury, TX 76048, ✆ 1-888-678-0313, www.nutt-hotel.com. Gepflegtes historisches Hotel. Im alten Speisesaal gibt es kräftige Menüs ($$), die denen ähneln, die die texanischen Pionierfrauen einst servierten: Kochen als patriotische Volkskunst. $$$$

Sportmöglichkeiten

Der Trinity Trail (www.trinitytrails.org) ist ingesamt mehr als 65 km lang und verläuft entlang dem Trinity River. **Trinity Park** (2401 University Dr., Fort Worth, TX 76107) bietet nahe an Downtown die Möglichkeit, dem Trinity Trail zu folgen, idealerweise verbunden mit einem Abstecher in den nahen **Botanic Garden**.

Es war einmal: Vierherden auf dem Chisholm Trail Richtung Kansas

Fort Worth zum Auftakt für Texas? Ja, dafür spricht eigentlich alles. Fort Worth steht für Cowboyträume: Da draußen, im Holzgatter der offenen Viehhöfe der Stockyards stehen die Longhorns beieinander und warten auf ihren Auftritt bei der Auktion im **Livestock Exchange Building**, wo die Rancher bieten. Es heißt, hier wären einst mehr Millionäre ein und aus gegangen als in jedem anderen Gebäude der Welt. Der lukrative Kuhhandel machte die Adresse zur *Wall Street of the West*. Wer sich hier heute als Newcomer im falschen Moment an der Backe kratzt, hat schon den Zuschlag für einen Zuchtbullen bekommen und eine Menge Geld verloren.

»Fort Worth – wo der Westen beginnt«: Das passt zum Texas-Image, zu Erdnähe, Staub, Sägemehl und den Spucknäpfen, die in dem einen oder anderen Western Wear Shop herumstehen. Also, warum nicht hier auch die Reise beginnen? Freilich, mit dem Romantischen allein hätten sich Prärie und kultureller Höhenflug, Viehmarkt und Flugzeugindustrie in dieser vielleicht texanischsten Stadt wohl nie so innig gefunden. Es ist gar nicht mal so viel Zeit vergangen, seit die Comanchen sie ins Leben riefen. Die Versuche Sam Houstons, mit ihnen 1841 vertraglich ins Reine zu kommen, gingen

schief. Die weißen Rancher respektierten die verabredeten Grenzen nicht; die Indianer wehrten sich prompt mit Überfällen. Ein Militärposten ließ nicht lange auf sich warten, er entstand 1849 am Hang zum Trinity River.

Die Soldaten packten allerdings bald wieder ihre Sachen; die Siedlung lebte als Trading Post weiter, bis neue Kurzbesucher auftauchten, draufgängerische Goldsucher unterwegs nach Kalifornien, gebeutelte Reisende in Kutschen, durstige *cattlemen* und Cowboys. Sie trieben Hunderttausende Rinder über die Tram-

pelpfade, um Fleisch in den Norden zu bringen, dessen Dollars dem bürgerkriegsgeschädigten Texas willkommen waren. Die meisten Langhörner trotteten über den legendären Chisholm Trail und genau durch Fort Worth. Eine großformatige Wandmalerei des Trompe-d'oeil-Künstlers Richard Haas an der Main Street (Nr. 400) bringt diese Geschichte unübersehbar an die Wand.

Den Namen »Cowtown« aber bekam die Stadt erst angehängt, als kurz nach der Ankunft der Texas und Pacific Railroad 1876 die Viehbörse, die Livestock Exchange, gegründet wurde. Jahrzehntelang ging es dort hoch her. Die Eisenbahn beschleunigte nicht nur die Viehtransporte, sondern brachte auch ein buntes Völkchen in die Stadt, vor allem Cowboys, die mal gern einen draufmachen wollten, Träumer auf der Suche nach besseren Welten, Spieler und Krawallmacher. Fort Worth kam als »Höllenacker« in Verruf. Hotels, Saloons und Bordelle sorgten für Publicity, und die meisten der prominenten Wilden des Westens machten hier Station, so auch Butch Cassidy und Sundance Kid. Einge-

Viehauktion im Livestock Exchange Building

buchtet wurden die Rowdies vom Sheriff aber immer erst, nachdem sie ihr Geld ausgegeben hatten. Fort Worth – eine Stadt mit Vergangenheit, aber, wie man sieht, auch eine mit viel Realismus.

Große Fleischverarbeitungsfabriken entstanden 1902 bei den Stockyards, kurz darauf (1908) gefolgt vom **Coliseum** mit seiner überdachten Rodeo-Anlage. Nicht nur bockende Pferde und wilde Bullen zogen hier ihre Show ab, sondern auch Entertainer wie Enrico Caruso und Elvis Presley. Dieses Viehhandelszentrum der USA blieb bis in die 1950er Jahre intakt. Dann schrumpfte der Viehmarkt, die Fabriken machten dicht, das Viertel Pause. Erst Mitte der 1970er Jahre wehte frischer Wind durchs vergammelte Viertel. Seither wissen die Touristen wieder, wo der »Westen« beginnt.

Öl schrieb das zweite entscheidende Wirtschaftskapitel der Stadtgeschichte, genauer gesagt, die beträchtlichen Funde im Gebiet von Wichita County. Auch diesen Segen sieht man der Stadt heute an, denn Fort Worth und seine rund 812 000 Bewohner leben weiß Gott nicht nur von den hölzernen Pferchen der Stockyards, sondern auch von gläsernen Hochhaustürmen und den Geschäften, die sich dort abspielen, und nicht zuletzt von einer international angesehenen Museumskultur und zumindest einem städtebaulich geglückten Vorzeigestück, dem Sundance Square mit seinen 14 Straßenblocks.

Aber beginnen wir bei den Ställen, den **Stockyards**, jenem leicht zugänglichen Paradies für Western-Nostalgiker, wo der Sheriff noch zu Pferd durch die Straßen und die Cowboys auf dem Rodeo reiten, wo noch die Stiefel auf den Brettern der Gehsteige klappern und die Toiletten zwischen Bullen und Kühen (*Bulls* von *Heifers*) unterscheiden und nicht, wie sich's eigentlich gehört, zwischen *Gentlemen* und *Ladies*. Dort liegt **Billy Bob's Texas**, der Super-Honky-Tonk, erstanden

Stockyards: Heute dienen die Vierherden vor allem der touristischen Unterhaltung

Die Galerie im Kimbell Art Museum

aus einem ehemaligen Viehstall. Platz gibt's dort im texanischen Übermaß. Die 43 (in Worten: dreiundvierzig) Bars, Tanzflächen und Spielhallen fassen 6000 trinkfeste Cowboys und -girls auf einmal.

Natürlich ist auch für Souvenirfreunde gesorgt: die **Stockyards Station** zum Beispiel – ein ehemaliger Schweine- und Schafstall, der zum Shopping- und Restaurationskomplex mutiert ist und die Touristenherzen höher schlagen lässt: Indian Shops, Popcorn, Ledermalerei und der *Tarantula Express*, eine alte Eisenbahn, die durch die Halle rauscht und zur Vergnügungsfahrt ins nahe gelegene Grapevine animiert. Wem das alles noch nicht bunt genug zugeht, der kann sich draußen vor der Tür auf einem echten Longhorn ablichten lassen. Eine kleine Herde dieser gehörnten Viecher (Fort Worth Herd) wird täglich zweimal über die Straße getrieben.

Ein kräftiges Lunch im Umkreis der Vieharena schafft eine solide Grundlage fürs Höhere, die Kunst – kurz: den **Cultural District**. Keine Frage, hier ist nicht gespart worden. Warum auch. Wer, wie Fort Worth, ständig das große »D« von Dallas vor der Nase hat, der muss sich was einfallen lassen. *Metroplex* hin, *Metroplex* her – das reicht den Lokalpatrioten von Fort Worth nicht. Also hat man hier ein paar wunderschöne Museen hingepflanzt, eins attraktiver als das andere.

Das **Kimbell Art Museum** zählt mit einer feinen Sammlung von Kunst aller Epochen sicher zu den schönsten kleinen Museen in den USA – die Architektur von Louis Kahn (1901–74) überzeugt durch ihre Raumgestaltung und Lichtführung. Damit korrespondierend wurde Ende 2013 gegenüber der lichtdurchflutete Renzo Piano Pavillon eröffnet.

Auch das benachbarte **Amon Carter Museum of American Art** hat außer seiner hervorragenden Sammlung von Western Art zusätzliche optische Qualitäten: von der Terrasse des 1961 von Philip Johnson entworfenen Baus hat man einen freien Blick auf Downtown Fort Worth, weil Ölmogul, Zeitungsverleger und Kunstsammler Carter sich den Platz, wo seine Bilder ausgestellt werden sollten, sorgfältig ausgesucht hat.

Das **Modern Art Museum** ist das zweitgrößte seiner Art in den USA, ein sehenswerter Neubau, der einmal mehr den Ruf von Fort Worth festigt, die »Hauptstadt der Museen« des Südwestens zu sein. Die Landschaftsarchitektur sorgt dafür, dass sich die Museumsfassade im See spiegelt. Optisches Vergnügen bereitet seit 2002 auch das **National Cowgirl Museum**. Der historische Bau wurde liebevoll restauriert und zum Schaukasten der wilden Damen des Westens ausgebaut. 2009 ist das **Fort Worth Museum of Science and History** hinzugekommen. Das auf helle Farben, geometrische Formen und natürliche Lichtspiele setzende 80-Millionen-Dollar-Projekt vermittelt vor allem Kindern auf anschauliche Art naturwissenschaftliche und technische Phänomene.

Dass in Fort Worth wieder ein urbanes Herz schlägt, verdankt die Stadt dem ansehnlich herausgeputzten **Sundance Square**, der durch die **Bass Performance Hall**, ein von Millionenhand finanziertes Konzert- und Opernhaus, eine bedeutende Erweiterung erfahren hat. Was die Hunts für Dallas, das sind die Gebrüder Bass für Fort Worth: Leute, die von jeher sehr viel Geld in die Stadt stecken – für Kultur, Hotels, Schulen und eine eigene private Sicherheitstruppe auf gelben Fahrrädern in der Innenstadt.

Ganz in der Nähe ist da noch die hübsch terrassierte und rauschende Was-

Wilder Westen in Öl: Amon Carter Museum

Bass Performance Hall – Konzert- und Opernhaus in Fort Worth

ser-Oase der **Water Gardens**, die (wiederum) Philip Johnson gegenüber vom Convention Center in Szene gesetzt hat. Ausgerechnet an einem Ort, der als *Hell's Half Acre* in die Stadtgeschichte eingegangen ist – ein Bar- und Bordellbezirk, wo sich die Cowboys noch ein paar nette Stunden zu machen pflegten, bevor es über den langen Trail des Jesse Chisholm nach Abilene, Kansas, ging.

In Städten kommt die Cowboywelt heute verständlicherweise anders zum Tragen: in erster Linie modisch. Die Auswahl in den einschlägigen Läden für Wildwest-Textilien ist beträchtlich, hier in Fort Worth genauso wie in El Paso oder San Antonio. Beispiel: Cowboystiefel. Es gibt sie aus Rind-, Kamel- und Ziegenleder, aus der Haut von Fröschen, Nashörnern, Haifischen, Straußen, von Alligatoren, Echsen, Pythonschlangen, Schildkröten und Antilopen, von Was-

serbüffeln, Leguanen, Seehunden und Salm. Ein Paar vom Fell eines Ameisenbärs, handgemacht, kann da locker an die 1000 Dollar herankommen. Schon Cowboy-Idol Tom Mix gab sich nicht mit Dutzendware zufrieden. Ebenso wenig Will Rogers oder Gene Autry, der Autor des legendären Songs über die »Yellow Rose of Texas«.

Hutabteilungen bieten eine ähnliche Palette. Da die Hüte zumeist aus Biberfell bestehen, kommt es weniger auf die Materialien an, dafür umso mehr auf die Machart. Denn abgesehen vom Memorial Day, wenn sich alle US-Männer Strohhüte aufsetzen und Ausflüge machen, brauchen jeder Typ und jede Gelegenheit den passenden Hut. Durch heißen Dampf fix in Form gebracht, kann sich ein New Yorker Geschäftsmann in wenigen Minuten in einen Drugstore-Cowboy verwandeln lassen.

Golden Moon Bridge im Botanic Garden

Früher dagegen wurden Hüte ja nicht nur getragen, sie waren Vielzweckwerkzeuge: Fächer, zum Anwedeln des Feuers; Peitschen, um Pferde auf Trab zu bringen; Kopfkissen zum Schlafen; Behälter zum Trinken und Tränken.

Mehrzwecknutzung ist dagegen beim obligaten Halstuch, der *bandana*, auch heute noch drin. Früher diente das Baumwolltuch als Staubschutz oder Maske, heute kehrt es als Stirntuch oder Serviette wieder, als Flattermann an der Autoantenne oder als Babywindel.

Wen weder Cowtown, Arts Town noch Downtown, weder Kuhduft noch Kulturluft interessieren, der sollte sich in die Büsche schlagen, z. B. in den weitläufigen **Trinity Park** – mit oder ohne Picknick, zum Spazieren, Inlineskating oder Nichtstun.

Viel erholsames Grün und der **Botanic Garden** verschönern die Flussufer und den University Drive. Am Überweg für die Enten erkennt man, dass der **Duck Pond** nicht weit sein kann, diese besonders friedliche Idylle mit Wasserschildkröten, hüpfenden Hörnchen und den überall in Texas schnarrenden blauschwarzen *blackbirds*. Nachts punktieren zahllose Lichterketten die Umrisse der Skyline so, als wäre in Cowtown immer Weihnachten.

Water Gardens in Fort Worth

1 Service & Tipps

ℹ Main Street Visitor Information Center
508 Main St. (Sundance Sq.)
Fort Worth, TX 76102
✆ (817) 698-3300, www.fortworth.com

ℹ Stockyards Visitor Information Center
130 E. Exchange Ave. (Stockyards)
Fort Worth, TX 76164
✆ (817) 624-4741
Mo–Sa 9–17, So 11–17 Uhr

🚍 Fort Worth »T« Public Transportation
800 Cherry St., Fort Worth, TX 76102
✆ (817) 215-8600
www.the-t.com, www.mollythetrolley.com
Kostenfreie Pendelbusse (Molly the Trolley) verkehren tägl. in drei Linien zwischen Downtown, Stockyards und Sundance District mit diversen Stopps. Aktuellen Fahrplan auf Website erfragen.

Übernachten

Die Auflösung der $-Symbole finden Sie auf S. 267, S. 275 und auf der hinteren Umschlagklappe.

🚍❌ The Ashton Hotel
610 Main & 6th Sts. (Downtown)
Fort Worth, TX 76102
✆ (817) 332-0100 und 1-866-327-4866
www.theashtonhotel.com
Geschmackvoll eingerichtetes, historisches Boutiquehotel, der **SIX 10 Grille** serviert Frühstück, Lunch und Dinner. $$$$

🚍🛏🏊 Embassy Suites Fort Worth Downtown
600 Commerce St. (Sundance Sq.)
Fort Worth, TX 76102
✆ (817) 332-6900
www.embassysuitesfw.com
Renoviertes Hotel mit großzügigen Räumen. Fitness, Pool, WLAN. $$$$

🚍 Courtyard Fort Worth Downtown/ Blackstone
601 Main St. (Sundance Sq.)
Fort Worth, TX 76102
✆ (817) 885-8700
www.marriott.com

Mitten in Downtown in einem alten Art-déco-Gebäude von 1929. $$$–$$$$

🚍🍽 Etta's Place
200 W. 3rd & Houston Sts. (Sundance Sq.)
Fort Worth, TX 76102
✆ (817) 255-5760 und 1-866-355-5760
www.ettas-place.com
Nettes Boutiquehotel und mittendrin: zehn Zimmer mit Frühstück. Internet und Full Breakfast eingeschlossen. $$$–$$$$

🚍🍽 Omni Fort Worth Hotel
1300 Houston St. (Sundance Sq.)
Fort Worth, TX 76102
✆ (817) 535-6664
www.omnifortworthhotel.com
Erstklassiges Hotel, ganz authentisch im Texas-Stil eingerichtet. Gegenüber den Water Gardens und fußläufig zum Sundance Square. Sehr gutes Continental Breakfast. $$$–$$$$

🚍❌ Stockyards Hotel
109 E. Exchange Ave. (Stockyards)
Fort Worth, TX 76164
✆ (817) 625-6427, www.stockyardshotel.com
Old Cowboy Hotel von 1907 mit deftigem Charme und bühnenreifem Dekor, mitten im Entertainmentkomplex der Stockyards. Das Gangsterpärchen Bonnie und Clyde nutzte das Hotel als Unterschlupf vor den Gesetzeshütern. 52 Zimmer und Suiten, Restaurant. $$$–$$$$

🚍🍽 The Texas White House Bed and Breakfast
1417 Eighth Ave., Fort Worth, TX 76104
✆ (817) 923-3597 und 1-800-279-6491
www.texaswhitehouse.com
Persönlicher Bed & Breakfast Inn, südwestlich der Innenstadt (zehn Minuten). $$$–$$$$

🚍🛏🏊❌ Hyatt Place Ft. Worth Historic Stockyards
132 E. Exchange Ave. (Stockyards)
Fort Worth, TX 76164
✆ (817) 626-6000
www.stockyards.place.hyatt.com
Mitten im Stockyards-Viertel gelegen, im Südwest-Stil eingerichtet. Fitness, Pool, WLAN. $$$

🚍 Fort Worth Midtown RV Park
2906 W. 6th St., Fort Worth, TX 76107

© (817) 435-9330
www.ftworthmidtownrvpark.com
Städtischer Standplatz, Nähe Cultural District.
Full hookups.

Museen und Sehenswürdigkeiten

🏛 **Amon Carter Museum of American Arts**
3501 Camp Bowie Blvd., Fort Worth, TX 76107
© (817) 738-1933
www.cartermuseum.org
Di–Sa 10–17, Do bis 20, So 12–17 Uhr, Mo
geschl., Eintritt ständige Sammlung frei
Das 1961 eröffnete, führende Museum für
American und Western Art in Texas: Tafelbilder
und Plastiken von Frederic Remington (z. B. »A
Dash for the Timber«), Charles M. Russell, Tho-
mas Moran, George Catlin, Carl Wimar, Albert
Bierstadt, George Caleb Bingham, Winslow
Homer, Charles Demuth und Georgia O'Keeffe
(z. B. eins ihrer bekanntesten: »Ranchos Church,
Taos, New Mexico« von 1930).

🏛 **Fort Worth Museum of Science and History**
1600 Gendy St., Fort Worth, TX 76107
© (817) 255-9300, www.fwmuseum.org
Mo–Sa 10–17, So 12–17 Uhr, Eintritt $ 14/10

Das im November 2009 eröffnete Museum
veranschaulicht diverse naturwissenschaftliche bzw. technische Fragestellungen für alle
Altersklassen, etwa zu Dinosauriern, zur Ener-
gieerzeugung, zur Luftfahrt oder zur Öl-/Gas-
förderung.

🏛💺 **Kimbell Art Museum**
3333 Camp Bowie Blvd.
Fort Worth, TX 76107
© (817) 332-8451, www.kimbellart.org
Di–Do, Sa 10–17, Fr 12–20, So 12–17 Uhr, Mo
geschl., Eintritt ständige Sammlung kostenlos
Feine kleine Sammlung des texanischen Indus-
triellen Kay Kimbell in einem von Louis Kahn
entworfenen Bau (1972) mit hübscher Cafeteria. Ende 2013 wurde daneben ein von Renzo
Piano entworfener lichtdurchfluteter Pavillon
für Sonderausstellungen eröffnet.

🏛❌ **The Modern Art Museum of Fort Worth**
3200 Darnell St. (Cultural District)
Fort Worth, TX 76107
© (817) 738-9215
www.themodern.org
Tägl. außer Mo 10–17, Fr bis 20 Uhr
Eintritt $ 10, Kinder frei

Das National Cowgirl Museum dokumentiert die Rolle der Frauen im amerikanischen Westen

Spektakulärer Neubau von Tadao Ando (2002): zeitgenössische Kunst. u. a. mit Werken von Picasso, Pollock, Kiefer, Richter, Rothko, Diebenkorn, Stella und Warhol. Wunderschönes Restaurant **Café Modern** am spiegelnden See.

🏛 National Cowgirl Museum and Hall of Fame
1720 Gendy St., Fort Worth, TX 76107
✆ (817) 336-4475 und 1-800-476-3263
www.cowgirl.net
Di–Sa 10–17, So 12–17 Uhr, Eintritt $ 10/8
Das schön restaurierte Gebäude mit lichterfüllter Rotunda bildet den Rahmen für die unterhaltsame Dokumentation der Rolle der Frauen im amerikanischen Westen – nicht nur mutige Mädels in Rodeosatteln und Pionierfrauen im Stil von Mutter Courage, sondern auch Geschäftsfrauen, Maler-, Schriftsteller- und Lehrerinnen. Zurzeit werden Teile des Gebäudes renoviert.

🏛👨 Sid Richardson Museum of Western Art
309 Main St. (Sundance Sq.)
Fort Worth, TX 76102
✆ (817) 332-6554
www.sidrichardsonmuseum.org
Mo–Do 9–17, Fr/Sa 9–20, So 12–17 Uhr
Eintritt frei
Die Schätze des Ölmilliardärs – ca. 60 Exponate – werden Freunden der Westernmalerei gefallen. In Ergänzung zum Amon Carter Museum u. a. weitere Werke von Russell und Remington. Museumsshop.

🎭🎵 Bass Performance Hall
4th & Calhoun Sts., Fort Worth, TX 76102
✆ (817) 212-4325 und (817) 212-4450 (Tickets)
www.basshall.com
Aufwendiges Konzert-, Ballett- und Opernhaus von konservativer Eleganz und mit mächtigen Posaunenengeln an der Marmorfassade. Führungen auf telefonische Anfrage.

📷🏞 Fort Worth Water Gardens
1502 Commerce St. (gegenüber Convention Center)
Fort Worth, TX 76102
✆ (817) 329-7111
Von Garten keine Spur, aber eine interessante, von Philip Johnson und John Burgee 1974 entworfene, terrassierte Wasserlandschaft aus fünf Brunnen und einem Pool. Gut gegen Hitze!

Cowboyboots: ein Muss für jeden echten Texaner

✿ Fort Worth Botanic Garden
3220 Botanic Garden Blvd.
Fort Worth, TX 76107
✆ (817) 392-5510, www.fwbg.org
Tägl. 8–20 Uhr (Main Garden), Eintritt $ 2/1
Der älteste botanische Garten in Texas in der Nähe des Trinity River. 23 verschiedene Themengärten (z. B. Rose und Japanese Garden).

♣🦌🐾 Fort Worth Nature Center and Refuge
Vom Hwy. 199 (Confederate Park Rd. Exit)
9601 Fossil Ridge Rd., Fort Worth, TX 76135
✆ (817) 392-7410
www.fwnaturecenter.org
Mai–Sept. Mo–Fr 7–17, Sa/So 7–19, Okt.–April tägl. 8–17 Uhr
Visitor Center tägl. 9–16.30 Uhr, Eintritt $ 5/2
Am nordwestlichen Ufer des Lake Worth, mit Tierfreigehegen und Besucherzentrum.

Restaurants und Bars

✕🍸 Del Frisco's Double Eagle Steak House
812 Main St., Fort Worth, TX 76102
✆ (817) 877-3999
www.delfriscos.com
Top-Adresse für Steaks. Cocktail-Lounge. Nur Dinner. $$$

✕ Eddie V's Prime Seafood
3100 W. 7th St., Fort Worth, TX 76107
✆ (817) 336-8000
www.eddiev.com, tägl. ab 16 Uhr
Erstklassige Adresse für Fisch und Meeresfrüchte. $$$

⊠ **Ellerbe Fine Foods**
1501 W. Magnolia Ave., Fort Worth, TX 76104
✆ (817) 926-3663, www.ellerbefinefoods.com
Di–Fr Lunch und Dinner, Sa nur Dinner, So/Mo
geschl.
In einer ehemaligen Tankstelle wird hervorragende Küche mit Südstaateneinschlag (Lousi-
ana) geboten. Patio. $$$

⊠🍸 **H3 Ranch**
105 E. Exchange Ave. (im Stockyards Hotel)
Fort Worth, TX 76164
✆ (817) 624-1246, www.h3ranch.com
Mo–Fr ab 11 Uhr, Sa/So Lunch und Dinne
Gute Adresse für Steaks, Rippchen und Forel-
len. Zünftige Westernbar. $$$

⊠🍸 **The Lonesome Dove Western Bistro**
2406 N. Main St. (Stockyards)
Fort Worth, TX 76164
✆ (817) 740-8810
www.lonesomedovebistro.com
Di–Sa Lunch, Mo–Sa Dinner, So geschl.
Angenehmes kleines Restaurant (und Bar) mit
sehr raffinierten Variationen traditioneller
mexikanischer und texanischer Gerichte. $$$

⊠🍸 **Reata**
310 Houston St. (Sundance Sq.)
Fort Worth, TX 76102
✆ (817) 366-1009
www.reata.net
Tägl. Lunch und Dinner
Anspruchsvolle Cowboy Cuisine, delikate
Steaks, toller Panoramablick auf die Stadt.
Angeblich die größte Tequila- und Margarita-
Auswahl in den USA. (Übrigens, da die Fla-
schen mit den besseren Tequila-Sorten meist
oben im Regal der Bars stehen, heißen die
guten Margaritas *top shelf ritas*.) $$–$$$

⊠ **Cantina Laredo**
530 Throckmorton Sq. (Sundance Sq.)
Fort Worth, TX 76102
✆ (817) 810-0773, www.cantinalaredo.com
Tägl. 11–22, Fr/Sa bis 23 Uhr
Gehobene mexikanische Küche. $$

⊠ **Cooper's BBQ**
301 Stockyards Blvd. (Stockyards)
Fort Worth, TX 76164
✆ (817) 626-6464
www.coopersbbqfortworth.com

Tägl. 11–20.30, Sa/So bis 21.30 Uhr
Rustikales BBQ. $$

⊠ **Piranha Killer Sushi**
335 W. 3rd St. (Downtown)
Fort Worth, TX 76102
✆ (817) 348-0200, www.piranhakillersushi.com
Tägl. Lunch und Dinner
Hochgelobtes, kreatives Sushi-Restaurant
(auch) mit leckeren *rolls*. $$

⊠ **Taverna Pizzeria and Risotteria**
450 Throckmorton St. (Downtown)
Fort Worth, TX 76102
✆ (817) 885-7502
www.tavernabylombardi.com
Tägl. Lunch und Dinner
Gutes italienisches Restaurant – besonders für
Risottofreunde zu empfehlen. $$

⊠🍸 **Joe T. Garcia's**
2201 N. Commerce & 22nd Sts. (Nähe Stock-
yards), Fort Worth, TX 76164
✆ (817) 626-4356
http://joets.com, Mo–Do 11–14.30 und 17–22,
Fr/Sa 11–23, So 11–22 Uhr
Seit 1935 heiße Tex-Mex-Gerichte und eisige
Margaritas bei Mariachi-Klängen am Brunnen
beim Pool. Tipp: *chicken flautas* (gerollte Tortil-
las mit Huhn). Keine Kreditkarten! $–$$

⊠ **Lucile's Stateside Bistro**
4700 Camp Bowie Blvd., Fort Worth, TX 76107
✆ (817) 738-4761
http://lucilesstatesidebistro.com
Mo–Do 11–22, Fr 11–23, Sa 9–23, So 9–22
Familiäres Bistro mit leckeren Suppen, Burgers
und Sandwiches. Spezialität des Hauses: Hum-
mersuppe (*lobster bisque*). $–$$

⊠ **Mi Cocina**
509 Main St. (Sundance Sq.), Fort Worth
TX 76102
✆ (817) 877-3600
www.micocinarestaurants.com
Tägl. Lunch und Dinner
Vorzügliche Tex-Mex-Küche. Lunch ($) und
Dinner. Auch zum Draußensitzen. $–$$

⊠🍸 **Star Cafe**
111 W. Exchange Ave. (Stockyards)
Fort Worth, TX 76164
✆ (817) 624-8701

www.starcafefortworth.com, So geschl.
Freundliches Lokal und Bar; beliebt sind die
saftigen Steaks und Hamburger. Lunch und
Dinner. $–$$

⊠ Angelo's Bar-B-Que
2533 White Settlement Rd. (Cultural District)
Fort Worth, TX 76107
✆ (817) 332-0357, https://angelosbbq.com
Tägl. außer So Lunch und Dinner
Klassisches BBQ-Lokal, eiskalte Biere. Keine
Kreditkarten. $

⊠⊠♫ White Elephant Saloon
106 E. Exchange Ave. (Stockyards)
Fort Worth, TX 76164
✆ (817) 624-8273
www.whiteelephantsaloon.com
So–Do 12–24, Fr/Sa 12–2 Uhr
Altgediente Wildwestbar, oft Livemusik und
Tanz. Biergarten und Rippchen.

⊠♫ Billy Bob's Texas
2520 Rodeo Plaza (Stockyards)
Fort Worth, TX 76164
✆ (817) 624-7117
www.billybobstexas.com
Mo–Sa ab 11 Uhr, So ab 12 Uhr
Über 6000 Gäste passen in diesen größten
Honky-Tonk der Welt: 40 Bars, zwei Tanzflächen, Bullenreiten, Livemusik (an Wochenenden Rodeo).

♫ Pearl's Dancehall & Saloon
302 W. Exchange Ave. (Stockyards)
Fort Worth, TX 76164
✆ (817) 624-2800
www.pearlsdancehall.com, Fr/Sa 19–2 Uhr
Liebling der Locals: Live-Entertainment und
Tanz.

Shopping und Feste

👜 Central Market
4651 West Fwy., Fort Worth, TX 76107
Anfahrt: Exit 10 von I-30, Exit 433 von I-20
✆ (817) 989-4700, www.centralmarket.com
Tägl. 8–22 Uhr
Die Adresse für Selbstversorger: Der Central
Market südöstlich von Fort Worth ist kein
simpler Supermarkt, sondern ein kulinari-
sches Schlaraffenland von Ausmaßen, für die
Inlineskates gerade recht wären!

Livemusik bei Billy Bob's Texas

👜 M.L. Leddy's
2455 N Main St, Fort Worth, TX 76164
✆ (817) 624-3149, www.leddys.com
Westerntextilien vom Feinsten: Kleider, Hüte,
Sättel.

👜 Luskey's Western Stores
2601 N. Main St. (Stockyards)
Fort Worth, TX 76164
✆ (817) 625-2391, www.luskeys.com
Mo–Sa 9–18 Uhr
Alles für Ross und Reiter: Bluejeans, Stiefel,
Lassos, Decken, Sporen.

👜 Maverick Fine Western Wear
100 E. Exchange Ave., Fort Worth, TX 76164
✆ (817) 626-1129
www.maverickwesternwear.com
Mo–Do 10–18, Fr/Sa 10–20, So 11–18 Uhr
Kleiderladen und Bar, d. h., während die Frau-
en anprobieren, können die Männer in Ruhe
einen heben.

🐎 Southwestern Exposition and Livestock Show and Rodeo
Jan./Feb. in den Stockyards
✆ (817) 877-2400, www.fwssr.com
Main Street Fort Worth Arts Festival
Im April, www.mainstreetartsfest.org
Red Steagall Cowboy Gathering & Western Swing Festival
✆ 1-888-279-8696, www.redsteagall.com
www.cowboycorner.com
Spätes Oktoberwochenende, Treffen authenti-
scher Cowboys in den Stockyards. Eine Riesen-
sache (30000 bis 40000 Besucher) für Cowboy-
fans: Arbeitstechniken, Musik, Cowboyküche,
Poetry, Rodeo. 🌵

The Big D
Dallas

2. Tag: Fort Worth – Dallas (50 km/31 mi)

Zeit	Route/Programm
Vormittag	In **Fort Worth** auf I-30 East über **Arlington** (evtl. Besuch des Themenparks Six Flags Over Texas) nach **Dallas** (Fahrzeit, je nach Verkehrslage, ca. 45 Minuten). Lunch (McKinney Ave.). **Stadtrundgang:** The Sixth Floor Museum, Reunion-Komplex.
Nachmittag	Arts District, Uptown, Farmer's Market
Abend	Entweder West End, Deep Ellum oder Trinity Groves

Alternativen und Extras

Southfork Ranch, 3700 Hogge Rd., Parker, TX 75002, ✆ (972) 442-7800, www. southforkranch.com, Führungen tägl. 9–17 Uhr (letzte Tour beginnt um 16.15 Uhr), Eintritt $ 15/9. Die legendäre Ranch mit grasenden Longhorn-Rindern war 1978–90 Kulisse für die TV-Serie »Dallas«. Kleines Museum mit TV-Memorabilien; Shop für Western Wear. Von Downtown Dallas ca. 40 Autominuten: US 75, Exit 30, über Parker Rd. nach Osten ca. sechs Meilen bis Hogge Rd. (= FM 2551), dort nach Süden bis zum Eingangstor.

Von Dallas aus lohnt ein Ausflug in den außerhalb von Messezeiten täglich geöffneten **Fair Park**, 1300 Robert B. Cullum at Grand, ✆ (214) 670-8400, www.fairpark.org, östlich von Downtown, begrenzt von Parry Ave., Cullum Blvd., Fitzhugh & Washington Aves. Ein historisches Messegelände aus den 1930er Jahren mit gut erhaltener Art-déco-Architektur. Im September und Oktober überfüllt wegen der State Fair of Texas, ansonsten populärer Stadtpark mit Aquarium, Gewächshaus, African American Museum, Eisenbahnmuseum, Perot Museum at Fair Park, Hall of State, Großarenen wie dem Cotton Bowl Stadium (75 000 Plätze), dem State Fair Coliseum (7000 Plätze für Rodeo, Pferdeshows etc.) und einem Vergnügungspark.

Für die Liebhaber botanischer Gärten lohnt auch der Ausflug zum **Dallas Arboretum and Botanical Garden** (8525 Garland Rd, Dallas, TX 75218, www.dallasarbo retum.org, ✆ (214) 515-6500, täglich 9–17 Uhr, saisonal mittwochs auch bis 20 Uhr; Eintritt $ 15/10). Ca. 11 km östlich von Downtown bieten die am südöstlichen Ufer des White Rock Lake gelegenen Gartenanlagen verschiedenste Themengärten. In den Sommermonaten finden außerdem regelmäßig Konzerte statt. Wer mit Kindern reist, darf auf keinen Fall den **Rory Meyers Childrens Garden** auslassen. Natur zum Anfassen, Erklettern und Entdecken.

Southfork Ranch – Stammsitz der Familie Ewing in der TV-Serie »Dallas«

Sportmöglichkeiten

Wer sich in Dallas gerne im Freien bewegen möchte, für den ist der **Katy Trail** genau das Richtige: Ein 5,5 km langer Weg, der sich durch die städtischen Parks und Stadtteile entlang der alten Eisenbahnstrecke Missouri–Kansas–Texas (MKT oder Katy abgekürzt) windet. Günstiger Einstieg im nördlichen Teil: Parkplatz in der Nähe der Kreuzung Knox St. & Travis St. (zu Details siehe www.katytraildallas. org.) Alternativ kann man auch am Südende starten, in Höhe der Kreuzung Turtle Creek Blvd. & Fairmount St. (Reverchon Park).Von dort kleiner Aufstieg zum Trail, den man dann am besten in nordöstlicher Richtung nach Highland Village läuft.

Empfehlenswert zum Laufen und Radfahren ist auch der ca. 7,4 km lange **Trinity Skyline Trail** (www.trinityrivercorridor.com/recreation/trinity-skyline-trail) entlang des Trinity River. Gute Parkmöglichkeiten gibt es z.B. auf der Westseite der Continental Avenue Bridge (109 Continental Avenue, Dallas, TX 75207).
Einen guten Überblick über weitere Trails bietet www.dallasparks.org.

Morgens, beim Transfer von Fort Worth nach Dallas: Zwischen den beiden Metropolen stecken die kleineren Städte nicht nur geographisch in der Klemme. Zum Beispiel **Arlington,** auf halber Strecke gelegen. Hier stellen die stolzen Bürger der Stadt sofort klar, dass der Vergnügungspark **Six Flags Over Texas** zu Arlington und nicht zu Dallas gehöre. Das spielt allerdings spätestens dann keine Rolle mehr, wenn man den Gerätepark aus Achterbahnen und Abschussrampen betritt – ein Cape Canaveral des Nervenkitzels, bis einem Hören und Sehen schnell vergehen. Zurück auf dem Highway wirkt die Welt wieder überschaubarer, auch **Dallas** sieht von vornherein so aus, als hätte es festen Boden unter den Füßen. Banken, Ölfirmen, Versicherungen, hypermoderne Hotelkomplexe, Kongresszentren und Messeanlagen imponieren mit spiegelnden Glasfassaden. Klar, Ehrgeiz und Optimismus, nicht Selbstzweifel und Nachdenklichkeit geben hier den Ton an.

Computerfirmen wie Texas Instruments und Verwaltungsbauten à la Caltex haben Dallas zu einer Hochburg der

Dallas Skyline

elektronischen Industrie und der Petrochemie gemacht. Und dabei gibt es weder einen Bohrturm noch eine Raffinerie innerhalb der Stadtgrenzen. Und auch sportlich hat Dallas die Nase vorn, mit den Texas Rangers im Baseball, den Dallas Cowboys im Football oder den Dallas Mavericks im Basketball.

Hinter den Superlativen stehen die Macher, die in dieser Stadt das Sagen haben. Das sind in erster Linie die einflussreichen Familiendynastien und Clans, die Oligarchie der Mächtigen, in deren Händen sich ein unvorstellbares Kapital zusammenballt. Milliardäre und Geschäftsgiganten wie Stanley Marcus (Gründer des prominenten Kaufhauses Neiman Marcus) und die Gebrüder Hunt (Söhne des Öl-Krösus' H.L. Hunt) bilden nur die namhafte Spitze eines konservativen Geldimperiums, von dem so gut wie alles hier abhängt.

Vor allem sorgen die scheinbar unerschöpflichen Mittel dafür, das neureiche Dallas als einen international wettbewerbsfähigen Marktplatz zu erhalten und, so ganz nebenbei, dem Konkurrenten Houston ein Schnippchen zu schlagen. Big Business und Stadtverwaltung unterhalten deshalb von jeher eine tatkräftige Allianz. Und wo private und öffentliche Hände einander berühren, springt vielfach Brauchbares für die Stadt heraus. Viele öffentliche Aufgaben (Schulen, Parks, Kliniken) sind durch Spenden gelöst worden. Gönner und Geschäftsleute sorgen mit beträchtlichem Aufwand dafür, dass das Schicksal vieler amerikanischer Großstädte nicht auch Dallas ereilt: die Pleite. Kommune (Mayor) und Kommerz arbeiten unter einem (überparteilichen) City Manager Hand in Hand am Image der Stadt.

Der unbändige Drang nach mehr Wachstum stampft ständig neue Bauprojekte, Shopping Malls, Museen und Handelszentren aus dem Steppenboden. Aus dem Terrain, das hier so platt ist wie eine Bratpfanne, wächst ein riesiger Schmuckkasten nach dem anderen empor: aus vergoldetem oder schwarzmattiertem Glas, blinkendem Stahl, Granit in allen Spielarten und anderen kostbaren Steinen.

In Downtown wehrt sich die alte Bausubstanz schon lange nicht mehr gegen Abrissbirnen. Nur Einzelkämpfer haben es geschafft, zum Beispiel das altehrwürdige **Magnolia Petrolium Building** (1401 Commerce & Akard Sts.), 1922 gebaut und lange Zeit das höchste Gebäude

westlich des Mississippi mit dem Pegasus, dem fliegenden roten Pferd, auf der Spitze und heute ein schönes Boutiquehotel. Ja, und das prächtige **Majestic Theater**, das ursprünglich als Vaudeville-Palast und seit den 1930er Jahren fürs Kino genutzt wurde.

Auch das berühmte **Adolphus Hotel** an der Commerce Street hat Glück gehabt. Der in barockem Eklektizismus errichtete Bau des Bier-Barons Adolphus Busch war lange das einzige Hotel weit und breit, ein gesellschaftliches Zentrum, wo man sich traf. Auch heute noch finden sich hier viele Damen zum Fünf-Uhr-Tee ein, vernaschen ihre Petits Fours und plaudern in der luxuriösen Lobby über Dallas, wie es früher war.

Nostalgie ist hier sonst weniger gefragt. Warum auch, das Durchschnittsalter seiner Bürger liegt schließlich bei 30 Jahren! So was bringt Schwung und beflügelt tagsüber den Ehrgeiz der Yuppies – und nach Büroschluss den der Playboys. Bei aller emsigen Geschäftemacherei bleibt also doch genug Zeit fürs Private. *Swinging Dallas* erkennt man am reichen Angebot von Bars, Nachtclubs, Discos und Honky Tonks. Man merkt es an exquisiten Restaurants ebenso wie

John Neely Bryan's Cabin – eine Replik des 1841 vom Stadtgründer errichteten Häuschens am Founder's Plaza

an zünftigen Kneipen mit viel Bier und knackigem Barbecue. Der Finanzmanager fährt nur mal schnell nach Hause und vertauscht den Nadelstreifenanzug mit der abgeschabten Jeans – schon passt er ins Gaudi eines der zahllosen Country & Western-Clubs. Dabei kannte man die Stadt lange überhaupt nicht, und später wollte man sie nicht mehr kennen, denn sie war mit einem Schlag verrufen – an jenem düstersten Tag ihrer Geschichte, am 22. November 1963, als John F. Kennedy hier erschossen wurde. Das brachte über Jahre schlechte Presse. Dallas, die Stadt von Bonnie und Clyde, ja, im übertragenen Sinne ganz Texas, schienen Faustrecht und Gewalt gepachtet zu haben.

Der Schock wirkte bis zum Start der Fernsehserie »Dallas« 1978 nach. »Erst dachten wir, der Bösewicht J. R. würde dem Ruf der Stadt schaden«, erzählt ein Verkäufer in Downtown, »aber dann merkten wir, dass uns gar nichts Besseres hätte passieren können. So beliebt wurde der Mann.«

»Dallas« hat Dallas vom Trauma befreit. Aber dennoch waren es in erster Linie handfeste wirtschaftliche Gründe, die das Image aufpolierten. Auf die erste Ölkrise 1973, die der heimischen Förderung sagenhafte Gewinne einbrachte, folgte der aufwendige Flughafenbau, der Dallas/Fort Worth zum wichtigsten Luftverkehrskreuz zwischen den Küsten machte und seine Handelstradition ausweitete.

Dann setzte die neue Völkerwanderung ein, die zum Sonnengürtel. Der *Sun Belt* war plötzlich gefragt wie nie zuvor. Dallas wurde, ähnlich wie Atlanta oder Houston, zum Beschäftigungsmagneten. Das liegt bis heute an der vielseitigen Wirtschaft, an den zukunftsträchtigen »sauberen« Industrien – Hightech (die drittgrößte Konzentration in den USA, der Ausdruck *Silicon Prairie* spielt darauf an), Banken und Versicherungen, Kosmetik, Mode und die sogenannte *hospitality industry*, bei der neben dem Tourismus vor allem *conventions* wichtig sind.

Wirtschaftliche Pluspunkte sammelt die Stadt aber auch durch ihre niedrigen Steuersätze, das Fehlen bürokratischer Auflagen und die dürftige gewerkschaftliche Mitsprache. Damit bleiben die Löhne unter Kontrolle, insbesondere die für die billigen Arbeitskräfte. Das sind in der Mehrzahl African Americans, gefolgt von den Hispanics. Sie spielen im gesellschaftlichen Leben von Dallas eine vergleichsweise geringe Rolle.

Zwar gibt es in Dallas im Vergleich zu anderen US-Großstädten keine regelrechten innerstädtischen Ghettos mit entsprechenden Konflikten, wohl aber Siedlungsmuster, die die Einkommensgruppen – und damit auch die ethnischen Gemeinden – räumlich auf Distanz halten.

Die Reichen haben sich im **Highland Park** eingerichtet, einer Villen-Enklave inmitten von manikürten Rasen, die von W. D. Cook entworfen wurde, dem Landschaftsarchitekten, der auch Beverly Hills gestaltet hat. Die Nur-Reichen residieren im Norden. Die neue Heimat der *nouveaux riches* liegt im Osten. Und diejenigen, die immer noch an ihrer ersten Million arbeiten, haben ihr Quartier in den kleinen Gemeinden im Norden bezogen, unter anderem in Plano, Richardson oder Carrollton, also in der *Silicon Prairie*, wo sich die Elektronikbranche etabliert hat. Unberührt von allen diesen Grüppchen blieben die Minderheiten – sie wohnen fast alle im Süden.

Downtown: Viel Schau am Bau und meist luxuriös ausgestattete Binnenwelten. Büros, Restaurants, Geschäfte und Freizeitanlagen vereinen sich unter einem Dach, das Lärm und Hitze fernhält. 24 Stunden kann man hier zubringen, ohne einen Fuß ins Freie zu setzen. Unterirdische Passagen und Verbindungsbrü-

Adolphus Hotel in Dallas

cken *(skyways)* schaffen ein lückenloses System der Abschottung nach draußen. Säuselnde Brunnen und plätschernde Wasserspiele, grünes Gehänge und dekorativ postierte Palmwedel suggerieren das Gefühl, mitten in der Natur zu sein. Wer die **Plaza of the Americas** besucht, bekommt sogar noch ein Extrabonbon: einen gut gekühlten Indoorpark! In den Monaten der brütenden Sommerhitze wird man solche Räume wie überhaupt das gesamte Underground-Dallas zu schätzen wissen!

Eine kleine, grüne Oase mitten im Herzen von Downtown ist **Main Street Garden** mit Kunst im öffentlichen Raum, Rasenflächen, Café und öffentlichem WLAN. Hier zeigt sich zur Lunchzeit die fleißige Welt der Angestellten. Die Männer adrett mit Anzug und Krawatte, mal mit, mal ohne Westernhut. Die Damen tadellos in Rock und Stöckelschuhen, alle wohl frisiert. Wenn die Pause zu Ende geht, bekommt das Publikum

Margot and Bill Winspear Opera House

buntere Tupfer. Dann eilen Schnellköche in Schürzen vorbei, Jogger, schlunzig gekleidete Jungs vom Gas- und Wasserwerk. Die Mehrheit trägt Pappbecher mit sich herum, in denen »Dr Pepper« schwappt, jene teuflisch süße Brause texanischen Ursprungs, die aus der Softdrinkszene der USA nicht wegzudenken ist.

Aber gehen wir doch der Reihe nach vor. Den Vormittag in Dallas sollte man zum Besuch des **Sixth Floor Museum** im **West End** nutzen, jener Räume im fünften Stock des ehemaligen Lagerhauses für Schulbücher, aus denen am 22. November 1963 auf Kennedy geschossen wurde. Wer auf die Fotos und Videos und durchs Fenster hinunter auf die Straße sieht, der blickt genau aus der Perspektive des Todesschützen. Auch Bob, der die Räumlichkeiten seit ihrer Eröffnung am President's Day 1989 mitgestaltet hat, glaubt übrigens nicht, dass die offizielle Version (Oswald/Ruby) stimmt. Aber keiner hat bisher etwas anderes vorge-

legt. Zukünftig will man die Dokumentation um Artefakte erweitern, um das Geschirr und Besteck, mit dem Kennedy sein letztes Lunch hier in Dallas gegessen habe und alle Kameras der Augenzeugen.

Gleich gegenüber eignet sich das **Old Red Museum** für einen Stopp, wenn man die lokale Geschickte von Dallas genauer kennenlernen möchte. Drei Blocks weiter auf South Houston Street liegt isoliert im gleißenden Sonnenlicht der alte Hauptbahnhof, **Union Station**. Lange herrschte hier High-Noon-Stimmung, denn der Zugverkehr lag still. Heute fahren wieder Personenzüge, z. B. nach Chicago oder San Antonio.

Von hier ist es dann auch nur einen Katzensprung hinüber zur Science-Fiction-Kulisse des **Reunion-Komplexes**. Der 50-stöckige **Reunion Tower** ist Teil des Hyatt-Regency-Hotelkomplexes. Vom **GeO-Deck**, einer Aussichtsplattform in 170 m Höhe, kann man spektakuläre 360-Grad-Blicke über Dallas genießen.

Szenenwechsel: zum **Arts District**, dem größten Kunstgebiet der USA, wo hochkarätige Kunstmuseen, das opulente Performing Arts Center und gleich nebenan ein Konzertsaal fußläufig erreichbar sind, um sicht- und hörbar das kulturelle Mitspracherecht der texanischen Metropole zu unterstreichen. Schon die Callas sang in Dallas. Das im Oktober 2009 eröffnete **AT&T Performing Arts Center** ist ganz auf die Anforderungen von Oper, Theater und Ballett zugeschnitten: Zu dem Ensemble aus vier Gebäuden gehört das nach den privaten Mäzenen benannte **Margot and Bill Winspear Opera House**, das von Norman Foster entworfen wurde. Der spektakuläre rote Zylinderbau wird von einem gläsernen Foyer eingeschlossen.

Von Rem Koolhaas stammt das **Dee and Charles Wyly Theatre**, ein zwölfstöckiger Theaterturm mit einer Aluminium-Wellblech-Fassade, die an einen Theatervorhang erinnert. Und gleich nebenan im **Morton H. Meyerson Symphony Center** hat das Dallas Symphony Orchestra seit 1989 sein Zuhause.

Für die Freunde der bildenden Kunst warten in unmittelbarer Nachbarschaft gleich drei hochkarätige Museen. Das heutige **Dallas Museum of Art** hat seine Ursprünge in der 1903 gegründeten Dallas Art Association, einem privaten Kunstverein. Heute beherbergt das 1984 bezogene, großzügige Gebäude ein enzyklopädisches Museum mit Werken aus zahlreichen Epochen, Ländern und Stilrichtungen. Renzo Pianos angrenzendes **Nasher Sculpture Center** ist eines der wenigen Museen, das sich auf moderne und zeitgenössische Skulpturen spezialisiert hat. Draußen laden ein schöner Skulpturengarten und ein Museumscafé zum Verweilen ein. Die **Crow Collection of Asian Art** schließlich zeigt in meditativer Umgebung eine intime Kollektion chinesischer, japanischer, indischer und südostasiatischer Kunstwerke aus dem Bestand der Crow-Familie.

Wer nach dem üppigen Kunstprogramm ausspannen möchte, ist im **Klyde Warren Park** gut aufgehoben. Der Park erstreckt sich zwischen Woodall Rodgers Freeway, Pearl und St. Paul Street und verbindet Uptown, Downtown und den Arts District. Klappstühle auf dem Rasen, eine Musikbühne, ein Spielplatz, Yoga- und Tai-Chi-Gruppen und vieles mehr laden zum Verweilen ein. Und wer Hunger bekommt, der findet bei den Food Trucks am Straßenrand eine Fülle an kulinarischen Angeboten. Wer naturwissenschaftlich interessiert ist, kann sich zur jüngsten Errungenschaft der Museumsszene aufmachen, dem nahen **Perot Museum of Nature and Science**. Der im Dezember 2012 eröffnete Museumskubus liegt etwas erhöht über dem Woodall Rodgers Freeway und bietet ein faszinie-

Dee and Charles Wyly Theatre

rendes Erfahrungsfeld: beispielsweise Dinosaurier, gigantische Edelsteine oder simulierte Erdbeben.

Nach dem ausführlichen Museumsprogramm folgt man am besten **McKinney Avenue** nach Norden in Richtung **Uptown**, einem lebendigen, jungen Stadtteil mit vielen Restaurants, Straßencafés und kleinen Malls. McKinney präsentiert sich als eine teils backsteingepflasterte Straßenzeile, über die eine nostalgische Straßenbahn *(McKinney Trolley Line)* rollt, vorbei an einer Reihe schicker Patio-Restaurants, chromblitzender Diner, aber auch monströser Stilblüten – wie dem unübersehbaren **The Crescent**, einem 1986 von der Hunt-Familie hochgezogenen, neo-viktorianischen Hotel- und Bürokomplex. Immerhin zeichnen das prominente Architektenduo Philip Johnson und John Burgee dafür verantwortlich.

Der spätere Nachmittag eignet sich aber auch gut für den Besuch des quir-ligen **Farmer's Market**. Terry, der Gemüsehändler, pendelt berufsbedingt zwischen Stadt und Land. Jede Woche fährt er mit seiner Tochter im Pick-up in die Innenstadt. Am Stand bietet er sein Obst und Gemüse den eingefleischten Steak-Liebhabern unter den Dallasites als Alternative an. »Es braucht so seine Zeit, bis das die Leute hier begreifen. J. R. war da anders.« – »J. R.?« – »Ja, Larry Hagman war früher häufig hier. Er sah überhaupt nicht gemein aus. Ein netter Mensch. Ja, und Vegetarier!«

Abends, vor Sonnenuntergang, führt die strenge Ost-West-Ausrichtung des Straßenrasters dazu, dass die entsprechenden Achsen (etwa Commerce, Main, Pacific und Ross Street) in gleißendes Licht getaucht sind, wie Glühstäbe, während die Nord-Süd-Achsen im tiefen Schatten liegen. Im weißen Abendhimmel schwirren die Flugzeuge wie die Mücken am See. Die richtige Zeit also, sich im **West End** umzusehen, dem restaurierten Back-

Schöner Skulpturengarten: Nasher Sculpture Center

stein- und Warehouse District, mit dem üblichen Entertainment-Mix.

Alternativ kann man, um den Tag zu beschließen, Ausflüge in andere beliebte Viertel von Dallas unternehmen. Zum Beispiel weiter östlich, von Downtown aus gesehen, nach **Deep Ellum**, zur Elm Street (»Ellum« ist die alte charakteristische Aussprache für Elm). Dieses erste Schwarzenviertel nahe den Eisenbahngleisen war einst Standort zahlreicher Fabriken und Heimat einiger Bluessänger (z.B. Blind Lemon Jefferson). Nach dem Zweiten Weltkrieg wandelte es seinen Outfit. Als die Schwarzen in die (vor allem südlichen) Vororte umzogen, setzte eine Art Soho-Effekt ein: Künstler, Theatergruppen und Galeriebetreiber nutzten die günstigen Mieten und drückten dem ehemaligen Mini-Harlem einen neuen Stempel auf. Nach einem Niedergang Ende der 1990er Jahre ist es dem Viertel gelungen wieder an alte Zeiten anzuknüpfen, mit einem frischen Mix aus Musikclubs, Galerien, Straßenkunst und experimentellen Theatern.

Wer das »neue« Dallas erkunden will, sollte westlich von Downtown über die **Margaret Hunt Hill Bridge** ins trendige **Trinity Groves** aufbrechen. Die schöne Brücke wurden vom Stararchitekten Santiago Calatrava entworfen. Man erreicht das Viertel über eine Fußgängerbrücke, die unmittelbar neben der Margaret Hunt Hill Bridge über den Trinity River führt. Südlich davon entsteht derzeit eine weitere Calatrava-Brücke, die Margret McDermott-Brücke.

Die Entwicklung von Trinity Groves steht im direkten Zusammenhang mit dem **Trinity River Corridor Project** und dem gelungenen Versuch, die städtischen Flussufer des Trinity River zu revitalisieren. Ähnlich dem River Walk in San Antonio und dem Lady Bird Lake in Austin werden damit nun auch in Dallas

Wer im Klyde Warren Park in Dallas Hunger bekommt, ist bei den Food Trucks am Straßenrand gut aufgehoben

durch Parks, Seen und Spazierwege neue innerstädtische Naherholungs- und Vergnügungsbereiche geschaffen.

So oder so, die Dallassche Turmbaukunst aus Protz und Pracht im Glitzer-Look entgeht niemandem. Eine Fata Morgana in der Prärie? Keineswegs. In weniger als hundert Jahren ist aus einer einsamen Blockhütte eine energiegeladene (und -verschwendende) Millionenstadt geworden: das »Big D«. Der Taxifahrer meint abends auf der Heimfahrt: »Dallas hat genug Geld, die Lichter in den Wolkenkratzern nachts brennen zu lassen, auch wenn sie leer sind.«

Die große metallische, Gitarre spielende Skulptur »Travelling Man« steht am Rande von Deep Ellum

2 Service & Tipps

🅿️🎢 Six Flags Over Texas
2201 Road to Six Flags (I-30 & Hwy. 360)
Arlington, TX 76010
© (817) 640-8900
www.sixflags.com/overTexas
Öffnungszeiten saisonal sehr unterschiedlich,
vgl. Website, Eintrittspreise ab $ 58 zzgl. Park-
gebühren, im Vorverkauf günstiger
Der Themenpark liegt auf halbem Weg zwischen Fort Worth und Dallas.

Dallas

**Achtung: Bei Ortsgesprächen in Dallas muss
immer der Area Code mitgewählt werden –
also entweder 214 oder 972! Deshalb sind im
Folgenden die Vorwahlnummern ausnahmsweise nicht in Klammern gesetzt.**

ℹ️ Dallas Tourist Information Center
100 S. Houston St. (Old Red Courthouse)
Dallas, TX 75202
© 214-571-1316, www.visitdallas.com
Tägl. 8–17 Uhr
Im roten Schmuckkasten des ehemaligen Ge-
richtsgebäudes (1892) kann man sich traditionell oder in der Cyber Lounge online informieren.
Dallas City Pass: Einige wichtige Sehenswürdigkeiten kann man innerhalb von neun Tagen
zu einem vergünstigten Ticketpreis besuchen,
wenn man den City Pass erwirbt. Details unter
http://de.citypass.com/dallas.

🚉 Union Station/Amtrak
400 S. Houston St.
Dallas, TX 75202-4801
© 214-979-1111 (DART) und
© 1-800-872-7245 (AMTRAK)
www.amtrak.com, www.dart.org
Der 1914 erbauten Bahnhof hat nach langen
Jahren des Stillstands wieder Verkehr: die
lokalen Busse von DART und AMTRAK-Zug-
verbindungen, z. B. nach San Antonio und
Chicago.

Übernachten

🏨❌ The Adolphus
1321 Commerce & Akard Sts.

Dallas, TX 75202
© 214-742-8200
www.hoteladolphus.com
Grandhotel alter Klasse (1912), das einzige
in Dallas noch erhaltene – mit Antiquitäten,
Ölporträts, Wandteppichen, Lüstern und viel
Marmor. Exquisites Restaurant **The French
Room. $$$$**

🏨 Aloft Dallas Downtown
1033 Young St.
Dallas, TX 75202
© 214-761-0000
www.aloftdallasdowntown.com
Lifestyle-Hotel im Loftstil mit 193 Zimmern
direkt in Downtown. **$$$$**

🏨❌🟢 The Magnolia Hotel
1401 S. Commerce St.
Dallas, TX 75202
© 214-915-6500
www.magnoliahoteldallas.com
Elegantes Design haucht dem historischen Gebäude des **Magnolia Petrolium Building** neues
Leben ein. Schon die wunderschöne Lobby lädt
zum Verweilen ein. Einschließlich Frühstück,
Happy Hour Drink, Fitnessraum, Dampfbad
und Jacuzzi. **$$$$**

**🏨❌🛌🏊 Le Méridien Dallas, The Stoneleigh
Hotel**
2927 Maple Ave.
Dallas, TX 75201
© 214-871-7111
www.starwoodhotels.com/LeMeridien
Wunderschön gelegen (Turtle Creek Area),
jüngst renoviert und um Spa erweitert mit
kontinentaleuropäisch anmutendem Charme.
153 Zimmer, Fitnesszentrum, Pool, Restaurant
und Bar. **$$$$**

🏨❌🛌🎢 Rosewood Mansion on Turtle Creek
2821 Turtle Creek Blvd. (Uptown)
Dallas, TX 75219
© 214-559-2100
www.mansiononturtlecreek.com
Gilt als bestes Hotel in Texas. Pool, Sauna, Fitnessraum, Babysitting, Top-Restaurant (edles
Ambiente wie in einer italienischen Villa, $$$).
$$$$

🏨🛌🏊 Crowne Plaza Hotel Dallas Downtown
1015 Elm St., Dallas, TX 75202

© 214-742-5678
www.crowneplazadallas.com
Ordentlich, preisgünstig und zentral.
Pool, Fitnesseinrichtungen, kleines Frühstück.
$$$–$$$$

🛏❌🍸 **Indigo Hotel**
1933 Main St.,
Dallas, TX 75201
© 214-741-7700 und 0800-181-6068
www.hotelindigo.com
Ursprünglich im Auftrag von Conrad Hilton
1925 erbaut, das erste Hotel in den USA, das
seinen Namen trug. Sympathisches Haus mit
europäischem Flair: 170 Zimmer und Suiten
(Möblierung und Farbgestaltung erinnern an
ein luftiges Strandhotel), Bistro und Bar.
$$$–$$$$

🛏 **Hotel Lumen**
6101 Hillcrest Ave., Dallas, TX 75205
© 214-219-2400
www.hotellumen.com
Ein Boutiquehotel der Kimpton-Kette in der
Nähe der **Southern Methodist University**
(SMU) im Norden von Dallas. $$$–$$$$

🛏❌ **Belmont Hotel**
901 Fort Worth Ave., Dallas, TX 75208
© 866-870-8010
www.belmontdallas.com
Auf der anderen Seite des Trinity River ge-
legenes Designhotel aus den 1940er Jahren.
Wunderbarer Blick auf Downtown und Trinity
River von der Terrasse. Restaurant **Smoke** mit
Southern Cuisine. $$$

🛏 **Hampton Inn & Suites Dallas Downtown**
1700 Commerce Street, Dallas, TX, 75201
© 214-290-9090, www.hamptoninn.com
Solide Adresse, gut gelegen, 167 Zimmer. $$$

Museen und Sehenswürdigkeiten

🏛🎨 **African American Museum**
3536 Grand Ave. (Fair Park)
Dallas, TX 75210-1005
© 214-565-9026
www.aamdallas.org
Di–Sa 10–17 Uhr, Eintritt frei
Das Museum ist Kunst, Kultur und Geschichte
der African Americans gewidmet und spricht
gleichermaßen Erwachsene und Kinder an.

*Die prächtige Belo Mansion, heute ein Veran-
staltungsraum, liegt unweit des Dallas Museum
of Art*

🏛 **The Crow Collection of Asian Art**
2010 Flora St. (Arts District)
Dallas, TX 75201
© 214-979-6430
www.crowcollection.com
Di–Do 10–21, Fr–Sa 10–18, So 12–18 Uhr
Eintritt frei
Die Kollektion umfasst mehr als 600 Gemälde,
Kunstobjekte aus Metall und Stein sowie gro-
ße architektonische Werke aus China, Japan,
Indien und Südostasien.

🏛🖼 **Dallas Museum of Art (DMA)**
1717 N. Harwood St. (Arts District)
Dallas, TX 75201
© 214-922-1200, www.dm-art.org
Di–So 11–17, Do 11–21 Uhr, Mo geschl.
Eintritt ständige Sammlung frei
Dallas' internationale Kunstsammlung (seit
1903) ist in einem großzügigen Museumsbau
(1984) untergebracht. Schönes Einzelstück:
Max Liebermanns Tafelbild »Im Schwimm-
bad«. Museumscafé.

🏛🌸👥🖼 **Nasher Sculpure Center**
2001 Flora St. (Arts District), Dallas, TX 75201
© 214-242-5100
www.nashersculpturecenter.org
Tägl. außer Mo 11–17 Uhr
Eintritt (einschließlich Audio-Tour) $ 10/5
Eine der weltgrößten privaten Skulpturen-
sammlungen der Moderne, zusammengetra-
gen vom Immobilienmakler und Banker Ray-
mond D. Nasher mit Werken u. a. von Calder,

Ausstellungsraum im Nasher Sculpture Center

de Kooning, Giacometti, Matisse, Miró, Moore, Rodin, Picasso, Serra, Judd und Oldenburg.

Die lichten Pavillons, an die ein schöner formaler Garten anschließt, stammen vom italienischen Stararchitekten Renzo Piano. Shop und sehr angenehmes Café von Wolfgang Puck mit kleinen Köstlichkeiten.

🏛 Old Red Museum of Dallas County History and Culture

100 S. Houston St. (Old Red Courthouse)
Dallas, TX 75202
✆ 214-745-1100, www.oldred.org
Tägl. 9–17 Uhr, Eintritt $ 8/5
Alles über die Geschichte von Dallas und Dallas County – von den Anfängen bis zur Gegenwart.

Perot Museum of Nature and Science

🏛 🎟 Perot Museum of Nature and Science

2201 N. Field St. (Victory Park)
Dallas, TX 75201
✆ 214-428-5555
www.perotmuseum.org
Mo–Sa 10–17, So 12–17 Uhr, Eintritt $ 19/12
Der ausgefallene Museumskubus am Woodall Rodgers Fwy. bietet vielfältige Einblicke in die Naturgeschichte: Dinosaurier, gigantische Steine, die Simulation von Unwettern und vieles mehr für alle Altersklassen.

👁 ✗ Reunion Tower

300 Reunion Blvd., Dallas, TX 75207
✆ 214-651-1234
www.reuniontower.com
Der 50-stöckige Turm mit dem **GeO-Deck** (www.reuniontower.com) (saisonal unterschiedliche Öffnungszeiten; in der Regel So–Do 10.30–20.30, Fr/Sa 10.30–21.30 Uhr geöffnet. Tickets erforderlich) ist Teil des **Hyatt-Regency-Komplexes** (https://dallas.regency.hyatt.com). Die Aussichtsplattform in 170 m Höhe bietet spektakuläre 360-Grad-Blicke über die Stadt. Man kann den Außenbereich des GeO-Deck begehen und über »Halo« ein digitales Informationssystem, vieles über Dallas erfahren. Direkt über dem Aussichtsdeck bietet das Restaurant **Five Sixty** von Amerikas Star-Gastronom Wolfgang Puck Gourmet-Küche in luftiger Höhe (www.wolfgangpuck.com, ✆ 214-571-5784, tägl. ab 17 Uhr, $$$).

🏛 **The Sixth Floor Museum at Dealey Plaza**
411 Elm St.
Dallas, TX 75202
𝒞 214-747-6660, www.jfk.org
Di–So 10–18, Mo 12–18 Uhr
Eintritt $ 16/13, Parkplatz $ 5 gleich nebenan
Rekonstruierte Räume, aus denen Lee Harvey
Oswald auf JFK geschossen haben soll. Seit
1989 authentische Gedenkstätte. Zugleich
Zeitreise durch das Leben und die Präsident-
schaft von JFK.
Das begehbare JFK Memorial steht an der
gleichnamigen Plaza.

🌳🖐🗙 **Klyde Warren Park**
2012 Woodall Rodgers Fwy., zwischen Woodall
Rogers Fwy., Pearl & St. Paul St.
Dallas, TX 75201
www.klydewarrenpark.org
Tägl. 6–23 Uhr geöffnet
Der Park verbindet Uptown, Downtown und
den Arts District.

🌳 **Main Street Garden**
Zwischen St. Paul, Main, Harwood und Commerce St., Dallas, TX 75201
www.mainstreetgarden.org
2009 eröffneter Park, eine kleine Oase.

🌸 **Arboretum and Botanical Garden**
Vgl. S. 53

Theater und Konzerte

🖐🎵 **AT&T Performing Arts Center**
2403 Flora St. (Arts District)
DART-Station: Pearl Station
Dallas, TX 75201
𝒞 214-954-9925, www.attpac.org
Im Oktober 2009 eröffneten im Arts District
das Margot and Bill Winspear Opera House,
das Dee and Charles Wyly Theatre, der Annette
Strauss Square und der Elaine D. and Charles
A. Sammons Park.

🖐 **Dee and Charles Wyly Theatre**
2400 Flora St. (Arts District), Dallas, TX 75201
𝒞 214-526-8210
www.dallastheatercenter.org
Der von den Architekten REX/OMA, Joshua
Prince-Ramus und Rem Koolhaas entworfene,
zwölfstöckige Theaterturm hat eine Aluminium-Wellblech-Fassade, die an einen Theatervorhang erinnert. Das 600 Plätze fassende
Theater bietet klassische Theateraufführungen
ebenso wie experimentelle Inszenierungen.

🖐 **Latino Cultural Center**
2600 Live Oak, Dallas, TX 75204
𝒞 214-671-0045
www.dallasculture.org/latinoculturalcenter
Di–Sa 10–17 Uhr, So/Mo geschl., Eintritt frei
Kulturzentrum (Theater, Ausstellungen) der

Dallas Arboretum and Botanical Garden

rund 800 000 zählenden hispanischen Gemeinde der Region.

🌮 Margot and Bill Winspear Opera House
2403 Flora St., Suite 500 (Arts District)
Dallas, Texas 75201
☎ 214-443-1000
www.dallasopera.org
Im Zentrum des von Norman Foster & Partners entworfenen, spektakulären Opernhauses steht der rote Zylinderbau, der von einem gläsernen Foyer eingeschlossen wird.

🌮♫ Morton H. Meyerson Symphony Center
2301 Flora St. (Arts District), Dallas, TX 75201
☎ 214-670-3600, www.dallassymphony.com
Hinreißender Baukörper von I. M. Pei, sein einziger Konzertsaal übrigens (1989). Stammhaus des Dallas Symphony Orchestra, mit 2000 Sitzen und einer allseits gerühmten Akustik. Besonders beeindruckend ist das Foyer. Ross Perot hat das meiste Geld dafür gespendet.

Treppenhaus und Lobby des Winspear Opera House

🌮 Majestic Theater
1925 Elm St., Dallas, TX 75201
☎ 214-670-3687, www.liveatthemajestic.com
In dem in barocker Manier gebauten, 1922 eröffneten und inzwischen renovierten Theater gastieren Ballett-, Theater und Musikaufführungen.

Restaurants and Bars

✕🍸 Cafe Pacific
24 Highland Park Village, Dallas, TX 75205
☎ 214-526-1170, www.cafepacificdallas.com
Mo–Sa Lunch und Dinner, So Brunch
Ein Hotspot der Restaurantszene von Highland Park. Sehr gute Fischgerichte, Reservierung ratsam. Cocktail Lounge. Lunch ($) und Dinner. $$$

✕ Savor
2000 Woodall Rodgers Fwy, Dallas, TX 75201
☎ (214) 306-5597, www.savorgastropub.com
Modern, leichte Küche direkt am Klyde Warren Park. Tägl. Lunch und Dinner. $$$.

✕ Stephan Pyles Flora Street Cafe
2330 Flora St #150, Dallas, TX 75201
☎ 214-580-7000, www.stephanpyles.com
Lunch: Mo–Fr, Dinner: Mo–Sa, So geschl.
High-End-Südwestküche. Im Museum District. Elegante Atmosphäre. Chef Pyles gilt als Gründervater dieser Geschmacksrichtung. $$$

✕♫ Avanti Ristorante
2720 McKinney Ave., Dallas, TX 75204
☎ 214-871-4955, www.avantirestaurants.com
Tägl. Dinner ab 17 Uhr. Lunch Mo–Fr ab 11 Uhr. Schickes italienisches Lokal mit Livemusik und Terrasse. $$–$$$

✕ La Duni Latin Cafe
4620 McKinney Ave., Dallas, TX 75205
☎ 214-520-7300, www.laduni.com
Tägl. Dinner, Mo–Fr Lunch, Sa/So Frühstück
Erstklassige mexikanische Küche, z.B. *Tacos de picanha.* $$–$$$

✕ Stampede 66
1717 McKinney Ave, Suite 100
Dallas, TX 75202
☎ (214) 550-6966
https://stampede66restaurant.com
Lunch: Mo–Fr, Dinner: tägl.

Moderne texanische Gerichte aus der Küche des Starkochs Stephan Pyles. $$–$$$.

☒ Aw Shucks Oyster Bar
3601 Greenville Ave. & Longview St.
Dallas, TX 75206
℗ 214-821-9449, www.awshucksdallas.com
Tägl. Lunch und Dinner
Simples Lokal, auch zum Draußensitzen: Es gibt Steaks, Gumbo, Shrimps und eine Austernbar. $–$$

☒ Lockharts Smokehouse
400 West Davis, Dallas, TX 75208
℗ (214)-944-5521, www.lockhartsmokehouse. com, tägl. ab 11 Uhr geöffnet.
Rustikales Restaurant im Bishop Arts Distrikt, berühmt für sein BBQ. Keinerlei Chichi. $–$$

☒☙♫ The Rustic
3656 Howell St., Dallas, TX 75204
℗ (214) 730-0596, http://therustic.com
Tägl. Lunch und Dinner. Entspannte Atmosphäre, gelungene Verbindung von Restaurant, Bar (mit riesiger Bierauswahl) und Live-Konzerten, schönes Patio. $–$$

☒☙ Urban Taco
3411 McKinney Ave., Dallas, TX 75204
℗ 214-922-7080, http://urban-taco.com
Tägl. ab 11 Uhr geöffnet.
Das mexikanische Restaurant in Uptown ist ein guter Stopp, um mittags beim Lunch draußen zu sitzen und das Treiben auf der McKinney Avenue zu verfolgen. Frische, mexikanische Gerichte, große Auswahl an Guacamole-Zubereitungen. $–$$

☒☙ Jorge's Dallas
1722 Routh St., Suite 122, In der One Arts Plaza (Arts District), Dallas, TX 75201
℗ 214-720-2211, http://jorgestexmex.com
Tägl. ab 11 Uhr geöffnet. Mo & Mi bis 20 Uhr, Do bis 22 Uhr, Fr & Sa bis 23 Uhr, So bis 19 Uhr
Solide Tex-Mex-Küche, ideal zum Lunch oder zur Happy Hour mit Patio. $

☒▣ Katy Trail Ice House
3127 Routh Street, Dallas, TX 75201
℗ (214) 468-0600, http://katyicehouse.com
Biergarten direkt am Katy Trail in Uptown Dallas. 50 verschiedene Biere vom Fass und deftiges BBQ. $

Kein texanisches Festival taugt etwas ohne C&W Music

☒☙ Snuffer's Restaurant & Bar
3526 Greenville Ave., Dallas, TX 75206
℗ 214-826-6850, www.snuffers.com
Mo–Do 11–22, Fr/Sa 11–1 Uhr, So 11–22 Uhr
Nach einhelliger Meinung gibt's hier die besten Hamburger der Stadt, perfekte College-Menüs und gute Margaritas. Cocktail Lounge. $

☒▣ Sonny Bryan's Smokehouse
302 N. Market St. (West End), Dallas, TX 75202
℗ 214-744-1610, www.sonnybryansbbq.com
Tägl. 11–21, Fr/Sa bis 22 Uhr
Gute BBQ-Kette: würzige Rippchen und knackige Würste. *Beer only.* $

☒ Eine große Auswahl an Restaurants findet man auch in **Trinity Groves** (z. B. Meeresfrüchte bei Amberjax, Sashimi bei Sushi Bayashi oder Asian Fusion-Küche in Chino Chinatown.) Gu-

ter Überblick über die dortige Restaurantszene unter www.trinitygroves.com/restaurants.

🍸🎷🎵 Deep Ellum

Elm St. östl. von Downtown, Dallas, TX 75226
Künstlerviertel in ehemaligem Lagerhallen-bezirk, das nach einem Niedergang Ende der 1990er Jahre erfolgreich an alte Zeiten an-knüpft hat. Auch der Anschluss an das lokale Straßenbahnsystem DART (Green Line) hat da-für gesorgt, dass der Stadtteil besonders an Wo-chenenden wieder gefragt ist – vor allem für Jazz und Blues, aber auch Alternatives und ein wenig Avantgarde für anspruchsvollere Locals. Einige der traditionellen Clubs haben auch wieder eröffnet:

🍸 Trees

2709 Elm St., Dallas, TX 75226
✆ 214-741-1122, www. treesdallas.com
Populärer, Club.

🍸 All Good Cafe

2934 Main St., Dallas, TX 75226
✆ 214-742-5362, www.allgoodcafe.com)
Zünftige Kost (z. B. *chicken-fried steak*) und Livemusik am Wochenende.

Shopping

🏙🍸 Bishop Arts District

www.bishopartsdistrict.com
Kleines Shopping- und Ausgehviertel südwest-lich des Zentrums.

🏙 Dallas Farmer's Market

1010 S. Pearl Expwy. (Downtown)

Charmantes Einkaufsviertel: Bishop Arts District

Dallas, TX 75201
✆ 214-443-9898
www.dallasfarmersmarket.org
Sa–Do 10–18, Fr 20–21 Uhr
Größter texanischer Open-Air-Großmarkt für Gemüse, Obst, Gewürze, Pflanzen und Blumen und vieles mehr. Besonders an Wochenenden attraktiv.

🏙✗ Highland Park Village

Highland Park Village 47, Dallas, TX 75205
✆ 214-443-9898, www.hpvillage.com
Seit 1931 eine der besten Shoppingadressen in Dallas. Feine Shopping Mall mit Edelbou-tiquen und eklektischen Restaurants. Gefäl-lige Architektur mit spanischen Anklängen – mit DART Light Rail erreichbar.

🏙 Neiman Marcus' Original Dallas Store

1618 Main St. (Downtown), Dallas, TX 75201
✆ 214-741-6911, www.neimanmarcus.com
Mo–Sa 10–18, Do 10–19 Uhr, So geschl.
Stammsitz des berühmten Kaufhauses (1907 gegründet; dieser Bau stammt von 1914), das Bloomingdale's von Texas. Unter den über die Jahrzehnte via Katalog angepriesenen Geschenken für »Sie« und »Ihn« befanden sich u. a. auch ein Flugzeug, ein Heißluftbal-lon und ein zweisitziges U-Boot, die alle ihre Abnehmer fanden.

🏙✗ NorthPark Center

8687 North Central Expwy., Dallas, TX 75225
✆ 214-363-7441, www.northparkcenter.com
Mo–Sa 10–21, So 12–18 Uhr
Einkaufszentrum der Extraklasse mit über 230 Spezialgeschäften und Restaurants (10 Minu-ten von Downtown Dallas).

🏙✗ Plaza of the Americas

700 N. Pearl Blvd., Dallas, TX 75201
✆ 214-720-8000
Weiträumiges Bürogebäude im Atriumstil mit Shops und Restaurants.

🏙✗ West Village

Zwischen McKinney & Cole Aves. sowie Lemon Ave. East & Blackburn St., Dallas, TX 75204
www.westvil.com
Kleinere Shopping Mall am nördlichen Ende von Uptown in Backsteinkomplex mit Loft-Am-biente. Viele Restaurants liegen ganz in der Nähe. ✳

3 **Die aparte Hauptstadt**
Austin

3. Tag: Dallas – Austin
         (304 km/190 mi)

km/mi	Zeit	Route/ Programm
0	9.00 Uhr	In **Dallas** Elm St. gerade zu auf die I-35E nach Süden über
221/138	11.00 Uhr	**Salado** (Shopping/Lunch: ca. zwei Stunden) nach
304/190	14.00 Uhr	**Austin**.

Einen Stadtplan von Austin finden Sie auf S. 74.

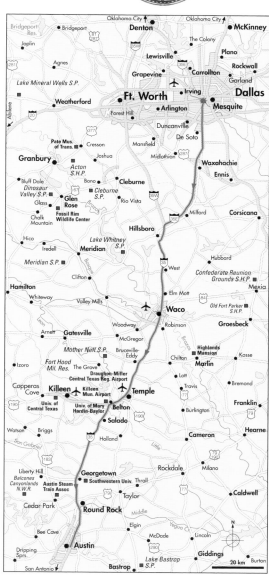

Empfehlung

Hier wird ein Nachmittagsprogramm für Austin vorgestellt. Wer aber einen tieferen Eindruck und auch das Besondere der Stadt erleben will, der sollte mindestens zwei, besser drei Tage vor Ort einplanen.

Sportmöglichkeiten in Austin

Laufen: Lady Bird Lake Hike and Bike Trail ist Austins populärster Laufweg. Der Trail ist ca. 16 km lang, er führt entlang dem gestauten Teil des Colorado River, der Lady Bird Lake (ehemals: Town Lake) genannt wird. Nähere Informationen unter: www.austintexas.gov/resident/parks-0. Wer Lady Bird Lake gerne auf dem Wasser erkunden möchte, kann am Nordufer des Sees (gegenüber der Austin High School) beim **Texas Rowing Center** (1541 W. Cesar Chavez St., Austin, TX 78703, ℂ 512-467-7799, www.austintexas.gov/department/barton-springs-pool) ein Kajak, Kanu oder Ruderboot mieten.

Schwimmen: Barton Springs Pool (2101 Barton Springs Rd., Austin, TX 78746, ℂ 512-476-9044, www.austintexas.gov/department/barton-springs-pool, tägl. geöffnet, Zeiten saisonal unterschiedlich, Eintritt $ 3/2) im Zilker Metropolitan Park ist die erste Adresse zum Schwimmen: Sehr beliebtes, seeähnliches Schwimmbad mit quellfrischem Wasser, das ganzjährig auf 20 Grad temperiert ist.

Fahrradfahren: In Lance Amstrongs Heimatstadt gibt es eine Fülle gut ausgebauter Fahrradwege. Fahrräder kann man z.B. bei Mellow Johnny's (www.mellowjohnnys.com) ausleihen. Routenvorschläge unter www.austinbikeroutes.com.

Wer Dallas verlässt, gerät, wie meist in Amerika, innerhalb kürzester Zeit in eine andere Welt. Außerhalb ist es eine Stadt der Baumwolle, der wiehernden Pferde und üppigen Ranches – näher kann das Zubehör des Old West einer modernen Metropole kaum kommen.

Sobald die Skyline im Rückspiegel zur bunten Ansichtskarte zusammenschrumpft, wechseln sich Äcker, welliges Buschland und grüne Weiden ab. Wen der Hunger packt, bekommt bald die Gelegenheit zu einem ethnisch-kulinarischen Schmankerl. In dem kleinen Nest **West**, südlich von Hillsboro, gibt es *Kolaches* [ko'lätschis], eine tschechische Spezialität: Schmackhaft eingepackte »Sachen«, meist Schinken, Käse oder Erdbeerquark von einem leckeren, allerdings ein wenig fettigen Teigmantel umschlungen.

In **Waco**, jener Stadt, die durch die blutige und folgenschwere Belagerung der Sektenfestung der Davidianer international Schlagzeilen machte, kann, wer sich für die Geschichte der Limonade »Dr Pepper« interessiert, einen Stopp im **Dr Pepper Museum** einlegen. Anschließend geht es über den Brazos River und wenig später folgt ein *billboard,* das bereits für die ebenso abkühlenden wie nassen Freuden des Wasserparks »Schlitterbahn« in New Braunfels wirbt.

Salado, die alte Gemeinde am gleichnamigen Creek, die schon Indianer, Spanier und mexikanische Reisende angezogen hat, entpuppt sich als ein hübsches kleines Dorf mit fotogen weißgetünchter Kirche, Antiquitätenläden und schnuckeligen kleinen Hotels. In den Gärten der Restaurants lohnt es sich, im Schatten der Eichen und Nussbäume eine Pause einzulegen und es den einstigen Postkutschenreisenden nachzutun. Unter ihnen waren ebenso rühmliche wie unrühmliche Gäste. Das Flüsschen, so sagt man, soll heilende Kräfte freisetzen. Um diesen Zustand zu verlängern, schuf man die Plastik einer weinenden Seejungfrau, deren Tränen den Creek bis in alle Ewigkeit in Fluss halten sollen.

Wenige Zeit später beginnen die lieblichen Züge des **Texas Hill Country** Gestalt anzunehmen, eines hügeligen und wasserreichen Landstrichs, der es schon früh den Reisenden angetan hat. So notierte der berühmte Gartenarchitekt Frederick Law Olmsted 1857 in seinen »Wanderungen durch Texas« unter anderem: »Die Umgegend ist wellenförmig und malerisch, und man hat hübsche Aussichten nach entfernten Hügeln und munter glänzenden Bächen, welche von den Abhängen der Prärien sich ergießen.« Auch **Austin** schneidet gut ab. Olmsted: »Austin hat eine recht angenehme Lage am Ufer des Colorado, es war der hübscheste Ort, den wir bis jetzt in Texas gesehen hatten, eine Art Washington im Kleinen und durch ein umgekehrtes Glas betrachtet.«

Das war 1857. Zuvor (1839) hatten fünf Reiter vom damaligen Präsidenten der Republik Texas den Auftrag erhalten, einen geeigneten Platz für eine Hauptstadt auszukundschaften. Einen Monat schwärmten die Leute aus, dann kamen sie mit ihrem Tipp zurück. Es gebe da ein hübsches Plätzchen mit ein paar Hütten an einer Krümmung des Colorado River. Der Name: Waterloo.

Ein böses Omen war das nicht. Noch im selben Jahr schüttelten die neuen Stadtväter ihr »Waterloo« ab und eigneten sich den Namen von Stephen F. Austin an, dem allseits verehrten »Gründungsvater« von Texas. Bis heute zeigt das Wirkung. Immer mehr Texaner wollen in Austin wohnen, und zwar am liebsten versteckt unter *Live oak*-Bäumen mit Fernblick. »Wenn Dallas New York ist und Houston Chicago, dann ist Austin San Francisco«, lautet ein Spruch.

Aber, wie meistens, erzeugt ein Run auch Schattenseiten: ein überdurchschnittliches Wachstum – inzwischen gibt es 911 000 *Austinites* (Großraum: über zwei Mio). Als Regierungs- und Universitätssitz leistet sich Austin zwar immer noch eine vergleichsweise aparte Lebensqualität, aber die Infrastruktur hat mit der Stadtentwicklung nicht immer Schritt gehalten – bei Straßen nicht und beim eher provinziellen Flughafen erst recht nicht. Da hilft es auch nicht so recht, dass seit 2012 die Formel 1 auf einer eigens dafür gebauten neuen Rennstrecke ausgetragen wird. Mancher Local hätte die Steuergelder lieber auf sinnvolle Weise in den öffentlichen Nahverkehr investiert.

Trotzdem, die Stadt rangiert ganz weit oben auf der Beliebtheitsskala des Landes, wenn es um Lebensart, Jobs, medizinische Versorgung und eine vergleichsweise geringe Kriminalitätsrate geht. Die hohe Zuzugsrate insbesondere von Hightechfirmen belegt das.

Die Kuppel des **State Capitol Building** ist zwar noch 4,60 Meter höher als die

Gastliche Bed & Breakfasts erwarten den Reisenden in Salado

Driskill Hotel – 1886 erbaut

in Washington, D. C. (das konnte Herr Olmsted bei seinem Vergleich damals nicht wissen, denn die Kuppel war noch im Bau), aber auf Geltungsdrang lässt das nicht schließen. Nein, das öffentliche Leben ist auffällig unamerikanisch, das Bevölkerungsprofil ungewöhnlich. Austin gilt als Stadt der Livemusik, aber auch der Bücherwürmer. Hier werden pro Kopf mehr Bücher verkauft als in den 50 größten US-Städten. Vor allem legt man Wert auf unterschiedliche (Sub-)Kulturen, individuelle Lebensstile, eine intellektuelle Community und gibt sich politisch progressiv. Und so soll es auch bleiben: »Keep Austin Weird« ist das Motto der Stadt. Manche Texaner blicken deshalb mit großer Skepsis auf ihre Hauptstadt, ihre liberalen Politiker, die Studenten, die vielen Musiker, Denkmalpfleger und Umweltschützer, die Lebenskünstler und die Scharen von Intellektuellen.

Aber auch kulinarisch bietet die Stadt Beneidenswertes: Selbst die *New York Times* rühmt die bemerkenswerte Bandbreite ihrer mexikanischen Restaurants: *Mexican, Tex-Mex, Nuevo-Tex-Mex, Regional-Mex* und *New-Mex-Mex* (aus New Mexico).

Sehen wir uns um. Zunächst in Downtown, denn die Einfahrt bildet die quicklebendige **Sixth Street**. Der im Stil einer

Das Texas Book Festival in Austin ist eines der renommiertesten Literaturfestivals des Landes und findet in um das Capitol statt

klassischen Südstaaten-Villa errichtete Prachtbau der **Governor's Mansion**, die alte **French Legation**, das opulente **Driskill Hotel** und natürlich das State Capitol mit seiner mächtigen Kuppel gehören zu den ästhetischen Bojen der Innenstadt.

Wer Congress Avenue zum **Lady Bird Lake** (vormals: Town Lake), der seeartigen Erweiterung des Colorado River, hinunter und zur **Congress Avenue Bridge** geht, kann bei Anbruch der Dämmerung Zeuge eines besonderen Naturspektakels werden, wenn Scharen von Fledermäusen (1,5 Millionen!), die hier ihren Sommersitz haben, zwischen Mitte März und Anfang November in den Abendhimmel zum Dinner starten. Am eindrucksvollsten aber ist das *Bat Watching* von einem der kleinen Cruising-Boote.

Wenn man Downtown weiter stadtauswärts über die Congress Avenue Bridge Richtung Süden verlässt, kommt man nach **South of Congress** (kurz SoCo genannt), den eigentlichen *hip strip* der Stadt. Sobald man kurz nach der Kreuzung Academy Drive am Neonzeichen »So close and yet so far out« des Austin Motel vorbeikommt, taucht man schrittweise in den coolen und funkigen Teil von Austin ein. South Congress war lange die Hauptverkehrsader von South Austin mit einer eklektischen Mischung von ein- und zweistöckigen Gebäuden aus den 1920er und 1930er Jahren, kleinen Motels und Cafés. Als dann Anfang der 1960er Jahre mit der Eröffnung des großen Highways, der heutigen Interstate I-35, die Verkehrsströme umgelenkt wurden, bedeutete dies das Aus für die lokale Infrastruktur. Lange Zeit war SoCo ein schwieriges Pflaster, das vor allem bei Prostituierten und Drogenhändlern hoch im Kurs stand; bis Anfang der 1990er Jahre Schritt für Schritt lokale Entrepreneurs Häuser aufkauften und auf eigene Faust behutsam sanierten. Langsam kehrte das

Das Capitol von Austin

Leben zurück. Heute ist SoCo eine lebendige Meile aus Restaurants, Musikclubs, Cafés, bunt getünchten Food Trailers und ausgefallenen Boutiquen. Praktisch weitgehend *corporate free*, also keine typischen amerikanischen Restaurant- oder Hotelketten. In SoCo kann man ohne Weiteres einen ganzen Nachmittag nur mit *people watching* verbringen.

Wer sich für die Studentenszene interessiert, sollte sich am besten die einschlägige Zeitung besorgen, den *Daily Texan,* der überall auf dem Campus der **University of Texas** ausliegt und nichts kostet. Das Blatt bewährt sich meist als vorzüglicher Wegweiser durchs Unileben und durch das, was gerade in der Stadt los ist – Kinoprogramme, Vorträge, Konzerte, Kneipen, Dichterlesungen. Auf dem Campus findet sich mit dem **Blanton Museum of Art** zudem die einzige hochkarätige Kunstsammlung im Besitz einer amerikanischen Universität. Und gleich nebenan, ebenfalls auf dem Campus, kann man im **Bob Bullock Museum** die Landesgeschichte von Texas studieren.

Die Universitätsbelegschaft bevölkert außerhalb vom Campus vor allem **Guadalupe Street** zwischen Martin Luther King Jr. Blvd. und East Dean Keeton Street samt ihren angrenzenden Parallel- und Seitenstraßen. Die Entfernungen ermuntern auf jeden Fall zum Gebrauch der eigenen Füße. Wer mit dem Auto fährt, flitzt an zu vielen Details vorbei und verschwendet auch noch viel Energie durch die ständige Parkplatzsuche.

In den Cafés und kleinen Restaurants (die leckeres Zaziki anbieten), den Buchläden, Verkaufsständen, Läden (Klamotten, Musik, Frisöre) und auf den Straßen geht es locker und lässig zu. Besonders am **Artist's Market** (23rd St.) unterhalb des altgedienten Wandbilds von Stephen Austin. Und ist es richtig warm und die Luft trocken, dann scheint es sogar manchmal, als wehte ein Hauch des kalifornischen Berkeley durch Austin.

Östlich von Downtown hat sich die **East Side** in einem sozialen Umstrukturierungsprozess zu einem beliebten, ethnisch bunt gemischten Szeneviertel entwickelt mit jüngerem Publikum, vielen Künstlern und mit vielen Bars und Restaurants.

Ähnlich wie das Studentenmilieu zieht auch die sportliche Park- und Badekultur von Austin und Umgebung gesellige Kreise. Ob im nahen Hill Country mit dem Colorado River, der die zahlreichen Highland Lakes wie ein blaues Perlenband durch die grünen Hügel zieht, oder gleich vor der Haustür, auf dem Joggingpfad am Lady Bird Lake, den bequemen Radwegen in der Stadt, in den Parks und Grünanlagen: Überall bilden sich besonders an Wochenenden bunte Freizeitnester und Grüppchen an exzellenten Picknick- und Schwimmplätzen.

Eine Gebrauchsanweisung fürs Grün: **Zilker Park** mit dem populären **Barton Springs Pool**. So ganz nebenbei lernt man hier auch eine ganze Menge über die Art und Weise, wie Amerikaner mit ihren Parks umgehen, Beispiele für den *American way of living in the park* – rund

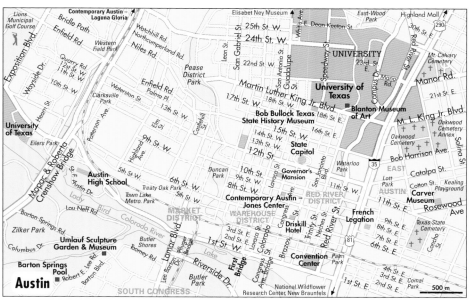

um die obligate Kühlbox. Wer sich für moderne Skulpturen interessiert, kann gleich neben dem Zilker Park das **Umlauf Sculpture Garden & Museum** besuchen und die Werke von Charles Umlauf und seinen Schüler bewundern.

Exklusivere Berührungen mit der Natur – im kleinen Kreis oder ganz allein – gewähren die gepflegten Sport- und Freizeitanlagen am **Lake Travis**. Weniger als eine halbe Autostunde von Austin entfernt zählt dieses Segel-, Golf- und Tennisparadies zu den schönsten seiner Art in Texas. Die Reitwege durch die bewachsenen Hügel und duftenden Büsche eignen sich für jede Schrittart. Westernsattel sind üblich. Wer aber möchte, darf sich in einen englischen schwingen. Je nach Geschmack, aber dennoch fest im Sattel – so ist das nun mal in Austin.

Die texanischen Regierungsbeamten und Jungakademiker teilen sich offenbar ihre Zeit gut ein, denn sonst hätte die Stadt kein so weitverzweigtes Kulturleben, also Theater und Kinos, Kunstausstellungen, Bibliotheken und Biergärten, Musikkneipen – und *Microbreweries*, von denen es besonders viele gibt. Ohne sein breites, musikbessenes und aufgeschlossenes Publikum wäre Austin auch nie die *Live Music Capital of the World* geworden, wie es sich gern selber nennt. Wie ein Schwamm saugt die Stadt seit vielen Jahren Musiker und Bands diverser Musikgattungen in sich auf. Vor allem texanische Musiker, Interpreten, die ihre anfängliche Begeisterung für die US-Hochburgen des Musikgeschäfts – Los Angeles, Nashville, Branson und New York – überwunden hatten und merkten, dass unter dem Druck der Plattenfirmen die eigene Kreativität auf Dauer den Kürzeren zog.

Früher war das mal anders. In den 1960er Jahren nämlich, als die neue Rockmusik im stockkonservativen Texas

Austin – the Live Music Capital of the World

nur Ärger brachte, wanderten viele Musiker nach Kalifornien ab, vor allem nach San Francisco, wie Janis Joplin und Steve Miller, um nur zwei zu nennen. Noch heute packt den einen oder anderen gelegentlich das Heimweh – Nanci Griffith zum Beispiel, die vom *Lone Star State of Mind* singt, der sie überkommt, wenn sie in Denver hockt, kalifornischen Wein trinkt, aber wehmütig an Corpus Christi denkt.

Austin gilt als Mischpult des *Austin Sound*, des progressiven Country Rock. Progressiv deswegen, weil diese Musik deutlich auf Elementen texanischer Volksmusik gründet und ausgeleierte Versatzstücke ebenso meidet wie parfümierte Klangvorhänge aus Streichern und süßlichen Hallchören. Das meiste davon ist live überall in der Stadt zu hören – in Dutzenden von kleinen oder großen Clubs, Country Discos und Konzertsälen. Im Verein mit CD-Läden und lokalen Radiosendern gelten die dort produzierten Klänge als Alternative zum glatten US-Show-Biz.

Ganz entscheidend ist auch die Kultfigur der texanischen Country Music, Willie Nelson, am musikalischen Ruhm von Austin beteiligt, er, der wie kein anderer Musiker das Idol des poetischen

Nonkonformisten verkörpert. Nelson kam aus Nashville nach Texas zurück und finanzierte in Austin verschiedene Konzerträume und Musiklokale. Bei dieser Gelegenheit sei daran erinnert, dass sich Texas überhaupt als Geburtsland vieler prominenter Musiker sehen lassen kann. Neben Buddy Holly gehören unter anderem Gene Autry, Freddy Fender, Larry Gatlin, Waylon Jennings, Kris Kristofferson, Trini Lopez, Kenny Rogers, Doug Sahm, Ernest Tubb und Tanya Tucker sowie Bob Wills dazu – eine stattliche Liste!

Die spezifische Variante der Musikkneipe ist die **Dance Hall**, von denen es gerade in Austin entlang South Lamar eine ganze Reihe gibt. Diese Etablissements wurden einst ins Leben gerufen, um die guten und die bösen Buben, die Gesellschaft der Saloons und die der Kirchen auf eine möglichst vergnügliche Art miteinander bekannt zu machen. Der Tanz auf den Bretterdielen leistete also von Anfang an einen Beitrag zur Zivilisation des Wilden Westens.

In fast einem Dutzend solcher Tanzpaläste lebt die Tradition in Austin heute weiter. Auch sonst herrscht in Texas an ihnen kein Mangel, und am Wochenende sind sie alle brechend voll. Schon die draußen geparkten Autos verra-

ten die integrierende Funktion, die ein Tänzchen dieser Art offenbar hat. Und tatsächlich enthüllt die Tanzfläche, wie divers die texanische Männerwelt eigentlich ist – Versicherungsmanager, Trucker, College-Professoren usw. Vom Spektrum der Damenwelt ganz zu schweigen.

Wer an der Bar sitzt und nur zuschaut, kann beim nächsten Mal schon mitmachen, denn in der Stadt werden Kurse für Westerntanz angeboten. Da kann man sie alle lernen – den *Texas two-step*, *Southwest two-step*, *Texas waltz* und Polka, *Square Dance* und den *Cotton-Eyed Joe*. Keine Frage, diese regionale Tanzkultur ist populär. Breakdance aus New York will dagegen in Texas keiner nachmachen. Was nicht heißt, dass nun alle geschlossen zur Countryszene stehen. Manche Jugendliche rümpfen sogar die Nase darüber, bezeichnen ihr musikalisches Erbe als *tractor music* und setzen auf New Wave, Hip-Hop, Techno, Indie Rock etc.

Kostproben der lokalen Musikszene sind allabendlich mühelos und zu Hauf in den mehr als 200 Musikclubs zu finden – entweder im Sixth Street District, gleich in der Nähe, im sogenannten Warehouse District (2rd & 4th Sts. westlich von Congress), in SoCo bzw. entlang South Lamar Street oder in East Austin.

Austin Skyline

3 Service & Tipps

⊠ **The Village Bakery**
113 E. Oak St., West, TX 76691
✆ (254) 826-5151
Mo–Fr 6.30–17.30, Sa 6.30–17 Uhr
Kleiner Familienbetrieb mitten in West, der
seit 1952 auf die Zubereitung von *Kolaches*,
spezialisiert ist. Neben den traditionellen Kolaches gibt es mittlerweile auch ausgefallenere
Rezepte, z. B. mit *jalapeño peppers*. $

⊠ **West Czech Stop**
105 N. College St. (an I-35, Exit 353)
West, TX 76691
✆ (254) 826-4161
www.czechstop.net
Tägl. ab morgens bis spät
Die etwas ruppigere Variante für einen Kola-
ches-Stopp gleich an der I-35 mit angeschlos-
sener Tankstelle. $

🏛 **Dr Pepper Museum and Free Enterprise Institute**
300 S. 5th St., Waco, TX 76701
✆ (254) 757-1025
www.drpeppermuseum.com
Mo–Sa 10–17.30, So 12–17.30 Uhr
Eintritt $ 10/6
Museum zur Geschichte des Softdrinks »Dr
Pepper« – von den Anfängen, als Pharmazeut
Charles Alderton 1880 in Waco die Limonade
erfand, bis zur Gegenwart.

ℹ️ **Salado Chamber of Commerce**
831 N. Main St., Salado, TX 76571
✆ (254) 947-5040
www.salado.com

🛏🍽 **The Inn at Salado**
7 North Main Street, Salado, TX 76571
✆ (254) 947-0027 und 1-800-724-0027
www.inn-at-salado.com
Angenehm und ruhig um einen schönen Garten gruppierte Gästehäuser. Acht Zimmer,
einige mit Kamin. Großes Frühstück. $$–$$$

⊠🍸 **Lively Coffeehouse & Bistro**
21 N Main St., Salado, TX 76571
✆ (254) 947-3688
Netter Lunchplatz, spezialisiert auf Sandwiches. $

*Wandbild am »Frank Restaurant« in Austin:
monatlich wechselnde Public Art verschiedener
Künstler*

Austin

Hinweis: Austin gilt als *wireless city* schlecht-
hin. Praktisch im gesamten Bereich von Downtown gibt es kostenloses WLAN.

ℹ️ **Austin Visitors Center**
602 E. Fourth Street, Austin, TX 78701
✆ (512) 478-0098
www.austintexas.org
Mo–Sa 9–17, So 10–17 Uhr
Auf der Website findet man viele Anregungen
für die Reiseplanung.

Übernachten

🛏 **The Heywood Hotel**
1609 E. Cesar Chavez St., Austin, TX 78702
✆ (512) 271-5522
www.heywoodhotel.com
Feines, kleines Designhotel mit sieben Zimmern im Osten von Austin. $$$$

🛏 **Hotel Saint Cecilia**
112 Academy Dr. (SoCo), Austin TX 78704
✆ (512) 852-2400
www.hotelsaintcecilia.com
In einer ganze ruhigen Ecke von SoCo gelegenes, kleines Boutiquehotel der Luxusklasse.
$$$$

🛏⊠🍸🖥🏊 **InterContinental Stephen F. Austin**
701 Congress Ave. (Downtown)
Austin, TX 78701
✆ (512) 457-8800
www.austin.intercontinental.com
Erstklassig, zentrale Lage. u.a. texanische Bras-
serie **Roaring Fork**, www.roaringfork.com,

$$–$$$. Pool und Fitnesscenter. Von der Terrasse von **Stephen F's Bar** im 1. Stock hat man einen wunderbaren Blick auf das State Capitol und kann dem bunten Treiben in Downtown zuschauen. $$$$

◼ Kimber Modern
110 The Circle Austin (SoCo), Austin, TX 78704
✆ (512) 912-1046
www.kimbermodern.com
Ein Juwel eines kleinen Designhotels (sechs Zimmer). Trotz der unmittelbaren Nähe zu SoCo eine Oase der Ruhe. In den Hang gebaut um einen alten Baumbestand herum. Ein Muss für Designfans. $$$$

◼✕🔳🏊 Radisson Hotel & Suites Downtown
111 Cesar Chavez St. & Congress Ave. (Downtown), Austin, TX 78701
✆ (512) 478-9611 und 1-800-395-7046
www.radisson.com
Gut geführtes Hotel in Downtown, direkt am See. $$$$

◼🔳 Hotel San José
1316 S. Congress Ave. (SoCo), Austin, TX 78704
✆ (512) 852-2350, www.sanjosehotel.com
Ehemaliger Motor Court mit minimalistischem Design, stilsicher renoviert und mitten in der Szene von SoCo gelegen. Sehr beliebt bei Musikern. Pool. $$–$$$$

Mitten in South of Congress: Patio des Hotels Kimber Modern

◼🔳 Austin Motel
1220 S. Congress Ave. (SoCo), Austin, TX 78704
✆ (512) 441-1157
www.austinmotel.com
Motel mit 41 teils schlicht, teils schrill dekorierten Zimmern, Pool. Gute Lage in SoCo. $$–$$$

◼✕🔳🏊 Driskill Hotel
604 Brazos & 6th Sts. (Downtown)
Austin, TX 78701
✆ (512) 391-7039 und 1-800-233-1234
www.driskillhotel.com
Feines, altehrwürdiges Haus eines Viehbarons von 1886 in der Stadtmitte, das der Abrissbirne gerade noch entkommen konnte. Seit 2013 befindet es sich im Besitz von Hyatt Hotels.
189 Zimmer und Suiten, Pool, Fitnessstudio. Außerdem das wohl beste Restaurant in Austin: **Driskill Grill,** ✆ 512-391-7162, www.driskillgrill.com, $$$; das **1886 Café & Bakery** ist ein beliebter Treffpunkt: ✆ 512-439-1234, www.1886cafeandbakery.com. $–$$$

◼ Firehouse Hostel and Lounge
605 Brazos St., Austin, TX 78701
✆ (512) 201-2522
www.firehousehostel.com
Die älteste Feuerwache von Austin ist seit 2013 eine Jugendherberge mitten in Downtown. Neben den typischen Schlafräumen werden auch einzelne Zimmer vermietet. Gute Atmosphäre. Nette Lounge. $

◼ Austin Lone Star RV Resort
7009 I-35 South, Exit 227, Austin, TX 78744
✆ (512) 444-6322
www.austinlonestar.com
Hookups, Zeltplätze und Hütten, gut ausgestattet. Ganzjährig.

◼🏞 Pecan Grove State Park
1518 Barton Springs Rd., Austin, TX 78744
✆ (512) 271-1067
Beliebter RV Park in der Nähe vom Barton Springs. Sehr gute Lage, um die Stadt zu erkunden. 93 *full hookups.*

Museen und Sehenswürdigkeiten

🏛 Blanton Museum of Art
University of Texas
200 E. Martin Luther King Jr. Blvd.
Austin, TX 78701

In einer mediterranen Villa: The Contemporary Austin – Laguna Gloria

✆ (512) 471-7324
www.blantonmuseum.org
Di–Fr 10–17, Sa 11–17, So 13–17 Uhr
Eintritt $ 9/5
Die einzige hochkarätige Kunstsammlung im Besitz einer Universität. Um das einheitliche Erscheinungsbild des Campus zu wahren, wurde auf den – ursprünglich geplanten – spektakulären Museumsbau verzichtet. Vor allem die zeitgenössische Kunst aus Lateinamerika genießt ein hohes Ansehen.

🏛 **Bob Bullock Texas State History Museum**
1800 N. Congress Ave., Austin, TX 78701
✆ (512) 936-8746, www.thestoryoftexas.com
Mo–Sa 9–17, So 12–17 Uhr, Eintritt $ 13, IMAX $ 9
Imposantes Gebäude, dessen reicher Inhalt spannend inszeniert ist – Dokumente, Nachbildungen und eine Multimediashow zur Landesgeschichte. Ebenfalls auf dem Campusgelände der University of Texas.

🏛 👥 **The Contemporary Austin – Jones Center**
700 Congress Ave. & 7th St., Austin, TX 78701

✆ (512) 453-5312
http://thecontemporaryaustin.org
Di–Sa 11–17, So 12–17 Uhr
Eintritt für beide Museen $ 5/3
Kleines Museum in Downtown. Temporäre Ausstellungen gemeinsam mit Laguna Gloria. Museumsshop.

🏛 🌳 **The Contemporary Austin – Laguna Gloria**
3809 W. 35th St., Austin, TX 78703
✆ (512) 458-8191
www.amoa.org
Villa Di–So 10–16 Uhr
Park Mo–Sa 9–17, So 10–17 Uhr
Eintritt für beide Museen $ 5/3
Mediterran anmutende ehemalige Privatvilla, schön gelegen. Wechselnde Ausstellungen mit Gegenwartskunst.

🏛 **French Legation Museum**
802 San Marcos St. (1 Block östl. der I-35)
Austin, TX 78702
✆ (512) 472-8180
www.frenchlegationmuseum.org

Tägl. außer Mo 13–17 Uhr, Eintritt $ 5
Makellos restauriertes kreolisches Landhaus
mit zeitgenössischer Einrichtung von 1840,
das einzige Gebäude in Texas, das von einer
fremden Regierung errichtet wurde. Schöner
Blick auf Downtown. Das Historic House kann
man nur mit einer geführten Tour besuchen,
die letzte startet 16 Uhr.

🏛 **Umlauf Sculpture Garden & Museum**
605 Robert E. Lee Rd.
Austin, TX 78704
✆ (512) 445-5582
www.umlaufsculpture.org
Di–Fr 10–16, Sa/So 12–16 Uhr, Mo geschl.
Eintritt $ 5/1
Das Umlauf Sculpture Garden & Museum liegt
neben dem Zilker Park und zeigt Skulpturen
des 20. Jh., vor allem des amerikanischen Bild-

Kuppel des Texas State Capitol

hauers Charles Umlauf und seiner Studenten
an der University of Texas.

⊚ **Governor's Mansion**
1010 Colorado St.
Austin, TX 78701
✆ (512) 305-8524
www.txfgm.org
Mi–Fr 14–16 Uhr, teilweise auch Sa, Vorabre-
servierung nötig
Sitz der Gouverneure von Texas seit 1856.
Sie wurde im Juni 2008 von einem Feuer
schwer zerstört und ist seit April 2013 wieder
geöffnet.

⊚ **State Capitol**
1100 Congress Ave.
Austin, TX 78701
✆ (512) 463-4630, Mo–Fr 7–22, Sa/So 9–20 Uhr
www.tspb.state.tx.us/SPB/Plan/Tours.htm
Das Texas State Capitol wurde 1888 fertiggestellt und ist ein Beispiel für die Architektur
des Renaissance-Revivals. Die mächtige Kuppel überragt selbst ihr Pendant in Washington.
Obenauf steht eine Freiheitsstatue, die einen
Texas-Stern gen Himmel streckt.
    Nähere Informationen erhält man im **Capi-
tol Complex Visitors Center** (112 E. 11th St.,
✆ 512-305-8400).

Restaurants und Nightlife

✖ **Austin Land & Cattle Co.**
1205 N. Lamar Blvd. (East Austin)
Austin, TX 78703
✆ (512) 472-1813
www.alcsteaks.com
Tägl. 17.30–22, Fr/Sa bis 23 Uhr
Spezialisiert auf Steaks. $$$

✖ **Jeffrey's**
1204 W. Lynn & 12th Sts. (West Austin)
Austin, TX 78703
✆ (512) 477-5584
Tägl. Dinner ab 17.30 Uhr
www.jeffreysofaustin.com
Exzellentes kleines Restaurant mit variabler
Geschmackspalette: asiatisch, Southwest und
französisch. Umsichtiger Service. $$$

✖ **Parkside**
301 E. 6th St. (Downtown)
Austin, TX 78701

Nightlife in der Sixth Street in Downtown Austin

✆ (512) 474-9898
www.parkside-austin.com
Tägl. 17–24 Uhr
Raw bar, *oyster bar* und viele andere Delikatessen. $$$

☒ **Uchi**
801 S. Lamar Blvd. (South Lamar)
Austin, TX 78704
✆ (512) 916-4808
www.uchiaustin.com
Tägl. außer Mo 17–22, Fr/Sa bis 23 Uhr
Kreative japanische Küche und High-End-Sushi zum kulinarischen und ästhetischen Vergnügen. $$$

☒ **Second Bar + Kitchen**
200 Congress Ave. (Downtown)
Austin, TX 78701
✆ (512) 827-2750
www.congressaustin.com
Tägl. ab 11 Uhr
Kleine kulinarische Köstlichkeiten im Bistrostil, schöne Bar, gute Weinauswahl. Im dazugehörigen **Restaurant Congress** gibt es auch Fine Dining ($$$). $$

☒ **La Condesa**
400A W. 2nd St. (Downtown)
Austin, TX 78701
✆ (512) 499-0300
www.lacondesaaustin.com
Mo–Fr 11.30–14 Lunch, Sa/So 11–15 Brunch, tägl. 17–22, Do–Sa bis 23 Uhr Dinner
Mexikanische Küche High-End. Geschmackvolles Ambiente. $$–$$$

☒ **South Congress Café**
1600 S. Congress Ave. (SoCo), Austin, TX 78704
✆ (512) 447-3905
www.southcongresscafe.com
Mo–Fr 10–16, Sa/So 9–16 Brunch, tägl. 17–22 Uhr Dinner
Sehr angenehmes Lokal. Gute Appetizer. Geschmackvolle Hauptgerichte. $$–$$$

☒ **Franklin Barbecue**
900E 11th St. (East Austin)
Austin, TX 78702
✆ (512) 653-1187, www.franklinbarbecue.com, exzellentes BBQ, gilt als die Nr. 1 der BBQs in ganz Texas. Di–So ab 11 Uhr geöffnet zum Lunch – bis »das Fleisch aus ist«, meist bis zum

frühen Nachmittag (15 Uhr). Auf einem eigens entwickelten BBQ-Grill werden hier Gerichte der Extraklasse zubereitet (z.B. vorzügliches Brisket), welche das unter Umständen lange Schlangestehen rechtfertigen. $$

⊠ Olive & June
3411 Glenview Ave., Austin, TX 78703
✆ (512) 467-9898
www.oliveandjune-austin.com
Tägl. ab 17 Uhr
Olive und June sind die Großmütter der beiden Küchenchefs, die authentische italienische Küche mit selbstgemachter Pasta bieten. $$

⊠ Z Tejas Grill
1110 W. 6th St. (West Austin)
Austin, TX 78703
✆ (512) 478-5355, www.ztejas.com
Tägl. Lunch und Dinner
Raffinierte Südwestküche, z.B. Navajo taco, in attraktivem Speiseraum. Sehr beliebt! $$

⊠🍸 Vespaio und Enoteca Vespaio
1610 S. Congress Ave. (SoCo)
Austin, TX 78704
– Vespaio
✆ (512) 441-6100
www.austinvespaio.com
Tägl. 17–22 Uhr
Sehr gutes italienisches Restaurant – alles wird frisch gemacht. Oft Warteschlangen. Bar. $$–$$$
– Enoteca Vespaio
✆ (512) 441-7672
Mo–Sa 11–22, So 10–15 Uhr (Brunch) und 17.30–22 Uhr
In der Enoteca kann man Pizza, Pasta, Salate oder Sandwiches essen. $–$$

⊠🎵 Threadgill's
6416 N. Lamar Blvd. (North Lamar)
Austin, TX 78752
✆ (512) 451-5704, www.threadgills.com
Mo–Fr 11–22, Sa 10–22 und So 10–21.30 Uhr
Musikclub und Restaurant nach der Devise Sittin' Singin' and Supper mit langer Tradition. Schon Janis Joplin spielte hier in ihren Anfängen. Empfehlenswert: Sunday Brunch mit Gospel Music. $–$$

⊠ Cenote
1010 E. Cesar Chavez St. (East Side)
Austin, TX 78702
✆ (512) 524-1311, www.cenoteaustin.com

Werbung des Kostümshops »Lucy in Disguise with Diamonds and Electric Ladyland« in Austin, dessen Name auf einen berühmten Beatles-Song anspielt

Mo–Fr 7–22, Sa 8–22 und So 8–16 Uhr
Perfekter italienischer Kaffee in allen Spiel-
arten, Frühstück, Sandwiches, Salate. Kleiner
Garten zum draußen Sitzen. $

⊠ **Maria's Taco Xpress**
2529 S. Lamar Blvd. (South Lamar)
Austin, TX 78704
℮ (512) 444-0261, www.tacoxpress.com
Mo 7–15, Di–Fr 7–21, Sa 8–21, So 9–16 Uhr
Einfaches, alternatives mexikanisches Lokal im
Süden von Austin. Hauptattraktion ist der von
der Eigentümerin Maria Corbalan fast jeden
Sonntagmorgen (12–14 Uhr) veranstaltete
Gospel-Brunch, bei Locals als »Hippie Church«
bekannt. Dann wird es eng auf dem Patio. Und
zu Gospel-Songs, Rock 'n' Roll oder Reggae
kann man Marias leckere Tacos und Austins
weirdness genießen. $

⊠ Außerdem gibt es in **East Side** eine kleine Kolonie von **Food Trailers**, wo man Tacos,
Pizzen, Crêpes und andere Kleinigkeiten bekommt.

◼ **Pinthouse Pizza**
4729 Burnet Rd., Austin, TX 78756
℮ (512) 436-9605
www.pinthousepizza.com
Tägl. ab 11 Uhr
Einfache, bei Locals beliebte Microbrewery,
die in Austin immer beliebter werden. Neben
verschiedenen hausgemachten Bieren gibt es
Pizzen und Salate. $

◼ **Jo's**
1300 S. Congress Ave. (SoCo)
Am Hotel San José, Austin, TX 78704
℮ (512) 444-3800, www.joscoffee.com
Tägl. ab 7 Uhr
Diverse Kaffeespezialitäten werden auf dem
Patio serviert. $

◫▦ In Austin gibt es mehr als 250 **Clubs** mit
Livemusik. Die musikalische Bandbreite ist rie-
sig und reicht von Indie Rock und Jazz-Funk
über Techno, Old Country Music, Jazz bis Latin
Sambas etc.

◫ **Antone's Nightclub**
305 E 5th, Austin (Downtown), TX 78701
℮ (512) 814-0361

*Die Musik- und Partystadt Austin zählt über
200 Live-Clubs*

www.antonesnightclub.com
Tägl. ab 17 Uhr
Legendärer Club. Gilt als *Home of the Blues.*

◫⊠ **Broken Spoke**
3201 S. Lamar Blvd. (South Lamar)
Austin, TX 78704
℮ (512) 442-6189
www.brokenspokeaustintx.net
Mi–Sa: Dance Lessons 20–21 Uhr, Live Music
ab 21 Uhr
Di–Sa: Dancehall ab 19.30 Uhr
Altmodischer Honky-Tonk mit Country Music
und Country Swing zum Tanzen. Seit 1964 betreibt James White diese Institution in Austin.
Wer *Texas Two-step* lernen will, kann bei
seiner Tochter Terry Unterricht nehmen. Für
Hungrige: Hamburger, Tex-Mex Steaks, BBQ.

▦◫ **Saxon Pub**
1320 S. Lamar Blvd. (South Lamar)
Austin, TX 78704
℮ (512) 448-2552, www.thesaxonpub.com
Tägl. 14–2 Uhr
Programm vgl. Internet
Gilt als einer der coolsten Clubs von Austin,
fast jeden Abend Live-Konzerte und kosten-
lose Happy-Hour-Shows um 18 Uhr unter der
Woche.

◫▦ **Speakeasy**
412 Congress Ave. (Downtown)
Austin, TX 78701
℮ (512) 476-8017
www.speakeasyaustin.com

Tägl. ab 17 Uhr
Jazzclub (Live-Swing, Jazz) und Cocktail Lounge. Schöner Blick auf die Stadt.

⍣⌧♫ Stubb's
801 Red River St. (Downtown)
Austin, TX 78701
✆ (512) 480-8341
http://stubbsaustin.com
Tägl. ab 11 Uhr
Livemusik (Blues, Country, Gospel) und BBQ, Tex-Mex. So Gospel-Brunch um 10.30 und 12.30, Reservierung erforderlich. $

♫ The Continental Club
1315 South Congress Ave. (SoCo)
Austin, TX 78701
✆ (512) 441-2444
www.continentalclub.com
Tägl. geöffnet, Programm vgl. Internet, Eintritt *(cover charge)* je nach Aufführung
Seit den 1950er Jahren eine Institution *(Granddaddy of the Austin music venues)* und über Austin hinaus bekannt. Livemusik aller Musikrichtungen.

Food Trailer in Austin

Shopping

📖 Die wichtigsten Shoppinggegenden sind:

– South Congress Ave.
Zwischen Academy & Oltorf St.
www.firstthursday.info
Alternatives und Schrilles. Am ersten Do im Monat haben alle Geschäfte bis mindestens 22 Uhr geöffnet und es herrscht Straßenfeststimmung.

– 2nd Street District
2nd bis 4th St., zwischen Colorado und Guadalupe St.
www.2ndstreetdistrict.com
Vor allem individuell geführte Spezialgeschäfte.

– The Domain
11410 Century Oaks Terrace
Austin, TX 78758
✆ (512) 795-4230
www.simon.com/mall/the-domain/about
Mo–Sa 10–21, So 12–18 Uhr
Mall nördlich von Downtown, Luxusadresse zum Shopping.

📖 Allen Boots
1522 S. Congress Ave. (SoCo)
Austin, TX 78704
✆ (512) 447-1413
www.allensboots.com
Mo–Sa 9–20, So 12–18 Uhr
Stiefel jeder Machart und Preisklasse.

📖 Waterloo Records & Video
600A. N. Lamar Blvd. (North Lamar)
Austin, TX 78703
✆ (512) 474-2500
www.waterloorecords.com
Mo–Sa 10–23, So 11–23 Uhr
Vermutlich der beste Musikladen in Austin: CDs und Vinyl. Ideal zur Recherche lokaler Musik. Ganz in der Nähe von Whole Foods.

📖⌧🍴 Whole Foods Market
525 N. Lamar Blvd. & Sixth Sts. (North Lamar)
Austin, TX 78703
✆ (512) 542-2209
www.wholefoodsmarket.com
Tägl. 7–22 Uhr
Flagship Store der Lebensmittelkette: Kulina-

Shopping in South of Congress

risches Paradies auf Erden. Fabrikhallen voller Köstlichkeiten mit Öko-Touch. Verlockende Imbisstheken. Außerdem Café, Kochschule, Amphitheater.

📖 Uncommon Objects

1512 S. Congress Ave. (SoCo)
Austin, TX 78704
✆ (512) 442-4000, www.uncommonobjects.com
Tägl. ab 11 Uhr
Der Name ist Programm. Hier gibt es alles erdenklich Unkonventionelle und Seltene. Entsprechend bunt ist das Publikum.

🚢 Bat Watching Cruise/Capital Cruises

208 Barton Springs Rd.
Austin, TX 78704
✆ (512) 480-9264
www.capitalcruises.com
Reservierung empfohlen, telefonisch oder online

Fahrtkosten $ 10/5
Capital Cruises nutzt das Boat Deck beim Hyatt Regency Hotel. Um an den Anleger zu gelangen, muss man die Einfahrt zum Hyatt Parking Lot wählen.

Täglich ca. 30 Minuten vor Sonnenuntergang startet das Schiff zur beobachtungstour der 1,5 Mio. Fledermäuse am Lady Bird Lake. Die Tour dauert ca. eine Stunde. Mit kalten Getränken wird man an Bord versorgt. Außerdem gibt es Sa/So jeweils um 13 Uhr Sightseeing-Touren.

🎪 **Star of Texas Fair & Rodeo:** März, www.rodeoaustin.com und das von der Musikindustrie geförderte **South by Southwest Music, Film & Interactive Festival,** www. sxsw.com **Austin City Limits Music Festival:** September/Oktober, das volkstümliches Fest im Zilker Park, www. aclfestival.com
Ganzjährig diverse Events beim Circuit of the Americas, http://circuitoftheamericas.com 🌟

4 Gone With The Wurst
New Braunfels

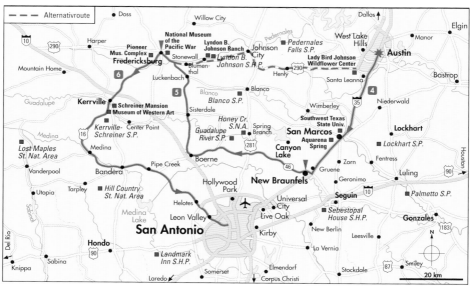

4. Tag: Austin – New Braunfels (99 km/59 mi)

km/mi	Zeit	Route
0	**Vormittag**	Von **Austin** verlässt man die Stadt über den TX-1 Loop South in südwestlicher Richtung zum
20/12		Besuch des **Lady Bird Johnson Wildflower Center**. Anschließend I-35 South bis Exit 187 dort dann Richtung FM 725 (Lake McQueeney/Seguin Ave.), ca. 1 Stunde Fahrt, nach
94/59	**Nachmittag**	**New Braunfels** (Plaza). Stadtrundgang und Ausflug ins benachbarte **Gruene**. Dazu ein Stück I-35 nach Norden, Abfahrt Canyon Lake (FM 306), diese nach Westen, an der 1. Kreuzung links noch knapp 1 km. Oder ein erholsamer Nachmittag im **Landa Park**.

Alternativroute

Man kann auch direkt von Austin nach Fredericksburg fahren und den Tag auf den Spuren von Präsident Lyndon B. Johnson (kurz: LBJ) bzw. seiner Familie wandeln. Vom **Lady Bird Johnson Wildflower Center** (vgl. Service & Tipps) fährt man dann auf der US 290 Richtung Westen bis zum Headquarter des **Lyndon B. Johnson National Historical Park** (✆ 830-868-7128, www.nps.gov/lyjo, Visitors Center tägl. 8–17 Uhr, Eintritt frei) in **Johnson City**. An dieser ersten Station kann man das Haus besichtigen, in dem LBJ seine Kindheit verbracht hat *(boyhood home)*.

Reizvoller ist aber der Stopp 14 Meilen (ca. 20 Minuten) weiter westwärts bei der in der Nähe von **Stonewall** gelegenen **LBJ Ranch**, dem Wohnhaus der Johnsons, zugleich Working Ranch mit Büffeln und Longhorns und ehemals Zentrum von LBJs politischer Wirkungsstätte, daher auch *Texas White House* genannt. Nach dem Tod von Lady Bird im Jahre 2008 sind auch geführte Touren durch das Wohnhaus des Präsidentenpaars möglich (tägl. 10–16.30 Uhr, Eintritt $ 2, Kinder frei). Vgl. auch 5. Tag.

Auf dem weiteren Weg nach Fredericksburg kann man dann noch lokale Weine testen, z. B. bei den renommierten Weingütern **Becker Vineyards** (464 Becker Farms Rd., Stonewall, TX 78671, ✆ 830-644-2681, www.beckervineyards.com) oder **Grape Creek Vineyards** (10587 E. Hwy. 290, Fredericksburg, TX 78624, ✆ 830-644-2710, www.grapecreek.com).

Route insgesamt mit allen Stationen: ca. 150 km/94 mi.

Vor dem Abschied von Austin sollte man sich die texanischen Wildblumen aus der Nähe ansehen – im **Lady Bird Johnson Wildflower Center**, einem didaktischen botanischen Garten von besonderem Reiz und voller Leben. Lady Bird, schon während der Präsidentschaft ihres Mannes als Naturschützerin aktiv, hat vor allem in ihren späteren Jahren sehr viel für den Schutz und Erhalt der Natur in Austin geleistet. Ihre wichtigsten Projekte waren die Verschönerung des Town Lake und die Gründung des Wildflower Research Center im Jahre 1993.

Thema sind die heimischen Bäume, Gräser, Sträucher und Wildblumen. Vom *Texas red oak* über das robuste *buffalo grass* bis zur zarten *gay feather*. Im Kids' House lernen die Kleinen, wie man *wildflowers in eco pots* anbaut – in mit Zeitungspapier zusammengehaltenen Erdbällchen (statt Plastik), die sie zu Hause einpflanzen können. Der Herbst ist schließlich Pflanzzeit für die *bluebonnets*, die im April vor allem das Texas Hill Country zum Leuchten bringen. Es wird gemalt und gebastelt. Die Visitors Gallery ist freundlich und hell. Es gibt viel zu sehen – und auch zu hören, zum Beispiel Ralph, den sprechenden Rasenmäher, der über sein Los jammert und gern in Rente gehen möchte *(grow don't mow*, heißt die Devise).

Mustergärten bilden die typischen texanischen Vorgärten *(front yard)* nach: 1. ein zusammengekauftes Sammelsurium von Zierpflanzen und falschem Rasen (aus Neuseeland); 2. ein formaler Garten nur mit texanischen Pflanzen, Sträuchern und Blumen; 3. ein wild wachsender texanischer Garten, der bei Schmetterlingen ebenso wie bei Hummeln den größten Anklang findet. Die Architektur zeigt sich durchgängig ansprechend mit Frank-Lloyd-Wright- und anthroposophischen Anklängen.

Der Aussichtsturm sieht aus wie eine Mischung aus Chaco Canyon und Rheinburg. Die Baumaterialien stammen ebenso wie die Flora aus Texas, vor allem der *limestone*, der in solider deutscher Bauweise in großen Quadern vermauert ist. Das Regenwasser wird von Dächern in eine Zisterne geleitet, die damit für beträchtliche Wasservorräte sorgt.

Auf dem Highway nach Süden flitzt das Ausfahrtsschild NIEDERWALD vorbei. Niederwald? Das macht hellhörig. Und richtig, noch bevor New Braunfels auftaucht, passiert ein deutsches Wörterbuch Revue: KOHLENBERG ROAD, OMA'S HAUS und (erneut!) die HOTTEST COOLEST SCHLITTERBAHN.

Ein Blick auf die Landkarte bestätigt es, im Hill Country ringsum lassen sich auf Anhieb viele deutsche Namen sammeln – Luckenbach, Weimar, Blumenthal, Rheingold oder Schulenburg. Ihre Zahl liegt über hundert. Keine Frage, wir sind im *German Belt*, in der Region zwischen San Antonio und Austin, wo vor nunmehr mehr als 160 Jahren die ersten deutschen Siedler auftauchten, meist geführt und beschützt von sogenannten Adelsvereinen.

So brachte auch Prinz Carl zu Solms-Braunfels 1845 eine Gruppe von Landsleuten nach **New Braunfels**, gute Kolonisten, die auch sofort Hand an die texanische Wildnis legten, um den fruchtbaren Böden Essbares abzugewinnen. Dass dabei über die Jahre etwas herausgekommen ist, verkünden unter anderem Autoaufkleber: IN NEW BRAUNFELS IST DAS LEBEN SCHÖN. Eine lokale Tageszeitung heißt heute immer noch »Herald-Zeitung«, und nach wie vor treffen sich muntere deutsche Skat- und Kegelbrüder.

Die Kleinstadt am idyllischen Comal und Guadalupe River mit rund 58 000 Einwohnern, die zweitälteste von Texas und schon vorhanden, als der Staat noch gar

nicht existierte, weist wegen ihres hohen Alters ausnahmsweise einmal kein typisch amerikanisches Schachbrettmuster *(grid system)* auf, sondern ist eher wie ein Wagenrad angelegt. Sie bietet ein gepflegtes Stadtbild mit alten Fachwerkhäusern aus Holzbalken und Sandsteinquadern, die an die solide Baukunst der frühen deutschen Pioniere erinnern und besonders von Amerikanern bewundert werden. Viele Texaner zeigen sich außerdem noch davon beeindruckt, dass die deutschen Siedler unter anderem die Kettensäge erfunden haben. So was imponiert.

Unter den historischen Hotels steht der **Prince Solms Inn** mit an erster Stelle, seine feudale Einrichtung ist besonders bei Hochzeitspärchen beliebt. Und zum schönen Leben in New Braunfels gehört selbstverständlich auch die teutonische Kochkunst. Das von Elmshornern betriebene **Friesenhaus** liefert dafür schmackhafte Beweise. Gemütlichkeit *German style* ist in der Stadt Trumpf. Das lokale Anzeigenblättchen trägt den viel versprechenden Titel »Prosit!«.

Zum Thema für ganz Texas wird alljährlich im Herbst das zehntägige **Wurstfest** mit viel Akkordeonmusik, Jodlern und anderem Gaudi. Das Programm listet ein beträchtliches Aufgebot an *German Entertainment* – die Blaskapelle der *Fichtelgebirgsmusikanten*, das Melodram »Gone With The Wurst«, *Oma & the Oompahs*, das *Alpen Blech Ensemble, The Hermann Sons Polkateers, Loreley und Schatzi, The Mitternaechters, The Sauerkrauts, The Deutsche Volkstanzverein of San Antonio, The Alpenmusikanten, The Jubilee Polka Band, The TubaMeisters*. Das Gaudi in nackten Zahlen: 120 000 Besucher, 42 000 Reibekuchen, 25 Tonnen Würste. Die Statistik schweigt sich über die Biermenge aus.

Die meisten Neuansiedler kennen die ethnische Vorgeschichte von New

Braunfels nicht oder wenn, dann nur schemenhaft. Deshalb, meint Judy von der Handelskammer, müssen die Oldtimers die Newcomers immer wieder mit der deutschen Ur- und Frühgeschichte vertraut machen: »We reteach the new folks«, sagt sie.

Vielleicht sollte man sich nach der Ankunft erst einmal zu Fuß im Zentrum der Stadt umsehen, in alle vier Himmelsrichtungen von der **Main Plaza** aus. Ganz in der Nähe stehen die solide **First Protestant Church** von 1845 (296 S. Seguin St.), das Gründerfamilienhaus von **Walter Faust** im ornamentfreudigen Queen-Anne-Stil und das **Faust Hotel**, das seit den 1920er Jahren unverändert Dienst am Gast tut. Auf der Querachse, der San Antonio Street, sind unter anderem das verspielte **John**

Faust House (361 W. San Antonio St.) und der elegante **Prince Solms Inn** (295 E. San Antonio St.) zu sehen. Ein Stückchen weiter, 491 Comal Avenue, findet sich das berühmte **Lindheimer Home** von 1852, die ehemalige Wohnung des angesehenen Botanikers, gebaut in deutscher Fachwerkmanier mit texanischem Zedernholz und Adobelehm.

Zu einem schönen Tag in New Braunfels gehört mindestens ein Bummel durch den **Landa Park**, am besten verbunden mit einer kleinen Bootstour (Glas- oder Paddelboot) auf dem glasklaren **Comal River** [gesprochen: ko'mäl]. Der schattige und wasserreiche Park, der an einer Erdfalte *(escarpment)* liegt, teilt die Stadt in eine höhere und niedrigere Ebene. Das Wasser kommt buchstäblich aus der Erde,

Comal River – »the longest shortest river in the world«

aus dem Edwards Aquifer, einem unterirdischen und durch ein Erdbeben entstandenen See, der das größte Trinkwasserreservoir von Texas bildet. Wenn es voll ist, dringt Wasser durch das Kalkgestein nach oben und ergießt sich in den Fluss.

Da es sich unterwegs mit Sauerstoff anreichert, bildet es beim Austreten Blasen – zur Freude der Fische, die sich wie in einem riesigen gut belüfteten Aquarium vorkommen. Auch anderes Getier und üppige Flora (z. B. die fleischig-großblättrigen Elefantenohren) schätzen das ungewöhnlich klare Wasser: Gänse, Schildkröten und Kormorane, die auf die frisch ausgesetzten Fische lauern.

Spaß mit Wasser wird an anderer Stelle in New Braunfels großgeschrieben – auf der **Schlitterbahn**. Sie ist nicht nur einer der größten Wasser-Fun-Parks in den USA, sondern auch der wichtigste Arbeitgeber der Stadt. Schon von Weitem erkennt man das Rutschen-Imperium an seinen monströsen Aqua-Röhren, die in heißen Sommern den ersehnten Schwung ins kühle Nass bringen. Das Familienunternehmen expandiert kräftig (auch außerhalb der USA) und baut nicht nur spritzige Pisten, sondern auch die dazugehörige Infrastruktur, Motels zum Beispiel.

Schlitterbahn – einer der größten Wasserparks der USA

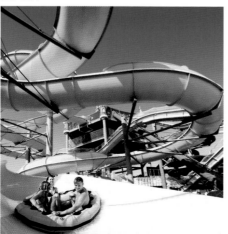

Gleich nebenan und noch innerhalb der Stadtgrenzen, erweist sich **Gruene** [gesprochen: grien] als ein New Braunfels im Westentaschenformat, denn alles liegt hier in Rufnähe beieinander: schnuckelige Hotels, summende Biergärten am Fluss, auf dessen reges Schlauchboottreiben man hinuntergucken kann, Antiquitätenläden, der sehenswerte **General Store**, ja, und die **Gruene Hall**, die älteste Dance Hall in Texas. Gründervater Ernst Grüne zog 1845 mit seiner Braut Antoinette an diesen Fleck und erkannte richtig und rechtzeitig den Wert der Baumwolle. Also erhielt der Ort nicht nur seinen Namen, sondern entwickelte sich für eine Weile (bis 1925) zu einer wohlhabenden Baumwollgemeinde. Dann war alles zu Ende und Gruene eine Ghost Town.

Erst mit Pat Molak, einem Ex-Börsenmakler aus San Antonio, kam Mitte der 1970er Jahre der Wandel. Mithilfe seiner denkmalpflegerischen Bemühungen um die deutschen und viktorianischen Häuser des 19. Jahrhunderts ging es in Gruene wieder bergauf.

Zurück in New Braunfels kann man noch einen Schlenker zur **Conservation Plaza** einlegen, wo eine Art Freilichtmuseum zusammmgestellt ist, das die lokale Baugeschichte (u.a. das älteste Schulgebäude von Texas) illustriert. Unweit liegt auch das **Museum of Texas Handmade Furniture**, das einen detaillierten Einblick in die Handwerkskunst der frühen deutschen Zimmerleute bietet.

In New Braunfels führt die szenische **River Road** aus der Stadt an (und oft über) den Guadalupe River mit dichtem Buschwerk, Kakteen und Bluebonnets bestandenen Ufern – ein Dorado für Wildwasserfans. Schlauchboote, Flöße, Kajaks und große Autoreifen kann man überall mieten. Weiter flussaufwärts lockt der gestaute **Canyon Lake** zum Baden – sicher einer der reizvollsten Seen in Texas überhaupt.

4 Service & Tipps

✿🏛⚶ Lady Bird Johnson Wildflower Center
4801 La Crosse Ave., Austin, TX 78739
✆ (512) 232-0100, www.wildflower.org
Di–So 9–17 Uhr, Mo geschl., Eintritt $ 10/4
Ökologisch orientierter botanischer Garten, Museum und Forschungsinstitut rund um die einheimischen Pflanzen des Texas Hill Country: Wildblumen, Gräser, Reben und Bäume. Café, Bibliothek, hübsches Auditorium.

New Braunfels

ℹ New Braunfels Convention & Visitors Bureau
390 S. Seguin St., New Braunfels, TX 78130
✆ (830) 625-2385 und 1-800-572-2626
www.nbcham.org

ℹ Gute Informationen über **Gruene**, den Historic District von New Braunfels www.gruenetexas.com.

Übernachten

🛏💺🏊 Gruene Homestead Inn
832 Gruene Rd., New Braunfels, TX 78130
✆ (830) 606-0216 oder 1-800-238-5534
www.gruenehomesteadinn.com
Komfortables Landhaus mit 22 Zimmern, schön ruhig gelegen, ein paar Minuten außerhalb von New Braunfels. Pool, Jaccuzi. Mit Frühstück. $$$–$$$$

🛏💺 Gruene Mansion Inn
1275 Gruene Rd., New Braunfels, TX 78130
✆ (830) 629-2641
www.gruenemansioninn.com
Viktorianisches Gästehaus über dem Guadalupe River – mit 30 Zimmern und schönen Sonnenuntergängen. Gutes Frühstück. $$$–$$$$

🛏🎋 The Other Place
385 Other Place Dr. (Nähe Schlitterbahn)
New Braunfels, TX 78130
✆ (830) 625-5114
www.theotherplaceresort.com
Direkt über dem Comal River gelegen: familienfreundliche Fachwerkhäuser und -hütten mit Küche im Grünen. Picknickwiese. Man

Gruene Mansion Inn in New Braunfels

kann schwimmen, angeln und sich in Gummireifen übers Wasser treiben lassen. WLAN. An Wochenenden zwei Nächte Minimum. $$$–$$$$

🛏💺🍸 Prince Solms Inn
295 E. San Antonio St. (Nähe Plaza)
New Braunfels, TX 78130
✆ (830) 625-9169
www.princesolmsinn.com
Was deutsche Handwerker 1898 in viktorianischem Stil erbaut haben, steht heute als rustikaler B&B den Gästen offen. Schattiger Garten. Mit kleinem Frühstück. $$$

🛏 Hill Country Cottage and RV Resort
131 Ruekle Rd. (I-35, Exit 184, auf Ruekle Rd. East), New Braunfels, TX 78130
✆ (830) 625-1919
www.hillcountryrvresortnb.com
Cottages und RV Park $–$$.

Museen und Sehenswürdigkeiten

🏛 Lindheimer House
491 Comal Ave., New Braunfels, TX 78130
www.newbraunfelsconservation.org/lindheimer-house
✆ (830) 832-9699 (nur mit geführter Tour zu besichtigen, Termine erfragen)
1852 aus Holz und Adobe-Lehm erbaut. Ferdinand Lindheimer kam 1836 aus Frankfurt am Main nach Texas und gilt als Vater der texanischen Botanik. Neben anderen sehenswerten Architekturzeugnissen in New Braunfels liegt das Lindheimer-Haus auf der *Walking Tour of Historic New Braunfels*, die man bequem zu

»O Tannenbaum« in Texas: Das Wandbild in New Braunfels erinnert an die Landung der deutschen Siedler in der Neuen Welt

Fuß machen kann. Hinter dem Haus fließt der glasklare Comal River.

🏛 **Museum of Texas Handmade Furniture**
1370 Church Hill Dr., New Braunfels, TX 78130
℅ (830) 629-6504, www.nbheritagevillage.com
Öffnungszeiten saisonal unterschiedlich

Gemalter Alltag und Brauchtumspflege ...

Eintritt $ 5/2
Kleines Open-Air-Museum mit Möbeln, Einrichtungsgegenständen und Originalwerkzeugen aus der Frühzeit der deutschen Einwanderer ab 1845.

🏛 **Sophienburg Museum & Archives**
401 W. Coll St., New Braunfels, TX 78130
℅ (830) 629-1572, www.sophienburg.com
Di–Sa 10–16 Uhr, So/Mo geschl., Eintritt $ 8/2
Die Ausstellung in diesem Hauptquartier des Adelsvereins im 19. Jh. macht die Besiedlungsgeschichte unter Prinz Carl von Solms-Braunfels anschaulich. U. a. gibt es dort eine Nachbildung seiner Burg an der Lahn. Dem Museum zugeordnet: die Sophienburg Archives.

🅾 **Conservation Plaza**
1300 Church Hill Dr., New Braunfels, TX 78130
℅ (830) 629-2943
www.newbraunfelsconservation.org
Ensemble restaurierter, regionaler Bauten.

🌳🚶🅾🛶 **Landa Park**
164 Landa Park Dr., New Braunfels, TX 78130
℅ (830) 221-4350
www.nbtexas.org/1434/Aquatic-Facilities

Reizvoller Park im Nordwesten der Stadt mit (für diesen Teil von Texas) ungewöhnlicher Vegetation tropischen Grüns. Glasboden- und Paddelboote, Gummireifen *(tubing)* auf dem Landa-See und dem Comal River. Pools, Golfplatz, Angeln, Picknick.

River Road (Guadalupe River Scenic Area)
New Braunfels
Rund 25 km lange, flussnahe Erholungsstrecke (Guadalupe River) mit schattigen Picknick- und Campingplätzen, die zum (künstlichen) **Canyon Lake** führt.

Schlitterbahn Waterpark Resort
400 N. Liberty Ave., New Braunfels, TX 78130
✆ (830) 625-2351, www.schlitterbahn.com
Ende April–Anfang Sept., aktuelle Öffnungszeiten online erfragen, i. d. R. tägl. 10–20 Uhr, verschiedene Ticketpakete, i. d. R. ab ca. $ 50
Riesiger Wasser-Fun-Park mit »The Falls« und »Blastenhoff«, vielen Rutschen und Röhren.

Restaurants

☒ Myron's Prime Steakhouse
136 N. Castell Ave., New Braunfels, TX 78130
✆ (830) 624-1024, www.myronsprime.com
Tägl. Bar ab 16, Dinner ab 17 Uhr
Fine Dining in einem ehemaligen Kino: Steaks und Meeresfrüchte, gute Weinauswahl. Hoher Speiseraum, hohe Preise. $$$

☒ Friesenhaus
1050 S Seguin Ave., New Braunfels, TX 78130
✆ (830) 214-0055, www.friesenhausnb.com
Mo–Sa 11–22, So bis 21 Uhr
Unter friesischer Leitung: deutsche Kost und Biergarten. $–$$

☒ Gristmill River Restaurant & Bar
1287 Gruene Rd., New Braunfels, TX 78130
✆ (830) 625-0684
www.gristmillrestaurant.com
Tägl. 11–21, Fr/Sa bis 22 Uhr, im Sommer eine Stunde länger
Heiterer Biergarten am Abhang des rauschenden Bachs, wo einst das Mühlrad klapperte: einfach und urig für jedermann.
Das Angebot reicht von simplen Kombos wie *Texas torpedoes (fried jalapeños)* und Longneck-Bier zu Forellenfilets und texani-

Wurstfest in New Braunfels – Trinken und Musik German style

schem Chenin Blanc aus der Llano Estacado Winery in Lubbock. $–$$

☒ Huisache Grill & Wine Bar
303 W. San Antonio St.
New Braunfels, TX 78130
✆ (830) 620-9001
www.huisache.com, Tägl. 11–22 Uhr
Gute Südwestküche, vernünftige Preise. $$

☒♫ Gruene Hall
1281 Gruene Rd. 47, New Braunfels, TX 78130
✆ (830) 606-1281, www.gruenehall.com
Honky-Tonk-Milieu seit 1878: Pooltische, Biergarten, Bar und riesige Tanzfläche. An Wochenenden, im Sommer tägl. Live-Entertainment (Country, Cajun oder Folk-Rock).

Folkfest: Wochenende im Mai
Wurstfest: Ende Oktober/Anfang November (Beginn am ersten Freitag im November), das Nonplusultra der Events in New Braunfels in den Bierzelten und Wursthallen im Landa Park nach dem Motto: *Where the best times are the wurst times.* www.wurstfest.com.
Gruene Music & Wine Fest: Anfang Oktober, www.gruenemusicandwinefest.org.

5 Kaffeeklatsch im Wilden Westen
Fredericksburg

*Hin nach Texas,
wo der Stern im blauen Felde
eine neue Welt verkündet,
jedes Recht für Recht und Freiheit
und für Wahrheit froh entzündet –
dahin sehnt mein Herz sich ganz.*

Hoffmann von Fallersleben

5. Tag: New Braunfels – Boerne – Sisterdale – Luckenbach –
Fredericksburg (130 km/81 mi)

km/mi	Zeit	Route	Route vgl. Karte S. 86.
0	10.00 Uhr	Abfahrt von **New Braunfels** über die Plaza und dort S 46 stadtauswärts, dem Schild S 46 West über **Bergheim** nach Boerne folgen.	
70/43	11.00 Uhr	**Boerne** (eine Stunde Pause für die *Hauptstrasse* und Plaza). An der *Hauptstrasse* rechts, nach der dritten Ampel rechts in die Farmroad **FM 1376** (unbedingt diese Route wählen, auch wenn das Navigationsgerät andere Routen vorschlägt!). Über **Sisterdale** nach	
114/71	13.00 Uhr	Downtown **Luckenbach**. (Aufpassen: Ein Ortsschild gibt es möglicherweise nicht, deshalb auf den **South Grape Creek** achten und sofort danach links einbiegen.) Eine Stunde Rast. Weiterfahrt und dann links auf US 290 West nach	
130/81	14.30 Uhr	**Fredericksburg.**	

Alternativen und Extras

Cascade Caverns, 226 Cascade Caverns Rd. (I-10, Exit 543), Boerne, TX 78015, ✆ (830) 755-8080, www.cascadecaverns.com, tägl. 9–17 Uhr, Eintritt für ca. einstündige Tour (immer zur vollen Stunde): $ 17.95/11.95. Effektvoll ausgeleuchtete Höhlen (50 m tief, 50 m lang) drei Meilen südlich von Boerne mit unterirdischem Wasserfall. Picknick und Camping.
LBJ Ranch: vgl. S. 87.

Enchanted Rock State Natural Area, 16710 Ranch Rd. 965, Fredericksburg, TX 78624 (ca. 18 mi nördl. von Fredericksburg), ✆ (830) 685-3636, www.tpwd.state.tx. us/parks, Eintritt $ 7, Kinder frei. In der Regel 8–22 Uhr geöffnet. Pinkfarbener Granitfelsen (»Inselberg«), der sich domartig über die Landschaft erhebt: ideal zum Wandern, Klettern, Picknicken und Camping. Bei Vollmond leuchtet der Steindom in magischem Licht. In der Hochsaison sollte man vorab reservieren.

Wanderung

Der **Loop Trail** (gut 6 km) führt als Wanderung rund um die wichtigsten Gipfel der Granitformation. Der kurze **Summit Trail** (1 km) weist den direkten, steilen Aufstieg (ca. 140 m) auf die Spitze des Dome. Von dort hat man einen wunderschönen 360-Grad-Ausblick auf das Hill Country.

Man kann beide Trails gut kombinieren. Entweder indem man am Parkplatz rechts zunächst den Summit Trail zur Spitze wählt und dann im Anschluss den Sandy Creek überquert und dem Loop Trail rund um die Granitformation folgt. Alternativ kann man vom Parkplatz aus auch links dem Loop Trail folgen und dann auf der Hälfte des Weges eine Abkürzung über eine Schlucht (Echo Canyon) wählen, um Anschluss an den Summit Trail zu bekommen.

Im Sommer sollte man die Tour früh starten, vor allem an Wochenenden, weil der Parkplatz nach 10 Uhr in der Regel überfüllt und dann kein Zugang zum Park mehr möglich ist.

Länge: 7–8 km (je nach Variante), Dauer: 2,5 bis 3 Stunden, mittelschwer.

Kaum, dass New Braunfels aus den Augen gerät, nimmt das malerische **Hill Country** den Blick wieder gefangen. Seine Entstehung beruht, wie meist, auf trockenen geologischen Tatsachen. Dicke Kalksteinschichten, Ablagerungen auf einem uralten Meeresgrund, wurden im Laufe der Zeit nach oben und über die **Coastal Plains** hinaus gedrückt und bildeten das heute sogenannte **Edwards Plateau**. Flüsse ritzten dann Täler in die Gesteinsmasse, und was stehen blieb, sind die Hügel, die wir heute wahrnehmen. Der »Blumenmeister« und »Schwamkrug's Steakhouse« liegen am Weg, zwei Tennis-Ranches huschen vorbei, aber auch richtige, also Working Ranches. Dann und wann fahren ein paar borstige *Prickly pear*-Kakteen ihre Stacheln aus, doch Eichen, Mesquite- und Juniperbäume überwiegen.

Dann naht **Boerne**, ein reizend am Fluss gelegenes und mit beschatteten Villen besetztes Städtchen mit gerade mal knapp über 10 000 Einwohnern. Ein Verehrer des jüdischen Dichters und Publizisten der Jungdeutschen Ludwig Börne hat den Ort nach ihm benannt. Hier sagt der Tankwart, nachdem er sein

Geld bekommen hat, in akzentfreiem Deutsch »Danke schön«. Die Dichter des Vormärzes – unter anderem Georg Büchner, Heinrich Heine und Ludwig Börne –

Klettern am Enchanted Rock

ließen sich durch Bekanntschaften mit deutschen Auswanderern um die Mitte des 19. Jahrhunderts wahre Begeisterungshymnen über Texas entlocken. Vor allem Hoffmann von Fallersleben. Ausgerechnet Texas erschien ihm als der Ort in der Neuen Welt,

wo der Fluch der Überlieferung
und der alte Köhlerglaube
vor der reinen Menschenliebe
endlich wird zu Asch' und Staub.

Am Fluss wird geangelt und gefuttert, auf der grünen Plaza spielen die Kinder, es ist Sonntag. Boerne bietet ein paar *Historical Walking Tours* zur Auswahl, gute Gelegenheiten, sich über die Geschichte des Ortes schlau zu machen. Sie fällt sofort ins Auge: die alten Steinbauten mit den kleinen Fenstern, die steilen Giebel und Gärten. Mitglieder der idealistischen deutschen *Kolonie von Bettina*, die auch an anderen Stellen in Texas sogenannte

lateinische Siedlungen gegründet hatten, fassten hier zuerst 1849 Fuß. Ihr Bauernhof war dem Landsitz Ciceros nachgebildet und hieß dementsprechend Tusculum.

Am Ende der *Hauptstrasse* führt eine wunderschöne Farmroad (FM 1376) auf und ab über Land, an Schweinefarmen und Ranches, Vieh und Windrädern vorbei, nach **Sisterdale**, einer weiteren ursprünglich deutschen Ortschaft. Kurze Zeit später folgt **Luckenbach**, ein Wallfahrtsort für Country & Western-Fans. Als der Countrysänger Waylon Jennings »Luckenbach, Texas« sang, brachte er den Ort auf die Landkarte. Seither kommen jährlich Tausende in dieses gottverlassene Nest, das im Wesentlichen nur aus einem General Store, einer Dance Hall und einem Postamt besteht. Einwohnerzahl: drei. Ansonsten steht in Luckenbach die Pionierzeit still. Es sei denn, es sind gerade die *Harvest Classics* und eine Horde Motorradfahrer campt in und um Luckenbach.

Gesamtkunstwerk: der General Store von Luckenbach

Minna Engel eröffnete 1849 den Laden, um mit den Indianern Waren zu tauschen. Ein Jahr später baute sie eine Poststation und eine Bar an. Ben Engel wurde Postmeister. Jahrzehnte später machte noch eine Schmiede nebenan auf. Das war's dann. Erst 1970 verkauften die Nachfahren der Engels die ganze »Stadt« an Hondo Crouch, Kathy Morgan und Guich Koock. Hondo, eine Art texanischer Willy Millowitsch, wurde Bürgermeister, was der Popularität Luckenbachs enormen Auftrieb gab. Bis 1976, dann starb er. Luckenbach dagegen blieb: Nicht nur in den Songs von Jennings, Willie Nelson und Jerry Jeff Walker. Immer noch gibt es jeden Abend Livemusik und viele Mitglieder der Country-Music-Gemeinde kommen hierher, um von jenem einfachen Leben zu träumen, das Waylon Jennings besungen hat. Und auch den einen oder anderen Touristen verschlägt es hierher, um im General Store zu kramen oder sich mit einem Bier unter den schattigen Eichen zu erfrischen. Immer vorausgesetzt, man findet Luckenbach. Ein bisschen Glück braucht man schon dazu, denn zu viele Souvenirjäger sind hinter den Ortsschildern her. Das Texas Highway Department gibt aber nicht auf, neue Schilder aufzustellen.

Nirgendwo findet man deutsche Siedlungsgeschichte eindrucksvoller vorgeführt als in der heimlichen Hauptstadt des *German Belt*, in **Fredericksburg**. Mit seinen zwanzig Kirchen, restaurierten Steinhäusern und Biergärten präsentiert der 11 000-Seelen-Ort deutsche Kulturgeschichte im Einweckglas, aber doch auch zum Anfassen und Mitmachen.

Dr. Charles Schmidt, angesehener Zahnarzt am Ort, holt die zweibändige Ahnengeschichte aus dem Bücherregal. Er buchstabiert die Orte, aus denen seine Großeltern ursprünglich kamen: Düren, Aachen, Köln. Ja, nach Deutschland

Cowboysänger in Luckenbach

möchte er gern mal. Am liebsten den Rhein hinunter, um die richtigen deutschen Städte zu sehen: Heidelberg, Michelstadt, Nördlingen. Sein Deutsch besteht aus insularen Brocken, die ziemlich verloren im englischen Sprachmeer herumschwimmen.

Aber er gibt sein Bestes und steht voll zu seiner Herkunft. Nebenberuflich und mit viel Engagement arbeitet er in der Historischen Gesellschaft des Bezirks mit, die sich für die Erhaltung der *heritage* in Gestalt der alten Architektur einsetzt. Das Geld für die Verschönerungsarbeiten wird meist durch Spenden aufgetrieben. Mit noch mehr Hingabe als ihr Ehemann pflegt Loretta das deutsche Erbe. Am liebsten in der Küche. Ihre Waffeltörtchen, Gugelhupfs und Pfeffernüsse werden nicht nur von ihren beiden Kindern geschätzt, sie stehen bei der ganzen Familie und in der Bekanntschaft hoch im Kurs – besonders beim Kaffeeklatsch, der sonntags dem Kirchgang und dem Mittagsbraten folgt. Besuch aus der alten Heimat, dem *Old Country*, ist dabei (und überhaupt) stets willkommen. Dann können die paar rostigen Vokabeln wieder aufpoliert werden.

Jim, Nachbar der Schmidts, muss auch zu Gedrucktem greifen, um seine Her-

Pfirsichernte im Hill Country

kunft einzukreisen. Als Kind in der Schule konnte er noch kein Wort Englisch. Schließlich war hier Deutsch bis 1940 Muttersprache an den Schulen. Heute verhält es sich eher umgekehrt. Sein Englisch ist perfekt, doch sein Deutsch klingt seltsam. Er spricht – so wie viele hier in der Gegend – eine Art tiefgefrorenes Deutsch. Es stammt eben aus dem 19. Jahrhundert und bildet heute ein Gemisch aus veralteten Ausdrücken, unterschiedlichen Dialekten und übersetztem Englisch. Verständlich, denn die ehemalige Muttersprache hat sich hier seit der Ankunft der ersten Siedler nicht mehr weiterentwickelt.

Jim merkte das, als er später auf der Universität deutsche Sprachkurse belegte: »Die Lehrer hatten nur ein Ziel: mir mein Fredericksburg-Deutsch auszutreiben.« Das wird heute gerade mal noch von den 70–80-Jährigen gesprochen, auf der Straße, am Telefon, in den Geschäften. Bald wird es auch damit zu Ende sein.

Betty ist in diesem Alter. Sie arbeitet ein paar Mal in der Woche auf der **LBJ-Ranch**, dem Anwesen des früheren Präsidenten Lyndon B. Johnson, das nur einige Au-

tominuten von Fredericksburg entfernt liegt. Unter den Sehenswürdigkeiten der Ranch befindet sich auch ein deutscher Bauernhof, die Sauer-Beckmann-Farm, der noch so funktioniert wie damals: mit prall gefüllter Räucherkammer _(Schmokhaus)_, Gemüsegarten, Viehhaltung und eigener Marmeladen-, Wurst- und Seifenherstellung. Je nach Bedarf erläutert Betty den Besuchern diese Errungenschaften entweder auf Deutsch oder auf Englisch. Dabei erklärt sie die Funktion der guten Stube ebenso wie die Bedeutung des deutschen Ofens. Die Deutschen hielten nämlich in den USA an ihren gusseisernen Öfen fest, während die angelsächsischen Kollegen auf ihren offenen Kaminen beharrten.

Beim Rundgang kommt Betty auch auf eine deutsche Erfindung zu sprechen, als sie eine Art Fleischwolf für Maiskolben vorführt, ein praktisches Gerät, mit dem man die Körner verblüffend schnell vom Kolben lösen kann. Und während draußen prompt der Hahn kräht, schwärmt sie von den Leistungen der Männer der ersten Stunde: »Die ham 'ne Masse prachtvoller Dinge gedan hier, die deutsche Leut', die erschte, wo von Deutschland riberkam. Die konnten 'ne Masse mehr fertigbringen als andere Leut'. Die waren 'ne Masse klüger gewesen.«

Dieses gute Image hat immerhin zwei Weltkriege überstanden und sich bis heute in der amerikanischen Provinz gehalten. Deutsche gelten in Texas allgemein als zuverlässig, sauber, sparsam und vor allem fleißig. »Wenn jemand in Houston einen Job sucht und sagt, er komme aus Fredericksburg, dann wird er gleich höher eingestuft«, erzählt Loretta. Und was sagen die _Hispanics_ dazu? In New Braunfels war noch von einer hispanischen Gemeinde die Rede. Aber Minderheiten in Fredericksburg? »Ja«, meint die Vertreterin des lokalen Fremdenverkehrsbüros verlegen, »ja, da gibt es hier welche. Aber ein *barrio*? Nein, das nicht. Wenn Erntehilfen für die Pfirsiche gebraucht werden, dann fragt man sie. Und das heißt dann elegant *southern help*.«

Anders als in vielen Teilen des Wilden Westens ist man in Fredericksburg stolz auf das gute Verhältnis zu den Indianern. Nach kriegerischen Auseinandersetzungen schlossen die Comanchen und die deutschen Siedler 1847 den Meusebach-Comanche-Friedensvertrag, den einzigen Vertrag, der zwischen Siedlern und Indianern geschlossen und auch tatsächlich gehalten wurde.

Eins ist auch klar: Niemand in Fredericksburg, New Braunfels oder Boerne fühlt sich als Deutscher. Sie verstehen sich selbstverständlich als Texaner, als Texaner deutscher Abstammung. Ja, das macht sie erst recht zu guten Texanern. Herkunft als patriotischer Verstärker. Von innerem Zwiespalt, Identitätskrise oder gar (historisch begründeten) Anfechtungen keine Spur. Vielleicht liegt das auch an einigen Wesensverwandtschaften, die zwischen Deutschen und Texanern bestehen. Jedenfalls, auf den vielen Wurst-, Schüt-

zen-, Sänger-, Volks- und Oktoberfesten kommen deutsch-bayerische Folklore und texanische Geselligkeit gut miteinander zurecht. Dann sind Blasmusik und Country & Western Music, deutsche Bierkrüge und texanisches Barbecue zwei Seiten derselben Medaille. Sonst hat in den USA meist die italienische oder (wenn's teuer wird) die französische Küche die Nase vorn – mit Importweinen, mit für englische Zungen schwer auszusprechenden Käsesorten und einer Restaurantkultur de luxe.

Die simple deutsche Hausmannskost kann da nicht mithalten. Sie gilt als absolutes Schlusslicht in der internationalen Rangliste der Gaumen-Apostel. Die Texaner halten den Deutschen in diesen Geschmackssachen schon eher die Stange. In ihrer Mehrzahl geben sie nicht viel auf spärlich bemessene Portionen, garniert mit viel Gourmetgetue.

Das Markenzeichen der Stadt ist die stattliche **Vereins Kirche** im Zentrum. Früher diente sie als Kirche, Schule, Versammlungshaus und Wehrburg zugleich. Jetzt sind eine Bücherei und ein Museum in den achteckigen Bau gezogen.

Texanische Wildblumen im Hill Counrty

Adrett: Sunday House in Fredericksburg

Als Paradestücke – weil einmalig in den USA – gelten die **Sunday Houses**, kleine »Sonntagshäuser«, die einst die deutschen Farmer bauten, um am Sonntag für Kirchgang, Geselligkeit und Besorgungen in der Stadt ein Standquartier zu haben. Diese putzigen »Wochenendhäuschen« im Hänsel-und-Gretel-Format hatten meist nur einen Raum, eine kleine Veranda und eine Küche. Hier pflegte man bequem die deutsche Kaffee-und-Kuchen-Tradition, und abends fuhr die Familie wieder aufs Land zurück. Inzwischen sind die Mini-Häuser, die in der Mehrzahl zwischen 1890 und 1920 entstanden, meist durch An- und Umbauten erweitert worden. Oft wohnen dort aber noch die Nachfahren der einstigen Bauherren.

Seit einiger Zeit regt diese Architektur auch die Fantasie der Zweithaussucher an. Immobilienfirmen kehren neuerdings die ursprüngliche Funktion dieses Haustyps um und werben heftig für Replikate von Sunday Houses als putzige Ferienhäuschen und Schlupfwinkel abseits der großen texanischen Metropolen. Besonders für diese Klientel hat sich Fredericksburg jenseits vom deutschen Erbe als kulinarische Destination profiliert – unterstützt von einer Reihe einladender Weingüter in der Nachbarschaft, insbesondere entlang der US 290, der *Wine Road* von Texas.

Lange Zeit wurde der Weinanbau in Texas trotz seiner 400-jährigen Tradition belächelt. Inzwischen aber hat Texas auch bei Weinkennern jenseits der texanischen Grenzen an Reputation gewonnen. Immerhin ist der Staat Texas zur Nummer 5 im amerikanischen Wine-Business aufgestiegen und das Hill Country die am zweitschnellsten wachsende Destination des amerikanischen Weintourismus, weshalb man sich hier gerne als das Napa Valley von Texas versteht.

5 Service & Tipps

ℹ Boerne Convention & Visitors Bureau
1407 S. Main St.
Boerne, TX 78006
✆ (830) 249-7277 und 1-888-842-8080
www.visitboerne.org
Mo–Fr 9–17, Sa 10–14 Uhr

✕▣ Bear Moon Bakery & Cafe
401 S. Main St. (Historic Downtown)
Boerne, TX 78006
www.bearmoonbakery.com
✆ (803) 816-2327, Di–Sa 6–17, So 8–16 Uhr
Richtig guter Cappuccino und erstklassige
Sandwiches für den Lunch-Stopp in Boerne. $

▣♫ Luckenbach Dance Hall, General Store
412 Luckenbach Town Loop (off FM 1376)
Fredericksburg, TX 78624
✆ (830) 977-3224
www.luckenbachtexas.com
Tägl. ab 9 Uhr
Tägl. Livemusik, Bier und gute Stimmung.

Fredericksburg

ℹ Visitor Information Center
302 E. Austin St.
Fredericksburg, TX 78624
✆ (830) 997-6523 und 1-888-997-3600
www.visitfredericksburgtx.com

Übernachten

**▣▣ Mehr als 400 liebevoll dekorierte Bed &
Breakfast Inns** erwarten die Gäste in Frede-
ricksburg, meist mit verlockender Namen-
gebung, z. B. **Abendlied, Haussegen, Oma
Rosa's Haus, Heimplatz am Fluss, Das Jager
Haus**. Sechs Agenturen haben sich auf deren
Vermittlung spezialisiert, z. B.:

▣▣ Absolute Charm Bed & Breakfasts
711 W. Main Street
Fredericksburg, Texas 78624
✆ (866) 244-7897
www.absolutecharm.com

▣ Gastehaus Schmidt Reservation Service
231 W. Main St.
Fredericksburg, TX 78624

✆ (830) 997-5612
www.fbglodging.com

▣ Main Street B & B Reservation Service
337 E. Main St.
Fredericksburg, TX 78624
✆ (830) 997-0153
www.travelmainstreet.com

▣▣ Das Gartenhaus
604 S. Washington St.
Fredericksburg, TX 78624
✆ (830) 990-8408 und 1-800-416-4287
www.dasgartenhaus.com
Schöner traditioneller B & B, Full Breakfast.
WLAN. $$$–$$$$

▣✕▣ Fredericksburg Herb Farm
405 Whitney, Fredericksburg, TX 78624
✆ (844) 596-2302
www.fredericksburgherbfarm.com
Auf einer kleinen Kräuterfarm findet sich ein
nettes Ensemble von 14 Sunday-House-Repli-
katen. Außerdem gibt es großzügige und
schöne Spa-Einrichtungen (die auch Externen
angeboten werden) und ein gutes Restaurant
(Farm Haus Bistro, gehobene amerikanische
Küche mit italienischen bzw. französischen
Einflüssen, Lunch tägl., Dinner Sa/So ($$).
$$$–$$$$

▣▣ Inn on the Creek
107 N. Washington St.
Fredericksburg, TX 78624
www.inn-on-the-creek.com
Feiner historischer Inn (6 Zimmer) in der Nä-
he von Main Street. Buchung erfolgt über die
Agentur Absolute Charm. $$–$$$$

»Howdy« in Luckenbach

⌂▼☰ The Cameron Inn
106 S. Washington St., Fredericksburg, TX 78624
Buchung nur über Main Street Reservation Service, vgl. dort.
Schöner B&B, Pool, Full Breakfast. $$–$$$

⌂☰◉ Inn on Barons Creek
308 S. Washington St., Fredericksburg, TX 78624
✆ (830) 990-9202
www.innonbaronscreek.com
89 Räume, am Barons Creek gelegen, Salzwasser-Schwimmbad, Spa. $$–$$$

⊞ Fredericksburg RV Park
305 E. Highway St., Fredericksburg, TX 78624
✆ (830) 990-9582 und 1-866-324-7275
www.fbgrvpark.com
Still gelegen. *Full hookups.* Nur acht Blocks von Historic Main Street entfernt.

⊞⚒ Lady Bird Johnson RV Park
432 Lady Bird Dr., 3 mi südl. von Downtown auf Hwy. 16 Richtung Kerrville im Lady Bird Johnson Municipal Park
Fredericksburg, TX 78624
✆ (830) 997-4202, www.fbgtx.org
Schön gelegener RV Park, 113 Stellplätze mit *full hookups*, 50 für Zelte, WLAN, Golfplatz.

Museen und Sehenswürdigkeiten

🏛 National Museum of the Pacific War
340 E. Main St.
Fredericksburg, TX 78624

Vereins Kirche in Fredericksburg

✆ (830) 997-8600
www.pacificwarmuseum.org
Tägl. 9–17 Uhr
Eintritt $ 14/7
Militaria-Museum: Artefakte und Dokumente der Pazifikschlachten während des Zweiten Weltkriegs unter dem Oberkommando von Admiral Nimitz, der in Fredericksburg aufgewachsen ist. Im Jahr 2000 wurde das ehemalige Admiral Nimitz Museum in National Museum of the Pacific War umbenannt. Neueste Errungenschaft ist die George Bush Gallery.

🏛 Pioneer Museum
325 W. Main St.
Fredericksburg, TX 78624
✆ (830) 990-8441
www.pioneermuseum.net
Mo–Sa 10–17 Uhr, So geschl.
Eintritt $ 5/3
Man kann verschiedene historische Gebäude besichtigen und nacherleben, wie die ersten Pioniere die Stadt erbaut und wie sie gelebt haben.

◉ Old St. Mary's Church
306 W. San Antonio St.
Fredericksburg, TX 78624
www.stmarys1846.com
Die Old St. Mary's Catholic Church (Marienkirche) wurde 1863 von einer Handvoll deutscher Immigranten errichtet und ist in jedem Fall einen Besuch wert. Die gotische New St. Mary's Catholic Church gleich nebenan wurde 1908 fertiggestellt.

◉ Vereins Kirche
100 W. Main St. (am »Marktplatz«)
Fredericksburg, TX 78624
✆ (830) 997-2835
Di–Sa 10–16.30 Uhr, im Winter So/Mo geschl.
Eintritt frei
Das erste öffentliche Gebäude in Fredericksburg, 1847 gleich nach der Ankunft der ersten deutschen Siedler erbaut. Der von den Siedlern auch als »Kaffeemühle« bezeichnete Oktagonalbau diente als Rathaus und Kirche. 1896 wurde das Gebäude abgerissen. Die 1934 gegründete Gillespie County Historical Society sorgte dann als Erstes dafür, dass 1936 ein Replikat der Vereins Kirche erbaut wurde. Heute ist der Bau eine Außenstelle des Pioneer Museum (s.o.).

🍷 Fredericksburg Wine Road 290

Entlang der US 290 (vor allem östl. von Fredericksburg) haben sich 15 renommierte texanische Weingüter aus Fredericksburg bzw. dem umgebenden Hill Country zusammengetan: Becker Vineyards, Chisholm Trail Winery, Fredericksburg Winery, Grape Creek Vineyards, Pedernales Cellars, Rancho Ponte Vineyards, Texas Hills Vine Vineyard, Torre di Pietra Vineyards, William Chris Vineyards, Woodrose Winery, Fiesta Winery, Hye Meadow Winery, Lost Draw Cellars, Hilmy Cellars und der Tasting Room von 4.0 Cellars.

Praktisch alle Weingüter bieten Weinverkostungen an. Details siehe unter www.winero ad290.com. Einen guten Überblick über alle Weingüter im Hill Country gibt es unter: www. texaswinetrail.com.

Restaurants

✕ August E's
203 E. San Antonio St.
Fredericksburg, TX 78624
✆ (830) 997-1585
www.august-es.com
Dinner ab 17 Uhr, Mo geschl.
Eklektische Küche mit *asian fusion*. Sicherlich das beste Restaurant in Fredericksburg, allerdings teuer. Außerdem Sushi-Karte und dienstags *Thai Tuesday*. $$$

✕ Navajo Grill
803 E. Main St.
Fredericksburg, TX 78624
✆ (830) 990-8289
www.navajogrill.com
Tägl. ab 17.30 Uhr Dinner
Küche des Südwestens mit mexikanischen, karibischen und kreolischen Einflüssen. In einem alten Cottage, mit nettem Patio. $$$

✕ ◼ Altdorf Biergarten
301 W. Main St., Fredericksburg, TX 78624
✆ (830) 997-7865
www.altdorfbiergarten-fbg.com
Mo und Mi–Sa 11–21, So 11–16 Uhr, Di geschl.
Im schattigen Biergarten serviert man eher rustikale amerikanische, Tex-Mex- und deutsche Gerichte. $

✕ Burger Burger
209 E. Main St.

Klar Schiff: National Museum of the Pacific War

Fredericksburg TX 78624
✆ (830) 997-5226
http://burgerburgerfbg.com
Tägl. ab 11 Uhr
Frische Burger mit einem Flair Westküste. Patio. $

◼ ✕ 🎵 Hondo's on Main Street
312 W. Main St.
Fredericksburg, TX 78624
✆ (830) 997-1633
www.hondosonmain.com
Mi–So ab 11 Uhr
Vor allem Livemusik, aber auch Burger und Southern Food. Patio. $

◼ ✕ Old German Bakery
225 W. Main St.
Fredericksburg, TX 78624
✆ (830) 997-9084,
http://oldgermanbakeryandrestaurant.com
Tägl. ab 7 Uhr
Bäckerei, Café und Restaurant: Frühstück, Lunch, Kaffee und Kuchen. $

🎉 **Fredericksburg Food & Wine Fest:** Oktober
in Downtown auf dem Marktplatz, www.fbg foodandwinefest.com

Oktoberfest: Ende September/Anfang Oktober, Feiern im Zeichen des Biers, dazu deutsche Musik und zünftiges deutsches Essen, www. oktoberfestinfbg.com. 🎉

6 Texas Hill Country
Von Fredericksburg nach San Antonio

6. Tag: Fredericksburg – Kerrville – Bandera – San Antonio
(159 km/99 mi)

km/mi	Zeit	Route	Route vgl. Karte S. 86.
	Vormittag		In **Fredericksburg** Rundgang: Vereins Kirche, Pioneer Museum, National Museum of the Pacific War (vgl. Infos S. 102).
	Mittag		Lunch (z. B. German Bakery).
0	12.30 Uhr		In Fredericksburg beim County Court House, dort wo Adams St. die *Hauptstrasse* kreuzt, Hwy. 16 South nach
38/24		**Kerrville.**	
42/26	13.00 Uhr		Nach ein paar Meilen am Schild links zum **Museum of Western Art** (Stopp und Rundgang ca. eine Stunde). Anschließend Hwy. 16 weiter nach Süden über Medina und
80/50	14.30 Uhr		**Bandera.** Hier knickt der Hwy. 16 links ab. Kurz hinter dem Ort **Helotes** links auf den Hwy. 1604 abbiegen, der auf die I-10 East führt. Diese in Richtung San Antonio fahren bis Exit DOWNTOWN bzw. CHÁVEZ BLVD. (ehemals Durango St.).
158/99	15.30 Uhr		**San Antonio. (Stadtplan und Infos zu San Antonio vgl. S. 113 ff.)**

Alternativen und Extras

Kerrville und Bandera sind von **Ferienranches** umzingelt wie:
– **Y.O. Ranch**, 1736 Y.O. Ranch Rd. N.W., Mountain Home, TX 78058 (ca. 30 mi nordwestl. von Kerrville, Nähe Hwy. 41), ℂ (830) 640-3222 und 1-800-967-2624, www.yoranch.com. Eine Working Ranch der deutsch-texanischen Familie Schreiner mit Gästeanschluss. Größte Longhornherde in Texas und schöner Pool. Buffetbewirtung. Man kann reiten, schwimmen und auf Fotosafari gehen. Neben den Longhorns lebt hier afrikanisches Großwild: Zebras, Giraffen, Antilopen, Löwen. Tour und Übernachtung vorher reservieren. $$$$
– **Mayan Ranch**, 350 Mayan Ranch Rd., Bandera, TX 78003, ℂ (830) 796-3312, www.mayanranch.com. Dude Ranch (Familienbetrieb seit drei Generationen) mit 68 Zimmern in Cottages oder Lodges; Reiten, Schwimmen, Tennis, Angeln, C&W-Tanzstunden und herzhaftes Cowboyfrühstück am Ufer des Medina River. Vollpension. Voranmeldung empfohlen. $$$$

– **Flying L Guest Ranch**, 566 Flying L Dr. (eine Meile südlich von Bandera via S 173), Bandera, TX 78003, ✆ (830) 460-3001 und 1-800-292-5134, www.flyingl.com. Guest Ranch mit 44 Zimmern, Restaurant, Pferden, Pool, Tennis- und Golfplatz, Frühstück und Dinner. $$$–$$$$
– **Hyatt Regency Hill Country Resort**, 9800 Hyatt Resort Dr., San Antonio, TX 78251, ✆ (210) 647-1234, www.hillcountry.hyatt.com. Wer die Hill-Country-Szene ge-pflegt genießen möchte, der ist hier an der richtigen Adresse. 20 Autominuten von Downtown San Antonio entfernt bietet die konservative Eleganz des Re-sorts inmitten lieblicher Hügel und immergrüner Eichen alle nur denkbaren kuli-narischen und sportlichen Freuden in der nahen und näheren Umgebung (Tennis-, Golfplätze, Jogging, Rad fahren, Fitnessclub, Pools) sowie Terrains für Kletterer, Reiter, Kanuten, Wasserskier und Angler. $$$$

Beginnen wir mit einem Blick auf und in das Wahrzeichen der Stadt, in die **Ver-eins Kirche** am Marktplatz, eine Rekon-struktion der ursprünglichen Siedlungs-kirche von 1847 in oktogonaler Form, die *Kaffeemühle*, wie sie im Volksmund heißt. Detailliertere Einsichten in die deutsche Siedlungsgeschichte eröffnet der Baukomplex des **Pioneer Museum** mit zahlreichen original eingerichteten Räumen einschließlich Weinkeller.

Als Nummer eins unter den Sehens-würdigkeiten der Stadt gilt das in Form eines Schiffes gebaute **National Muse-um of the Pacific War**, das die Kriegs-geschichte rund um die Biographie des Marinehelden Admiral Nimitz erzählt. Der Sohn des Bremers Karl Nimitz heira-tete 1848 in Fredericksburg und brachte es bis zum US-Flottenchef im Pazifik. Im Hinterhof hat man als Geste der Versöh-nung zwar einen Japanischen Friedens-garten angelegt, aber gleichzeitig auch jede Menge Flugzeuge und Kanonen aufgestellt.

Das Arsenal wurde 2000 zum Natio-nalmuseum für den Krieg im Pazifik er-weitert: inmitten eines simulierten Süd-seeschlachtfelds mit Panzern, Bombern und U-Booten – ähnlich einem Kriegs-erlebnispark.

Beim Verlassen der Stadt fällt der Blick noch einmal auf die eigenwillig geform-te Turmspitze der **Marienkirche**. Dann zieht die Straße gefällig durch *shrubs*

Finger Gottes: alte und neue Marienkirche in Fredericksburg

Erweiterungsbau des National Museum of the Pacific War in Fredericksburg

Ranching und Cowboylebens im Texas Hill Country auf, während Tafelbilder und Plastiken von zeitgenössischen Künstlern in der Nachfolge der Western-Art-Maler Remington und Russell die raue Vergangenheit verklären.

Danach geht es weiter auf Highway 16 nach Süden auch wenn die meisten Navigationsgeräte eine andere Route empfehlen. Denn die Landstraße wird

und Hügelland, und gleich zeigt sich, wie bedeutend Ackerbau und Viehzucht für diesen Landstrich immer noch sind. Erst nach Pfirsichen, Lavendel, Heu und Getreide folgt die Tourismusindustrie, und natürlich der Wein!

Kerrville wirkt, wie die meisten Kleinstädte dieser Gegend, äußerst gut in Form. Ursprünglich von deutschen Emigranten gegründet, die von der fehlgeschlagenen Revolution 1848 enttäuscht waren, hat der Ort insbesondere seine **Olde Town** adrett aufgeräumt und mit zahlreichen Antiquitätenläden und Kunstgalerien bestückt (z. B. Water, Sidney Baker und Earl Garrett Street). Hier steht auch **Schreiner Mansion**, die viktorianische Villa des Pioniers Charles Schreiner von 1879. Der in Frankreich geborene Texas Ranger und Viehbaron machte Kerrville zur Hauptstadt der Angoraziegen, indem er den Mohairhandel ausbaute.

Über den alten Bekannten, den Guadalupe River, hinweg geht es zum **Museum of Western Art**, das ein bisschen außerhalb liegt, eben dort, wo Cowboys normalerweise auch hingehören. Das Institut, ein Architekturmix aus Fort und Hacienda, wartet mit einer eindrucksvollen Dokumentation der Geschichte des ländlicher und idyllischer, vor allem an jenen Abschnitten, die noch nicht verbreitert wurden. Dann wird's richtig hügelig und die Haarnadelkurven deuten auf Mittelgebirge. Wir überqueren den **Medina River**, der hier ebenso wie anderswo romantisch und fotogen anzusehen ist. Die aktiven Sportler lieben den Fluss erst recht, denn hier können sie nach Herzenslust paddeln oder in aufge-

blasenen Gummireifen entlang treiben. Es folgen Ranches wie die 5-O-Ranch, wo man seinen Camper abstellen kann, dann das kleine **Medina** selbst, das sich ohne große Mühe an die schöne Country Road schmiegt.

Und nach ein paar Meilen mehr an gepflegtem Farmland wie aus dem Bilderbuch vorbei folgt **Bandera**, überragt von einem prächtigen County Court House.

Freuden der Ferienranch: Ausritt am Medina River

Mariachi »al fresco«

Aber das ist Show, denn die alltägliche Gangart von Bandera bestimmen die schräg geparkten Pick-ups an der Hauptstraße. Unangefochten gilt das Städtchen als *Cowboy Ranch Capital of the World*, denn ringsum haben sich viele von ihnen breitgemacht. Die meisten sind längst keine »richtigen« Working Ranches mehr, sondern, wie das Wort *dude* (= auftakeln) schon sagt, professionell geführte Freizeitunternehmen, die das Cowboyleben als Rollenspiel anbieten. Hier gelingt es, Freiheit und Abenteuer mit Pauschalpreisen rustikal in Einklang zu bringen.

So auch die **Mayan Dude Ranch**, eine von vielen in dieser Gegend, nur ein paar Minuten außerhalb von Bandera am Medina River, in pastoraler Umgebung mit duftenden Wacholderbäumen, viel Grün und Vieh. Im Hauptgebäude werden weniger Vieh- und Landwirtschaft als Gäste verwaltet – mit burschikosem Schulterklopfen, das dem Neuling auf Anhieb

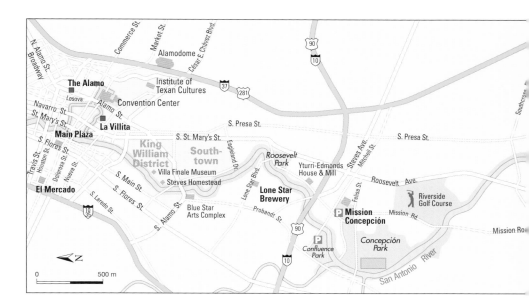

Allseits beliebt: eine Bootsfahrt auf dem San Antonio River

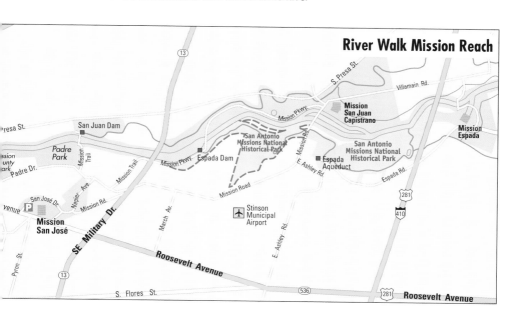

das Gefühl vermittelt, schon langjähriger Mitarbeiter auf der Ranch zu sein.

Auch die Haus- und Freizeitordnung trägt Spuren des mühevollen Cowboylebens. Bereits um 8 Uhr morgens klopft es deftig an der schweren Holztür der mit Schindeln verkleideten Schlafräume. Eine heiße Tasse Kaffee lockt den Schläfer aus seinem klobigen Westernbett zu den bereits im *corral* wartenden Pferden.

Erst nach dem Ritt zum Fluss hat man sich ein zünftiges Frühstück verdient: *Cowboy cookout*. Wer die Wildwestprogramme mit Ausritten oder Ausfahrten im *Hayride*-Wagen nicht mitmachen will, kann auch in den Pool springen, eine Runde Tennis spielen oder einfach am Fluss entlanglaufen.

Ein bisschen ist es mit **San Antonio** und Texas so wie mit New Orleans und den Südstaaten: Es ist sein liebstes Kind, seine heimliche Hauptstadt. Während Houston, Dallas, Fort Worth oder Austin auf je verschiedene Weise für Texas stehen, spricht San Antonio zunächst einmal für sich selbst. Das spürt man gleich am **Riverwalk**, dem städtebaulich gelungenen Kunstgriff und dem Parcours für Flaneure, die sich hier ohne Straßenlärm

F. I. S. H. Installation von Donald Lipski im Museum Reach

und Autoverkehr nach Herzenslust ergehen können.

Seine Entstehung verdankt der Paseo del Rio der Depression, den Arbeitsbeschaffungsmaßnahmen der 1930er Jahre, als man die Stützwände, Fußgängerbrücken und Uferwege anlegte und sie mit Zypressen, Blumen und subtropischem Gewächs garnierte. Seither bewährt sich diese touristische Schlagader mit verschiedenen Gesichtern: kleinen Wasserfällen, ruhigen, parkähnlichen Abschnitten und solchen voller überquellender Lebenslust mit Restaurants, Bars, Cafés, Galerien und Hotels. Hier sitzen die Menschen im Schatten bei Tacos, Tecate und Tequila oder gleiten gemächlich in Booten über den Fluss. Vor allem am Wochenende wird es in diesem Teil des Riverwalk leider oft unangenehm voll.

Seit 1998 plante die Stadt den weiteren Ausbau des Riverwalk von drei auf 15 Meilen. Der **Museum Reach** verbindet seitdem Downtown mit dem **Art District** und dem ebenfalls neu erschlossenen **Pearl Brewery Complex**. Ansprechende Landschaftsgestaltung und öffentliche Kunstinstallationen (z. B. F. I. S. H. von Donald Lipski, vgl. Bild) säumen den Weg nach Norden. Nach Süden erreicht man über den elf Meilen langen Mission Reach die vier Missionskirchen.

Ganz so pittoresk ist es in San Antonio allerdings nicht immer zugegangen, was nicht wundert, denn die Stadt ist älter als die meisten im Land. Bereits hundert Jahre bevor Houston oder Dallas auf der Landkarte erschienen, gründeten die Spanier das Fort San Antonio (1718) als Hauptsitz der Provinz Texas. Nach dem Bürgerkrieg und erst recht durch die Eisenbahn (1877) wandelte sich die Siedlung zur *cattle capital*, zu einer Metropole des Viehhandels. Den Rindern auf den Trails nach Kansas oder Montana

Herzstück von Texas: The Alamo

folgten die Abenteurer und Glücksritter, die San Antonio mit Spielhallen und Saloons bediente. Später erweiterten Zementfabriken, Brauereien und Ölfunde die wirtschaftliche Basis. Als jedoch am Anfang des 20. Jahrhunderts die Ölfelder im östlichen Texas sprudelten, bekamen Dallas und Houston Auftrieb und San Antonio geriet mehr und mehr aus dem Rennen. Was blieb (bis heute), waren die Vorteile, die die Stadt als wichtiger Militärstützpunkt genoss.

Doch erst die Weltausstellung auf der **Hemisfair Plaza** Ende der 1960er Jahre brachte frischen Wind, und seither hat sich die 1,4-Millionen-Metropole mit ihrem beträchtlichen Anteil an Amerikanern spanischer Abstammung (63 Prozent, die Anglos halten gerade mal 26 Prozent) rasant entwickelt. Dabei kann sich die Stadt auf eine gesunde Mischung von Dienstleistungssektor, Biomedizin und -technologie sowie Industrieunternehmen verlassen. Und der Tourismus hat sich zu einem wichtigen Standbein entwickelt: Alamo, Flusspromenade, restaurierte Wohnviertel, prächtige Missionskirchen, Fun Parks (z.B. **Sea World, Morgan's Wonderland, Fiesta Texas**) und die Mega-Arena des **Alamodome** sichern dem Stadtsäckel einen permanenten Geldsegen.

6 Service & Tipps

Alle Informationen zu Fredericksburg finden Sie beim 5. Tag, S. 101 ff.

Alle Informationen zu San Antonio finden Sie beim 7. Tag, S. 120 ff.

ℹ️ **Kerrville Convention & Visitors Bureau**
2108 Sidney Baker St.
Kerrville, TX 78028
✆ (830) 792-3535 und 1-800-221-7958
www.kerrvilletexascvb.com
Mo–Fr 8.30–17, Sa 9–15, So 10–15 Uhr

🏛 **Schreiner Mansion**
226 Earl Garrett St.
Kerrville, TX 78028
✆ (830) 895-5222
www.schreiner.edu/mansion/index.aspx
Termine nur nach vorheriger Vereinbarung
Die viktorianische Villa von 1878 ist der frühere Wohnsitz des Pioniers Charles M. Schreiner. Das Gebäude wurde von seinen Nachfahren 2009 der Schreiner University vermacht und als Museum genutzt. Nach einer gründlichen Renovierung ist die Villa wieder zugänglich.

🏛 **Museum of Western Art**
1550 Bandera Hwy.
Kerrville, TX 78028
✆ (830) 896-2553
www.museumofwesternart.com
Di–Sa 10–16 Uhr, So/Mo geschl.
Eintritt $ 7, Kinder frei
Eindrucksvolle Dokumentation der Geschichte des Ranching und des Cowboylebens im Texas Hill Country; die Kunstsammlung verklärt es in Tafelbildern und Plastiken in der Nachfolge der Western-Art-Maler Remington und Russell.

❎ **Francisco's Restaurant**
201 Earl Garrett St., Kerrville, TX 78028
✆ (830) 257-2995
www.franciscos-restaurant.com
Mo–Sa 11–15, Do–Sa 15–21 Uhr
Netter Platz zum Lunch, v. a. Sandwiches und Salat. $–$$

ℹ️ **Bandera County Convention & Visitors Bureau**
126 Hwy. 16 South
Bandera, TX 78003
✆ 1-800-364-3833
www.banderacowboycapital.com
Mo–Fr 9–17, Sa 10–15, So geschl.

Cowboy-Feeling als Freizeitsport

7 ¿Hi Baby, Que Pasa?
San Antonio

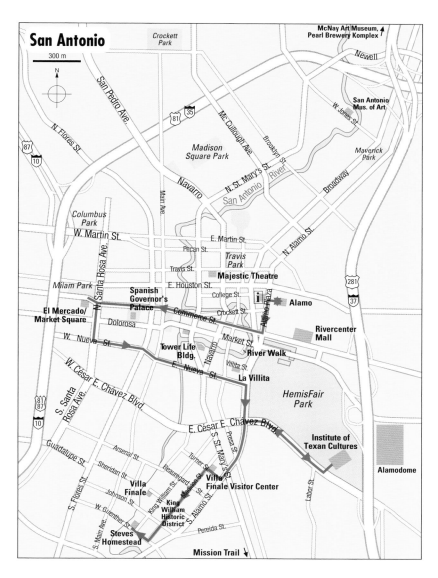

San Antonio

300 m

N

Crockett Park

McNay Art Museum, Pearl Brewery Komplex

Newell

San Pedro Ave.

81 35

McCullough Ave.

San Antonio Mus. of Art

W. Jones St.

N. Flores St.

87 10

Madison Square Park

Brooklyn St.

Maverick Park

Navarro

N. St. Mary's St.

San Antonio River

Broadway

Columbus Park

Main Ave.

W. Martin St.

E. Martin St.

Pecan St.

Travis Park

N. Alamo St.

Santa Rosa Ave.

Travis St.

E. Houston St.

Majestic Theatre

281

Milam Park

Spanish Governor's Palace

College St.

i Alamo Plaza

Alamo

37

El Mercado/ Market Square

Dolorosa

Commerce St.

Crockett St.

Rivercenter Mall

W. Nueva St.

Tower Life Bldg.

Navarro

Market St.

River Walk

E. Nueva St.

Villita St.

La Villita

W. César E. Chávez Blvd.

HemisFair Park

81 87 10

S. Santa Rosa Ave.

E. César E. Chávez Blvd.

Institute of Texan Cultures

Guadalupe St.

Arsenal St.

Turner St.

S. St. Mary's St.

Presa St.

Alamodome

Sheridan St.

Beauregard St.

Villa Finale Visitor Center

Latbor St.

S. Flores St.

Villa Finale

Johnson St.

King William St.

S. Main Ave.

W. Guenther St.

King William Historic District

S. Alamo St.

Madison St.

Pereida St.

Steves Homestead

Mission Trail

7. Tag: San Antonio

Vormittag	**Rundgang:** Alamo, Spanish Governor's Palace, El Mercado, Institute of Texan Cultures, King William District.
Mittags/früher Nachmittag	San Antonio Museum of Art, Pearl Brewery Complex, McNay Art Museum.
Später Nachmittag	Mission Trail.

Sportmöglichkeiten

In **Riverwalk Museum Reach** kann man vor allem morgens früh gut laufen. Am besten startet man nördlich des kommerziellen Teils vom Riverwalk, z.B. an der Lexington Avenue Bridge, und läuft dann in Richtung San Antonio Museum of Art bzw. weiter bis zum Pearl-Brewery-Komplex. Hin und zurück gut 4 km.

Weiter nördlich gibt es auch im **Brackenridge Park** (3910 N. St. Mary's St., San Antonio, TX 78212, www.brackenridgepark.org) einige Trails. Empfehlenswert ist z.B. der blau markierte **Waterworks Trail**, der teilweise entlang dem San Antonio River verläuft (Rundweg ca. 2,5 km lang). Weitere Outdoor-Empfehlungen unter www.visitsanantonio.com.

Längst gilt die **Alamo**, die ehemalige Kirche der Mission San Antonio de Valero, als steinerne Legende etabliert, als die Wiege von Texas. Sie ist Pilgerstätte für Patrioten (texanische und mexikanische), Endstation für High-School-Kids- und Seniorenbusse zugleich. Schweigend, ehrfürchtig und von Rangers streng beäugt, wandeln die Besucher durch die hehre Feste, verweilen vor den Bronzetafeln und buchstabieren die dort verewigten Namen der 189 Tapferen, die bis zuletzt die texanische Fahne gegen die 4000 übermächtigen Mexikaner unter General Santa Ana hochhielten.

»Remember the Alamo!«, dieser letzte überlieferte Schrei der Unterlegenen, rief nicht nur zur Rache, die dann auch wenig später unter General Sam Houston bei San Jacinto (Houston) an der mexikanischen Armee blutig geübt wurde. Der Ruf ergeht auch an all jene, die übers Jahr herbeiströmen und hier lustwandeln, sei es in den heiligen Hallen, sei es in den schönen Parkanlagen ringsum.

Wer nach der patriotischen Vergangenheit die gegenwärtig ethnische Vielfalt mit allen Sinnen erleben möchte, der sollte zum **El Mercado** gehen, dem größten mexikanischen Marktplatz außerhalb Mexikos, der neben mexikanischer Volkskunst und Tex-Mex-Küche auch durchaus nützliche Dinge zu bieten hat, Tortillapressen eingeschlossen. Auf dem angegliederten **Farmers Market** findet man alles, was später in den (mexikanischen)

Buntes Chili-Angebot im Farmers Market

Villa Finale im King William Historic District bei Nacht

Kochtopf wandert, vor allem also Chili, Paprika und Knoblauch, der in mannshohen Girlandenzöpfen steckt.

Auf dem Weg zum El Mercado kommt man am **Spanish Governor's Palace** vorbei, den Simone de Beauvoir in ihrem Reisetagebuch von 1947 anschaulich beschrieben hat. »Wenn man durch das Tor getreten ist, fühlt man sich in ein spanisches Interieur des 16. Jahrhunderts versetzt. Die Zimmer und die Salons ... sind asketisch wie Klosterräume. Die Möbel sind kostbar, aber kunstlos; die Fenster gehen nicht nach der Straße, sondern auf einen von hohen Mauern umgebenen Garten hinaus, in dem Steinbänke unter blühenden Bäumen zu sehen sind, ein Brunnen und auf einer Seite ein Kloster. Das Palais ist von kastilischer Nüchternheit, aber die violetten und roten Büsche, die matten Kletterpflanzen und die duftenden Bäume erinnern an Andalusien. Amerika ist weit fort.«

Das völkerkundliche **Institute of Texan Cultures** gehört zweifellos zu den Highlights der lokalen Museumsszene, denn es ist ein Lehrstück über die verschiedenen ethnischen Gruppen, die den texanischen *melting pot* geschmiedet haben. Die Inszenierung der Beiträge spielt eine ebenso wichtige Rolle wie die Exponate selbst – ein Musterbeispiel für Museumspädagogen.

Den deutschen Anteil an den *Texan cultures* führt außerdem ein restauriertes vornehmes Stadtviertel südlich von Downtown vor Augen, das einst von wohlhabenden Kaufleuten zur Ehre König Wilhelms I. von Preußen gebaut und bevölkert wurde, der **King William Historic District**. Gegen Ende des 19. Jahrhunderts hatte die Ecke schnell ihren Namen weg: *Sauerkraut Bend*. Heute lädt die stille Gegend zu einem beschaulichen Rundgang ein, auf dem man die Formen viktorianischer Phantasie bis in die Details

Mariachi-Musiker

der gedrechselten Holzverzierungen an den Veranden und Eingängen bestaunen kann – reinster *Gingerbread*- (Pfefferkuchen-) Stil. Zwei besonders prächtige Exemplare, **Steves Homestead** und **Villa Finale**, sind der Öffentlichkeit zugänglich.

San Antonio hat sich in den letzten Jahren kulturpolitisch ziemlich ins Zeug gelegt, um fernab der großen Kunstmetropolen New York, Washington oder Los Angeles die amerikanische Museumslandschaft zu bereichern. Die Stadt erfreut sich zwar seit 1926 bereits einer beträchtlichen Kunstsammlung, aber erst die architektonisch reizvolle Unterbringung des **Museum of Art** (nördlich von Downtown) in einer ehemaligen Brauerei machte von sich reden. Von hier aus kann man dann gleich zu Fuß am Riverwalk zum **Pearl Brewery Complex** gehen, ebenfalls einem ehemaligen Brauereikomplex, der behutsam saniert

Spezialisiert auf Longhorn-Hörner: Shop in San Antonio

und nun ein Mekka für Feinschmecker und Hobbyköche ist.

Bereichert wird die Museumsszene schließlich etwas außerhalb im Norden der Stadt zudem durch das herrlich gelegene **McNay Art Museum** mit seiner eindrucksvollen Palette französischer Impressionisten.

Am Nachmittag sollte man zum Mission Trail aufbrechen (mit dem Auto oder per Fahrrad entlang des River Walk Mission Reach – vgl. Karte auf S. 108/109) zu den vier weiteren spanischen Kirchen. Zusammen mit der Alamo wurden diese 2015 ins UNESCO-Weltkulturerbe aufgenommen. Die vier Missionskirchen sollten das einstige Herrschaftsgebiet der *conquistadores* nördlich des heutigen Mexiko und des Rio Grande nach Norden befestigen.

Legenden von enormen Reichtümern hatten sie angelockt, aber auch die Begegnung mit den Tejas-Indianern, nach denen Texas später benannt wurde, beflügelte die Kolonialisierungswünsche der Spanier, umso mehr, als sich herausstellte, dass nicht alles Gold war, was glänzte.

Die in den 1720er und 1730er Jahren gegründeten Missions der Franziskanermönche leisteten die geistlich-katholische Begleitmusik der militärischen Befestigungen, der Presidios, die entweder Teil der Anlage oder in der Nähe waren. Die Ordensbrüder sollten die verstreuten Stämme der Coahuiltecans, nomadischer Jäger und Sammler, zu christlichen Gemeinden zusammenschließen.

Die gut ausgeschilderte Exkursion in die spanische Kolonialgeschichte folgt dem meist geruhsamen Lauf des **San Antonio River** und, je nach Wasserstand, an den *low water crossings* auch schon mal durch ihn hindurch. Kirche folgt auf Kirche, immerhin vier auf einen Streich, eine Dichte also, wie sie nicht einmal in Kalifornien oder sonst im Südwesten der USA vorkommt. Alle befinden sich

Mission San José

in hervorragend restauriertem Zustand. Auch im Südosten von Texas gab es einst spanische Missionen, aber keine von ihnen überlebte. Mal rafften Malaria und Trockenperioden die Menschen dahin, mal fielen die Anlagen französischen Attacken zum Opfer.

Als erste veranschaulicht die wuchtige **Mission Concepción** die spanische Bauweise, die maurische Einflüsse ebenso wie barocke Ornamente einschließt. Sie wurde 1716 in Ost-Texas erbaut und dann 1731 nach San Antonio verlagert. Im Inneren sind noch Reste der ursprünglichen Freskenmalerei erhalten. Die Anlage der **Mission San José** ist besonders aufschlussreich, weil bei ihr neben der Kirche auch die sie umgebenden Gebäude und Befestigungen erhalten sind. So bekommt man einen Eindruck von der einstigen Größe dieser Wirtschaftseinheiten, in denen die getauften Missions-Indianer, die sogenannten Neophyten, die spanischen Kulturtechniken erlernen sollten.

Es folgen **San Juan Capistrano** und die **Mission San Francisco de la Espada** mit ihrer reizvollen, weil ungewöhnlich umrahmten Eingangstür. In ihrer Nähe befindet sich noch eine der ältesten spanischen Wasserleitungen (1740) in den USA, ein Aquädukt, der zur Bewässerung der Felder entlang dem Fluss diente und heute noch in Gebrauch ist.

Die Blütezeit der Missionskirchen lag in der zweiten Hälfte des 18. Jahrhunderts, danach bekamen sie es mit den streitbaren Comanchen und Apachen zu tun, 1824 wurden sie säkularisiert. In jedem Frühjahr, wenn hier die oran-

gefarbenen Baumblüten duften, traben besonders viele Jogger vorbei, und am Fluss hocken noch mehr Picknickgruppen als sonst. Auf der Deichstraße stehen die Autos mit aufgeklappten Kühlerhauben und ab und zu schießt ein röhrendes Motocross-Rad den Deich herauf: *Hispanic culture.*

Auf die Dauer hat die Nachbarschaft von Texas und Mexiko eine Mischkultur hervorgebracht, ein breites Spektrum wechselseitiger Abhängigkeiten und Anpassungen, die allgemein unter dem Kürzel Tex-Mex firmiert und vor allem das tägliche Leben in den grenznahen Gebieten prägt. Die Einwandererströme aus dem Süden versorgen die texa-

San Antonio Riverwalk

nischen Felder und Ranches mit billigen, ungelernten Arbeitern, die Restaurants, Hotels und Privathaushalte mit Personal. Mexiko, auf der anderen Seite, freut sich über die Entlastung seines Arbeitsmarktes. Doch so symbiotisch das Ganze klingt, so trostlos sind die sozialen Härten an der Grenze. Doch beim gemeinsamen Feiern scheinen die Konflikte vom Tisch.

Die *fiestas* oder *luminarias* und das Diez-y-Seis-Fest in San Antonio und anderswo bilden nur einige Highlights der texanisch-mexikanischen Lustbarkeit. Eintracht herrscht allenthalben, wenn es um die modischen und kunsthandwerklichen Produktionen des südlichen Nachbarn geht. Der Señora bieten die weiten Röcke oder die handbestickten Blusen, dem Señor die schwarzen Jeans, das weiße Baumwollhemd und der Vaquero-Hut aus Stroh folkloristische Alternativen zum heimischen Designer-Cowboy- beziehungsweise Cowgirloutfit, den richtigen Tex-Mex-Look für die Party im Patio, das Theater oder Galadinner.

Der Klang von Cross-over-Tex-Mex-Musik (auch: Tejano Music) wurde Anfang der 90er Jahre exportfähig: Los Lobos, Texas Tornados oder Santiago Jiménez. Eigene Tejano Radiosender waren auch jenseits von Texas populär. Den Höhepunkt erreichte Tejano Music Mitte der 90er Jahre.

»¿Hi, baby, que pasa?« – zwei Sprachen, eine Frage. *Spanglish* heißt dieser linguistische Cocktail aus Spanisch und Englisch, der den Sprachpuristen zwar Ohrengrausen bereitet, der aber vor allem den jüngeren Hispanics hilft, beide Lebenswelten zu vermitteln. In San Antonio ist es nicht viel anders als in anderen grenznahen Städten: Die meisten Bürger sprechen Spanisch, für viele ist es überhaupt die einzige Sprache. Dazwischen fragt man sich, »¿Cómo se dice ›Big Mac‹ en Español?«

»Farolitos« beleuchten den Riverwalk zur Weihnachtszeit

Beim Essen funktioniert Völkerverständigung bekanntlich am besten. Ohne Tortillas, Guacamole, Chili oder Tacos mit *salsa cruda* bräche die texanische Gastronomie zusammen. Erst recht die Bars ohne mexikanisches Bier, Tequila oder die süffigen Margaritas.

Abends, wenn das illuminierte **Tower Life Building** über der Stadt strahlt, gehen am **Riverwalk** die Lichter an, die das Flussbett zum Funkeln bringen. Gedeckte Tische schweben dann auf Booten über den Wassern dahin: Tafelrunden bei Kerzenschein und Mariachi-Klang liefern die bunten Bühnenbilder einer Tex-Mex-Operette.

7 Service & Tipps

San Antonio

ℹ Visitor Information Center
317 Alamo Plaza
San Antonio, TX 78205
℅ (210) 207-6700 und 1-800-447-3372
www.visitsanantonio.com
Tägl. 9–17 Uhr geöffnet

Übernachten

🛏✕📶🖥📺🛎💲 Menger Historic Hotel
204 Alamo Plaza
San Antonio, TX 78205
℅ (210) 223-4361 und 1-800-345-9285
www.mengerhotel.com
Stattlicher alter Bau (1859) mit 316 Zimmern und Suiten in sehr guter Lage, geräumiger Lobby, Restaurant und berühmter **Bar**, in der einst Jesse James verkehrt haben soll. Schöner Innenhof. Großer Pool, Fitnessraum, Wellnessprogramme. $$$$

🛏✕🖥🏃 Omni La Mansión del Rio
112 College St.
San Antonio, TX 78205
℅ (210) 518-1000 und 1-888-444-6664
www.omnilamansion.com
Einst katholische Knabenschule, heute eins der schönsten Hotels in Texas – in spanischem Dekor, mit malerischem Innenhof und hauseigenem Zugang zum Riverwalk. Pool, Fitnessstudio, vorzügliches Restaurant **Las Canarias**. Es gibt Orte, wo sich das Thema einer ganzen Region konzentriert. Im La Mansión ist das der Fall – beim Übernachten, Essen, Sitzen und Entspannen im stillen und schattigen Innenhof. $$$$

🛏💻🖥 Brackenridge House
230 Madison St.
San Antonio, TX 78204
℅ (210) 271-3442 und 1-877-271-3442
www.brackenridgehouse.com
Schöner, traditioneller B & B im King William District. Pool. Full Breakfast. $$$–$$$$

🛏✕📶🏃💲 Hotel Contessa
306 W. Market St.
San Antonio, TX 78205

℅ (210) 229-9222 und 1-866-435-0900
www.TheHotelContessa.com
Abseits vom Trubel im ruhigeren Teil direkt am Riverwalk gelegen. Konsequent und stilsicher im *Texas style* eingerichtet. $$$–$$$$

🛏✕ Hotel Havana
1015 Navarro St., San Antonio, TX 78205
℅ (210) 222-2008
www.havanasanantonio.com
Historisches Hotel direkt am Riverwalk, erstmals eröffnet 1914. Nach wechselhafter Geschichte 2010 wiedereröffnet als ausgefallenes Boutiquehotel. 27 Zimmer. $$$–$$$$

🛏💻🖥 Hampton Inn San Antonio – Downtown
414 Bowie St.
San Antonio, TX 78205
℅ (210) 225-8500
www.hamptoninn.com
Solide Adresse Nähe Riverwalk mit 169 Zimmern, Pool, Waschsalon und kleinem Frühstück. $$–$$$$

🛏✕📶💻🍴🖥 Hotel Emma
136 E. Grayson, San Antonio, TX 78215
℅ (210) 448-8300, www.thehotelemma.com.
Im ehemaligen Brauereigebäude des Pearl Komplexes 2015 neu eröffnetes Boutique-Hotel (146 Zimmer). Industriearchitektur und südtexanische Einrichtungsstil werden sehr gelungen verheiratet. Top-Hoteladresse in San Antonio. Zugleich wartet das Hotel mit drei kulinarischen Highlights auf: Supper (Restaurant), Larder (Food Store) und Sternewirth (Bar & Club Room). $$$

🛏✕ Courtyard Marriott San Antonio Downtown/Market Square
600 S. Santa Rosa Ave., San Antonio, TX 78204
℅ (210) 229-9449
www.marriott.com
Gut gelegenes Hotel zu erschwinglichen Preisen. $$$

🛏✕ Holiday Inn San Antonio Riverwalk
217 N. St. Mary's St.
San Antonio, TX 78205
www.holidayinn.com
℅ (210) 224-2500 und 1-800-181-6068
Ein typisches Holiday Inn in sehr guter Lage direkt am Riverwalk. $$$

King William Manor
1037 South Alamo Street
San Antonio, TX 78210
✆ (800) 405-0367 bzw. (210) 222-0144
Mitten im King William District gelegener B&B
(12 Zimmer) im Greek Revival-Stil. $$$

Comfort Suites Alamo/Riverwalk
505 Live Oak St., San Antonio, TX 78202
✆ (210) 227-5200, www.comfortsuites.com
Gut geführtes Hotel, fußläufig zum Riverwalk.
$$–$$$

Alamo KOA Campground
602 Gembler Rd., San Antonio, TX 78219
✆ (210) 224-9296 und 1-800-562-7783
www.koa.com
Schattig, an kleinem See; 350 Stellplätze, acht
Cabins, Bus zur Stadt (ca. zehn Minuten), Pool,
Shop, Wäscherei, Spielplatz.

Museen und Sehenswürdigkeiten

The Alamo
300 Alamo Plaza, San Antonio, TX 78205
✆ (210) 225-1391, www.thealamo.org
Tägl. 9–17.30, im Sommer bis 19 Uhr
Eintritt frei
Reste der ehemaligen spanischen Mission
San Antonio de Valero aus dem Jahre 1724
und des späteren Forts, wo 189 Tapfere am
6. März 1836 13 Tage gegen 4000 Soldaten
der mexikanischen Armee unter General San-
ta Ana aushielten, eine Art texanisches Nati-
onalheiligtum oder »Wiege der texanischen
Freiheit«. Gegenüber liegt das »Remember
the Alamo«-Museum, das mit einer Diashow
texanische Geschichte vermittelt.

Institute of Texan Cultures
801 E. César E. Chávez Blvd. (HemisFair Park)
San Antonio, TX 78205
✆ (210) 458-2300, www.texancultures.com
Mo–Sa 9–17, So 12–17 Uhr, Eintritt $ 10/8
Top-Völkerkundemuseum mit Dokumenten
und inszenierten Darstellungen der für Texas
relevanten Siedler, u. a. niederländische Bau-
ern, chinesische Reispflanzer und deutsche
Schützen- und Turnvereine.

McNay Art Museum
6000 N. New Braunfels Ave.
San Antonio, TX 78209

✆ (210) 824-5368, www.mcnayart.org
Di–Sa 10–16, Do bis 21, Sa bis 17, So 12–17 Uhr
Eintritt $ 20/0
Ca. zehn Minuten stadtauswärts nach Norden
(Alamo Heights). In der mediterranen Villa
samt schöner Parkanlage einer Ölerbin aus
Kansas sind Indianerkunst aus New Mexico, Ar-
beiten von Winslow Homer, Georgia O'Keeffe
und Diego Rivera, Werke von El Greco, Gau-
guin, Dufy, van Gogh, Picasso, Cézanne und
Toulouse-Lautrec zu sehen.

San Antonio Museum of Art (SAMA)
200 W. Jones Ave. (zwischen Broadway & St.
Mary's St.) – zu Fuß auch von Downtown ent-
lang dem Riverwalk zu erreichen (ca. 20–30
Minuten), San Antonio, TX 78215
✆ (210) 978-8100, www.samuseum.org
Di, Fr 10–21, Mi/Do, Sa/So 10–17, Mo geschl.,
Eintritt $ 10/5
Di 16–21, So 10–12 Uhr Eintritt frei
Antikensammlung, mexikanische Volkskunst
und amerikanische Malerei des 19. Jh. im ehe-
maligen Fabrikgebäude der Lone-Star-Braue-
rei. Neueren Datums: **The Nelson A. Rockefel-
ler Center for Latin American Art** und der **Asian
Art Wing**.

Spanish Governor's Palace
105 Military Plaza, San Antonio, TX 78205
✆ (210) 244-0601
Di–Sa 9–17, So 10–17 Uhr, Eintritt $ 4/2
Mit dicken Adobe-Wänden als Residenz für
den spanischen Gouverneur von Texas 1749
erbaut und 1931 restauriert. Im Innenhof
beim Brunnen im Schatten der Orangenbäu-
me vergisst man leicht, mitten in der Stadt
und im 21. Jh. zu sein. Besonders beeindruckt

der Speiseraum mit alten spanischen Möbeln und hohem Kamin.

◉ King William Historic District
Südl. von Downtown zwischen César E. Chávez, South St. Mary's, Eagleland und San Antonio River
www.kingwilliamassociation.org
Das historische Viertel aus der zweiten Hälfte des 19. Jh. wartet mit einigen prächtigen viktorianischen Villen auf (z. B. **Steves Homestead** und **Villa Finale**). Einst haben hier viele Deutsche gelebt, was dem Viertel auch den Namen »Sauerkraut Bend« einbrachte.

◉🎭 Majestic Theatre
224 E. Houston St., San Antonio, TX 78205
✆ (210) 226-5700
www.majesticempire.com
Märchenhafter Kinopalast von 1929. Heute Schauplatz für Broadway-Shows, Konzerte und Ballettaufführungen.

◉ Steves Homestead
509 King William St. (King William District)
San Antonio, TX 78204
✆ (210) 225-5924
www.saconservation.org
Tägl. 10–15.30 Uhr
Eintritt $ 7.50, $ 10 mit Führung; Self-guided-Kombiticket mit Villa Finale $ 12
Eleganter Vertreter der viktorianischen Villen (1876) vom deutschen Immigranten Edward Steves im gepflegten King-William-Viertel erbaut. Das erste Haus in San Antonio, das elektrisch beleuchtet war.

Sightseeing mit Kutsche in San Antonio

◉ Villa Finale
401 King William St. (King William District)
Visitor Center: 122 Madison St.
San Antonio, TX 78204
✆ (210) 223-9800
www.villafinale.org
Di 13 und 14.30 geführte, Mi–Sa 10 und 14.30 geführte, 11.15 und 14 Uhr Self-guided-Touren, Eintritt $ 7.50/5, $ 10/7.50 mit Führung; Self-guided-Kombiticket mit Steves Homestead $ 12
Ganz in der Nähe von Steves Homestead im King-William-Viertel liegt die seit 2010 der Öffentlichkeit zugängliche Villa Finale des ehemaligen Investment-Bankers Walter Mathis. Ein architektonisches Meisterstück aus dem Jahre 1876 mit wunderschönen Möbelstücken und Kunstwerken.

Missions:

◉ Mission Nuestra Senora de la Purísima Concepción de Acuna
807 Mission Rd. (Mitchell St.)
San Antonio, TX 78210
✆ (210) 534-1540
www.nps.gov/saan
Tägl. 9–17 Uhr, Eintritt frei
Die wohl am besten proportionierte Kirche (1731) im Kranz der texanischen Missionen mit einigen noch erhaltenen Originalfresken. Sie wurde ursprünglich 1716 in Ost-Texas erbaut und dann 1731 nach San Antonio verlagert.

◉ Mission San Francisco de la Espada
10040 Espada Rd. (am Ende der Straße)
San Antonio, TX 78214
✆ (210) 627-2021
www.nps.gov/saan
Tägl. 9–17 Uhr, Eintritt frei
Die authentischste Anlage von allen Missionen ringsum. Sie wurde bereits 1690 in Ost-Texas errichtet und dann transloziert. In der Nähe auch der spanische Aquädukt, die wohl älteste Wasserleitung in den USA, um 1730 zur Bewässerung der Felder außerhalb der Missionskirche gebaut. Die Kirche wird noch heute zu Gottesdiensten genutzt.

◉ Mission San José y San Miguel de Aguayo
6701 San Jose Dr.
San Antonio, TX 78214

Die wohl am besten proportionierte Kirche der texanischen Missionen: Mission Nuestra Senora de la Purísima Concepción de Acuna

✆ (210) 932-1001
www.nps.gov/saan
Tägl. 9–17 Uhr, Eintritt frei
Die weitläufigste Anlage (1720) unter den texanischen Missionen (Indianerunterkünfte, Kornkammern, Öfen, Brunnen). Leckerbissen spanischer Kolonialarchitektur: das barocke Rosettenfenster (Rosa's Window) an der südlichen Außenwand. So Mariachi-Messe.

◉ Mission San Juan Capistrano
9101 Graf Rd. (Nähe Ashley)
San Antonio, TX 78214
✆ (210) 534-0749
www.nps.gov/saan
Tägl. 9–17 Uhr, Eintritt frei
Im Grundriss ähnlich wie die Alamo vor der Schlacht: große Plaza, umgeben von Steinmauern, und eine kleine Kirche (ca. 1731–56; 1909 saniert) mit offenem Glockenturm. Wie die Mission Concepción wurde San Juan 1716 in Ost-Texas erbaut und erst 1731 nach San Antonio verlagert.

➨◉ SeaWorld San Antonio
10500 SeaWorld Dr. (16 mi westl. der Stadt)
San Antonio, TX 78251
✆ 1-800-700-7786
www.seaworld.com
Öffnungszeiten und Preise vgl. Internet
Killerwal und anderes Seegetier (Walrosse, Seelöwen, Haie, Pinguine, Delfine) tummeln sich mit menschlichen Wasserakrobaten in einem der größten Aquaparks der Welt zum Riesenspaß für die ganze Familie.

◉ Rio San Antonio Cruises
205 N. Presa Building B. Suite 201
San Antonio, TX 78205
✆ (210) 244-5700
www.riosanantonio.com
$ 10/4, Dauer ca. 35–40 Min.
Cruises, ca. 2,5 Meilen entlang dem San Antonio Riverwalk (Ticketkauf am besten online). Oder man nutzt den Taxi-Service, der an 39 verschiedenen Stopps entlang dem Fluss hält; Tickets können auch an Bord gekauft werden.

♿👁 Morgan's Wonderland
5223 David Edwards Dr.
San Antonio, TX 78233
☏ (210) 495-5888 und 1-877-495-5888
www.morganswonderland.com
Öffnungszeiten saisonal unterschiedlich, für Menschen mit Handicap *(people with special needs)* Eintritt frei, ansonsten $ 17/11; es wird empfohlen, telefonisch oder online zu reservieren
Der erste Fun-Park, der ganz auf die Bedürfnisse von Menschen mit Behinderungen und ihre Familien bzw. Betreuer zugeschnitten ist. Der Park liegt im Nordosten von San Antonio.

Restaurants und Bars

✕🍴👁 Pearl Brewery Complex
200 E. Grayson St.
San Antonio, TX 78215
☏ (210) 212-7260
www.atpearl.com
Die 125 Jahre alte Brauerei wurde behutsam in ein neues städtisches Viertel am Ufer des San Antonio River umgewandelt und ist vor allem ein Mekka für Gourmets: Restaurants (z. B. **Il Sogno Osteria, Southerleigh Fine Food & Brewery,** s. u.), Kochgeschäfte, lokaler Farmers Market (Sa 9–13 Uhr, www.pearlfarmersmarket.com) und das renommierte Culinary Institute of America, eine Art Edel-Kochschule. Über den neu ausgebauten Teil des

Pearl Brewery Complex in San Antonio

Riverwalk (Museum Reach) braucht man von Downtown aus eine gute Dreiviertelstunde zu Fuß bis zur Pearl Brewery.

✕ Biga On The Banks
203 S. St. Mary's St. (Riverwalk)
Im International Center, Street Level
San Antonio, TX 78205
☏ (210) 225-0722
www.biga.com
Tägl. Dinner ab 17.30 Uhr
Schickes Design oberhalb des Riverwalk: neuamerikanische Küche mit Einflüssen aus Mexiko und Asien. Wild und Fisch aus Texas, gute Auswahl offener Weine. Lunch und Dinner. Teuer. $$$

✕ Las Canarias Restaurant
112 College St. (Riverwalk, im Omni La Mansión Hotel)
San Antonio, TX 78205
☏ (210) 518-1000
www.omnilamansion.com
Tägl. Frühstück, Lunch und Dinner
Romantisch-elegante Atmosphäre am Fluss (mit kleinen, hübschen Terrassen). Verfeinerte Südwestküche bei dezentem Piano- oder Flamenco-Sound. $$$

✕ Boudro's – A Texas Bistro
421 E. Commerce St. (Riverwalk)
San Antonio, TX 78205
☏ (210) 224-8484
www.boudros.com
Tägl. Lunch und Dinner
Die meisten Locals meiden die touristischen Restaurants am Riverwalk. Das gilt aber nicht für das Boudro's. Ein guter Platz für Liebhaber der Südwestküche. Eine Delikatesse ist die hausgemachte Guacamole und deren Zubereitung am Tisch! $$–$$$

✕ Il Sogno Osteria
200 East Grayson St.
Suite 100, (Pearl Brewery Complex)
San Antonio, TX 78215
☏ (210) 223-3900
www.atpearl.com
Di–So Lunch und Dinner, Di–Sa auch Frühstück
Sehr gute italienische Küche im Pearl Brewery Complex streng nach italienischem Vorbild. Luftiger Raum. *Dining al fresco* in nettem Patio. Pizza, große Antipasti-Bar etc. $$–$$$

Innenansicht: Mi Tierra Cafe y Panaderia

☒ ◨ **Southerleigh Fine Food & Brewery**
303 Pearl Parkway
Suite 120
(Pearl Brewery Complex)
San Antonio, TX 78215
www.southerleigh.com
Tägl. Lunch und Dinner (So abends geschlossen). Geschmackvolles Industrie-Ambiente im historischen Pearl Brewery-Gebäude. Alle Produkte kommen aus der Region, vor allem Fisch und Meeresfrüchte von der Golfküste. Große Auswahl an selbstgebrauten Bieren. $$-$$$

☒ ♫ **Azúca Nuevo Latino**
713 S. Alamo St.
San Antonio, TX 78205
✆ (210) 225-5550,
www.azuca.net
Mo–Sa 11–21.30, Fr/Sa bis 22.30, So 17–21.30 Uhr
Beliebt und gut: lateinamerikanische Küche, am Wochenende Livemusik, Salsa und Merengue. $$

☒ ▽ **Liberty Bar**
1111 S. Alamo St., San Antonio, TX 78210
✆ (210) 227-1187, www.liberty-bar.com

Mo–Fr 11–24, Sa/So 9–24 Uhr
Restaurant und Local-Bar in roter Villa mit vielen Szenetypen; tägl. Lunch und Dinner (*American & Southern Food*). $$

☒ **La Margarita Restaurant & Oyster Bar**
120 Produce Row (Market Sq.)
San Antonio, TX 78207
✆ (210) 227-7140
www.lamargarita.com
Tägl. 11–22, Fr/Sa bis 24 Uhr
Frutti di mare, besonders beliebt *fajitas* und *chicken enchiladas*. $–$$

☒ ▣ **Mi Tierra Cafe y Panaderia**
218 Produce Row (Market Sq.)
San Antonio, TX 78207
✆ (210) 225-1262
www.mitierracafe.com
24 Std. geöffnet, Frühstück, Lunch ($) und Dinner
Seit 1941 Tag und Nacht ununterbrochen geöffnet: Bar, Bäckerei und Restaurant. Tausende von bunten Dekolämpchen glühen an Decke und Wänden, Weihnachtsbäume eingeschlossen. Zum Frühstück tolle *huevos rancheros*. Manchmal mit Mariachi-Musik. $–$$

⊠ **Schilo's Deli**
424 E. Commerce St. (bei Losoya St.)
San Antonio, TX 78205
✆ (210) 223-6692
www.schilos.com
Mo–Sa 07.30–19.30 Uhr
Solides Deli-Restaurant mit herzhaftem Sauerkraut und Würstchen. Eine Institution in Downtown. $

⊠ ▣ ♫ **The Cove**
606 W. Cypress St. (Five Points)
✆ (210) 227-2683
www.thecove.us
Lunch und Dinner, Mo geschl.
Restaurant, Biergarten, Livemusik, zugleich aber auch *car wash* und Waschsalon, einein-halb Meilen nordwestlich von Downtown. Großer Esssaal, gilt als bester Burger-Spot der Stadt, aber auch Tacos und Salate. Und man legt Wert darauf, nur ökologische Nahrungs-mittel zu verwenden *(SOL: sustainable, orga-nic, local).* $

▥ ⊠ **Alamo Quarry Market**
255 E. Basse Rd.
San Antonio, TX 78209
✆ (210) 824-8885
www.quarrymarket.com
Mo–Sa 10–21, So 12–18 Uhr
Große Mall auf dem Gelände einer früheren

Zementfabrik unter freiem Himmel (u.a. Gap, Banana Republic, Whole Foods). Ca. 6 Meilen nördlich von Downtown. Fülle an Restaurants, z.B. **Piatti Ristorante & Bar**, ✆ (210) 832-0300, www.piatti.com, leichte italienische Küche, $–$$.

▥ **El Mercado/Market Square**
514 W. Commerce St. (Dolorosa & Santa Rosa Sts.)
San Antonio, TX 78207
✆ (210) 207-8600
Tägl. 10–18 Uhr
Lebendiger Markt, seit 1840 an dieser Stelle und der größte mexikanische Markt nördlich des Rio Grande; Lebensmittel und mexikani-sches Kunsthandwerk wie Papierblumen, Kera-mik etc.

▥ ⊠ **Rivercenter Mall**
849 E. Commerce St. (Crockett & Bowie Sts.)
San Antonio, TX 78205
✆ (210) 225-0000
www.shoprivercenter.com
Mo–Sa 10–21, So 12–18 Uhr
Einkaufszentrum beim Riverwalk: kommerzi-elle Ästhetik mit Shops, Restaurants und Was-serspielen.

🎉 **Wichtige Feste**
Der Jahresfestkalender von San Antonio sieht so aus, als käme die Stadt aus dem Feiern gar nicht mehr heraus. Hier eine kleine Auswahl.
San Antonio Stock Show and Rodeo: Januar/Februar, Rodeo mit viel Musik, www.sarodeo.com
Fiesta San Antonio: April, Prozession auf dem Fluss und 11 Tage Tex-Mex-Karneval www. fiesta-sa.org
Cinco de Mayo: Anfang Mai, Feier zur me-xikanischen Unabhängigkeit von Frankreich, www.marketsquaresa.com
Texas Folklife Festival: Juni, veranstaltet vom Institute of Texan Cultures, www.texasfolklifefestival.org
Fiesta de las Luminarias: Weihnachten feiert man unter freiem Himmel. An den Dezem-berwochenenden säumen Zehntausende von Kerzen in braunen, mit Sand gefüllten Pa-piertüten *(luminarias)* den Weg zur Heiligen Familie, die, begleitet von den Heiligen Drei Königen und vielen jubilierenden Chorkeh-len, über den San Antonio River rauscht. ❀

8 Koloss am Bayou
Houston

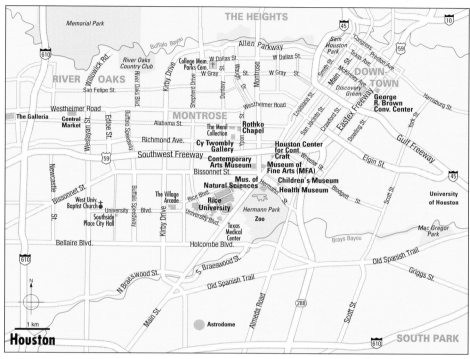

8. Tag: San Antonio – Houston (320 km/200 mi)

km/mi	Zeit	Route	Route vgl. Karte vordere Umschlagklappe.
0	10.00 Uhr	In **San Antonio** zur I-10 East	
195/122	12.00 Uhr	Lunchmöglichkeit: Exit 696 (Columbus), dann links und sofort danach rechts auf das Schild **SCHOBEL'S** achten (ca. eine Stunde). Danach weiter auf I-10 East	
320/200	14.30 Uhr	**Houston**. Erkundung von **Downtown** oder **Museumsbesuch**.	

Skyline von Houston

Was gibt's unterwegs – zwischen San Antonio und Houston? Die Standardauskunft der freundlichen Damen im San Antonio Visitor Center lautet: »Not much, read your travel book!« Der Lunchtipp passt dazu: **Schobel's**. Das Lokal zählt in Texas zu den Institutionen für *All American food*. Also auch: Standard.

Je länger die Fahrt nach Osten dauert, umso flacher und mückenhaltiger wird es, was man am Zuwachs der gescheiterten Insekten an der Windschutzscheibe erkennen kann. Sobald sich die Skyline von **Houston** abzuzeichnen beginnt, wird klar, dass aus einem schlammigen, mückenverseuchten Stück Land an einem kleinen Bayou ein Koloss geworden sein muss.

Unterwegs hat Houston von den Baumwollballen bis zur NASA-Technologie alles Profitable an sich gerafft, sich explosiv bevölkert und mir nichts, dir nichts eingemeindet, was ihr im Weg lag. Mit 2,2 Millionen Einwohnern im engeren Stadtgebiet und 6,2 Millionen in der Greater Houston Area ist die Stadt zur goldenen Gürtelschnalle des *Sun Belt* aufgestiegen. Dallas, trotz traditionell guter finanzieller Ausstattung, erscheint weit abgeschlagen.

Aber das Klima! Gewöhnlich ist es subtropisch heiß und feucht. Der Sommer ist schlicht unerträglich. Und noch eine Woche vor Weihnachten sind 25 Grad Celsius keine Seltenheit. Dagegen hat man erfolgreich angebaut. Wahrscheinlich zählt Houston deshalb zu den bestklimatisierten Städten der Welt. Nicht nur die Gebäude haben Airconditioning, ganze Stadtteile bilden praktisch eine Klimaanlage. Atemnot, strähnige oder krusselige Haare sind passé, denn mit der realen Außenwelt kommen die *Houstonians* höchst selten in Kontakt. In kühler, trockener

Annehmlichkeit wohnen sie, arbeiten, fahren, kaufen ein, schwimmen, spielen Tennis, überqueren Straßen oder jubeln ihrem Baseball-Team, den »Astros«, zu.

Unter den Stahl- und Glastempeln wuselt es in der Unterwelt, in einem labyrinthischen Tunnelsystem. Ein Drittel der Fläche von Downtown ist unterkellert, auf insgesamt rund elf Kilometer Länge. Eine eigene Stadt mit Restaurants, Geschäften und Dienstleistern als geschlossenes klimatisches System – inwendig betrachtet. Von außen dagegen setzt sich Houston Straßenblock um Straßenblock wie ein modernes San Gimignano in Szene. Da wetteifern monolithische Büroriesen um Spitzenränge und Prestige. Pyramidale, zylindrische oder fünfeckige Baumassen verraten die Handschriften der prominentesten und teuersten Baumeister der USA – der Philip Johnsons, César Pellis, Ieoh Ming Peis

und wie auch immer sie heißen. Jedes dieser Center vereint Hotels, Garagen, Läden und Büros. Oben schwebt, wie auf den Plattformen von Bohrinseln, das höhere Management per Helikopter ein.

Diese Resultate liquider Petrodollars sind das Ergebnis eines wirtschaftlichen Bilderbuchaufstiegs, den anfangs niemand ahnte. Denn als die Brüder Allen aus New York einer Witwe hier am Buffalo Bayou ein Stück Land abkauften, war das versumpfte Gelände des ehemaligen indianischen Trading Post so gut wie nichts wert. Das änderte sich durch die Ölvorkommen im nahen Spindletop und den Bau des Schiffskanals (1914), des Houston Ship Channel, der mit über 80 Kilometern Länge zwischen Bayou und der Galveston Bay selbst für Ozeanriesen passt. Was den Umschlag an Tonnage angeht, so hat der Hafen in Houston inzwischen New York und New Orleans überholt.

»Urbane Cowboys«: die jährliche Livestock Show & Rodeo

Vom Absturz des Ölbooms in den 1980er Jahren hat sich die *Energy Capital of the World* inzwischen gut erholt; auch von dem spektakulären Niedergang des Energiekonzerns Enron im Jahre 2001. Zwar wächst die Wirtschaft langsamer als in den goldenen Zeiten, aber eine gesunde Diversifikation der ansässigen Industrien hat die Abhängigkeit vom schwankenden Ölpreis gemildert. Öl und Gas stehen heute noch im Mittelpunkt der heimischen Wirtschaft. Inzwischen nimmt Houston aber auch bei den erneuerbaren Energien eine führende Rolle ein. Die Nähe zu den Küstenprärien sichert der Stadt nach wie vor ihre zentrale Stellung im Agribusiness. Und auch die NASA und das international bedeutende Texas Medical Center befinden sich auf Expansionskurs.

Dass sich der Dollarsegen nach dem Gießkannenprinzip auf alle Houstonians verteilt, wird niemand ernsthaft erwarten. Houston, viertgrößte Stadt der USA, hat immer noch besonders scharfe Ecken und Kanten, steckt voller Verwerfungen zwischen klassizistischer Säulenkultur und verrottenden Schuppen, plattem Grün und kalter Stahl-und-Glas-Ästhetik.

Einige Wohnviertel sind schön anzusehen: Das luxuriöse **River Oaks** in Downtown-Nähe zum Beispiel – das Villenviertel par excellence, so ganz im Geschmack der herrschaftlich-feudalen Südstaaten; westlich von Downtown liegt **Montrose**, das hippe, eher liberale Greenwich Village von Houston mit einem eklektischen Mix an Kulturen, und im Nordwesten schließt sich das hübsche Wohnquartier von **Heights** an mit viktorianischen Villen, Art-déco- und Bed & Breakfast-Häusern, vielen Galerien, bunten Geschäften und Clubs, das vor allem bei Gays sehr beliebt ist.

Sogar **Downtown** hat sich inzwischen zum bevorzugten Wohnviertel gemausert. Hier entstehen immer mehr Condos.

Und es werden auch kräftig öffentliche Gelder investiert, etwa in den 2008 eröffneten Park **Discovery Green** mitten in Downtown.

Dagegen sind **South Park**, früher jüdisch und heute Heimat der schwarzen Mittelklasse, sowie **Magnolia**, das älteste mexiko-amerikanische Barrio, nicht ganz so einladend. In den Slums sieht es dann ganz düster aus: etwa in Sunnyside, Third Ward oder Acres Home mit ihren typischen Shotgun-Häusern und armseligen Holzhütten, wie sie in den Armenvierteln der Südstaaten reichlich zu finden sind.

Trotzdem hält man Houston in Texas für liberaler und weniger provinziell als Dallas und *more sophisticated*, als es auf den ersten Blick vielleicht erscheint oder man es nach der Lektüre der beiden Tageszeitungen vermuten würde. Zugegeben, insbesondere die Minderheiten hatten es in dieser Stadt immer schwer und bis 1978 praktisch nichts zu sagen. Doch seit Anfang der 1980er Jahre werden soziale Reformen angestrebt, die den Minderheiten zugute kommen sollen – den African Americans, die rund 23 Prozent der Bevölkerung ausmachen, den Hispanics (44 Prozent), den Asiaten (6 Prozent) und nicht zuletzt den mehr als hunderttausend Gays, die in der Stadt einen für Texas beträchtlichen Anteil erreichen und zugleich die bestorganisierte Minderheit darstellen.

Liberal ist man vor allem bei der städtischen Flächennutzung. Houston ist die einzige große Stadt in den USA, die ohne jeden Flächennutzungsplan *(no zoning)* auskommt. Jeder kann bauen, was und wo er will. Einziges Regulativ ist der Markt. Und auf diesen *Can do Spirit* ist man hier mächtig stolz.

Noch in den 1980er Jahren platzte Houston aufgrund seiner sprunghaften Entwicklung aus allen Nähten und galt als die US-Stadt mit den meisten Staus. In der Not machte man häufig aus zwei Fahrspuren drei, was den Verkehrsfluss beschleunigte, aber auch den Puls der Fahrer. Doch auch hier deuten sich Fortschritte an. Die Verkehrslage hat sich verbessert. Heute steht Houston erst an 8. Stelle der US-Städte mit den schlimmsten Verkehrsverhältnissen – also hinter Dallas, Miami, Atlanta oder Detroit. Aber immer noch vor Los Angeles!

Um aus dem Rahmen des texanischen Konservativismus herauszufallen, wirbt Houston auch gern mit einem offenen, lässigen und progressiven Image als Stadt für Schwule und Coole, in der vor allem die schönen Künste den Ton angeben. Ob Ballett oder Oper, Symphonisches oder Malerisches, Kunst am Bau oder Baukunst – mehr als 30 Museen, über 70 Galerien und Hunderte von aktiven Künstlergruppen – das ist, zusammenge-

nommen, kein Pappenstiel und stellt den Hang zum Höheren, auch über die USA hinaus, unter Beweis.

Am Nachmittag bleibt noch Zeit, um sich in **Downtown** umzusehen. Einen ersten Eindruck gewinnt man am besten an der Stelle, wo sich die junge Stadt wenigstens einen Anflug von historischem Gewissen leistet: im kleinen **Sam Houston Park** (McKinney & Bagby Sts.). Vor der auftrumpfenden Skyscrapers-Kulisse stehen einzelne historische Gebäude etwas verloren auf der grünen Wiese beisammen, und sogar eine frühe deutsche Kolonialkirche von 1891 ist mit von der Partie.

Das Straßenraster der Innenstadt trägt mit wenigen Ausnahmen die Namen der Helden aus der Schlacht von San Jacinto, die von jenem General gewonnen wurde, nach dem die Stadt benannt ist: Sam Houston. Die breiteste Straße heißt

Sam Houston Park

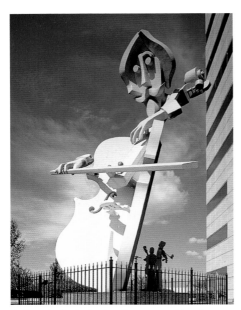

Cello solo: Lyric Center, Downtown Houston

(Rusk St. zwischen Bagby & Smith St.), den edle Goldsäulen als Brunnenskulpturen zieren. Ihre Wasser rauschen vor dem mächtigen Pennzoil-Bau des Stararchitekten Philip Johnson. Die trapezförmigen Zwillingstürme entstanden 1976 und machten **Pennzoil Place** zum ersten asymmetrischen Büropalast. Nur ganze drei Meter trennen die schwarzen Baukörper voneinander.

Nicht weit von hier steht das aus texanischen Ziegeln und rotem Granit gewirkte **Wortham Center**, die repräsentative Heimat von Oper und Ballett mit zwei Theaterräumen, deren versenkbare Orchestergräben dem Vorbild Bayreuths folgen.

Nebenan ragt das **Lyric Center** auf, ein vielstöckiger Riese mit einer verspielten Cello-Plastik vor der Tür. Ein ganzes Hochhaus voller Poeten oder Verse? Nein, so weit geht die Liebe zur Literatur selbst in Houston nicht. Als man den Bau 1983 hochzog, so ist zu erfahren, habe man sich bei der Namengebung durch den angrenzenden Theaterdistrikt inspirieren lassen. Ein Hauch von Poesie weht dennoch durch die Hallen: Zur Lunchzeit sorgt ein Pianist für bekömmliche Töne im Hintergrund. Praktisch um die Ecke: **Bayou Place**, ein aufwendiger Komplex, den Theater, Bars und Restaurants teilen. Ringsum setzt sich diese Entertainmentwelle fort, so dass nun auch nach Büroschluss Downtown lebendiger wirkt als je zuvor.

Abends verwandeln sich die Hotel- und Bürotürme mehr und mehr in futuristische Lichtspiele. Die spiegelnden Fassaden fangen die Orange- und Rottöne der untergehenden Sonne ein, die die Härte der Konturen mildert. Und wo sich die letzten Strahlen bündeln, scheint es so, als würde der Bau in Flammen aufgehen. Houston pflegt nur friedlich seine *outer space connections*.

natürlich Texas Street, und sie ist genau so breit, dass die Hörnerpaare von 18 Longhorn-Rindern nebeneinander passen – Ausmaße, die auf die Tradition des Viehauftriebs zurückgehen. Doch die Zeit der Horizontalen ist vorbei, die langen Hörner sind durch die hohen Häuser abgelöst worden. Deren Firmenlogos geben zu verstehen, wer dort das Sagen hat: ConocoPhillips, ExxonMobil, Shell Oil, Chevron, Halliburton, Sysco, Waste Management und so weiter.

Zu ihren Füßen dient ergeben die Kunst in Form öffentlicher Plastiken, die farbige und verspielte Akzente ins Stadtbild setzen. Prominente Bildhauer wie Miró, Hepworth, Dubuffet, Oldenburg und Moore haben sie modelliert: *corporate art*. Die Mediceer des 20. Jahrhunderts liebten es, sich wechselseitig im Kunst-Sponsoring zu übertreffen.

Einen Ruhepunkt in der Höhle der Baulöwen bildet der **Tranquility Park**

8 Service & Tipps

☒ Schobel's
2020 Milam St., Columbus, TX 78934
✆ (979) 732-2385
www.schobelsrestaurant.com
Tägl. Frühstück, Lunch und Dinner
All American Food seit 1979. $–$$

Houston

ℹ Visitor Information Center
Downtown Houston
701 Avenida de las Americas
Houston, TX 77010
✆ 1-800-4HOUSTON oder (713) 437-5557
www.visithoustontexas.com
Tägl. 7–22 Uhr

ℹ Houston City Pass
http://de.citypass.com/houston
Fünf wichtige Sehenswürdigkeiten (z. B. Space
Center, Houston Museum of Natural Science,
Museum of Fine Arts) kann man innerhalb
von neun Tagen zu einem vergünstigten Ticketpreis besuchen, wenn man den City Pass
erwirbt.

Übernachtung

☒☒☒☒ Four Seasons Hotel Houston
1300 Lamar St. (Downtown)
Houston, TX 77010-3017
✆ (713) 650-1300
www.fourseasons.com/houston
Erstklassig und zentral in Downtown gelegen. 404 Zimmer und Suiten, Restaurant, Bar,
Entertainment, Pool, Saunas, Whirlpool, Fitnessraum. $$$$

☒☒☒☒ Hotel ICON
220 Main St. (Downtown), Houston, TX 77002
✆ (713) 224-4266
www.hotelicon.com
Das Boutiquehotel mit 135 Zimmern liegt ideal mittendrin. Hoher Hotelstandard in einem
Bankgebäude von 1911. Restaurant, Fitness
und Spa. $$$$

☒☒☒☒ The Sam Houston Hotel
1117 Prairie St. (Downtown)
Houston, TX 77002

✆ (832) 200-8800
www.thesamhoustonhotel.com
Designhotel in historischer Substanz mitten
in Downtown. 97 Zimmer. Restaurant, Fitness
und Spa. $$$$

☒☒☒☒☒ Zaza Hotel
5701 Main St. (Museum District)
Houston, TX 77005
✆ (713) 526-1991
www.hotelzaza.com
Direkt an Hermann Park gelegenes Luxushotel
mit 315 Zimmern bzw. Suiten.
$$$$

☒☒☒☒☒ Embassy Suites Downtown
1515 Dallas St. (Downtown)
Houston, TX 77010
✆ (713) 739-9100
http://embassysuites3.hilton.com
Hotel mit 262 Zimmern in der Nähe von Discovery Green. Restaurant, Bar, Pool, Spa &
Fitness. $$$–$$$$

☒☒☒ Houston Magnolia Hotel
1100 Texas Ave. (Downtown)
Houston, TX 77002
✆ (713) 221-0011 und 1-888-915-1110
www.magnoliahotels.com
Designhotel in Downtown in der Nähe des
Minute Maid Park. Gute Bar, Fitness.
$$$–$$$$

☒ La Maison in Midtown
2800 Brazos St. (Midtown)
Houston, TX 77006
✆ (713) 529-3600 und (877) 529-3999
www.lamaisonmidtown.com
Sehr gut geführter B & B (sieben Zimmer).
$$$–$$$$

☒☒ Modern Bed & Breakfast
4003 Hazard St. (Montrose)
Houston, TX 77098
✆ (832) 279-6367
www.modernbb.com
Zwei moderne, architektonisch reizvolle Town-
häuser wurden von der Eigentümerin Lisa
Collins in ein unkonventionelles B & B umge-
wandelt. Obwohl in einer ruhigen Seitenstra-
ße von Montrose gelegen, sind Restaurants,
aber auch Menil Collection und Museumsvier-
tel gut zu Fuß erreichbar. Ein schöner, groß-

zügiger Wohnraum und auch die Küche sind für alle Gäste nutzbar. Mit Frühstück. $$$–$$$$

🛏🍴♨🐾 **Best Western Plus Downtown Inn & Suites**
915 W Dallas St. (Downtown)
Houston, TX 77019
✆ (713) 571-7733
www.bestwesterntexas.com
Solides Best Western in Downtown. Pool, Spa, Fitness. $$$

🛏 **Holiday Inn Express Hotel & Suites Houston Downtown Convention Center**
1810 Bell St., Houston TX 77003
✆ (713) 6529400 und 1-800-249-8093
www.hiexpress.com
Solides Holiday Inn. $$$

🛏 **Hampton Inn – Galleria Area**
4500 Post Oak Pkwy. (in der Nähe der Galleria)
Houston, TX 77027
✆ (713) 871-9911
www.hamptoninn.com
Ordentlicher Standard gleich beim Shopping Center. An Wochenenden deutlich preiswerter. $$–$$$

🚐 **Lake View RV Resort**
11991 S. Main St., Houston, TX 77035
✆ (713) 723-0973
www.lakeviewrvresort.com
Campingplatz in der Nähe des Texas Medical Center.

🚐 **South Main RV Park**
10100 S. Main St. (Kreuzung Hwy 90-A und I-610), Houston, TX 77025
✆ 1-800-626-7275
www.smrvpark.com
Großzügiger RV Park, *full hookups*.

Museen und Sehenswürdigkeiten

🏛 **ArtCar Museum**
140 Heights Blvd., Houston, TX 77007
✆ (713) 861-5526
www.artcarmuseum.com
Mi–So 11–18 Uhr, Eintritt frei
Autokultur pur: Autos, die zu Kunstobjekten wurden. Ein Käfer aus Drahtgeflecht, ein rollender roter Damenschuh oder ein Longhorn-Kopf auf der Kühlerhaube. Viele verrückte

Kreationen auf Rädern. Wegen des indisch inspirierten Museumsgebäudes auch *Garage Mahal* genannt.

Einmal jährlich im Mai findet die Art Car Parade statt, eine Art Gegenentwurf zum Mardi Gras (www.orangeshow.org).

🏛🎨 **The Children's Museum of Houston**
1500 Binz St., Houston, TX 77004
✆ (713) 522-1138
www.cmhouston.org
Im Sommer Di–Sa 10–18, Do bis 20, So 12–18 Uhr, Mo geschl.
Eintritt $ 12, Eintritt frei donnerstags ab 17 Uhr
Hinter dem munteren Eingang verbirgt sich eine Menge Spaß, Handgreifliches und Lehrreiches aus Technik und Naturwissenschaft, Kunst und Umwelt. Zielgruppe sind Kinder von zwei bis zwölf Jahren.

🏛 **Contemporary Arts Museum**
5216 Montrose Blvd. & Bissonnet St.
Houston, TX 77006
✆ (713) 284-8250, www.camh.org
Di/Mi und Fr 10–19, Do 10–21, Fr 10–19, Sa 10–18, So 12–18 Uhr, Mo geschl., Eintritt frei
Wechselnde Ausstellungen zeitgenössischer Kunst im schimmernden Gehäuse aus rostfreiem Edelstahl.

🏛🎨❌ **George Ranch Historical Park**
10215 FM 762, Richmond, TX 77469
✆ (281) 343-0218
www.georgeranch.org
Di–Sa 9–17 Uhr, So/Mo geschl., Eintritt $ 10/5
Seit 1824 spiegelt die Ranch ca. 48 km südlich von Houston texanische Geschichte: von der Zeit der Viehbarone über die Baumwollwirtschaft bis zum Öl, von der texanischen Revolution bis zum Zweiten Weltkrieg – eine Familiengeschichte über mehrere Generationen. Das Leben der frühen Siedler wird anschaulich dargestellt. Als Höhepunkt gilt allgemein die Demonstration des Pferdetrainings in der Rodeo-Arena. Snackbar, manchmal Cowboy-Lunch.
Anfahrt von Houston: US 59 South, Exit Grand Pkwy./Hwy. 99, dann an der Ampel links abbiegen auf die Crabb River Rd. (FM 2759) und dieser sechs Meilen folgen.

🏛🎨 **The Health Museum**
1515 Hermann Dr., Houston, TX 77004

© (713) 521-1515
www.mhms.org
Mo–Mi, Fr–Sa 9–17 Uhr, Do 9–19 und So 12–17
Uhr, Eintritt $ 9/7
Lehrgang durch den menschlichen Körper –
Texas size. Rein geht's durch Mund und Ra-
chen, vorbei an Superherzen, Mega-Augen,
durch Riesenohren, vorbei an aufgeklapp-
ten Gehirnhälften, vollen Mägen und dicken
Rippen. Und raus geht's schließlich zum – Gift
Shop! Unterhaltsam und lehrreich in allem,
was unter die Haut geht. Mit vielen guten
Tipps für die Gesundheit.

🏛 Houston Center for Contemporary Craft

4848 Main St.
Houston, TX 77002
© (713) 529-4848
www.crafthouston.org
Di–Sa 10–17, So 12–17 Uhr, So geschl.
Eintritt frei
Eines der ganz wenigen Museen, das aus-
schließlich dem Kunsthandwerk gewidmet ist.

🏛🖼🐾 The Houston Museum of Natural Science

5555 Hermann Park Dr., Houston, TX 77030
© (713) 639-4629
www.hmns.org
Tägl. 9–17 Uhr
Eintritt $ 25/15, Do 14–17 Uhr frei
Naturkundliches und familienfreundliches
Museum mit hochkarätiger Edelstein- und
Mineralienkollektion (Riesen-Topaz und phan-
tasieanregende Malachite) – dem Smithson-
ian Museum of Natural History in Washington
durchaus ebenbürtig. Die Wissenschaftler hinter den Kulissen unterhalten rege Kontakte zu
Idar-Oberstein.

Sonstige Highlights (jeweils zusätzlicher Eintritt): **Burke Baker Planetarium** (Eintritt eventabhängig), **Wortham IMAX** (Mo–Fr 10–16, Sa/
So 10–17 Uhr, i. d. R. zu jeder vollen Stunde auf
einer Superleinwand naturkundliche Filme,
Eintritt eventabhängig), **Theatre** und **Cockrell
Butterfly Center** (tägl. 9–17 Uhr) mit mehr als
2000 lebenden Schmetterlingen.

Hier kann man durch ein tropisches Ambiente wandern – ein wenig Regenwald, ein
wenig forstbotanischer Garten. Man sollte sich
selbst möglichst auch etwas wie ein Schmet-
terling kleiden, denn das lockt die Flieger an.
Oft spektakuläre Sonderausstellungen.

🏛 The Menil Collection

1533 Sul Ross St.,
Houston, TX 77006
© (713) 525-9400
www.menil.org
Mi–So 11–19 Uhr, Mo/
Di geschl.
Eintritt frei
Im eindrucksvoll
schlichten Bau von
Renzo Piano sorgt das
raffinierte Lichtfilter-
system durch Bre-
chung von Helligkeit
und Hitze für eine op-
timale Ausleuchtung.
Zu sehen sind Werke
aus der Sammlung
von Dominique und

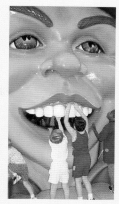

*Auf den Zahn gefühlt:
im Health Museum*

John de Menil. Vorzüglich: die Abteilung der
Surrealisten mit Werken von de Chirico, Brau-
ner, Magritte und vor allem Max Ernst.
Neueren Datums ist der ebenfalls von Renzo
Piano erstellte Bau der **Cy Twombly Gallery**
schräg gegenüber der Rückseite des Haupt-
hauses (1501 Branard St., www.menil.org/
twombly.html, Mi–So 11–19 Uhr), die etwa
30 Werke des Künstlers (Tafelbilder, Plastiken
und Arbeiten auf Papier), entstanden zwischen
1954 und 1994, zeigt.

🏛📺🍴 The Museum of Fine Arts

Museum District, Houston, TX 77005
© (713) 639-7300
www.mfah.org
Di/Mi 10–17, Do 10–21, Fr/Sa 10–19, So 12.15–
19 Uhr, Mo geschl.
Eintritt $ 15/7.50
Das Museum besteht heute aus zwei Gebäu-
dekomplexen, die durch einen unterirdischen
Tunnel mit bemerkenswerter Lichtinstallation
(James Turrell »The Light Inside«) verbunden
sind, und dem Cullen Sculpture Garden:

– Audrey Jones Beck Building
5601 Main & Binz Sts., Houston
Der beeindruckend großzügige und von de-
zenter Lichtführung geprägte Neubau des
spanischen Architekten Rafael Moneo, 2000
eröffnet, verdoppelt die Ausstellungsfläche
des Kunstmuseums. Im Erdgeschoss gibt es
amerikanische Malerei zu sehen (u. a. Wer-

Licht und leicht: Menil Collection von Renzo Piano

ke von Warhol, O'Keeffe, Johns), im oberen Stockwerk eine ansehnliche Bilderfolge europäischer Tafelmalerei: u.a. frühe italienische Malerei, viele niederländische Stillleben und ansonsten etwas klassische europäische Moderne: van Gogh, Degas, Cézanne, Matisse, Miró, Picasso. Im **Cafe Express** kann man sich stärken, im Museumsshop informieren (Kunstbuchhandlung und Accessoires von Designern).

– Caroline Wiess Law Building
1001 Bissonnet St., Houston
Kunst aus Alt-Amerika, Ozeanien, Afrika und Asien. Außerdem eine Sammlung von Goldarbeiten aus Afrika.

– Cullen Sculpture Garden
1000 Bissonnet St., Houston
www.mfah.org/visit/cullen-sculpture-garden
Tägl. 9–22 Uhr
Der Lillie and Hugh Roy Cullen Sculpture Garden ist eine kleine städtische Oase, entworfen von Isamu Noguchi. Gezeigt werden moderne und zeitgenössische Skulpturen von Matisse, Giacometti, Miró, Kelly und vielen anderen Künstlern.

⊚ **Beer Can House**
222 Malone St. (zwischen Memorial Dr. & Washington Ave.)
Houston, TX 77007
✆ (713) 926-6368
www.beercanhouse.org
Sa/So 12–17 Uhr, Eintritt $ 5
Weil er einfach nichts wegwerfen konnte, sammelte John Milkovisch, ein pensionierter Eisenbahner, über Jahre leere Bierdosen. Irgendwann begann er, diese für die Außenverkleidung seines Hauses zu nutzen. Wände wurden mit Dosenkörpern dekoriert, Böden von Aluminiumbüchsen für Türen genutzt etc. Eine frühe Form der Recyclingarchitektur.

⊚ **Rothko Chapel**
3900 Yupon St. (Sul Ross St.)
Houston, TX 77006
✆ (713) 524-9839
www.rothkochapel.org
Tägl. 10–18 Uhr, Eintritt frei
Ebenfalls Teil der Menil Collection. Von Philip Johnson gemeinsam mit Mark Rothko (1903–1970) entworfene Kapelle, später (1971), nach

Rothkos Tod, ausgeführt von Howard Barnstone und Eugène Aubry. Im schlichten Backstein-Oktogon hängen 14 Tafeln aus Rothkos späterer Schaffensperiode. Vor dem Eingang steht der **Broken Obelisk**, die Martin Luther King gewidmete Stahlskulptur von Barnett Newman, einem Freund Rothkos.

⊙⊘✕⊟ Space Center Houston

1601 NASA Pkwy. (Exit von I-45)
Houston, TX 77058
✆ (281) 244-2100
www.spacecenter.org
Juni tägl. 10–19, Juli tägl. 9–19, Aug. Mo–Fr 10–17, Sa/So 10–19, im Winter Mo–Fr 10–17, Sa/So 10–18 Uhr
Eintritt $ 25/20 (einschließlich Besuch Independence Plaza)
Von Walt Disney konzipierter Raumfahrt-Fun-Park im Zentrum des bemannten Raumfahrtprogramms der USA. Originale Weltraum-Vehikel: Mercury, Gemini Apollo und Independence; Spacelab-Trainer, Simulationen, Video, IMAX-Filme, Touren zum Mission Control Center und Raketenpark. Im **Zero G Diner** kann man sich stärken. Picknick, Camping.

⊞⊘✕ Discovery Green

1500 McKinney St., Houston, TX 77010
www.discoverygreen.com
✆ (713) 400-7336
Tägl. 6–23 Uhr
2008 eröffneter kleiner Park mitten in Downtown mit eigens angelegtem See, Spielplatz, Kunst im öffentlichen Raum und Restaurants (v. a. **The Grove** direkt am Park).

⊞⊛⊼⊞⊘ Hermann Park

6100 Hermann Park Dr., Houston, TX 77030
✆ (713) 524-5876
www.hermannpark.org
Hermann Park liegt in der Nähe des Museum District, der Rice University bzw. des Texas Medical Center. Der Park bietet eine Fülle an Attraktionen: einen See, ein Freilufttheater, Joggingpfade, einen wunderschönen Rosengarten und sogar einen Zoo und ein Museum (vgl. Houston Museum of Natural Science).

⊞✗ Memorial Park

6501 Memorial Dr., Houston, TX 7707
✆ (713)-863-8403
www.memorialparkconservancy.org

Kunst im öffentlichen Raum im Park Discovery Green, Houston: Jean Dubuffets »Monument Au Fantome« (oben) und »Synchronicity of Color« von Margo Sawyer

Tägl. von Sonnenauf- bis -untergang
Einer der größten städtischen Parks in den
USA. Idealer Platz zum Golfspielen, Laufen,
Spazierengehen, Tennis, Schwimmen etc.

Restaurants

☒ Caracol
2200 Post Oak Blvd #160, Houston, TX 77056
✆ (713) 622-9996
www.caracol.net
Tägl. Lunch und Dinner, Mexikanisch inspirier-
te Küche, Oyster Bar, Wine Bar – alles High
End. $$$

☒ Taste of Texas
10505 Katy Fwy, Houston, TX 77024
✆ (713) 932-6901
www.tasteoftexas.com, Mo–Do Lunch und
Dinner, Sa/So Dinner ab 15 Uhr
Viele meinen, hier gibt es die besten Steaks
von Texas. $$–$$$

☒ The Original Ninfa's on Navigation
2704 Navigation Blvd., Houston, TX 77003
✆ (713) 228-1175
http://ninfas.com
Tägl. Lunch und Dinner, TexMex – wie es besser
nicht sein könnte, bodenständig. $$

☒☖ Cafe Annie
1800 Post Oak Blvd., Houston, TX 77056

New Age Design im Americas River Oaks

✆ (713) 840-1111
www.cafeanniehouston.com
Mo–Fr 11.30–22, Sa 18–22.30, So. geschlossen
Moderne, anspruchsvolle Southwest-Küche. Im
Parterre kann man Cocktails und Vorspeisen
in der **BLVD Lounge** genießen. Dann gibt es
zwei Restaurantalternativen: **Bar Annie** eher
leger, $$–$$$, und **Cafe Annie** vornehm und
teuer, $$$.

☒ Tony's
3755 Richmond Ave., Houston, TX 77046
✆ (713) 622-6778
www.tonyshouston.com
Mo–Fr 11–22, Fr bis 24, Sa 18–24 Uhr, So geschl.
Chi-Chi-Adresse für verwöhnte Gaumen. Inter-
nationale Küche mit italienischem Einschlag.
$$$

☒ Americas River Oaks
2040 West Gray St., Suite 200 (River Oaks Shopping Center), Houston, TX 77019
✆ (832) 200-1492
www.cordua.com/americas
Tägl. Lunch und Dinner (So Brunch)
Im New-Age-Design wird köstliche Latin- Ame-
rican-Küche geboten. Vor allem die verschiedenen Appetizer sind reizvoll (z.B. marinierte
Fisch-Appetizer sog. *Ceviches*). $$–$$$

☒ Arcodoro
5000 Westheimer Rd., Suite 100 (Uptown)
Houston, TX 77056
✆ (713) 621-6888
www.arcodoro.com/Houston
Tägl. Lunch und Dinner
Wie das Pendant in Dallas gilt auch hier: tradi-
tionelle sardische Küche auf höchstem Niveau.
Mit Patio. $$–$$$

☒ Churrascos River Oaks
2055 Westheimer Rd., Suite 180 (River Oaks)
Houston, TX 77098
✆ (713) 527-8300
www.cordua.com/churrascos
Tägl. Lunch und Dinner
Latino-Kochkunst und gute Steaks – viele sagen, die besten in Houston. $$–$$$

☒☖ Damian's Cucina Italiana
3011 Smith St. (südl. von Downtown)
Houston, TX 77006
✆ (713) 522-0439

www.damians.com
Lunch Mo–Fr, Dinner Mo–Sa
Solider Italiener – besonders schmackhafte Fischgerichte. Cocktail Lounge. $$–$$$

⊠ Hugo's
1600 Westheimer Rd. (Nähe Dunlavy)
Houston, TX 77006
✆ (713) 524-7744
www.hugosrestaurant.net
Tägl. Lunch und Dinner
Anspruchsvolle mexikanische Gerichte statt Standard-Tex-Mex, hervorragende Salsa und Margaritas. $$

⊠♫ Sambuca Houston
909 Texas Ave. (Downtown), Houston, TX 77002
✆ 713-224-5299, So geschl.
www.sambucarestaurant.com
Lunch Mo–Fr, Dinner und Bar tägl.
Abends Live-Jazz, gutes Restaurant. $$

⊠ Ruggles Green
2311 W. Alabama St., Suite C (River Oaks)
Houston, TX 77098
✆ (713) 533-0777
www.RugglesGreen.com
Tägl. 11–22 Uhr
Nur lokale, ökologische Produkte werden verwendet um einfache Salate, Burger, Pizza, Panini und tagesaktuelle Fischgerichte anzubieten. Bestellt wird an der Theke. Kleiner Patio. $–$$

Shopping

⊞⊠⊠⊟ The Galleria
5085 Westheimer Rd. & Post Oak Blvd. (Uptown), Houston, TX 77056
✆ (713) 966-3500
www.simon.com
Mo–Sa 10–21, So 11–19 Uhr
Konsum- und Dienstleistungstempel für gehobene Ansprüche mit über 400 Geschäften, zwei Hotels, Warenhäusern, Kinos, zahlreichen Restaurants und einer Eisbahn. Wer nicht so viel Zeit mitbringt, sollte vielleicht eher eine der kleineren Malls aufsuchen.

⊞ River Oaks Shopping Center
1964 West Gray St. (River Oaks)
Houston, TX 77019
www.riveroaksshoppingcenter.com

Feine Mall, 1927 im Art-déco-Stil erbaut und 2007 renoviert.

⊞ Central Market
3815 Westheimer Rd. (Wesleyan)
Houston, TX 77027
✆ (713) 386-1700
www.centralmarket.com
Tägl. 8–22 Uhr
Überwältigendes Schlemmer-Angebot an frischen Lebensmitteln.

⊞ Houston Livestock Show and Rodeo
✆ (832) 667-1000
www.rodeohouston.com
März
Erstklassiges für Rodeo-Fans im Reliant Stadium, hält die Stadt drei Wochen in Atem. 🏵

The Galleria – Shoppingtempel in Houston

9 Ab auf die Insel
Von Houston nach Galveston

9. Tag: Houston – Space Center Houston – Galveston (96 km/60 mi)

km/mi	Zeit	Route/Programm
	Morgen	**Houston: Museen** und/oder **Post Oak Galleria**.
0	13.00 Uhr	Abfahrt nach Galveston: I-45 South, Exit 25, d.h. NASA Rd. 1 und dem Schild SPACE CENTER folgen
46/29	13.30 Uhr	**Space Center Houston** (ca. 2 Stunden). Zurück zur I-45 nach Süden bis
96/60	16.15 Uhr	**Galveston**. Strand und/oder Besichtigung des historischen Galveston: Villen und **The Strand**.

Alle Infos zu Houston vgl. Service & Tipps 8. Tag, S. 133 ff.

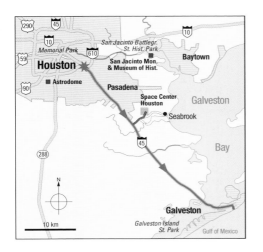

Sportmöglichkeiten in Houston

Grundsätzlich sollte man im Sommer schon sehr früh aufstehen, wenn man sich draußen sportlich betätigen möchte. Schon am Morgen ist die schwüle Hitze oft unerträglich.
– **Memorial Park** (Adresse vgl. S. 137): Der populärste Treff für Läufer. Besonders beliebt ist der knapp 5 km lange Seymour Lieberman Exercise Trail mit verschiedenen Freiluft-Fitnesseinrichtungen entlang dem Weg.
– **Hermann Park** (Adresse vgl. S. 137): Der Marvin Taylor Exercise Trail ist gut 3 km lang und verläuft um den Hermann Park Golf Course. Durch den hohen Bestand an alten Live Oaks rechts und links des Wegs ist der Trail überwiegend schattig. Am besten man parkt sein Auto beim Houston Zoo.

Houston und die schönen Künste – das wäre ein Kapitel für sich. Doch die Zeit sollte wenigstens für einige Kostproben reichen, denn nicht zuletzt durch die hochkarätigen Sammlungen und die Ausstellungsarchitektur von Houston hat sich Texas einen Namen gemacht und sich nach New York, Los Angeles und Chicago zum wichtigsten Kunstzentrum der USA entwickelt. Das ist immer noch erstaunlich für einen Bundesstaat, mit dem selbst viele Amerikaner nur Rinder und Cowboys, Öltürme, Steaks und Männer mit breitkrempigen Hüten assoziieren.

Im Stadtviertel um den Montrose Boulevard liegen mit 18 Museen bzw. kulturellen Einrichtungen viele ästhetische Highlights in enger Nachbarschaft. Das größte unter ihnen ist das **Museum of Fine Arts**, mit dem im Jahre 2000 eröffneten noblen Erweiterungsbau des **Audrey Jones Beck Building**, das seinem älteren Pendant **Caroline Wiess Law Building** gegenüber liegt, jenem seltsam janusköpfigen Bau, der verwirren kann, je nachdem, von welcher Seite man sich ihm nähert.

Auf der einen präsentiert er eine bieder klassizistische Front aus der Gründerzeit, auf der anderen den Haupteingang, einen gefällig abgerundeten Glasbau von Mies van der Rohe. Sehenswert ist vor allem der unterirdische Tunnel, der beide Gebäudekomplexe durch eine Installation des Lichtkünstlers James Turrell verbindet.

Auf der anderen Straßenseite lädt der von Isamu Noguchi entworfene **Cullen Sculpture Garden** zur näheren Betrachtung von Reliefs und Plastiken unter an-

Optisches »Om«: Rothko Chapel, Houston

derem von Rodin, Matisse, Maillol und Stella ein; die **Glassell School of Art** zu kreativen Malklassen, in eine Art Volkshochschule der Künste; und schließlich das in eine silbrige Außenhaut gehüllte **Contemporary Arts Museum** zu zeitgenössischen Wechselausstellungen.

Den Löwenanteil am Umfang und Niveau der Sammlungen haben zwei örtliche Mäzene, Dominique und John de Menil. Dominique de Menil (1908–97), geborene Schlumberger, war elsässischer Herkunft und wurde durch Ölbohrmaschinen reich. Geldquellen, die sie der lokalen Kunstszene zugutekommen ließ. So setzte sie nach dem Tod ihres Mannes (1904–73) die gemeinsame Idee eines Museums, der **Menil Collection**, um.

Schon die Lage dieses Museums, 1987 von Renzo Piano erstellt, könnte man sich kaum schöner denken. Der schlichte Bau ist Teil eines parkähnlichen Wohngebiets, dessen Bungalows ringsum ebenfalls der Familie Menil gehören. Hier und da sieht man Skulpturen in den Vorgärten oder öffentlichen Anlagen, die von den Kin-

dern mitunter als Turngeräte genutzt werden. Drinnen strömt das Tageslicht durch die Lamellendecke und erhellt Skulpturen, Objekte und gewächshausartige Innenhöfe. In dunklen Räumen und künstlich beleuchtet hängen dagegen Bilder der Surrealisten, was ihre Wirkung noch steigert.

Ganz in der Nähe steht die **Rothko Chapel**, deren Interieurgestaltung ebenfalls im Auftrag der Menils erfolgte. Der abstrakte Expressionist Mark Rothko (1903–70) hat hier mit einem Bilderzyklus einen religiös-meditativen Raum geschaffen, dessen Wirkung schon beim Betreten der Kirche überwältigt. An den Wandflächen des Oktogons hängen 14 dunkle Tafelbilder Rothkos – seine letzten übrigens, er nahm sich 1970 das Leben.

Erst nach einer Weile geraten die düsteren Farben in Bewegung, so dass sich ihre Monochromie aufzulösen scheint. Farbnuancen zwischen dunklem Lila und Schwarz deuten sich an, begünstigt zuweilen durch den Wechsel des Tageslichts, das indirekt durch die Decken-

Audrey Jones Beck Building des Museum of Fine Arts in Houston

Lichtinstallation »The Light Inside« von James Turrell im Museum of Fine Arts in Houston

öffnung fällt. Rothko Chapel – eine Art optisches *Om*. So ungewöhnlich wie der Bau ist auch seine Nutzung. Von katholischen und protestantischen Priestern, Rabbis und moslemischen Scheichs wurde die Kapelle eingeweiht, und seither finden hier ökumenische Gottesdienste und Hochzeiten ebenso statt wie Menschenrechtstreffen; Knabenchöre und gregorianische Messen sind erklungen und sogar der Dalai Lama war hier.

Wer nach so viel Kunst etwas Bewegung sucht, ist nebenan im **Hermann Park** gerade richtig aufgehoben. Für naturwissenschaftlich Interessierte finden sich im Park auch der **Houston Zoo** und das **Houston Museum of Natural Science**. Alternativ kann man einen Abstecher in Houstons Folk Art unternehmen: Im **Art-Car Museum** gibt es schrille Kunstkreationen auf Rädern zu bewundern, das **Beer Can House** ist ein verrücktes Beispiel, wie man ein Haus mit recycelten Bierdosen einkleiden kann.

Einen Besuch wert ist auch der Washington Avenue Arts District ca. zwei Meilen südwestlich von Downtown. Hier leben und arbeiten mehr als 300 Künstler, Architekten und Designer und fördern gegenseitig kreative Energien. Sehenswert ist vor allem das Art Alley Mural Project. Auf einem ca. 250 Meter langem Mauerstück entstehen Murals aus der Hand lokaler Künstler des Viertels.

Der Weg von den Kunstinstituten zu den Shoppingtempeln führt zwangsläufig über die **Westheimer Road**, einen regelrechten Reißverschluss, der von Downtown bis weit über den Post-Oak-Bezirk hinaus einen abwechslungsreichen Flickenteppich aus Stadtansichten und Milieus knüpft.

Auf der Nordseite von Westheimer liegt **River Oaks**, das Luxusviertel für Erwählte. Hier darf noch längst nicht jeder wohnen. Selbst der nicht, der es sich leisten könnte, ein Antebellum-Haus, ein französisches Château oder ein englisches Schloss zu beziehen. So sehr nämlich die Anlieger mit diesen prächtigen Stilblüten dem Wirtschaftsliberalismus frönen, so wenig mögen sie eben diese Freiheit gelten lassen, wenn es um die Frage geht, wer der neue Nachbar sein soll.

Der **Uptown District** hat sich längst zu einem zweiten Houston ausgewachsen. Luxushotels, ehrgeizige Bürooriesen und die renommierte **Galleria** machen Uptown zu einer Pionierstadt des 21. Jahrhunderts. Freie Bahn also für die einheimischen *clotheholics,* jene Klamottenfreaks der Glamourszene, deren Kleider- und Schuhschränke die Größenordnung kompletter Wohnungen, ja ganzer Häuser erreicht haben.

Aber auch ohne solchen Stauraum lohnt ein Rundgang durch die Galleria, diese Mega-Shopping-Mall, die mehrfach erweitert wurde und in der heute mehr als 400 Läden Unterschlupf gefunden haben. Durchweg sind hier Kunden mit gehobenen Ansprüchen und entsprechendem Budget König, auffällig viele davon aus Mexiko. Viele der Imbissrestaurants halten da qualitativ mit, die umgeben-

den Top-Restaurants und Top-Hotels selbstverständlich auch. Die eingebaute Eislaufbahn gerät zum Augenschmaus, wenn ältere Fred-Astaire-Pärchen Arm in Arm ihre Runden drehen. Oben auf dem Dach verläuft ein Trimmpfad. Wer durch das Glasdach blickt, sieht dort die Jogger in brütender Hitze wetzen und schwitzen.

Von Houston ist es nur ein Sprung bis Galveston, erst recht dann, wenn man es schafft, den Sog und Sound des Großstadtverkehrs schnell hinter sich zu bringen. Meist reicht eine halbe Stunde für den Weg bis zum **Space Center Houston.** Auf der Zufahrtsstraße, der NASA Road 1, weisen NASA Café, NASA Liquor oder NASA Jewelry den Weg zur terrestrischen Bodenstation, zum *closest thing to space on earth,* wie der Veranstalter, eine Stiftung für die Didaktik der bemannten Raumfahrt, behauptet. Und weiter heißt es, dass vier Stunden gerade

Ausstellung im Space Center Houston

Skylab 1G Trainer im Space Center Houston

ausreichen, um alles mitzukriegen, was sich die »Imagenieure« von Walt Disney ausgedacht haben, um hier auf dem Gelände das Thema Raumfahrt in einen spannenden und zugleich lehrreichen Vergnügungspark umzusetzen.

Außerirdisches, von Natur aus schwer greifbar, gibt es in der Raumschiffgalerie zum Anfassen, Brocken vom Mond ebenso wie einschlägige Hardware: die Mercury-9-Kapsel, Gemini 5, die Kommandozentrale von Apollo 17 und so weiter. An Computern kann der Besucher Satelliten starten und Raumfähren landen lassen oder per Video den Trainingsprogrammen der Astronauten und dem Betrieb im berühmten **Mission Control Center** zusehen. Ingenieure, Wissenschaftler und sogar echte Astronauten stehen Rede und Antwort, während sich die Accessoires der Weltraummode – Helme und Handschuhe zum Beispiel – zur Anprobe und Tuchfühlung anbieten. Wer möchte da-

mit nicht mal nach den Sternen greifen?

Konzept und Design der Disney-Leute übertreffen bei Weitem die Präsentationskünste, die viele amerikanische Museen ohnehin auszeichnen und durch die sie sich von den meisten ihrer europäischen Kollegen unterscheiden: das bewundernswerte Geschick nämlich, Entertainment und Erziehung, Spaß und Lernen unter einen Hut zu bekommen.

Zugegeben, nationalpathetische Töne bleiben nicht gerade außen vor, aber im Ganzen gesehen ist das Space Center Houston ein spektakuläres technisches Museum, dessen Animationskraft jene im National Air & Space Museum in Washington weit übertrifft.

Die Mittel für dieses nur von Sponsoren und aus Privatspenden finanzierte Unternehmen flossen reichlich. Auch außergewöhnliche Mühen wurden nicht gescheut. Die komplette Spacelab-Trainingsstation musste zum Ausstellungsort transportiert werden, bevor dessen bauliche Umhüllung überhaupt in Angriff genommen wurde. Kein Tor wäre groß genug gewesen, die Laboreinheit hereinzuschaffen und innen zu installieren.

Neueste Errungenschaft ist die 2016 eröffnete sechsstöckige **Independence Plaza.** Highlights sind ein historischer Shuttle-Zubringer vom Typ einer Boeing 747 und ein originalgetreuer Nachbau der Raumfähre Independence. Beide sind für die Besucher über einen Aufzug begehbar.

Vom Raumkontakt zurück auf den Asphalt, zum Golf. Dazu hebt sich bald eine lange Brücke über die **Galveston Bay**, von der aus man deutlich die Pyramiden von Moody Gardens erkennen kann, einem Touristenmagneten aus Spaßbad (mit künstlichem Strand), Aquarium, tropischem Regenwald und Resorthotel.

Das Inselstädtchen **Galveston** (rund 50 000 Einwohner) hat tapfer durchgehalten, trotz stürmischer Geschichte und der Nähe zu Houston. Doch die 70 Kilometer zwischen der Großstadt und der Insel reichen, um sich praktisch ein Jahrhundert im Zeitgeschmack zurückzuversetzen. Gefällig verstecken sich die hübschen Holzvillen in tropischen Gärten, deren schwerer Geruch in der Luft liegt. Eine seltsam poröse und pockennarbige Oberfläche überzieht viele viktorianische Überbleibsel, hervorgerufen durch Salzluft, Sonne und eine Gelassenheit, der es nicht darauf anzukommen scheint, das Erbe perfekt zu sanieren. Kein Wunder, denn die Insel hat eine stürmische Geschichte hinter sich.

1817 fand der Pirat Jean Lafitte hier Unterschlupf, wenn er sich nicht gerade über spanische Handelsschiffe hermachte. Als die provisorische texanische Regierung vor der mexikanischen Armee auf die Insel flüchtete, wurde 1836 die Stadt als solche gegründet und war kurze Zeit

Fischen am Galveston Strand

Schmuckstück: Opernhaus in Galveston

auch Hauptstadt der Republik. Gegen Ende des Jahrhunderts besaß Galveston bereits den drittgrößten Tiefseehafen der Nation. Viele der frühen Bewohner waren Flüchtlinge mit sehr unterschiedlichen Motiven. Die meisten kamen zwischen 1840 und 1870, immerhin mehr als 250 000 Einwanderer, was Galveston den Ruf des *Ellis Island of the South* einbrachte.

Und das aufblühende Finanzviertel, The Strand District (die Straßenblöcke zwischen Strand und Postoffice St. bzw. 20th und 25th St.), galt entsprechend als Wall Street des Südens. Gehandelt wurde vor allem mit Baumwolle und Sklaven. Die kulturbewussten Händler, hauptsächlich deutsche Juden, deren Nachfahren noch heute hier leben, formten aus Galveston ein urbanes Schmuck-

stück. Während im übrigen Texas noch Colt und Faustrecht regierten, buchten die Bürger der Hafenstadt bereits Opernpremieren und schickten ihre Kinder auf die Medizinische Hochschule am Ort. Wegen seiner Nähe zu den Öl- und Gasfeldern des östlichen Texas, seines natürlichen Hafens und seiner cleveren Geschäftsleute hätte Galveston eigentlich das New York der Golfküste werden müssen.

Aber am 9. September 1900 endete Galvestons Golden Age jäh. Ein verheerender Hurrikan trieb eine mehr als sechs Meter hohe Flutwelle vor sich her, tötete Tausende von Menschen und verwandelte fast die gesamte Stadt in meterhohe Schuttberge. Zwar baute man danach eine hohe Ufermauer, den **Seawall**, aber so richtig hat sich die Stadt von diesem

Sculpture Art in Galveston

Schlag nie wieder erholt. Als 1917 auch noch der Houston Ship Channel gebaut wurde, war das wirtschaftliche Schicksal von Galveston endgültig besiegelt. Erst Anfang der 1970er Jahre regte sich neues Leben auf der Insel.

1859 Ashton Villa am Broadway, ein wahres Prachtgebäude, sollte einer Tankstelle weichen. Die Galveston Historical Foundation kaufte das Haus, renovierte es und setzte damit ein Zeichen für neuen Bürger- und Zukunftssinn, der trotz der schweren Schläge in der Vergangenheit nie verloren gegangen war. Eine alte Dame und gebürtige Galvestonierin kann sich daran erinnern. Eigentlich, meint sie, sei es nur der Dickköpfigkeit, Sturheit und dem Durchhaltewillen der deutschen Siedler zu verdanken gewesen, dass aus Galveston je etwas geworden sei. Schon lange vor dem Hurrikan, denn die natürlichen Siedlungsbedingungen seien einfach schrecklich gewesen.

»Da war die Hitze, die hohe Luftfeuchtigkeit, die Gelbfieber-Epidemien und

Das prachtvolle Bishop's Palace in Galveston

die ständigen Stürme. Außerdem gab es kein Wasser.« Noch heute bezieht Galveston sein Trinkwasser vom Festland. Auch zum Bauen gab es nichts Rechtes. »Die Leute hatten weder Steine noch Holz. Sie mussten Treibholz vom Strand aufsammeln und Muscheln zerkleinern, um den Häusern wenigstens den Anschein zu geben, sie seien solide aus Stein gebaut.«

Der östliche Teil des **Broadway** ist heute sicher immer noch die schönste Straße, auch wenn viele der Oleander, Palmen und immergrünen Eichen entlang dem Boulevard dem verheerenden Sturm »Ike« zum Opfer gefallen sind. Mit fast 200 Stundenkilometern und meterhohen Wellen traf der Hurrikan am 13. September 2008 in Galveston auf Land. Weite Teile der Insel wurden überflutet und stark beschädigt. 40 000 Bäume fielen dem Sturm zum Opfer. Vor allem für die wunderschönen, alten Virginia-Eichen *(live oaks)* bedeuteten die großen Mengen Salzwasser das Aus.

Aber schon einige Monate nach dem Wirbelsturm begannen die ersten *sculpture artists* den Überresten der Live Oaks ein zweites Leben einzuhauchen. Aus den Baumstammresten wurden skurrile Skulpturen geformt, die nun viele Vorgärten im historischen Viertel zieren. Geblieben sind die sehenswerten Baudenkmäler: **Bishop's Palace** zählt ebenso dazu wie die filigrane Ashton Villa und die herrschaftliche **Moody Mansion**.

Den historischen Stadtkern von Galveston sollte man am besten zu Fuß erkunden, vor allem den **Strand District**, das mit viel Kleinarbeit restaurierte Stadtzentrum zwischen Strand und Postoffice Street bzw. 20th und 25th Street. Besonders **Postoffice Street** lohnt einen Abstecher, denn hier versammeln sich die meisten Antiquitätenläden, Galerien, Bars, Restaurants und auch ein weiterhin intaktes, prachtvolles Opernhaus nach viktorianischer Manier, **The Grand 1894 Opera House**. Es bietet auch heute noch ein abwechslungsreiches Musikprogramm – von Shirley MacLaine bis zum Galveston Symphony Orchestra.

Und die Strände? Die Strände entlang dem Seawall erfüllen sicher nicht jeden Badetraum, aber in östlicher Richtung bieten z. B. **Steward Beach** und **East Beach** und in westlicher Richtung **Babe's Beach** und **Galveston Island State Park** Alternativen – zum Baden, Laufen, zur Vogelbeobachtung oder zum Reiten. RENT A HORSE ON THE BEACH! Wo keine Kühe auf den Weiden an der Wattseite grasen, reihen sich munter bunte Stelzenhäuser für die Stadtmüden aus Houston. Mit der Eröffnung der »Schlitterbahn« im Jahre 2005 hat sich Galveston zunehmend zur Familiendestination entwickelt. Immerhin ist die im Juni 2016 eröffnete Achterbahn MASSIV der größte Water Roller Coaster der Welt.

Café im The Tremont House in Galveston

9 Service & Tipps

✗ ᵮ ♨ Kemah Boardwalk
215 Kipp Ave., Kemah, TX 77565
Anfahrt: I-45 zwischen Houston und Galveston,
Exit NASA Parkway, 1 East, Hwy. 146 South. In
Kemah: 6th St., links an Bradford Ave.
✆ (281) 334-9880 und 1-887-285-3624
www.kemahboardwalk.com
Shops, Restaurants und ein Riesenrad am Wasser unterhalten die ganze Familie.

Galveston

ℹ Galveston Island Visitors Center
2328 Broadway (1859 Ashton Villa)
Galveston, TX 77550
✆ (409) 797-5144 und 1-888-425-4753
www.galveston.com
Tägl. 10–17 Uhr

Übernachten

🛏 Entlang dem **Seawall Boulevard** sind praktisch alle bekannten Hotelketten vertreten.

Allerdings empfiehlt es sich, möglichst ein
Hotel in der historischen Stadtmitte zu wählen. Seawall Boulevard ist eine stark befahre-
ne, laute Straße, die durch »Ike« leider viel von
ihrem früheren Charme eingebüßt hat.

🛏 Harbor House
Pier 21 (Historic Downtown)
Galveston, TX 77550
✆ (409) 763-3321 und 1-800-874-3721
www.harborhousepier21.com
42 Zimmer bzw. Suiten im nautischen Stil eingerichtet und direkt am Hafen gelegen.
$$$–$$$$

🛏 ✗ ♨ ♫ Hotel Galvez & Spa
2024 Seawall Blvd.
Galveston, TX 77550
✆ (409) 765-7721
www.wyndhamhotelgalvez.com
Traditionelles Hotel von 1911 mit gediegenem
Charme am Golf (226 Zimmer). Sauna, Fitness-
raum, Pool, Whirlpool. Das Restaurant **Hotel
Galvez Bar & Grill** genießt einen guten Ruf,
besonders für Fischgerichte.
$$$–$$$$

⬛▼🚶 The Tremont House

2300 Ships Mechanic Row (23rd & 24th Sts., Historic Downtown), Galveston, TX 77550
℡ (409) 763-0300
www.wyndhamtremonthouse.com
1839 erbautes, elegantes und sehr stilsicher saniertes Boutiquehotel. Sehr ansprechende Lobby, eigenes Café, historische Bar und 119 angenehme Zimmer mit hohen Decken. Fitnessraum. Zusätzlich Freiluftbar auf der Dachterrasse mit wunderbarem Blick über Galveston. Außerdem können Pooleinrichtungen des Hotel Galvez mitgenutzt werden. Zentrale Lage im Stadtviertel Strand. $$$–$$$$

⬛🏊🚶 Holiday Inn Express & Suites

8628 Seawall Blvd., Galveston, TX 77554
℡ (409) 740-7900
www. hiexpress.com
Typisches Holiday Inn, 2010 eröffnet. Pool, Fitness. $$–$$$

⬛🚶 Baymont Inn & Suites Galveston

2826 63rd St., Galveston, TX 77551
℡ (409) 744-3000, www.baymontinns.com
Einfaches Hotel, gutes Preis-Leistungs-Verhältnis. Gym/Fitnesscenter. $–$$

⬛🏊✕ Bayou Shores RV Resort

6310 Heards Ln., Galveston, TX 77551
℡ (409) 774-2837 und 1-888-744-2837
www.bayoushoresrvresort.com
RV Park (kein Camping) am Strand mit *full hookups*, Duschen, Waschsalon, Restaurant und Bar.

Museen und Sehenswürdigkeiten

🏛 Moody Mansion Museum

2618 Broadway & 26th St.
Galveston, TX 77550
℡ (409) 762-7668
www.moodymansion.org
Führungen tägl. 10–17 Uhr, letzter Einlass um 16 Uhr, Eintritt $ 12/6
Der Kontrast zwischen Kalkstein und Ziegel bestimmt die Außenwirkung dieser herrschaftlichen Villa von 1895 mit sehenswertem Interieur.

🏛 Ocean Star Offshore Drilling Rig Museum and Education Center

Pier 19 (Harborside Dr. & 20th St.)
Galveston, TX 77554
℡ (409) 766-7827
www.oceanstaroec.com
Tägl. 10–17, im Sommer 10–18 Uhr
Eintritt $ 9/5
Die pensionierte Bohrinsel gewährt Einblick in die Erdöl- und Erdgasgewinnung auf See. Videos, Geräte, interaktive Ausstellung. Führungen schließen einen zwölfminütigen Film ein.

🏛 Lone Star Flight Museum

2002 Terminal Dr., Galveston, TX 77554
(In unmittelbarer Nachbarschaft von Moody Gardens bzw. des Schlitterbahn Waterpark)
℡ (409) 740-7722
www.lsfm.org
Tägl. 9–17 Uhr, Eintritt $ 10/8
Eine der größten Sammlungen historischer Flugzeuge, insbesondere Jagd-, Bomben- und Transportflugzeuge aus dem Zweiten Weltkrieg, die zum großen Teil immer noch flugfähig sind.

Nach Terminabsprache möglichst ein paar Tage vorher (telefonisch oder per Mail) kann man auch Flüge in den sog. *War Birds* buchen.

🖼 1859 Ashton Villa

2328 Broadway & 23th St., Galveston, TX 77550
℡ (409) 765-7834
www.galveston.com/ashtonvilla
Die erste der großen Villen (1859) von Galveston am Broadway: viktorianisch verspielter Antebellum-Charme und eine Augenweide für Antiquitätenfreunde. Sitz des Galveston Island Visitors Center.

Historical District Galveston

Im Aquarium von Moody Gardens

The Bishop's Palace

1402 Broadway & 14th St., Galveston, TX 77550
✆ (409) 762-2475
www.galveston.com/bishopspalace
Tägl. 10–18 Uhr, Do bis 20 Uhr
Geführte Touren an Werktagen um 13.30 Uhr
Verfügbarkeit möglichst vorab tel. klären; ansonsten Erkundung auf eigene Faust mit Audio
Guide. Eintritt $ 12/9
1886 als Offizierssvilla gebaut, ab 1923 im Besitz
der Diözese von Galveston und katholischer
Bischofssitz bis 1950. Heute öffentlich zugänglich. Sehenswertes Holztreppenhaus.

The Grand 1894 Opera House

2020 Postoffice St. (Nähe 21st St.)
Galveston, TX 77550
✆ (409) 765-1894 und 1-800-821-1894
www.thegrand.com, Mo–Sa 9–17 Uhr
Vorbildlich restaurierter Prachtbau nach viktorianischer Manier mit ganzjährig gemischtem
Programm – von Gladys Knight über »La Bohème« zu den Wiener Sängerknaben.

East Beach/Apffel Beach Park

1923 Boddeker Dr. (Seawall)
Galveston, TX 77550
✆ (409) 797-5111
www.galveston.com/eastbeach
März–Mai 9–17, Juni–Sept. 9–18 Uhr, am Wochenende länger
Eintritt/Parken $ 10–15 (je nach Saison und Wochentag) pro Auto
Dieser Strand am äußersten östlichen Ende der

Insel eignet sich zum Baden. Ein guter Platz für
Muschelsucher, die hier u.a. Engelsflügel und
Seesterne *(sand dollars)* finden können. Im **Big
Reef Nature Park** kann man die Vogelwelt studieren.

Galveston Island State Park

14901 FM 3005, Galveston, TX 77554
✆ (409) 737-1222
www.galvestonislandstatepark.org
Tägl. geöffnet, Eintritt $ 5, Kinder frei
Galveston Island State Park liegt am westlichen
Ende der Insel. Der Strandbereich ist leider
durch Hurrikan »Ike« schwer beschädigt worden. Allerdings lohnt ein Ausflug zu den auf
der anderen Straßenseite zugänglichen Bayous. Hier finden sich eine Reihe von Trails mit
guten Beobachtungspunkten für Ibisse, Enten,
Kormorane, Reiher etc. Aber man kann auch
auf Waschbären, Armadillos oder Marschkaninchen treffen. Karte mit Trails beim Visitors Center erhältlich.

Moody Gardens

1 Hope Blvd., Galveston, TX 77554
✆ 1-800-582-4673, www.moodygardens.com
Tägl. 10–18, im Hochsommer bis 20 Uhr
Eintritt $ 60 (Tageskarte für alle Attraktionen),
es werden aber auch Einzeltickets für die drei
Pyramiden verkauft
Drei Pyramiden (Discovery, Rainforest und
Aquarium), drei Themen: Technologie, Regenwald (wegen der exotischen Vögel, Fische und
Pflanzen besonders bei Kindern beliebt) und
Aquarium. IMAX-3-D-Theater.
Gärten, Pools und Strände (Palm Beach),
Schaufelraddampfer und ein Hotel (Moodys
Gardens Hotel & Spa, 7 Hope Blvd., ✆ 409-741-8484, www.moodygardenshotel.com, $$$–
$$$$) sorgen für Entspannung gestresster Erdenbürger aller Altersklassen. Die Anlage auf
der Bayseite wurde 1982 von der philantropischen Moody Foundation ins Leben gerufen.

Pier 21 Theater

Pier 21, Galveston, TX 77550
✆ (409) 763-8808
www.galveston.com/pier21theatre
Tägl. 11–18 Uhr, Eintritt $ 6/0
Filmische Dokumentation des »Great Storm«
von 1900 (Beginn immer zur vollen Stunde)
und der Legende des Piraten Jean Lafitte (Beginn immer zur halben Stunde).

🛝🏊🏄 Schlitterbahn Galveston Island Waterpark

2026 Lockheed St. (in unmittelbarer Nachbarschaft von Moody Gardens)
Galveston, TX 77554
☎ (409) 770-9283, www.schlitterbahn.com/gal
Eintritt je nach Paket und Saison sehr unterschiedlich
Riesiger Wasser-Fun-Park: Viele Wasserrutschen und -röhren, ähnlich wie in New Braunfels. Allerdings hier auch im Winter geöffnet. Die im Juni 2016 eröffnete Wasserachterbahn MASSIV ist bislang die größte der Welt.

🏖🏄 Stewart Beach Park

201 Seawall Blvd. & 6th St.
Galveston, TX 77550
☎ (409) 797-5189
www.galveston.com/stewartbeach
Mo–Fr 9–17, Sa/So 8–18 Uhr, im Sommer länger,
Eintritt $ 10–15 (je nach Saison und Wochentag) pro Auto
Schöner familienfreundlicher Strand, Snackbar. Kinderspielplatz, Volleyballplätze, Sonnenschirme und Liegestühle leihweise.

Restaurants

🍽 Rudy & Paco

2028 Postoffice St. (neben dem Opernhaus)
Galveston, TX 77550
☎ (409) 762-3696, www.rudyandpaco.com
Lunch: Mo–Fr, Dinner: Mo–Sa, So geschl.
Südamerikanisch beeinflusste Küche. Sehr beliebt. Ein Gedicht z. B. die *Tortilla Soup.* Lunch und Dinner. $$$

🍽 Saltwater Grill

2017 Postoffice St. (gegenüber dem Opernhaus), Galveston, TX 77553
☎ (409) 762-3474, www.saltwatergrill.com
Tägl. Lunch und Dinner
Vor allem Fisch und Meeresfrüchte im Angebot. $$–$$$

🍽 Farley Girls Cafe

801 Post Office St, Galveston,TX 77500
☎ (409) 497-4454
http://farleygirls.com
Tägl. spätes Frühstück und Lunch (10.30–15, Sa/So ab 8.30 Uhr)
Elektische Küche in einem schönen historischen Gebäude.$$

🍸 Twenty-One

2102 Postoffice St. (neben dem Opernhaus)
Galveston, TX 77550
☎ (409) 762-2101, www.galveston.com/21
Mo–Sa 19–1, Mo–Fr 16–19 Uhr Happy Hour, So geschl.
Martinibar für die späteren Stunden.

Shopping und Feste

🦀 Katie's Seafood Market

1902 Wharf Rd. (Pier 19), Galveston, TX 77550
☎ (409) 763-8160
www.katiesseafoodmarket.com
Tägl. 8.30–18 Uhr
Fresh seafood to-go: Fangfrisches aus dem Golf – zum Mitnehmen.

🎭 **Dickens on The Strand:** 1. Dezemberwoche, das vorweihnachtliche Fest
www.galveston.com/dickensonthestrand/
Mardi Gras: Februar/März, zwölf Tage und elf Nächte wird gefeiert.
www.mardigrasgalveston.com ✳

Unterhaltung auf dem Wasser: Galveston Pleasure Pier

10 Texas Riviera
Von Galveston nach Port Aransas/North Padre Island oder Corpus Christi

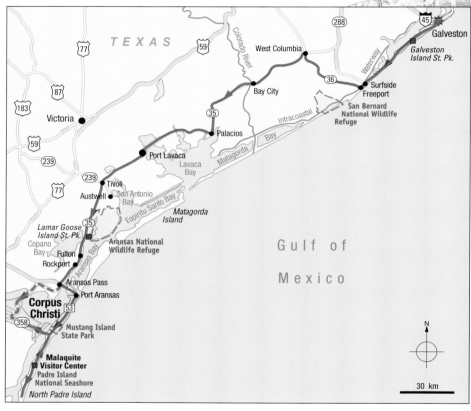

10. Tag: Galveston – Port Aransas – North Padre Island (419 km/ 262 mi) oder direkt nach Corpus Christi (384 km/240 mi)

km/mi	Zeit	Route
0	9.00 Uhr	**Galveston Seawall** nach Südwesten, auf County Rd. 257 nach Westen, in **Freeport** auf Hwy. 36 nach Norden Richtung Brazo-

ria. In **West Columbia** auf Hwy. 35 nach Süden abbiegen über **Bay City** (Lunchstopp) nach

203/127   12.30 Uhr   **Palacios.** Weiter auf Hwy. 35 über Port Lavaca und **Fulton**. Dort, dem Schild folgend links zur

330/206   14.00 Uhr   **Fulton Mansion** (Möglichkeit zur Besichtigung). Zurück zum Hwy. 35 und in **Aransas Pass** S 361 nach links und mit der kostenlosen Fähre nach (Überfahrt ca. fünf Minuten)

365/228   15.30 Uhr   **Port Aransas** auf **Mustang Island**. In Port Aransas gibt es ein paar kleine preiswerte Motels.

419/262   16.15 Uhr   Ausflug nach **North Padre Island**, Malaquite Visitor Center.

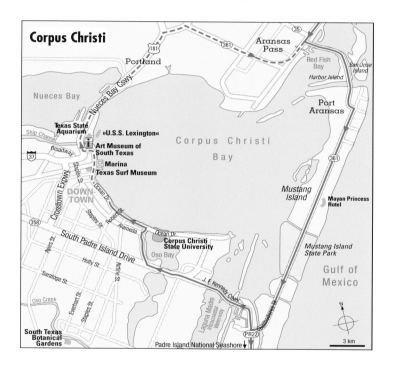

Empfehlung

Wer nach den vielen großen Städten auf der Route einfach etwas entspannen möchte, sollte am besten den Aufenthalt in **Port Aransas** beispielsweise um zwei Tage verlängern. Die schönen Strände, insbesondere in North Padre Island, laden dazu einfach ein. Wer außerhalb der Hauptsaison kommt (vor allem im April und Oktober), muss den Strand nur mit den Vögeln teilen. Von hier kann man dann **Corpus Christi** besuchen.

Alternativen

Statt gleich an den Inselstrand, kann man auch erst einmal nach **Corpus Christi** fahren, d.h. in Aransas Pass auf Hwy. 35 bleiben, der ab Gregory Portland mit dem US Hwy. 181 bis Corpus Christi identisch ist. Ankunft in Downtown Corpus Christi etwa gegen 15.30 Uhr.

Südlich von Galveston lassen sich Vergleiche mit der deutschen Nordseeküste immer schwerer halten, es sei denn, man ließe die kleinen Kakteen *(prickly pear)*, die hier in den Dünen wachsen, als texanische Stranddisteln durchgehen.

Den Willkommensgruß auf dem Ortsschild von **Surfside** mag man ja noch hinnehmen, aber die nachfolgende Petrochemie-Szene von **Freeport** serviert schwer verdauliches Augenfutter. Von der Brücke über den Intracoastal Waterway überblickt man das Areal der Firma Dow Chemical, eine richtige Dow-Landschaft. Keine Frage, Freeport ist *oilport*. Doch schon auf der gegenüberliegenden Straßenseite breiten sich schöne, von mäandernden Wasserläufen durchzogene Wattwiesen aus. Und während in der Folge Spanisches Moos und weißgetupfte Baumwollfelder idyllische Bilder schaffen, steht dann ab und zu noch eine Ölpumpe dazwischen.

Je weiter der Highway 35 hinter **Palacios** südwestlich vordringt, umso mehr entfaltet der von unzähligen Buchten ausgespülte Küstenstreifen seine Wasserfülle. **Lavaca Bay, Tivoli** oder **Copano Bay**: Kanäle und Seen, Bays und Bayous verschönern diese »Marsch«-Route. Eine mit ungewöhnlichem Vogelreichtum übrigens; die Abzweigung zum **Aransas Wildlife Refuge** deutet es an. Sein »Star« ist der *whooping crane*, der Schreikranich, ein ebenso schöner und großer wie seltener Vogel, für den dieses Schutzgebiet eine Bleibe schaffen möchte – trotz naher Ölpumpen und dem heftig befahrenen **Intracoastal Waterway,** der sich an der texanischen Küste von Galveston bis South Padre Island zwischen dem offenen Meer und den Marschen diesseits der Barrier Islands hinzieht.

Überhaupt ist das Gebiet um Corpus Christi eine wahre Fundgrube für Vogelfreunde. Unter den annähernd 400 Arten fleucht, stelzt und flattert so mancher gefiederter Geselle – von braunen und weißen Pelikanen und Kormoranen über Austernfischer und Scherenschnäbel, Falken, Eulen und Spechte, Wachteln und wilde Truthähne bis zum Kolibri und dem exotischen Rosalöffler. Zu jeder Jahreszeit gesellen sich zu den einheimischen Arten Fluggäste aus Zentral- und Südamerika (im Sommer) und aus dem hohen arktischen Norden (im Winter).

Im Badekurort **Fulton** steht die elegante **Fulton Mansion**, es fällt leicht, nachzuvollziehen, warum hier früher sogar

Stolz auf Stelzen: Kranich in Fulton

Die elegante Fulton Mansion

amerikanische Präsidenten ihre Sommerfrische verbracht haben. Ringsum stehen kleine grüne Eichen (Live Oaks), die der Wind aerodynamisch gestylt hat. Sie bezeichnen neben den Kiefern eine Vegetationsgrenze, denn der südlichste Ausläufer des osttexanischen Waldlandes reicht bis Fulton.

Was die Rute für die Angler, das ist der Pinsel für die Maler – ein Mittel nämlich, um Früchte und Licht des Meeres einzufangen. **Rockport**, das Mekka der Sportfischer, ist denn auch eine Künstlerkolonie. Viele Galerien, Antiquitäten- und Kunstgewerbeläden zeugen davon; auf ihre Art auch die offenbar beliebte Volkskunst mit Muscheln in den *shell shops*.

Mehr und mehr *condos* – sprich Eigentumswohnungen – flankieren die **Aransas Bay**. Oft sind es Zweitwohnsitze. Wochenendtrips aus den Städten oder von den Ranches erledigen viele Texaner mit dem Flugzeug. Deshalb liegt auch der kleine Flughafen so nah. Etwa fünf Minuten, so hat man errechnet, braucht der Hobbyflieger vom Flugzeug bis zum Wasser, wo er die Angel auswerfen kann. Dort behalten dann die Möwen und Seeschwalben, die Pelikane, Reiher *(white egrets)* und

große Kraniche *(blue herons)* ihrerseits die Fische im Auge.

Die kleinen Restaurants servieren delikate Fischgerichte und an jeder Ecke gibt es, oft nur für ein paar Dollars, Krabben pfundweise; oder Austern direkt von den Fischern auf den Fangbooten zwischen Rockport und Fulton – in der Regel große Oschis, texanische Austern eben, die in der Bay und nicht draußen im Golf gefangen werden.

Auch **Aransas Pass** lebt vom Krabbenfang. Über 500 Boote sind hier dafür im Einsatz, außerdem für Golf-Forellen, *redfish*, Makrelen und Flundern. Kein anderer Bundesstaat verfügt über eine größere Shrimpbootflotte als Texas.

Schließlich zählt der Golf von Mexiko zu den fruchtbarsten Meeren der Welt. Doch auch hier wächst die Belastung der Fisch- und Austernbestände durch Ölkatastrophen und Industrieabwässer stetig.

Wer dem nautischen Trend folgen möchte, der sollte von Aransas Pass die Fähre nach **Mustang Island** nehmen, zu jener Insel, die ihren Namen den Wildpferden verdankt, die sich hier einst auf dem Gras tummelten. An ihrem Nordzipfel liegt **Port Aransas**, von den Locals

Port Aransas – entspannter Ort mit schönen Stränden

nur knapp »Port A« genannt. Eine kleine, entspannte Fish & Beach Community mit schönen Stränden und weitgehend verschont von amerikanischer Kettenkultur. Stattdessen zahllose *bait and tackle shops* mit allem, was das Anglerherz begehrt.

Außerdem hübsche hölzerne Motels. Kurzum, der schönste Badeort entlang der texanischen Küste. Und haufenweise junge Leute, die mit ihrer guten Laune nicht hinterm Berg halten. Schon gar nicht an Samstagnachmittagen, wenn es Zeit zum *hanging out* ist – auf den Geländewagen, gut eingedeckt mit »Corona«, »Lone Star« oder »Schlitz«. An solchen Tagen legt die Einwohnerzahl des Örtchens im Sommer um 100 000 zu, für 48 Stunden Wonne in der Sonne. An den Stränden in Ortsnähe kommt dann der Auftrieb der motorisierten Jugend in die Gänge – mit Strandflitzern, bulligen Buggies, Motorrädern und flinken Pick-ups. Viele johlende Teens und Twens sind sichtlich angeheitert, andere fangen es eher heimlich an und genießen den Sichtschutz der Dünen.

Having a good time nennt sich dieser Zeitvertreib, bei dem jeder jedem zu imponieren sucht. Keine Angst, es riecht immer noch mehr nach Meer als nach Budweiser, und der Sheriff passt auf, dass niemand wirklich durchdreht. An Wochentagen und vor allem außerhalb der Hauptsaison ist es hier aber sehr beschaulich, bisweilen sind Vögel die einzigen Strandgäste, die einem begegnen.

Port A hat schon einige Höhen und Tiefen erlebt. 1916 fegte ein Hurrikan über die Insel und zerstörte praktisch alle Gebäude. Im frühen 20. Jahrhundert boomte dann Sport Fishing und zog Angler aus allen Teilen des Landes an. Auf mannshohe Tarpune *(tarpons)* hatten sie es abgesehen. Wahre Anglertrophäen. Selbst Präsident Franklin D. Roosevelt kam 1937 ein paar Mal hierher. Die Bootsbauerfamilie Farley entwickelte und produzierte von 1916 bis 1970 die passenden Rennboote *(skiffs)* dazu, ganz aus Holz und ideal auf die Anforderungen der flachen aber rauen Gewässer um Port A zugeschnitten.

Einer der ehemaligen Standorte von Farley Boat Works wurde 2011 wieder eröffnet. Rick Pratt, der Museumsdirektor, hat damit dafür gesorgt, dass die lokale Tradition des Bootsbaus fortgesetzt wird. Heute stehen hier wieder junge Menschen und lernen das Handwerk, alte Holzboote instand zu setzen oder die traditionellen Skiffs selbst zu bauen.

Ein paar Meilen weiter südlich auf Mustang Island geht es deutlich ruhiger zu. Die jeweils markierten Beach Access Roads zweigen von der Hauptstraße zu den inzwischen vertrauten Küsten- und Dünenlandschaften ab. Dort hocken die Leute, futtern, lesen, spazieren, liegen auf dem Bauch und beobachten die Seeschwalben über sich. Alles völlig normal, keine modische Schickeria, eher ein Wochenende für die ganze Familie, Meeresfrüchte eingerechnet, denn hin und wieder ziehen die Angler einen kapitalen Burschen aus der Brandung.

Fast 20 Meilen lang erstreckt sich die Straße auf der schmalen Insel. Vor allem auf der Golfseite sind in den letzten Jahren – trotz Immobilienkrise – zunehmend neue Apartment- und Eigentumswohnblöcke entstanden. Und immer noch signalisieren LAND FOR SALE- Schilder, dass diese Entwicklung weitergeht. Womöglich ruinieren sie einmal jenen Ruf, den Texas für seine Küste reklamiert, nämlich die *Third Coast* zu sein, die dritte neben denen des Atlantiks und Pazifiks, vor allem die geruhsamere und preiswertere Alternative zu Florida.

Südlich von Mustang Island schließt sich **North Padre Island** an, eine Insel mit extrem ruhiger Gangart, denn die Padre Island National Seashore hält ihre

schützende Hand über Strandhafer und Priele. Einsamkeit pur: Keine Zäune, keine Häuser, kaum Autos. Im Besucherzentrum **Malaquite Beach** des Nationalparks kann man duschen, ein paar Dinge kaufen und notfalls auch etwas essen. Am besten aber bringt man ein Picknick mit.

Dahinter öffnet sich die weitläufige Dünenlandschaft mit breiten, weißen Stränden. Gelb und lila blüht es zwischen den Kakteen, unter denen die spitzblättrigen Spanischen Dolche, die *Spanish daggers*, besonders auffallen. In gebührender Entfernung von ihnen beziehen gewöhnlich vereinzelte Camper mit Zelt und Boot Quartier.

Knapp eine Meile nach Malaquite Beach endet der Highway. Dann beginnt die paradiesische Sandwildnis von North Padre Island. Abgeschnitten von der Zivilisation und ohne jegliche Infrastruktur ist sie ökologisch noch weitestgehend intakt und heute der längste unentwickelte Küstenabschnitt der gesamten USA. Dennoch gilt auch hier wie überall in Texas: Autofahren am Strand ist erlaubt. Aber von hier aus helfen nur noch der Vierradantrieb und ein Survival Kit für die 60 Meilen lange Weiterfahrt bis zum Ende der Inselbarriere. Die lichte Höhe ihrer Dünen verführte einst Beobachter

Mustang Island: lässiges Strandleben

zu dem Schluss, dass es sich bei Padre um mehrere Inseln handeln müsse. *Las Islas Blancas* nannte man sie deshalb.

Aber erstaunlicherweise blieb die Insel bis Mitte des 19. Jahrhunderts in der Hand ihrer ursprünglichen Siedler, der Karan-kawa-Indianer. Abgesehen von ein paar umherziehenden Missionaren bildete sie einen weißen Fleck auf der spanischen Kolonialkarte. So war es auch kein spanischer, sondern ein portugiesischer Priester, Padre Nicholas Balli, der im 19. Jahrhundert eine Ranch mit Vieh und Pferden auf der Insel betrieb und der ihr auch den Namen gab. Ansonsten machte Padre Island allenfalls als Friedhof für gestrandete Schiffe von sich reden.

Beim Fahren entlang der Küste ist besondere Vorsicht geboten: Hier sind die wichtigsten Brutstätten der Kemp's Ridley Sea Turtles, der kleinsten Meeresschildkröten, die man am Golf von Mexiko finden kann. Die Burschen haben einen fast kreisrunden Panzer und sind eine akut vom Aussterben bedrohte Spezies. Die National Park Rangers setzen sich daher beherzt für ihren Erhalt ein.

Erholsam ist auch die Wattseite an der **Laguna Madre**. Die Salzmarschen sind ein Refugium vieler geschützter und vom Aussterben bedrohter Pflanzen- und Tierarten. Vor allem ein wahres Paradies für Vögel: Reiher, Pelikane oder Säbelschnäbler, ab und zu auch eine Eule lassen sich sehen. Mehr als 380 Vogelarten sind hier zu Hause. Im Winter wird es sogar richtig voll, dann bevölkern Enten und Gänse scharenweise die Lagune und genießen ihre subtropisch milden Temperaturen.

Zugleich ist die extrem salzhaltige Laguna Madre ein besonders fischreiches Gewässer. Da kann es schon einmal passieren, dass nebeneinander Kraniche und menschliche Einzelgänger im Wasser stehen. Sie sind beide hinter den Fischen

her – die einen mit, die anderen ohne Gummihosen.

Auf dem **South Padre Island Drive** (PR 22) geht es zurück nach Norden. Wer an diesem Tag auch noch nach Corpus Christi fahren möchte, gelangt dann linker Hand über den J. F. Kennedy Memorial Causeway dorthin. Im Schiffskanal, dem Intracoastal Waterway, sind häufig Tanker in Sicht, die Kurs auf den Hafen nehmen. Nicht weit von ihnen springen muntere Delfine durchs Wasser, hier und da ein bisschen Industrie, ein paar Gas- und Öltanks, Off-Shore-Bohrinseln und wieder Angler.

Corpus Christi, Fronleichnam, was für ein Name für eine Stadt! Die Taufe war ein Dankeschön, denn genau an diesem Tag fanden einst spanische Seefahrer in der ruhigen Bucht Schutz vor dem stürmischen Golf. In Texas hält man Corpus Christi für gemächlicher als Houston oder Dallas, obwohl die Stadt mit ihren gegenwärtig über 320 000 Seelen weiter wächst – die Mehrheit von ihnen mexikanisch und alles andere als betucht. Neben Öl, Erdgas und Petrochemie lebt sie vom Hafen, vom Tourismus und vom Militär.

In der Corpus Christi Bay gleiten Supertanker und bepackte Cargo-Riesen, die außer Öl und chemischen Produkten vor allem Getreide und Baumwolle verfrachten. Zweimal im Jahr wird ringsum Baumwolle geerntet. Seit 1880 ist Texas größter Baumwollproduzent; etwa 35 Prozent des gesamten US-Aufkommens stammen von hier. Kurz vor der Brücke hat die »U. S. S. Lexington« festgemacht, ein Flugzeugträger a. D., der als Frührentner nur noch friedliche Zwecke verfolgt, indem er staunende Touristen über sich ergehen und Geschäftsleute in seinen Kabinen tagen lässt. Auch in anderen Hafenstädten des Golfs feiern solche Kriegsgeräte ihr Comeback. Mit ein paar zusätzlichen Hochhäusern in der

Skyline wirkt Corpus Christi aus der Ferne fast wie eine richtige Großstadt, aber je näher man kommt, umso mehr gewinnt man den Eindruck, dass das Ganze trotz städtebaulicher Anstrengungen nicht so recht zusammenwachsen will. Die herumstehenden Hochhausschachteln verbreiten in erster Linie Langeweile. Im nördlichsten Winkel der Stadt, gleich unterhalb der Harbor Bridge, erkennt man erste Ergebnisse des *urban renewal*, der Altstadtsanierung. Hier liegt der **Heritage Park** (1601 N. Chaparral St.), ein kleines Ensemble viktorianischer Villen, die an diese Stelle transloziert wurden, um sie vor dem drohenden Abriss zu retten. Und auch **Water Street Market** zeugt von dem Bemühen, die Innenstadt durch ein Viertel mit Restaurants und Entertainment-Angeboten wiederzubeleben. All dies kann allerdings nicht davon ablenken, dass Downtown selbst nach wie vor Probleme hat.

Immerhin die Uferpartie präsentiert sich akzeptabel: **Ocean Drive**, der reizvolle Boulevard an der Bay entlang, die kleinen Picknickparks, Jogger und Nobelvillen. Die **Marina** mit dem schaukelnden Mastengewimmel der Yachten und Jollen in der tiefblauen Corpus Christi Bay. An den nach ihrer T- bzw. L-Form benannten T- und L-Heads kann man herumspazieren und angenehm sitzen, besonders vorne am Wasser bei den Booten, wo es auch den Pelikanen, Kormoranen und Strandläufern gut gefällt. Und schließlich das markante **Art Museum** von Philip Johnson. Und zum Glück sorgt der Wind für ein natürliches Airconditioning, weil er die Düfte von petrochemischen Betrieben außer Riechweite bläst. Und nicht nur das. »Der heftige Wind rettet uns das Leben – bei dieser Hitze im Sommer«, erzählt eine Hotelbesitzerin. »Mehr Wind als in Chicago«, meinen viele Ortskundige. Das hilft.

Der Flugzeugträger »U.S.S. Lexington« ist seit 1992 Museumsschiff in Corpus Christi

🔟 Service & Tipps

⊠ Health Food Cottage
1840 7th St., Bay City, TX 77414
℡ (979) 245-3833
www.hfcottage.com
Mo–Sa 11–14 Uhr
Gesunde Burger, Wraps und Sandwiches zum
Mitnehmen. $

🏛 Fulton Mansion State Historic Site
317 Fulton Beach Rd. (Henderson Dr.)
Rockport, TX 78382
℡ (361) 729-0386
www.visitfultonmansion.com
Di–Sa 10–16, So 13–16 Uhr
Eintritt $ 6/4
Bemerkenswerte Villa eines Viehbarons von
1876 mit erlesenem Interieur aus Walnuss- und
Ebenholz, Marmor und Jade.

🦆🐊 Aransas National Wildlife Refuge
FM 2040, Austwell, TX 77950
Anfahrt: In der Höhe von Tivoli vom Hwy. 35
auf den Hwy. 239 abbiegen und dann über FM
2040 zum Parkeingang fahren
℡ (361) 286-3559
www.fws.gov/refuge/aransas
Tägl. von Sonnenauf- bis -untergang, Besucherzentrum 8.30–16.30 Uhr
Eintritt $ 3 pro Auto (eine Person) bzw. $ 5 pro
Auto (zwei und mehr Personen)
Wer etwas länger in der Gegend bleibt, sollte
das Naturschutzgebiet besuchen. In dem seit
den 1930er Jahren eingerichteten Biotop, fühlen sich nicht weniger als 390 verschiedene
Vogelarten heimisch – trotz naher Ölpumpen
und des heftig befahrenen Intracoastal Waterway. Allen voran der mit seiner Höhe von 1,5 m
stattliche *whooping crane*, der Schreikranich,
der zwar schon seit 1916 unter Naturschutz
steht, aber immer noch nicht als gerettet bezeichnet werden kann.

Port Aransas

ℹ Port Aransas Visitor Center
403 W. Cotter St.
Port Aransas, TX 78373
℡ (361) 749-5919 und 1-800-452-6278
www.portaransas.org
Mo–Fr 9–17, Sa 9–15 Uhr

⬛ Sea and Sand Cottages
Ave. E & 10th St.
Port Aransas, TX 78373
℡ (361) 749-5191 und 1-800-620-8879
www.seaandsandcottages.com
Kleine, bunt getünchte Cottages aus den
1950er Jahren, i. d. R. mit zwei Schlafzimmern,
Küche und eigener Veranda. $$$

⬛🏖 Seashell Village Resort
502 E. Ave. G
Port Aransas, TX 78373
℡ (361) 749-4294
www.seashellvillage.com
Hübsche, sehr gepflegte Motelanlage mit
kleinem Pool, WLAN, Kitchenette. Zwei Stra-
ßenblöcke vom Strand entfernt. Sehr flexible
Raten je nach Wochentag und Saison. $$–$$$

⬛🏖 The Tarpon Inn
200 E. Cotter Ave. (Ortsmitte)
Port Aransas, TX 78373
℡ (361) 749-5555 und 1-800-365-6784
www.thetarponinn.com
Hübscher, historischer Inn mit Karibik-Touch;
24 Zimmer, schattige Veranden und Schaukel-
stühle. Kein TV und Telefon. $$–$$$

🏕 IB Magee Beach Park
Beach St., Port Aransas, TX 78373
℡ (361) 749-6117
www.nuecesbeachparks.com
Breiter Strand, Fischen, Camping. 75 Plätze mit
Strom- und Wasseranschluss. Zufahrt: Cotter
St. bis zum Strand, dort rechts.

**🏛🏖 Port Aransas Museum und
Farley Boat Works**
Community Center Complex
101 E. Brundrett & Alister Sts.
Port Aransas, TX 78373
℡ (361) 749-380
www.portaransasmuseum.org
Do–Sa 13–17 Uhr (Museum), Di–Sa 8.30–17 Uhr
(Farley Boat Works), Eintritt frei
Das kleine Museum veranschaulicht die Ge-
schichte von Port Aransas und informiert über
Farley Boat Works, 716 W. Avenue C.

🐟🎣🚤 Woody's Sport Center
136 W. Cotter Ave.
Port Aransas, TX 78373
℡ (361) 749-5252, www.woodys-pa.com

Hier kann man Boote leihen, eine Angel- oder Bootstour buchen, um Wind und Sonne auf dem Meer zu genießen und vielleicht den ein oder anderen Delfin zu sichten. Für Kinder empfehlenswert: »Pirate themed Dolphin Excursion«.

Mustang Island State Park
16901 Hwy. 361, Port Aransas, TX 78373
✆ (361) 749-5246
www.tpwd.texas.gov/state-parks/mustang-island
Tägl. 7–22 Uhr, Eintritt $ 5
Baden, Beach-Camping (48 Stellplätze), Picknick, Fischen. 14 Meilen südlich von Port Aransas auf Hwy. 361, dann über Park Rd. 53.

Roosevelt's at the Tarpon Inn
200 E. Cotter Ave., Port Aransas, TX 78373
✆ (361) 749-1540
www.rooseveltsatthetarponinn.com
Tägl. 17–22 Uhr
Gleich neben dem historischen Hotel Tarpon Inn gibt es hier Fine Dining, vor allem Fisch und Meeresfrüchte. $$$

Venetian Hot Plate
232 Beach Ave., Port Aransas, TX 78373
✆ (361) 749-7617
www.venetianhotplate.com
So/Mo geschl., nur Dinner
Hausgemachte Pasta und andere italienische Gerichte, Meeresfrüchte, Steaks. Wein mit Kellertemperatur. $$

Shell's Pasta & Seafood
522 E. Ave. G, Port Aransas, TX 78373
✆ (361) 749-7621
www.eatatshells.com
Tägl. Lunch und Dinner, Di geschl.
Während die Einrichtung des kleinen Restaurants ziemlich schlicht wirkt, ist das Essen erstklassig. Überraschende kulinarische Bandbreite von Sashimi bis zu Pasta. $–$$

Back Porch
136 W. Cotter Ave., Port Aransas, TX 78373
www.pabackporchbar.com
Tägl. 12–2 Uhr, Fr–So auch mittags
Beliebte Outdoor-Bar, am Wochenende gibt es von Frühjahr bis Herbst regelmäßig Livemusik, direkt an der Marina neben Woody's Sport Center gelegen.

Lachmöwen und Meeresschildkröten (unten) im Padre Island National Park

Shorty's Bar
823 Tarpon St.
Port Aransas, TX 78373
✆ (361) 749-8224
Mo–Sa 10–2, So 12–2 Uhr
www.shortysportaransas.com
Älteste Local-Bar in Port Aransas. Tausende von Schirmmützen zieren die Decke. Pool-Billard.

Family Center IGA
418 S. Alister St.
Port Aransas, TX 78373
✆ (361) 749-6233
www.familycenteriga.com
So–Do 6–22, Fr/Sa 6–24 Uhr
Hier bekommt man alles, was man für den Strand und für ein Picknick braucht.

⬛🦀🔲🏃 **Padre Island National Seashore**
20420 Park Rd. 22 (Ende der Straße)
Corpus Christi, TX 78418
✆ (361) 949-8068, www.nps.gov/pais
Visitors Center tägl. 9–17 Uhr, Park selbst durchgängig geöffnet, Eintritt $ 10 pro Auto
Der fast 100 km lange Badestrand dieses von Präsident J. F. Kennedy im Jahr 1962 initiierten Naturschutzgebiets zählt zu den längsten der Welt (Schildkrötenschutzgebiet). **Malaquite Visitors Center**, Duschen und Toiletten, Pick-nick, Shop und Camping auf dem Malaquite Beach Campground: 40 Stellplätze, ganzjäh-rig auf *first-come, first-served*-Basis (keine *hookups*).

Wanderwege, Boot fahren, Angeln. Wer möchte, kann auch kurz vor der Entrance Sta-tion zum Nationalpark den kostenfreien **North Beach Access** wählen. Dort gibt es allerdings keine Toiletten/Duschen am Strand.

Corpus Christi

ℹ️ **Corpus Christi Visitors Center (Downtown)**
1590 N. Shoreline Blvd.
Corpus Christi, TX 78401
✆ 1-800-766-2322 oder (361) 561-2000
www.corpuschristicvb.com
Tägl. 10–17 Uhr

🔲❌🛏️🌀 **Omni Bayfront Hotel**
900 N. Shoreline Blvd.
Corpus Christi, TX 78401
✆ (361) 887-1600 und 1-888-444-6664
www.omnihotels.com
Komfortables Hotel in sehr guter Lage, Restau-rants, u. a. **Republic of Texas Bar & Grill** im 20. Stock mit Panoramablick auf die Bay, Saunas, *health club*, Pool. Man sollte nach renovierten Zimmern fragen. $$$–$$$$

🔲🌀🏃 **V Boutique Hotel**
701 N. Water St., 2nd Floor
Corpus Christi, TX 78401
✆ (361) 883-9200
www.vhotelcc.com
Acht unterschiedliche, geschmackvoll ausge-stattete Zimmer. WLAN. Frühstück. Liegt direkt über dem Restaurant **Vietnam**, vgl. S. 165).
$$$

🔲❌🏃 **Econo Lodge Inn & Suites**
722 N. Port Ave.

Corpus Christi, TX 78408
✆ (361) 883-7400
www.econolodge.com
Preisgünstiges, gut geführtes Kettenhotel in der Nähe von North Beach. $–$$

🏛️🌀 **Art Museum of South Texas**
1902 N. Shoreline Blvd.
Corpus Christi, TX 78401
✆ (361) 825-3500
www.artmuseumofsouthtexas.org
Di–Sa 10–17, So 13–17 Uhr, Mo geschl.
Eintritt $ 8/4
Der markante und helle Philip-Johnson-Bau aus dem Jahre 1972 hat große Fenster zur blauen Corpus Christi Bay. Im Oktober 2006 wurde die Ausstellungsfläche durch einen Neubau von Victor and Ricardo Legorreta er-weitert, dessen Dach 13 Pyramiden krönen. Die Fläche des Museums wurde dadurch ver-doppelt.

Die ständige Sammlung ist vor allem auf Malerei und Skulpturen aus Texas, dem Süd-westen und Mexiko spezialisiert, dazu kom-men regelmäßige Sonderausstellungen. Zum Museum gehört eine ngenehme Cafeteria mit Blick aufs Wasser.

🏛️ **Texas Surf Museum**
309 AN. Water St. (Water Street Market)
Corpus Christi, TX 78401
✆ (361) 888-7873
www.texassurfmuseum.org
Mo–Do 11–19, Fr/Sa 11–21, So 11–17 Uhr
Eintritt frei
Surfen in Kalifornien? Klar. Aber in Texas? Ja doch, seit 1920 datiert die regionale Surfge-schichte, die das kleine Museum nachzeichnet. Viele alte Filmplakate, Bretter-Kollektion, Filme, Surf-CDs.

🌀🔲🔲 **South Texas Botanical Gardens & Nature Center**
8545 S. Staples St.
Corpus Christi, TX 78413
✆ (361) 852-2100
www.stxbot.org
Tägl. 9–18 Uhr, Eintritt $ 8/4
Eine üppige Oase von exotischen Pflanzen, Vögeln, Reptilien etc. in verschiedensten The-mengärten (z. B. Rosen-, Orchideen- und Hibis-kusgärten) und Gewächshäusern. Viele schöne Trails, z. B. der schattige Bird & Butterfly Trail,

der Wetland Awareness Boardwalk oder der Oso Creek Loop Trail.

Texas State Aquarium
2710 N. Shoreline Blvd., Corpus Christi, TX 78402
(361) 881-1200
www.texasstateaquarium.org
Tägl. 9–17, im Sommer bis 18 Uhr
Eintritt $ 24/17 an der Kasse (bei Online-Buchung Mo–Fr günstiger)
Die Lebewesen des Golfs von Mexiko werden genau unter die Lupe genommen: Alligatoren, Haie, Stachelrochen, Delfine etc. Im Frühjahr 2017 wird das Museum um die Abteilung Caribbean Journey erweitert, in der man Naturräume der Karibik über und unter Wasser erleben kann.

The Yardarm Restaurant
4310 Ocean Dr. (Robert St.)
Corpus Christi, TX 78412
(361) 885-8157
www.restaurateur.com/yardarm
Di–Sa 17.30–22 Uhr, So/Mo geschl.
Gemütliche Holzhütte mit delikaten Fischgerichten gleich am Wasser. Nur Dinner. Reservierung empfohlen.
Man kann auch an simplen Holzbänken und -tischen einfach draußen sitzen, einen Drink nehmen und beim Essen das Abendlicht genießen. $$–$$$

Vietnam Restaurant
701 N. Water St. (Downtown)
Corpus Christi, TX 78401
(361) 853-2682
http://vietnam-restaurant.com
Mo–Fr 11–14 und 17–21, Fr bis 22, Sa 17–22 Uhr
Hier kann man gehobene vietnamesische Küche – auch die klassische Nudelsuppe Pho – genießen. $$–$$$

Water Street Market
300 Block N. Water St.
Corpus Christi, TX 78382
(361) 882-8683
www.waterstmarketcc.com
Tägl. ab 11 Uhr geöffnet
Alles aus dem Meer, roh, gegrillt oder gekocht; zubereitet nach mexikanischer, Cajun- oder Southern-Art.
Unter gleicher Adresse drei Restaurants mit unterschiedlichem Ambiente und für jeden

Texas Surf Museum in Corpus Christi

Geldbeutel: **Seafood Company** (361) 882-8683 ($$$). **The Oyster Bar** (361) 881-9448 ($$) und **Executive Surf Club** (361) 884-7873($).

Joe's Crab Shack Corpus-Lighthouse
444 N. Shoreline Blvd. (T-Head)
Corpus Christi, TX 78401
(361) 904-0227, www.joescrabshack.com
Tägl. ab 11 Uhr
Unverwüstliches, beliebtes Ketten-Restaurant: Frisches aus dem Wasser ringsum, guter Aussichtsplatz – drinnen und draußen. $

Taqueria Garibaldi
200 N. Staples St.
Corpus Christi, TX 78401
(361) 884-5456
Tägl. Frühstück, Lunch und Dinner
Ein simpler *Hole-in-the-wall* Tex-Mex-Platz. Bei Locals beliebt. $

La Palmera
5488 S. Padre Island Dr.
Corpus Christi, TX 78411
(361) 991-3755
www.lapalmera.com
Mo–Sa 10–21, So 11–19 Uhr
Shopping Mall auf halber Strecke zwischen Mustang Island und Corpus Christi. Über 100 Geschäfte und diverse Restaurants.

Buccaneer Days: www.bucdays.com, Ende April/Anfang Mai, zehn Tage Gaudi, Märkte und Rodeo.

Ranchin'
Die King Ranch und die Tip o' Texas

Extratag: Corpus Christi – King Ranch – South Padre Island
(283 km/177 mi)

km/mi	Zeit	Route
0	Vormittag	In **Corpus Christi** S 44 (Agnes St.) in Richtung US 77, diese nach Süden; in Höhe der S 141 abbiegen zur
65/ 41		**King Ranch** (Zeichen folgen); anschließend zurück zur US 77 und **Kingsville**. Ein Stück südöstlich von Harlingen über SR 100 nach
275/172		**Port Isabel** und über den Queen Isabella Cswy. nach
283/177	Nachmittag	**South Padre Island** (SPI).

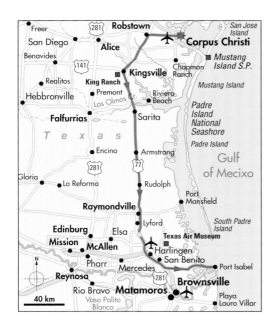

Empfehlung

Wer sich für *Ranchin' Texas style* interessiert, sollte sich die King Ranch nicht entgehen lassen. Von South Padre Island kann man dann von Brownsville/ South Padre Island International Airport (ca. 22 Meilen von SPI entfernt) z.B. mit Continental oder American Airlines nach Houston oder Dallas/Fort Worth fliegen.

Alternativ kommt der Valley International Airport in Harlingen in Frage (ca. 40 Meilen von South Padre Island entfernt), z.B. mit Flugverbindungen von Southwest Airlines nach Houston oder San Antonio.

Wenn von Ranchland die Rede ist, beginnen die Augen der meisten Texaner zu leuchten. Erst recht im eigentlichen Geburtsland der Viehzucht, im **Vaquero** oder **Brush Country**. Alles, was hier wächst, das piekst, klebt oder stinkt. Und es ist wirklich kein Vergnügen, in einem *Prickly-pear*-Kaktus festzusitzen. Mesquite- und andere Büsche sind nicht weniger schmerzhaft, und seit den Pioniertagen sind sie auch noch auf dem Vormarsch. Das Buschland dehnte sich immer weiter aus, weil die Herden auf den Trails das Gras niedertrampelten oder es abgrasten. So hat sich die Beschaffenheit des riesigen Weidelands im Lauf der Zeit stetig verändert. Die Kargheit der Vegetation steht von jeher dem Reichtum an Pferden und Rindern gegenüber. Sie gingen häufig durch oder wurden von Indianern auseinandergetrieben. Verwundete oder ausgemergelte Tiere blieben am Trail zurück, wo sie oft den Kern einer neuen, verwilderten Herde bildeten.

Mustangs und wilde Longhorns fand man Ende des 19. Jahrhunderts zu Tausenden im Nueces Valley. Deshalb hieß das Gebiet südlich von Corpus Christi auch *Wild Horse Desert*. Um diese Tiere und deren Fänger und Dompteure ranken sich die Legenden und Mythen. Vor ihnen gab es den *Vaquero*, den »auf dem Pferd geborenen« Spanier oder Mestizen, der die Herden auf spanischen oder mexikanischen Ranches hütete. Vom Vaquero übernahm sein amerikanischer Kollege nahezu alles: die Technik, das Pferdegeschirr, die Ausrüstung, den Wortschatz, das klassische Bohnen- und BBQ-Gericht, das Rodeo.

Als im 19. Jahrhundert Texas 58 Millionen Hektar Land an Siedler vergab, entstanden die größten und ältesten Ranches. Wer schlau war, nahm so viel Land in Besitz wie möglich, entdeckte darauf auch noch Öl und vergrößerte seine Familie, anstatt sie durch Fehden zu schwächen. Nach diesem Muster wuchs jedenfalls das patriarchalische Imperium der **King Ranch**, der absolut größten in Texas und mit 343 000 Hektar fast ein Staat im Staat. Auf ihre vier Abteilungen (Laureles, Santa Gertrudis, Norias, Encino) verteilen sich 60 000 Rinder, etwa 2730

Cattle auf der King Ranch

167

Port Isabel Lighthouse

eine Klapperschlange, von denen es sehr viele gebe und die den Rindern arg zusetzten. Wie dem auch sei, das attraktive Firmenlogo ziert längst auch Koffer, Gürtel und Kappen. Auf der Ranch entstand die neue Züchtung von Santa-Gertrudis-Rindern: eine Kreuzung von Brahmans (die mit den Hängeohren, Hörnern und viel loser Haut, grau oder rot) und Shorthorns (kompakte Burschen mit kurzen, nach unten gebogenen Hörnern, die erste europäische Zucht, die in die USA importiert wurde). Trotz der großen Hitze bringen die Tiere noch viel zartes Fleisch auf die Steakgrills des Landes.

Nach dem Ranchbesuch geht es nach **Kingsville**, das als Ort lange nur ein Anhängsel der King Ranch war, heute aber ein bisschen erwachsener geworden ist. Südlich davon sieht man gemütliche Angler am Los Olmos Creek, bunte Blumenflors aus *Texas wildflowers*, Kühe im Gras und Kühe im Kaktus, manchmal parkähnliches Ranchland mit viel Vieh und Teichen. Die Kennedy, Armstrong und die Norias Ranch (die zum King-Imperium gehört) liegen am Wegesrand.

Weiterhin setzen Trecker und Äcker die landwirtschaftlichen Akzente in der Coastal Plain, zusammen mit den mexikanischen Farmhands, die forsch mit ihren Jagdflinten im Pick-up herumkutschieren. Ananas, Krabben und Tortillas werden dem eiligen Autofahrer zur Stärkung angeboten, und je näher die Küste kommt, umso saftiger werden die Büsche und Weiden.

Gleich hinter Harlingen naht das südliche Pendant zu Corpus Christi und Mustang Island, freilich eine Nummer kleiner, dafür noch eine Spur subtropischer: Port Isabel und South Padre Island. Dieser Südzipfel, die *Tip o' Texas*, liegt auf demselben Breitengrad wie Miami Beach.

In **Port Isabel** sollte man einen Stopp an der Waterfront einlegen. In dem kleinen

Öl- und Gasquellen und 14 960 Hektar Baumwolle. Außerdem werden seit den 1940er Jahren auch Rennpferde gezüchtet, die bei zahlreichen Ausscheidungen erfolgreich waren. Der Gründer, Richard King, begann als Dampfschiffkapitän auf dem Mississippi und kaufte 1853 einen Batzen der Wild Horse Desert in der Coastal Plain. Einige der ursprünglichen Eigner hatten die Lust auf dieses Land verloren, wo es nur viele Indianer und wenig Wasser gab.

Nach Kings Tod 1885 übernahm sein deutschstämmiger Schwiegersohn Robert Kleberg die Ranch, die noch heute im Besitz der Kleberg-Familie ist. Das laufende »W« ist ihr Brandzeichen. Manche sagen, es stehe für den sich windenden Santa Gertrudis Creek, andere, es symbolisiere

Städtchen, das wegen seines Leuchttürmchens von 1852 gerne als »The Lighthouse City« apostrophiert wird, sorgen die Trailer Parks auch für die weniger Betuchten. An den Nummernschildern kann man gut erkennen, in welchen US-Staaten und kanadischen Provinzen es zurzeit kalt und ungemütlich ist. Die vielen Reklametafeln machen klar, wer in dieser Gegend sonst noch reich werden möchte. Eigentumswohnungen werden angepriesen, Restaurants, Yachtclubs und immer wieder Makler, die gute Deals versprechen. Auch deutsches Kapital, so ist zu hören, hat die texanische Sonneninsel erreicht.

Der **Queen Isabella Causeway** spannt seinen eleganten Bogen vom Hafen hinüber nach **South Padre Island**. Deren breit gestaffelte Sandhügel sind willkommene Pisten für die dickreifigen Buggies, die es am Nordende der äußerst schmalen Insel zu mieten gibt. Die Strände gehören den Pelikanen, Lachmöwen und Badegästen, die Gewässer den Fischern, die auf Makrelen, *red snapper* und Thunfische im Golf hoffen. *Redfish*, Flunder und Seeforelle bevölkern in unglaublichen Stückzahlen dagegen die andere Seite, die Laguna Madre Bay, die die Insel vom Festland trennt.

Die alten Holzhäuschen haben hier auf Dauer wohl kaum Chancen. Im Unterschied zur nördlicher gelegenen, unberührten Padre Island National Seashore ist das rund 54 Kilometer lange South Padre Island privat, also unbegrenzt vermarktbar. Zwar bemühen sich die Touristenbüros, ihre Insel als ein Naturparadies inmitten eines Nationalparks darzustellen, aber tatsächlich gibt es eine ganze Menge touristische Auswüchse. Mit keinem Sandkorn berührt das muntere South Padre Island das Naturschutzgebiet seines nördlichen Nachbarn, denn zwischen beiden verläuft der Schiffskanal vor Port Mansfield, der 1962 errichtet wurde, um

Sandcastle in South Padre Island ▷

einen direkten Schiffszugang zum Golf zu schaffen. Entsprechend breit können sich die riesigen Resorts und Condominiums machen, die Wochenendadressen vieler wohlhabender Familien aus dem nördlichen Mexiko ebenso wie Winterdomizile der Snowbirds aus dem kalten Michigan oder Minnesota.

Ein paar Kuriosa im leicht hektischen Betrieb von South Padre gibt es auch. Zur Schulferienzeit im Frühjahr, wenn während der *Spring Break* in den letzten drei März-Wochen Horden von Highschool- und College-Schülern über die Insel herfallen, geht es hier so hoch her wie in Daytona Beach. Hotels führen Extra-Kategorien: solche, die Spring-Break-Publikum akzeptieren (acht Personen in einem Zimmer usw.) und solche, die das aus Rücksicht auf die übrigen zahlenden Gäste nicht tun. Außer Rummel mit Beach Boys und quietschenden Girls hat sich South Padre aber auch einen Na-

men durch Burgenbauwettbewerbe gemacht, die hier unter kreativer Anleitung einiger Lehrmeister erstaunlich filigrane Resultate in den Sand setzen. Es heißt zwar, manchmal sei auch Pfusch mit im Spiel (Klebstoffspray), aber was soll's, die Sandskulpturen sind allfrühjährlich ein Augenschmaus.

Ja, und dann lebte hier Ila Fox Loetscher (1905–2000), die berühmte alte Dame, die Schildkröten-Lady der Insel. Zusammen mit Gesinnungsfreunden hat sie sich über Jahrzehnte erfolgreich für ihre Schützlinge, die bedrohten Meeresschildkröten, eingesetzt. Auch nach ihrem Tod kämpft die von ihr gegründete Sea-Turtle-Organisation weiter beherzt für die Rechte der Sea Turtles. Diese Burschen bringen es übrigens zu ansehnlicher Größe: Schildkröten – *Texas style* eben. Am frühen Morgen, wenn die Sonne über dem Golf aufgeht, passt endlich der Werbespruch ins Bild: South Padre Island, die *Gold Coast*.

Blick auf South Padre Island

E Service & Tipps

⊚🏛ℹ️ King Ranch Visitors Center
2205 Highway 141 West
P.O. Box 1090
(von Kingsville 4 km via S 141 nach Westen)
Kingsville, TX 78364-1090
✆ (361) 592-8055
www.king-ranch.com
Mo–Sa 10–16, So 12–17 Uhr
Touren (Dauer: 1,5 h) Mo–Sa 11 und 13 Uhr,
So 12.30 und 14.30 Uhr, Tourenangebote saisonal unterschiedlich
Eintritt $15/6
Während der eineinhalbstündigen und ca. zehn Meilen langen Bustour über das Ranchgelände (3370 km²) lernt man das kleine Einmaleins der Rancherwelt. Die landschaftlichen Reize liegen nicht nur in den meilenlangen Eichenwäldern, sondern auch in der unendlichen Weite des dürren Buschlands, das den Großteil des Gebiets bedeckt. Ein Museum informiert über die Geschichte der vor über 160 Jahren gegründeten Ranch.

ℹ️ Harlingen Area Chamber of Commerce
311 E. Tyler St.
Harlingen, TX 78550
✆ (956) 622-5053
www.visitharlingentexas.com

⊚ Port Isabel Lighthouse State Historic Site
421 E. Queen Isabella Blvd. (an der Brückenauffahrt),
Port Isabel, TX 78578
✆ (956) 943-7602
www.portisabellighthouse.com
Wegen Renovierung geschl.
Der älteste texanische Leuchtturm (1852–1905) kann bestiegen werden; die 70 Stufen nach oben werden mit einem schönen Blick auf die Küste belohnt. Bis Frühjahr 2017 wegen umfangreicher Renovierungsarbeiten keine Besichtigung möglich.

✕ Joe's Oyster Bar Restaurant
207 Maxan St., Port Isabel, TX 78578
✆ (956) 943-4501
Tägl. von 11–19 Uhr
Frische Meeresfrüchte direkt aus dem Wasser.
$–$$

Ross und Reiter auf der King Ranch

South Padre Island

ℹ️ South Padre Island Visitors Bureau
610 Padre Blvd.
South Padre Island, TX 78597
✆ (956) 761-6433 und 1-800-767-2373
www.sopadre.com
Mo–Fr 8–17, Sa/So 9–17 Uhr

🛏✕🍴 The Palms Resort
3616 Gulf Blvd.
South Padre Island, TX 78597

Brandzeichen der King Ranch

Kingsville, Texas

Bei Sea Turtle Inc. geht es den Meeresschild-kröten sichtlich gut

☏ 1-800-466-1316
www.palmsresortcafe.com
Kleineres, zweistöckiges Motel mit Pool und Restaurant **The Café on the Beach**. $$$

Holiday Inn Express Hotel & Suites
6502 Padre Blvd.
South Padre Island, TX 78597
☏ (956) 761-8844
www.hiexpress.com
Hotel in zentraler Lage, nur wenige Schrit-te vom Strand. In der Nähe des Golfplatzes. WLAN. $–$$$

Hilton Garden Inn South Padre Island
7010 Padre Blvd.
South Padre Island, TX 78597
☏ (956) 761-8700
Modernes Hotel am Strand. Restaurant, Pool, Fitness. $$

Pearl South Padre Island
310 Padre Blvd.
South Padre Island, TX 78597
☏ (956) 761-6551
www.pearlsouthpadre.com
Golfseite: schöner Strand, Pools, Fitnesscenter, Tennisplätze, Restaurant. $$

South Beach Inn
120 E. Jupiter Lane
South Padre Island, TX 78597
☏ (956) 761-2471
www.southbeachtexas.com
Buntes Zwölf-Zimmer-Motel, einen halben Block vom Strand entfernt. Teilweise $

Isla Blanca County Park
100 Park Rd.
South Padre Island, TX 78597
Anfahrt: von der Brückenabfahrt auf der Insel die Park Rd. ca. 1,5 km nach Süden – auf der Golfseite
☏ (956) 761-5494
Campground mit Badestrand, Waschsalon, Bootsrampe, Möglichkeit zum Angeln.

Strände
Es gibt zahlreiche Strandzugänge, z. B. den beliebten und in der Regel daher sehr belebten **Isla Blanca Park** am Südende von South Padre Island oder, wer es lieber ruhiger mag, **North End** am nördlichen Ende der Insel.

Sea Turtle Inc.
6617 Padre Blvd.
South Padre Island, TX 78597
☏ (956) 761-4511
www.seaturtleinc.org
Tägl. außer Mo 10–16, im Sommer bis 17 Uhr
Kein Eintritt, Spende erwünscht $ 4/2
Das 1977 von der Turtle-Lady Ila Loetscher ge-gründete Non-Profit-Unternehmen setzt sich für die Erforschung und den Schutz der be-drohten Meeresschildkröten ein. U. a. werden im Besucherzentrum kranke oder verletzte Schildkröten aufgepäppelt. Demonstratio-nen für Gäste unter dem Motto »Meet the Turtles«.

South Padre Island Birding and Nature Center
6801 Padre Blvd.
South Padre Island, TX 78597
☏ (956) 243-8179
www.spibirding.com
Eintritt $ 5/2 (Kinder 4–12 J.)
Visitors Center tägl. 9–17 Uhr, Boardwalks von Sonnenauf- bis -untergang
Schöne Boardwalks durch die Dünen, diverse Aussichtsplätze zum Beobachten von Vögeln und Schmetterlingen.

⊠ 🍸 **Café Kranzler**
3109 Padre Blvd.
South Padre Island, TX 78597
✆ (956) 772-1840
www.cafekranzler.com
Tägl. Dinner 17–21 Uhr
Café Kranzler bietet New American Cuisine.
Patio. $$–$$$

⊠ **Blackbeard's Restaurant**
103 E. Saturn Lane
South Padre Island, TX 78597
✆ (956) 761-2962
www.blackbeardsspi.com, tägl. ab 11.30 Uhr
Meeresfrüchte, Sandwiches, Hamburger und
Steaks. $$

⊠ **Gabriella's Italian Grill & Pizzeria**
700 Padre Blvd., South Padre Island, TX 78597
www.gabriellasspi.com
✆ (956) 761-6111
Tägl. 16–22, Fr/Sa bis 23 Uhr
Gute Pizza und Pasta. $$

⊠ **Padre Island Brewing Company**
3400 Padre Boulevard
South Padre Island, TX 7859

✆ 7 (956) 761-9585
Tägl. ab 11.30 geöffnet.
Rustikal. Burger, Seafood, Pasta und viele
Microbrews. $–$$

🍵 **Yummies Coffee Shack**
700 Padre Blvd.
South Padre Island, TX 78597
✆ (956) 761-2526
Tägl. 8–14 Uhr
Frühstück und Lunch American Style. $

🏇 **Island Equestrian Center**
8805 Padre Blvd. (4 mi nördl. des Zentrums)
South Padre Island, TX 78597
✆ (956) 761-4677 (telefonisch reservieren!)
www.horsesonthebeach.com
Pferde und Ponys für den Ritt am Strand.

🏄 **Spring Break:** März, Bier-Bacchanal und
Partyrummel mit Strandkonzerten und Sport-
veranstaltungen (Beach Volleyball, Jet Skiing,
Basketball, Tennis), www.springbreak.sopadre.
com
Sand Castle Days: Oktober, dreitägiger Sand-
burgenwettbewerb um den *Master of Sand* im
Isla Blanca Park, www.sandcastledays.com. ☀

Sonnenuntergang in South Padre Island

OST-TEXAS

Chili und Öl
Von Galveston nach Beaumont

1. Tag: Galveston – Crystal Beach – Beaumont (118 km/74 mi)

km/mi	Zeit	Route
0	10.00 Uhr	In **Galveston** nach Nordosten dem FERRY-Zeichen folgen; mit der Fähre nach Port Bolivar und S 87 nach

24/15	11.00 Uhr	**Crystal Beach** (Pause: Strand, Baden, Lunch – ca. zwei Stunden). Weiter auf S 87
53/33		bis **High Island**, dort S 124 nach Norden bis zur I-10, diese nach
118/74	14.30 Uhr	**Beaumont**, Besuch von **Gladys City**.

Am Seawall, dort wo die Mauer an der Straße endet, wird es stiller. Nur hungrige Möwen begleiten die Fähre auf ihrer kurzen Fahrt über den **Houston Ship Channel** zur **Halbinsel Bolivar**. Seit 1936 in Betrieb, ist dies die älteste Autofähre der Golfregion.

Die schmale Landzunge gibt sich sehr ländlich mit Holzhäusern auf Stelzen, Kühen und zahllosen weißen und lila Disteln am Straßenrand. Viel Schutz vor dem Wasser haben die langbeinigen Hütten dennoch nicht, denn die Dünen sind allenfalls 30 Zentimeter hoch, und der Strand ist eher schmal, aber ruhig. Die Leute, meist Anwohner, angeln hier oder sind mit ihren Kindern auf Muschelsuche. Andere führen ihre Hunde aus oder machen eine Spritztour am Wasser entlang.

Typisch für diese Gegend ist **Crystal Beach**, ein Ort mit 900 Einwohnern, Motels, Restaurants und vielen Strandhäusern.

Riverfront Beaumont: der Fluss lädt zum Feiern ein

An der nördlichen Seite der Halbinsel führt der Intracoastal Waterway vorbei. Wenn man von Weitem hinüberblickt, sieht man riesige Containerschiffe gespenstig durchs Marschland gleiten.

Wohnen in **Beaumont**, auf dem »schönen Berg«, das erfüllte seinen Bewohnern immer schon ihren Lieblingstraum. Aber lange Zeit haperte es mit den Vergnügungen, mit den Düften der großen Welt. Also machten sich die Beaumonter regelmäßig auf zu den nächsten Großstädten, nach Houston oder New Orleans. Heute können sie getrost zu Hause bleiben, denn alle 118 000 Seelen kommen hier auf ihre Kosten: bei Jazz, Country Music und sinfonischer Klassik. Museen, Ausstellungen, Sportveranstaltungen sorgen für zusätzliche Abwechslung. Was

fehlte, wurde hergeholt – aus Louisiana z. B. *Cajun Music* und *crawfish étouffée*. Schließlich ist Beaumont auch die Heimat der texanischen *Cajuns*.

Die Stadt schoss mit dem Öl aus dem Boden. Anfangs (1824) ein verschlafenes Nest mit 100 Einwohnern, die von Rindern, Sägewerken und Reis lebten, gab 1901 der erste große Ölfund das Signal zum Ansturm auf Beaumont. Das schwarze Gold quoll aus dem »Spindletop«. Geprägt wurde der Name für den stark bewaldeten Hügel schon vor dem Bürgerkrieg. Hitzewellen ließen die Bäume wie Spindeln *(spinning top)* erscheinen. Gruselgeschichten umgarnten diesen Hügel, wo im Mondschein spukige Lichter gesichtet wurden. Als dort Öl vermutet wurde, entwarf man auf dem Reißbrett

McFaddin-Ward House: ein Leckerbissen verspielter klassizistischer Architektur in Beaumont

eine Industriestadt für den Hügel, »Gladys City«, mit Industrieanlagen, Kirche, Parks, Krankenhaus, College und Hotels. Als dann am 10. Januar 1901 um 10.30 Uhr morgens Öl zu sprudeln begann, stand man vor der größten Quelle, die jemals gesehen wurde. Das 320 Meter tiefe Bohrloch hatte einen Salzdom getroffen, wo das Öl so unter Druck stand, dass die Fontäne meterhoch aus dem Turm schoss, alles ringsum in Schwarz tauchte und die unglaubliche Menge von 25 000 bis 100 000 Barrel Öl pro Tag hergab, was anfangs technisch gar nicht zu handhaben war.

Tausende strömten herbei, um vom plötzlichen Reichtum zu profitieren. Die geplante Industriestadt war vergessen, und den Namen Gladys City machten sich die hastig zusammengeschusterten Baracken und Buden zu eigen, die um den Ölturm-Wald gezimmert wurden. 1902 saßen bereits 285 Türme auf dem Spindletop-Hügel.

Unabhängige Ölunternehmer, sogenannte *wildcatter*, hatten ihre Hände ebenso im Spiel wie mehr als 600 Ölgesellschaften, von denen einige später zu Industriegiganten wurden, wie Texas Co., Gulf Oil und Mobil. Der Boom war kurzlebig. Überproduktion erschöpfte und ruinierte die Quellen. Zwischen 1913 und 1926 verwahrloste das Gebiet zum Geisterort.

Erst bessere Technologie machte bis in die 1950er Jahre die Ölgewinnung wieder rentabel. Dann wurden die Pumpen abgedreht und Gladys City wurde an anderer Stelle in Beaumont nachgebaut, um eine nostalgische Kulisse für Touristen zu schaffen. Wer sich in die glorreiche Zeit zurückversetzen möchte, für den lohnt sich ein Besuch im **Spindletop & Gladys City Boomtown Museum**.

Wenn auch in Pennsylvania schon früher kommerziell nach Öl gebohrt wurde,

»Spindletop« in Beaumont

so ermöglichten doch erst die riesigen Mengen aus dem Spindletop, Öl billig auf den Markt und so das 20. Jahrhundert auf Touren zu bringen. Die großen Ölgesellschaften, die in ihren prächtigen Glaspalästen in Dallas und Houston thronen, sorgen mit den petrochemischen Raffinerien in Beaumont für genügend Arbeitsplätze. Kein Wunder, dass sich das Dreieck der Städte Beaumont – Port Arthur – Orange in besseren Zeiten einmal den Namen *The Golden Triangle* verdiente. Diese Zeiten sind vorbei.

Die gigantischen Raffinerien, Papierfabriken und Werften auf dem »schönen Hügel« versuchen sich in die liebliche Umgebung von Nadelwäldern und Swamps einzuschmiegen. Während der prächtigen Azaleen-Saison im alten viktorianischen Zentrum vergisst man dann beinahe die öligen Schattenseiten des 21. Jahrhunderts.

1 Service & Tipps

ℹ Beaumont Convention & Visitors Bureau
505 Willow St.
Beaumont, TX 77701
✆ (409) 880-3749 und 1-800-392-4401
www.beaumontcvb.com

🛏🍴🏊 Holiday Inn Express Hotel & Suites Beaumont NW Parkdale Mall
7140 Eastex Fwy.
Beaumont, TX 77708
✆ (409) 892-3600
www.hiexpress.com
Solides Hotel im Nordwesten der Stadt nahe US 69/287. $$–$$$

🛏🍴🏊 Homewood Suites by Hilton Beaumont
3745 IH-10 South
Beaumont, TX 77705
✆ (409) 842-9990
www.homewoodsuites.hilton.com
Ein- oder Zweizimmersuiten mit Küche; Pool, Fitnesseinrichtung. $$–$$$

🏛 Spindletop & Gladys City Boomtown Museum
5550 Jimmy Simmons Blvd. (ehemals: University Dr.)
Beaumont, TX 77705
✆ (409) 880-1750
www.spindletop.org

Armadillos fühlen sich im Osten von Texas wohl

Di–Sa 10–17, So 13–17, letzter Einlass 16.20 Uhr
Eintritt $ 5/2
Reaktivierte Öl-Boomtown westlich von Beaumont mit Gebäuden und Geräten aus den wilden Öljahren. Liegt auf dem Campus der Lamar University.

🏛 Texas Energy Museum
600 Main St., Beaumont, TX 77701
✆ (409) 833-5100
www.texasenergymuseum.org
Di–Sa 9–17, So 13–17 Uhr
Eintritt $ 5/3 (6–12 J.)
Im Museumsdistrikt Downtown. Rund ums texanische Öl: anschauliche Präsentation der Petroleumwirtschaft seit 1901.

◉ McFaddin-Ward House
1906 Calder Ave.
Beaumont, TX 77701
✆ (409) 832-2134
www.mcfaddin-ward.org
Touren Di–Fr 10, 11, 13.30 und 14.30, Sa 10.30 13.30 und 14.30 Uhr, So 13–15 Uhr freier Eintritt ohne Führung (aber nur 1. Etage)
Eintritt $ 5, geführte eineinhalbstündige Touren in kleinen Gruppen, daher Reservierung empfohlen
Ein Leckerbissen für Liebhaber verspielter klassizistischer Architektur (1906). Ein betuchter Geschäftsmann leistete sich diesen eleganten Südstaatenpalast. Führungen beginnen am McFaddin-Ward House Visitor Center.

🧗◉ Gator Country Adventure Park
21559 FM 365
Beaumont, TX 77705
✆ (409) 794-9453
www.gatorrescue.com
Tägl. 10–17 Uhr (Öffnungszeiten im Herbst, Frühjahr und Winter erfragen)
Eintritt $ 15/12
Der älteste Alligator-Schutzpark in Texas.

🌺🚤◉ Shangri La Botanical Gardens & Nature Center
2111 W. Park Ave., Orange, TX 77630
✆ (409) 670-9113
www.shangrilagardens.org
Di–Sa 9–17 Uhr, So/Mo geschl.
Eintritt $ 10/8
Eine grüne Oase zum Wandern, Vögelbeobachten oder für eine Swamp-Bootstour.

Krokodil Kyle im Gator Country Park

⊠♪ **Suga's Deep South Cuisine & Jazz Bar**
461 Bowie St.
Beaumont, TX 77701
✆ (409) 813-1808
www.sugasdeepsouth.com
Innovative Southern Cuisine in eleganter Atmosphäre: kühler Jazz und heiße Küche.
$$–$$$

⊠ **Monica's Restaurant**
6385 Calder, Suite H
Beaumont, TX 77706
Mo–Fr Lunch (11–15 Uhr)
✆ (409) 554-0730
www.ilovemonicas.com
Raffinierte, frische Sandwiches und Salate. $$

⊠ **Sartin's Seafood**
1990 I-10 SouthBeaumont, TX 77707
✆ (409) 721-9420
www.sartinsseafood.com
Mo–Sa Lunch und Dinner, So Brunch

Frische Fische aus dem Golf. Das Restaurant ist bekannt für seine BBQ-Krebse! $$

⊠ **Amelia Farm & Market**
8600 Dishman Rd
Beaumont, TX 77713
✆ (409) 866-8618
Di–Sa 8–14 Uhr
www.ameliafarmandmarket.com
Frühstück und Lunch, es kommen nur Produkte direkt aus der Nähe *(farm-to-table)* und Fleisch von Freilandrindern und -schweinen auf den Tisch. $–$$

⊠ **Vautrot's Cajun Cuisine**
13350 Hwy. 105 Lot 3
Beaumont, TX 77713
✆ (409) 753-2015
www.vautrots.com
Lunch und Dinner, So/Mo geschl.
Die Vautrot-Familie kocht kräftige Cajun-Gerichte. $–$$ ✤

2. Tag: Beaumont – Big Thicket National Preserve – Woodville – Livingston – The Woodlands (265 km/166 mi)

km/mi	Zeit	Route	Route vgl. Karte S. 174.
0	9.00 Uhr	In **Beaumont:** US 69/287 nach Norden, nördlich von Kountze FM 420 nach Osten zum	
51/ 32	Mittag	Besucherzentrum des **Big Thicket National Preserve** (Wanderung). Weiterfahrt auf US 69/287 nach	
88/ 55	Nachmittag	**Woodville** (Lunch), dort US 190 nach Westen und Stopp bei der **Alabama-Coushatta Tribe of Texas**. Weiterfahrt auf US 190 über Livingston, **Lake Livingston**, Oakhurst. In **Phelps** FM 2296 und danach S 75 und I-45 nach Süden und	
265/166		**The Woodlands**.	

Von den Woodlands kann man am nächsten Morgen die Heimreise nach Deutschland antreten. Zum internationalen Flughafen von Houston (IAH) fährt man über die I-45 South rund eine halbe Stunde (43 km/27 mi). Oder man man folgt ab Houston der Route durch Zentral-Texas.

Dass der immens grüne Osten von Texas seine flächendeckende Bezeichnung *Piney Woods* nach wie vor zu Recht trägt, beweist der Highway 69 schon morgens: eine Kiefernschneise von begrenztem Unterhaltungswert, die von Beaumont zielstrebig nach Norden führt. Solche Straßen gibt es hier in rauen Mengen. Ihr Saum aus Baum an Baum tarnt das Land dahinter, nur ab und zu wagt sich eine einsame Bar oder eine Tankstelle vor den immergrünen Vorhang. So monoton die Strecke, so wenig eignet sie sich zum Dösen, denn die *lumber trucks*, Holzlaster auf dem Weg zur nächsten Säge, heizen hier ohne viel Federlesens durch, so dass die Borkenfetzen fliegen. Andere Gesetze, vor allem Ruhe, herrschen im »Gro-

ßen Dickicht«, im **Big Thicket National Preserve**, einem subtropisch-wilden Urwald, wie er sich einst über die gesamte Fläche des östlichen Texas erstreckte und der lange als undurchdringlich galt. Im Laufe der Zeit sind hier Land- und Forstwirtschaft heftig dazwischengegangen, so dass nur noch ein kleines Patchwork zusammenhängender Waldflächen übrig geblieben ist, das dem ursprünglichen Zustand ähnelt.

Vor allem der Bau der Eisenbahn brachte den Wäldern starke Einbußen, denn große Teile endeten in den Sägewerken. Die ursprünglich 1,4 Millionen Hektar schrumpften auf 120 000. Heute gehören davon 34 000 Hektar aus Kiefern, Unterholz und Marschland zum Naturschutzgebiet. Das Gesamtgebiet des Big Thicket reicht vom Trinity River im Westen zum Neches River im Osten, von der I-10 im Süden bis nach Norden zur Achse Huntsville, Livingston und Steinhagen.

Schon die Caddo-Indianer im Norden und die Attacapas im Süden kannten dieses Gebiet. Sie nannten es die »großen Wälder«. Die Alabama- und Coushatta-Indianer, seit 1800 aus Louisiana nach Westen vertrieben, suchten hier Zuflucht, bevor ihnen ihr Reservat zugewiesen wurde. Dagegen mieden die spanischen Siedler ebenso wie die Anglos den dichten Wald und siedelten an seinen Rändern. Erst später diente das Dickicht als beliebter Schlupfwinkel – im Bürgerkrieg den Kriegsdienstverweigerern unter den Konföderierten, später den illegalen Whiskeybrennern, den *moonshiners*, heute allenfalls noch jenen, die unbemerkt ihre Marihuana-Pflanzen anbauen wollen.

Im Besucherzentrum des Naturschutzgebiets erklärt der rührige Ranger alles, was man wissen will, und verteilt Broschüren, Trinkwasser und vor allem Tipps für die zahlreichen Trails, die mit der Natur vertrauter machen als die Highways. Um die Landschaft kennenzulernen, meint er, müsse man sich schon auf den Boden begeben. »Sie müssen sich wirklich hinknien«, rät er den lauschenden Wandersleuten. »Die interessanten Dinge hier sind alle klein. Sehr klein.« Das klingt einleuchtend und fast ein wenig nach Adalbert Stifter, also überhaupt nicht nach texanischer Übertreibungssucht.

Aber trotz methodischer Einweisung kann man Pech haben und in einer Wanderstunde durch das stille Refugium aus Nadelgehölz, Swamps und Bayous außer Bäumen und vielen gelb-schwarzen Schmetterlingen, Vogelgezwitscher und einem hurtig springenden Frosch nichts

Sümpfe lauern im »Großen Dickicht« von Ost-Texas △

entdecken – auch, weil sich natürlich kaum einer wirklich hinkniet. Ab und zu bekommt man einen der hier ansässigen Armadillos zu Gesicht, jene ebenso komisch wie urzeitlich anmutenden Gürteltiere, die bei den Texanern hoch im Kurs stehen.

Ausgestopfte Armadillos sind die texanischen Teddybären. Lebend gelten die »kleinen Gepanzerten« *(armadillo)* als freundlich, aber etwas dumm, jedenfalls sind sie sehr scheu und meist nur nachts unterwegs, es sei denn, sie müssen bei einem Volksfest ein Rennen austragen. Die Gesellen, die ursprünglich aus Mexiko einwanderten, haben sich in den letzten Jahren immer weiter nach Osten bewegt.

Im Big Thicket treffen die großen biologischen Regionen Nordamerikas aufeinander: die Swamps, die Ausläufer der Appalachen, die östlichen Wälder, die zentralen Plains und die Wüsten des Südwestens. Diese natürliche Versammlung bringt faszinierende Kontraste zustande, beispielsweise Moore neben trockenen Sandhügeln mit Kakteen und Yuccas. Besonders die Blumenfülle ist bemerkenswert, fast tausend Arten hat man registriert, darunter wilde Orchideen und zahlreiche Insekten fressende Pflanzen. Ebenso unerwartet leben hier auch Tierarten zusammen, die sonst für ganz unterschiedliche Gebiete charakteristisch sind. Mitverantwortlich ist die Eiszeit, die viele Tiere nach Süden drängte.

Wandern im Big Thicket National Preserve

Big Thicket bietet acht Wanderwege von einem bis 29 km Länge. Die Wahl der Wanderungen ist abhängig von den individuellen Präferenzen und der Jahreszeit. **Wichtig:** Wegen der hohen Temperaturen und Luftfeuchtigkeit im Sommer sollte man Wanderungen nur am frühen Morgen oder späten Nachmittag unternehmen. Unbedingt reichlich Wasser (Faustregel: mindestens vier Liter pro Person am Tag) mitnehmen sowie Sonnenschutz und Insektenschutzmittel *(insect repellent)*.

Kirby Nature Trail: Der Weg beginnt am Big Thicket Visitor Center und bildet einen knapp 7 km langen Rundweg durch die verschiedenen Ökosysteme des Parks. Man wandert durch Laub-, Pinien- und Zypressenwälder, Sumpf- und Auengebiete. Eine Wanderkarte gibt es am Anfang des Trails.

Länge: 5 km, Dauer: eineinhalb Stunden, einfach.

Pitcher Plant Trail: Um den Trail zu erreichen, fährt man ca. 4,3 Meilen östlich von Warren auf der FM 1943 bis zur Pin Oak Rd. (FM 4850), dort Richtung Süden für weitere 1,9 Meilen. Dieser kurze, aber attraktive Rundweg führt durch einen abwechslungsreichen Pinienwald an den Rand einer Savanne. Von einem Boardwalk kann man *pitcher plants* (eine Art fleischfressende Pflanzen) und Sonnentau bewundern.

Länge: 1 km, Dauer: eine halbe Stunden, einfach.

Turkey Creek Trail: Für den ambitionierten Wanderer empfiehlt sich der rund 24 km lange Trail, der in Nord-Süd-Richtung praktisch entlang dem Turkey Creek mäandert. Zugang zum Trail bekommt man von fünf verschiedenen Trailheads. Der nördlich gelegene Hauptzugang liegt ca. 3,5 Meilen östlich von Warren an der FM 1943. Oder man wählt den südlichen Zugang östlich des Visitors Center an der FM 420. Für eine genaue Planung empfiehlt es sich, zunächst das Visitors Center aufzusuchen.

Länge: 24 km, Dauer: in der Regel zwei Tage (Übernachtung muss zuvor beim Visitor Center angemeldet werden, sogenannte *camping permit*), mittelschwer.

Bocksprung mit Folgen: Auch im Osten von Texas zählen Rodeos zu den beliebtesten Sportarten

Weiter nach **Woodville:** Ein Mekka für Barsch-Angler, weil sich diese Fischsorte en masse im nahe gelegenen Lake Sam Rayburn tummelt. Kaum ein Coffee Shop, in dem nicht über den letzten Fang diskutiert würde. Überhaupt wimmelt es im seenreichen Ost-Texas von Angelclubs. Es gibt jede Menge Wettbewerbe und auch ein Magazin guten mit Ratschlägen und Geheimtipps.

Von Woodville aus gelangt man über den Highway 190 zur **Alabama-Coushatta Tribe of Texas.** Diese beiden Stämme lebten immer schon eng beisammen und heirateten untereinander. Sie galten als ausgesprochen friedlich. Als der Staat auf Betreiben von Sam Houston 1854 den Alabama-Indianern das Reservat zuwies, zogen die Coushattas denn auch schnell nach. Doch das Reservat schützte die Indianer lange nicht vor Betrügereien und Übergriffen durch Weiße, erst in den 1920er und 1930er Jahren griff die Regierung zu ihren Gunsten ein. Seit etwa 1960 lebten die heute rund 1150 Bewohner vor allem vom Tourismus. 2001 eröffneten die Alabama-Coushatta Indians sogar ein Kasino. Monatliche Einkünfte von einer Million Dollar sprudelten aus den Slot Machines und nährten die Hoffnungen auf eine bessere wirtschaftliche Zukunft.

Aber schon neun Monate später wurden diese Hoffnungen jäh beendet: Ein Bundesgericht untersagte den Kasinobetrieb, obwohl rund 240 andere Indianerstämme in den USA Kasinos betreiben dürfen. Seitdem kämpft der Stamm um seine Rechte. 2016 wurden die jahrelangen Bemühungen belohnt: Das neue Naskila Entertainment Casino eröffnete. Heute ist das Dorf für Besucher geschlossen. Nur der zum Reservat gehörende Campingplatz am Lake Tombigbee ist zugänglich. Wer will, kann hier sein Zelt aufschlagen, Boot fahren, angeln oder im See schwimmen.

Weiter auf der US 190 – Wälder links und rechts bis zum Lake Livingston! Es ist gerade Samstag, und an der Straße stehen immer wieder Autos, die *tool sale* betreiben, den Verkauf von Werkzeugen. Überall sieht man Hinweisschilder auf die beliebten *yard sales*, Entrümpelungsverkäufe im Vorgarten, und einladende Obst- und Flohmärkte an beiden Straßenseiten. Was der Staudamm des Trinity River an See zustandebringt, ist schon beachtlich. **Lake Livingston** sieht nämlich ganz so aus wie ein natürlicher See und seine dicht bewaldeten Ufer verstärken diesen Eindruck noch. Man kann sich Hausboote leihen, auf dem riesigen Gewässer umhertuckern, in einem der Seitenarme ankern – und froh sein, wenn man wieder zum Startplatz zurückgefunden hat. Hier ein paar stille Angler, dort ein paar preschende Wasserskifans – Platz ist für alle genug da.

Vom See nach Süden geht es durch den **Sam Houston National Forest**, ein erholsames Waldgebiet mit lieblichen Hügeln, blühenden Blumen und grasenden Pferden. Etwa auf halber Strecke zwischen Huntsville und Houston bietet die (am Reißbrett geplante) Gemeinde **The Woodlands** viel Komfort im Grünen, einwandfreien Golfrasen, gepflegte Natur, einen Country Club und zahlreiche Hotels. Wer kein Golf-Fan ist, kann am Pool liegen und schwimmen oder einfach um den See spazieren, was ihn freilich sofort als Europäer ausweist – Amerikaner joggen oder radeln. Niemand in einer solchen Umgebung käme auf die Idee, zu Fuß zu gehen. Der Öl-Milliardär George Mitchell gründete die Reißbrettanlage Anfang der 1970er Jahre als eine Art utopische Gemeinde mit dem Ziel, in diesem riesigen Waldgelände Arbeit, Wohnen und Erholung räumlich zusammenzubringen. Inzwischen haben viele Unternehmen ihren Hauptsitz in die Gegend verlegt. Offenbar funktioniert die Vision, etwa 94 000 Leute leben und arbeiten hier, gehen im Supermarkt einkaufen oder auf der überdachten Eisbahn Schlittschuh laufen.

Golf – »Texas style«

2 Service & Tipps

🖼️ℹ️🌲 Big Thicket National Preserve
6102 FM 420, Kountze, TX 77625
✆ (409) 951-6700, www.nps.gov/bith
Tägl. 9–17 Uhr, Eintritt frei
Visitors Center des Naturschutzgebiets acht Meilen nördlich von Kountze, Nähe US 69/287. Wandern (rund 65 km Wanderwege), Rad fahren, Angeln, aber auch Kanu-/Kajakfahrten kann man unternehmen. Oder einfach nur die Vögel beobachten (am besten Mitte April–Mitte Mai).

👁️🏕️ Alabama-Coushatta Tribe of Texas
US 190, 571 State Park Rd. 56 (15,5 mi westl. von Woodville), Livingston, TX 77351
✆ (936) 563-1100, Reservierung: ✆ (936) 563-1221 und 1-800-926-9038
www.alabama-coushatta.com
Öffentlich zugänglich sind nur die Tombigbee Lake Campgrounds.

❎ Naskila Gaming
540 State Park Road 56, Livingston, TX 77351
✆ (936) 563 2946, www.naskila.com
Tägl. 24 h durchgängig geöffnet
2016 eröffnetes Spielcasino der Alabama-Coushatta Indianer. 17 Meilen östlich von Livingston. Das sog. Class II Casino bietet nur elektronische Bingo-Maschinen.

ℹ️ Woodlands Mall Information Center
Woodlands Mall, 1201 Lake Woodlands Dr.
The Woodlands, TX 77380
✆ (281) 363-3409
www.thewoodlandscvb.com
Mo–Sa 10–21, So 12–18 Uhr

🛏️❎🍸🧖🌲 Hyatt Centric The Woodlands
9595 Six Pines Dr., # 1100
The Woodlands, TX 77380
✆ (281) 203-5005
http://marketstreetthewoodlands.hyatt.com
Edles Boutiquehotel, Pool, Fitness, Restaurant, Bar. $$$$

🛏️❎🧖🌲 The Woodlands Waterway Marriott Hotel
1601 Lake Robbins Dr.
The Woodlands, TX 77380
✆ (281) 367-9797
www.marriott.com/houmw

Großes Hotel, direkt am Waterway in der Nähe von Restaurants, Geschäften und Unterhaltungsangeboten gelegen. Pool, Fitness, Restaurant, Lounge. $$$$

🛏️❎🧖🌲🕐 The Woodlands Resort
2301 N. Millbend Dr.
The Woodlands, TX 77380
✆ (281) 367-1100 und 1-800-433-2624
www.woodlandsresort.com
Apartments am See, verschiedene Restaurants und Lounges, Pool, Tennisplätze, Spa, Golfplätze, Fitnesszentrum und Sauna, Jogging- und Wanderpfade. $$$
Anfahrt: 5 km westlich I-45 (Exit 76, Robinson Rd./Woodlands Pkwy.) und Schildern folgen.

🛏️🧖🌲 Days Inn Shenandoah
29007 I-45 North, Shenandoah, TX 77381
✆ (281) 363-3933
www.daysinn.com
Guter Standard, Pool, Fitnesscenter. WLAN und Continental Breakfast. $–$$

❎ Jasper's The Woodlands
9595 Six Pines Dr., The Woodlands, TX 77380
✆ (281) 298-6600
www.jaspers-restaurant.com
Tägl. ab 11 Uhr geöffnet, Dinner ab 17 Uhr, Sa/So Brunch
Auf den Tisch kommt Eklektisches aus der regionalen Küche. Patio. $$$

❎ Lupe Tortilla
19437 I-45 South (zwischen Oak Ridge School Rd. & Research Forest Dr.)
The Woodlands, TX 77385
✆ (281) 298-5274, www.lupetortilla.com
Tägl. 11–22, Fr/Sa bis 23 Uhr
Auch bei den Locals beliebtes, etwas hektisches Tex-Mex-Restaurant. Besonders gut sind die Fajitas. $–$$

🚤 The Woodlands Waterway
Waterway Cruisers
✆ (281) 367-1151
www.btd.org/Waterway.htm
Tageskarte $ 5/5
Fr 11–21, Sa 11–22, So 11–20 Uhr
Von dem ca. 2 km langen, künstlichen Wasserweg aus kann man in Wassertaxis die wesentlichen Attraktionen besichtigen: Cynthia Woods Mitchell Pavilion, Town Green Park etc. ✳️

WEST-TEXAS

1 Auf nach Westen
Von San Antonio nach Marathon

West Texas – where all the lies you heard about Texas are true.

1. Tag: San Antonio – Del Rio – Seminole Canyon – Marathon
(533 km/333 mi)

km/mi	Zeit	Route
0	9.00 Uhr	Von **San Antonio** über I-37 und dann immer der US 90 nach Westen folgen über Uvalde, Brackettville, Del Rio, Lake Amistad, Comstock zum
317/198	12.30 Uhr	**Seminole Canyon State Historical Park**. Wanderung des **Rio Grande River Trail**; alternativ Wanderung zum **Fate Bell Shelter**, allerdings abhängig von den angebotenen Führungen. Weiter über US 90 nach
350/219	15.00 Uhr	**Langtry**, Besuch der Wirkungsstätte von Judge Roy Bean (ca. 30 Minuten). Weiter über US 90 nach
533/333	17.30 Uhr	**Marathon**.

Ein kurzes Wegstück von San Antonio nach Westen (von Castroville bis Hondo) ist identisch mit dem **Texas Hill Country Trail**. Der Name bestätigt sich insoweit, als tatsächlich einige Hügel die vom Acker-bau dominierte Landschaft prägen. Nach und nach folgen scherenschnittartige Figuren auf Ranchtoren an der Straße – Ikonen der Viehzucht, oft auch Brandzeichen.

Wanderung durch den Seminole Canyon State Historical Park

Rio Grande River Trail: Wer nur eine Wanderung unternehmen will, sollte diesen Trail wählen. Nicht spektakulär, aber ein schöner, leichter Spaziergang bis zum Rio Grande. Länge: ca. 10 km, Dauer: zwei Stunden, einfach.

Fate Bell Shelter: Die rund 7000 Jahre alten indianischen Petroglyphen der Felssiedlung kann man leider nur im Rahmen einer geführten Tour bewundern. In der Regel werden Mittwoch bis Sonntag jeweils um 10 Uhr Führungen angeboten, von Anfang September bis Ende Mai zusätzlich auch um 15 Uhr. Man sollte aber unbedingt vorher im Park anfragen, weil saisonale bzw. witterungsbedingte Änderungen möglich sind. Länge: 3,2 km, Dauer: eineinhalb Stunden, mittelschwer.

Infos zum Nationalpark: https://tpwd.texas.gov/state-parks/seminole-canyon

Im Licht der bisherigen Texas-Kenntnis wissen wir, dass es solche und solche Ranches gibt. Die King Ranch (vgl. Extratag Ranchin') steht sicher Modell für eine »richtige« Ranch. Aber schon bei »echten« Exemplaren gibt es Unterschiede. Bei einer kleinen Ranch liegt der Eingang in der Regel nahe am Highway – mit viel Klimbim und oft noch mit dem Cowboygruß »Howdy« vorn am Tor. Der Eingang zu einer großen Ranch ist von der Straße aus meist gar nicht sichtbar. Das schlichte Eisenbogentor trägt den Namen der Ranch und/oder das Brandzeichen. Ansonsten kein Firlefanz, es geht ums Geschäft. Allenfalls zeigt man mal ein Bild von der Zucht, aber niemals einen Willkommensgruß.

Auch Brandzeichen symbolisieren großen Landbesitz, außerdem die Größe der Herden und die Mitgliedschaft in der *Texas and Southwestern Cattle Raisers Association*. Diese Gesellschaft in Fort Worth muss man sich wie eine Art Adelsverein für texanische Viehzüchter vorstellen. Wessen Brandzeichen schon vor 1900

Ab und zu sorgt eine Büffelherde in West-Texas für Abwechslung unterwegs

registriert wurde, der gehört zur *Cattle Royalty*. Wiederum andere schaffen sich eine Ranch an, um dort ihren Seelenfrieden zu finden, oder sie kaufen sich halt eine wie andere ihre Ferienwohnung am Meer oder ihre Hütte in den Bergen. Nach einer harten Woche in der Stadt entspannen sie sich auf ihrer Ranch und halten sich ein paar Tiere, damit das Milieu beim Grillfest für die Gäste glaubhafter wirkt.

Trendbewusste Texaner pflegen sich darzustellen, indem sie ihrem Beruf einen Bindestrich hinzufügen und als Oilman-Rancher, Business-Rancher oder President of the U.S.A.-Rancher (wie bei L.B.J.) auftreten. Kein Zweifel, der Rancherstatus ist in Texas so mystifiziert, dass sich viele fragen, was einige den ganzen Tag da draußen eigentlich so machen. Kümmern sie sich wirklich ums Vieh oder um den Heuvorrat? Oder hören sie nur die *bluebonnets* wachsen? Gleichwohl, gern verabschiedet man sich freitags selbstbewusst: »I'm goin' ranchin'.« Was immer das heißen mag.

Windräder und Kakteen leiten langsam den Wandel der Vegetation ein, es wird zunehmend ruppiger und struppiger, Schafe stehen unter Mesquite-Bäumen, kurz, Flora und Fauna des Südwestens gewinnen die Oberhand. Die Überquerung des Nueces River, jenes alten Bekannten aus Corpus Christi und einst umstrittenen Grenzflusses, gibt den Blick auf eine schöne Buschlandschaft frei, während der mexikanische Sender im Autoradio herzzerreißende Songs verströmt.

In **Brackettville** geht es ab zum Alamo Village. Diese Nachbildung der Alamo diente als Kulisse für den gleichnamigen Film mit John Wayne (1959) und diverse andere Westernfilme und TV Commercials. Ein Filmdorf inmitten einer Working Ranch. Die Eigentümerfamilie Shahan hatte sich über Jahrzehnte alle Mühe gegeben, die täuschend echt nachgebau-

ten Bestandteile ihrer Westernwelt der Öffentlichkeit zugänglich zu machen. Nach dem Tod der Tochter bleibt Alamo Village leider auf unbestimmte Zeit, vielleicht auch für immer geschlossen. Schade, denn es war einfach spannend, den Dreharbeiten zu einem Western zuzuschauen. Etwa, wenn als Cowboys verkleidete Mexikaner eine gefährlich aussehende, aber filmerprobt harmlose Longhorn-Herde so lange den Kameras vorantrieben, bis die Aufnahme saß.

Eine gute Gelegenheit für einen kleinen Exkurs über **Longhorns**. Was die Swimmingpools für Beverly Hills, das sind die Kühe für Texas: Man muss mindestens eine im Hinterhof haben. Am besten ein Longhorn oder, besser gesagt, *wieder* ein Longhorn, denn lange Zeit schien dieses Rindvieh mit den stattlichen Hörnern von der Bildfläche verschwunden. Seine Vorfahren kamen mit Kolumbus nach Santo Domingo. Von dort brachte sie Cortez 1525 mit nach Mexiko und Coronado 1540 ins heutige Texas. Die Rinder waren damals schwarz oder dunkelbraun. Erst durch Kreuzungen entwickelten sie ihre heutige Vielfarbigkeit.

Manche der Pferde und Rinder, die die Spanier zur Selbstversorgung mitführten, gingen verloren, und weil die Spanier ihre männlichen Rinder nicht kastrierten, vermehrten sich die entlaufenen Tiere in ziemlichem Tempo und wurden zu zähen, cleveren, hochsensiblen Überlebenskünstlern mit längeren und schärferen Hörnern als die ihrer europäischen Vorfahren.

Die ursprünglich als *black cattle* bezeichneten Longhorns durchwanderten diverse Namensgebungen. Sie hießen *mustang cattle, wild cattle, Texas cattle* und schließlich, in der zweiten Hälfte des 19. Jahrhunderts, *longhorn cattle*. Lange gehörten die Herden niemandem bzw. jedem, der ihrer habhaft werden konnte. Das änderte sich nach dem Bürgerkrieg, als die arbeitslosen Soldaten Cowboys und Viehtreiber wurden. Um sich zusätzlich ein paar *greenbacks* (Banknoten, weil auf der Rückseite grün) zu verdienen, trieben sie die wilden Rinder zusammen zu den Viehbörsen in Abilene und Kansas City. Mit Erfolg! Longhorn-Steaks wurden zum heißen Tipp bei den Ostküsten-Gourmets.

Bald übernahmen Profis das Geschäft. Hunderttausende von Rindern wanderten in den Jahren 1867–84 auf dem Chisholm Trail nach Abilene, von wo aus sie in die Schlachthäuser von Kansas City oder Chicago verfrachtet wurden. Um mit der Nachfrage Schritt halten zu können, kamen neue Trails hinzu: der Western Trail nach Dodge City und der Goodnight-Loving Trail durch die Plains nach Denver und Cheyenne. Die näher rückenden Schienen der Eisenbahnen vereinfachten den Handel mit dem Vieh, das seine Pfunde nun nicht mehr auf den Trails einbüßte. 1893 lebten an die 20 Millionen Longhorns in Texas, davon ein Drittel frei, wild und ohne Brandzeichen. 20 Jahre später waren sie fast ausgestorben. Was war geschehen?

Einmal brachten die enormen Hörner, ihre Überlebenswerkzeuge, sie aus dem Geschäft, denn es hieß, sie nähmen in den Zügen zu viel Platz ein. Die eigentliche Ursache für ihr Aussterben war, dass einflussreiche Industrielle, die bei den Rinderzüchtungen ein Wort mitzureden hatten, zu dem Schluss kamen, englische Züchtungen wie Angus, Devon und Hereford seien produktiver und somit ökonomischer. Plötzlich galten die Longhorns als bastardisierte Form vieler Rassen. Als ihr Bestand drastisch sank, hieß es, sie hätten das Zeckenfieber nicht überlebt, eine Krankheit, gegen die die Tiere, wie sich nachher herausstellte, ausgerechnet resistent waren. Die Zucht der Longhorns

wurde schließlich verboten und niemand protestierte.

Erst 1927 änderte sich die Lage. Der US-Kongress schickte einen Suchtrupp los, um die letzten Longhorns in Süd-Texas und Nord-Mexiko zu einer Herde zusammenzustellen. Acht Monate brauchten die Männer, um 20 Kühe und acht Stiere aufzutreiben, die zur Zucht nach Oklahoma gebracht wurden. Von nun an ging es auch in Texas mit den totgeglaubten Urtieren wieder aufwärts. Doch Viehindustrie und Öffentlichkeit nahmen erst in den 1960er Jahren positiv davon Notiz.

Charles Schreiner III. von der Y.O. Ranch musste noch 1957 einige gekaufte Longhorns vor seiner Mutter verstecken, weil die ihm untersagt hatte, diese abscheulichen und knochigen Burschen auf ihr Land zu bringen! Heute besitzt die Y.O. Ranch in der Nähe von Kerrville die größte Longhorn-Herde, mit der übrigens vor mehr als 20 Jahren hier die Marlboro-Reklame begann.

1964 wurde die *Texas Longhorn Breeders Association of America* im historischen Menger Hotel in San Antonio gegründet. Das machte die Longhorns gesellschaftsfähig und zu einer Institution des Südwestens, ja, zum Kulttier. Es sind zähe, genügsame und damit billige Tiere mit außerordentlichen Fähigkeiten. Die Rancher müssen nicht unbedingt kostspieliges Alfalfa-Heu verfüttern. Ein Longhorn frisst und verträgt jedes Gras. Es kann mit Kaktusfrüchten, Brombeergestrüpp, zur Not sogar mit der Rinde von Zaunpfählen überleben. Die Tiere erschnuppern Wasser – etwa einen Schauer in den Bergen – über Entfernungen bis zu zehn Meilen und sie bewegen sich dort auch noch in der größten Hitze hin, wo andere Kühe schon nach kurzem Marsch schlapp machen. Die eleganten, weitgeschwungenen Hörner (die Cowboys nennen sie *lyrical*) sind Waffen und im Übrigen hervorragend geeignet, den Weg durch dichtes Gestrüpp zu bahnen. Die langen Beine helfen, Strecken schneller zu überwinden und weiter zu laufen als andere Züchtungen.

Inzwischen hat jeder Rancher, der auf sich hält, mindestens ein Longhorn in der Herde. Yankees auf Besuch in Texas können eine Longhorn-Limousine mieten und durch die Stadt fahren: offene, weiße Cadillacs mit imposanten Hörnern auf dem Kühler. Die seriöse Universität von Texas in Austin hält sich ein Longhorn als Maskottchen und nennt sich *Longhorn University*.

Die letzten Meilen bis zur Grenze werden steiniger und erdtöniger. Weit und breit bestimmen Viehherden die Szene, während sich texanisches Buschland und *chaparral* immer deutlicher mit den Merkmalen der Chihuahua-Wüste mischen.

Del Rio, das Provinznest im Val Verde, dem Grünen Tal, nennt sich Wolle- und Mohairhauptstadt der Welt, aber das nützt nicht viel, von Hauptstädtischem fehlt jede Spur. Auch das historische Viertel von Downtown, wo noch einige ältere Sandsteinbauten überdauert haben, die von italienischen Steinmetzen errichtet wurden, lässt das touristische Herz nicht gerade höher schlagen; ebenso wenig wie das älteste Weingut in Texas, die ortsansässige **Val Verde Winery**, die sich seit 1883 in italienischem Familienbesitz befindet.

Und es kommt noch schlimmer. Die angeblich tüchtigen Quellen, die San Felipe Springs, aus denen sich täglich Millionen Gallonen Wasser ergießen, die einen Fluss und um ihn herum einen grünen Stadtpark bilden, sind ausschließlich im Verborgenen tätig. Kamele, von Jefferson Davis aus Afrika in der (irrigen) Annahme importiert, sie würden sich dem westtexanischen Klima optimal an-

passen, haben hier zwar ebenso ihren Durst gelöscht wie später die Reisenden in der Postkutsche – aber diese Zeiten sind vorbei.

Die eigentliche Attraktion von Del Rio war lange Zeit der deutlich größere Nachbar, **Ciudad Acuña,** die mexikanische Zwillingsstadt. Insbesondere am frühen Abend, wenn das späte Licht die Farben zum Leuchten bringt, nutzten Einheimische und Touristen gerne die Gelegenheit für eine Stippvisite. An der Plaza, rund um den bunt bemalten Gazebo, konnte man das farbenfrohe Straßenleben, fußballspielende Kinder, lokale Restaurants und Bars und das mexikanische Kunstgewerbe genießen. Nach der Verschärfung des Drogenkrieges entlang der mexikanischen Grenze (vgl. Service von A bis Z) wird zurzeit aber dringend davon abgeraten, die Grenze nach Mexiko zu überschreiten.

Am nördlichen Ende von Del Rio geht es wieder auf die bereits vertraute US 90 und weiter westwärts. Ein Damm führt die Straße sicher über das **Amistad Reservoir**, den Stausee aus Rio Grande, Pecos und Devils River, ein mexikanisch-amerikanisches Gemeinschaftsprojekt, das 1969 eingeweiht wurde. Der blaue Riesenklecks in der Landschaft bildet ebenso wie einige weitere, die folgen werden, die Grundlage der Bewässerungskultur entlang dem Rio Grande. Es gilt, die zwischen Hochwasser und extremer Austrocknung schwankende Wasserführung auszugleichen. Der Freizeitwert der Seen kommt als erfreulicher Nebeneffekt hinzu, etwa zum Angeln, Schwimmen oder für Bootsfahrten. Wer einen kleinen Stopp auf der Reise nach Westen einlegen möchte, der kann nach Del Rio am **Diablo East** für einen Spaziergang halt machen.

Die zunehmende Kargheit des *chaparral country* ruft die ersten Christusdornbüsche *(ocotillo)* und Yuccas auf den Plan. Geckos und Wachteln, Erdmännchen und Kaninchen, kleine Wildschweine *(javelinas)* und Armadillos (geruhsame Gürteltiere, die seit prähistorischen Zeiten so aussehen) leben hier; auch Klapperschlangen und Skorpione, (harmlose) Taranteln und (weniger harmlose) Schwarze Witwen. Ab und zu gleitet ein Ranchtor oder ein Windrad vorbei oder, wenn man Glück hat, mal ein Güterzug der »Southern Pacific«.

Westlich von **Comstock** lohnt der **Seminole Canyon State Historical Park** einen Abstecher. Hier finden sich zahlreiche Beispiele indianischer Petroglyphen, also in Stein gearbeitete, bildliche und grafische Motive aus prähistorischer Zeit. Die spektakulärsten Beispiele von Rock Art finden sich im **Fate Bell Shelter**, einer der ältesten nordamerikanischen Felssiedlungen *(cliff-dwellings)*.

Kurz nach Verlassen des Parks kommt mit der **Pecos River Bridge** Bewegung ins Landschaftsbild. Von der Brückenhöhe kann man die steilen Uferfelsen jenes berühmten Flusses bewundern, dessen Name Wildwestfans und insbesondere Karl-May-Kennern auf der Zunge zergeht. Ab hier beginnt die sogenannte Trans-Pecos-Region, die letzte *frontier* Amerikas am Ende des 19. Jahrhunderts. Das ist heute noch nachvollziehbar, denn ähnlich wie auf dem Weg nach Del Rio erlebt man erneut eine beinah schulbuchmäßige Einführung in den einst Wilden Westen. Die Weiten werden weiter, die einsamen Straßen einsamer, und während sich am Horizont zart die ersten Bergrücken aufbauen, werden die *highway cuts*, die Straßendurchstiche, tiefer und tiefer. Und über allem kreisen schwarze Galgenvögel, Aasgeier *(vultures)*, die sich auf alles Getier stür-

Amistad Reservoir

zen, das die Überquerung des Highways nicht überlebt hat.

Über **Langtry** und seine 45 Einwohner würde man kein Wort verlieren, hätte es da nicht diesen bizarren Richter gegeben, der schon zu Lebzeiten von sich reden machte: Judge Roy Bean. »Ich verurteile Sie zu 45 Dollar Geldstrafe und einer Runde Drinks für das Gericht.« So oder ähnlich endete mancher Schuldspruch westlich des Pecos, wo allein Roy Bean für *law and order* zuständig war und ausnahmsweise nicht der Gouverneur von Texas. Der solle sich gefälligst um seinen Job in Austin kümmern und ihn in Ruhe lassen, soll Bean gesagt haben.

Die Holzbaracke, in der dem Gesetz Genüge getan wurde, ein karges Ensemble aus Saloon, Billardraum und Gerichtssaal, ist in einen wohlrestaurierten Zustand gebracht worden und zu besichtigen, zusammen mit einem Kak-teengarten und Besucherzentrum, in dem unter anderem zahlreiche penibel gebastelte Dioramen Szenen des Lebens und die Karriere des legendären Richters wie Puppenstuben nachstellen. Er hatte sich mit seinem zahmen Bären Bruno ins Abseits und in Gedanken an die von ihm angebetete englische Schauspielerin Lillie Langtry, die übrigens auch in Atlantic City auftrat, zurückgezogen. Ihr verdankt die Stadt zwar ihren Namen, aber Bean hat sie persönlich nie kennengelernt. Lillie besuchte Langtry erst 1904, nachdem der Friedensrichter das Zeitliche schon gesegnet hatte.

Es war letztlich die Eisenbahn, die zu Beans skurriler Form von Amt und Würden führte, denn im Zuge ihres Baus – 1883 wurde hier letzte Hand an die Strecke New Orleans–San Francisco gelegt – siedelten und gründelten die verschiedenen Bautrupps und mit ihnen allerlei zwielichtiges Volk. Die Bosse der

Saloon des Richters Roy Bean in Langtry als Puppenstube nachgestellt

Gage Hotel in Marathon

Eisenbahngesellschaften, in Furcht um ihre Investitionen und Kunden, riefen nach dem Gesetz, das heißt im Klartext nach den Texas Rangers und Judge Roy Bean. 1882 wurde er ernannt. Mit den hartgesottenen Rangers im Rücken und einem geladenen *sixshooter* neben sich sah er vor Ort nach dem Rechten. Betrunkene wurden schon mal mit Bruno an eine Kette gelegt. Und so wie milde Urteile kräftigen Drinks nicht im Weg standen, gingen bei Bean auch die meisten Geldstrafen und persönlichen Bereicherungen problemlos ineinander über. Doch hängen ließ er keinen, der Held der Great American West-Saga.

Plattes Ranchland bis Dryden und **Sanderson**, in dessen früher Stadtgeschichte es von Viehdieben, Banditen, *outlaws* und *gunmen* nur so wimmelt. Noch heute wirkt das Örtchen wie eine kleine *frontier town* mit Eisenbahndepot. Der Highway durchzieht das leere und ansehnliche Tal. Ganze Heerscharen von Yuccas treiben am Autofenster vorbei, mit langstieligen Blütenstengeln, die im Frühjahr prächtig gelb und weißlich blühen. Die Berge rücken unmerklich näher, Tausende gelber Wildblumen säumen die Straße und eine Büffelherde macht sich über die Gräser her. Man schätzt, dass es zu Beginn des 16. Jahrhunderts allein in Texas 60 Millionen Büffel gegeben hat; sie wurden im Lauf der Jahrhunderte abgeschlachtet und nahezu ausgerottet. Lediglich an die 600 Tiere haben überlebt.

Die Reise westwärts endet dann in **Marathon**, einem 500-Seelen-Ort, dessen Mittelpunkt das **Gage Hotel** darstellt. Der mit Liebe zum Detail renovierte Bau aus dem Jahre 1927 gibt einen Eindruck davon, wie ein Hotel im Westen früher ausgesehen hat. »Wir wollen kein TV auf den Zimmern«, sagt der Manager. »Die Gäste sollen sich abends in der Lobby treffen und zusammensetzen, statt vor dem Fernseher zu hocken.«

1 Service & Tipps

ℹ️🏕️🪧 **Amistad National Recreation Area**
4121 Veterans Blvd., Del Rio, TX 78840
✆ (830) 775-7491, www.nps.gov/amis
Etwa zehn Meilen hinter Del Rio kommt der
Abzweiger zum **Diablo East**. Der Straße eine
gute Dreiviertelmeile folgen bis zum Parkplatz
kurz vor der Bootsrampe, dort gibt es einen
kurzen Lehrpfad.
Auskünfte über das Erholungsgebiet rund um
den Stausee. Camping.

🏞️🚻 **Seminole Canyon State Historical Park**
Park Rd. 67 North (rund 44 mi auf US 90 westl.
von Del Rio), Comstock, TX 78837
✆ (432) 292-4464
www.tpwd.texas.gov/state-parks/seminole-
canyon
Eintritt $ 3
Zum Wandern empfiehlt sich der leicht zu
gehende **Rio Grande River Trail**. Eine Wanderung zu **Fate Bell Shelter** mit spektakulären
Petroglyphen ist nur als geführte Tour möglich
(vgl. S. 187).

👁️ **Judge Roy Bean Visitor Center**
Highway 90 West, Loop 25, Langtry, TX 78871
✆ (432) 291-3340
Tägl. 8–17 Uhr, Eintritt frei
Gedenkstätte und originalgetreu rekonstruier-
te Bar des skurrilen Friedensrichters.

🏨❌🏊🍸 **The Gage Hotel**
102 N.W. 1st St. auf der US 90
Marathon, TX 79842
✆ (432) 386-4205 und 1-800-884-GAGE
www.gagehotel.com

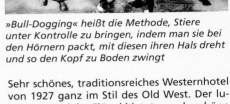

*»Bull-Dogging« heißt die Methode, Stiere
unter Kontrolle zu bringen, indem man sie bei
den Hörnern packt, mit diesen ihren Hals dreht
und so den Kopf zu Boden zwingt*

Sehr schönes, traditionsreiches Westernhotel
von 1927 ganz im Stil des Old West. Der lu-
xuriösere Adobe-Flügel bietet wunderschöne
Schattenplätze und erinnert an Santa Fe. Großer Pool, Fitness, WLAN.
Das **12 Gage Restaurant** bietet Frühstück,
Lunch und Dinner ($$–$$$), außerdem befin-
det sich im Haus die **White Buffalo Bar**. Da das
Gage Hotel den Mittelpunkt von Marathon
darstellt, ist das Restaurant zugleich der kulinarische Höhepunkt im Ort. $$–$$$

🏨🪧 **Marathon Motel & RV Park**
US 90, P.O. Box 141, Marathon, TX 79842
✆ (432) 386-4241, www.marathonmotel.com
Einfaches, aber nettes Motel am westlichen
Ortsausgang gelegen, zusätzlich RV und Cam-
ping möglich. $

❌ **Kleinere Restaurants**
(z. B. Famous Burro, Guzzi Pizza) finden sich
entlang der Hauptstraße von Marathon, vgl.
auch www.marathontexas.com/dining.

Seminole Canyon

Die Große Biege
Big Bend National Park

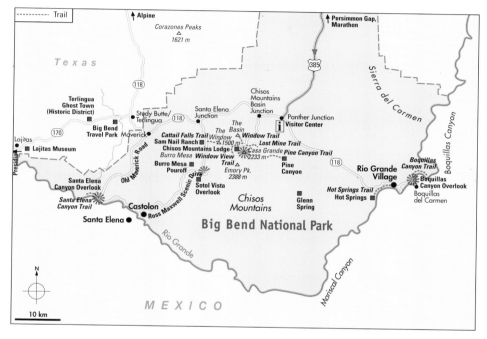

2. Tag: Marathon – Big Bend National Park (109 km/68 mi)

km/mi	Route	
	Route	**Route vgl. Karte S. 186.**
0	Am Vormittag in **Marathon** auf die S 385 nach Süden zum	
109/68	**Big Bend National Park** (Headquarters bei Panther Junction).	
	Wanderung auf dem **Window Trail**, zu den **Cattail Falls** bzw. im **Pine Canyon**. Am späteren Nachmittag in die Geisterstadt **Terlingua**.	

Alle weiteren Entfernungsangaben hängen vom Übernachtungsort (vgl. S. 213 ff.) bzw. von den ausgewählten Wanderrouten (vgl. S. 196 ff.) ab.

Wandern im Big Bend National Park

Hier werden zwei Reisetage für den Big Bend National Park vorgestellt. Vor allem im Frühjahr (April) und Herbst (Oktober/Anfang November) sollte man mehr Zeit einplanen, denn es bieten sich vielfältige Möglichkeiten: bequeme Naturpfade ebenso wie stramme Bergtouren, mehrtägige Schlauchbootfahrten durch die Canyons, Kanutrips auf eigene Faust, aber auch Ausritte, bei denen die Kinder mitkommen können.

Big Bend bietet eine Fülle wunderschöner Wanderwege auf insgesamt rund 320 km Länge. Die Wahl der Wanderungen ist natürlich abhängig von den individuellen Präferenzen sowie der Jahreszeit. Viele Wanderwege starten in den Chisos Mountains, in der Nähe der Lodge. Grundsätzlich bieten sich die Wege in den Chisos Mountains vor allem für die wärmere Jahreszeit an.

Wichtig: Reichlich Wasser (mindestens vier Liter pro Person und Tag), Sonnenschutz (mindestens Lichtschutzfaktor 30), Wanderschuhe und ein Hut sind ein Muss. Vorsicht ist geboten bei der Mitnahme von Nahrungsmitteln. In sehr seltenen Fällen kann man auf einen Schwarzbären *(black bear)* oder einen Berglöwen *(mountain lion)* treffen, die durch den Geruch der Nahrungsmittel angelockt werden. Praktische Empfehlungen bekommt man am besten im National Park Visitors Center in Panther Junction. Vor allem für ambitionierte Wanderer empfiehlt es sich, vor Reiseantritt einen Hiking Guide anzuschaffen, z. B. Laurence Parent »Hiking Big Bend National Park« (Falcon Guides).

Hier eine Auswahl an schönen Wanderwegen:

Westteil des Parks
Santa Elena Canyon: Von **Panther Junction** aus ca. 70 km südwestlich am Ende des Ross Maxwell Drive. Santa Elena Canyon ist einer der populärsten Trails, allerdings weniger wegen der Wanderung selbst, sondern wegen des spektakulären Canyons mit bis zu 450 m hohen Steilwänden. Zu Beginn des Weges überquert man den Terlingua Creek, was mit normalen Wanderschuhen i.d.R. kein Problem ist. Es folgt ein kleiner Auf-

Sonnenuntergang in den Chisos Mountains

stieg, um den Trail zu erreichen. Nach Überschwemmungen oder schweren Regenfällen ist es u. U. nicht möglich, den Terlingua Creek zu überqueren.

Länge: 2,6 km, Dauer: eine Dreiviertel- bis eine Stunde, einfach.

Cattail Falls: Cattail Falls gehört zu den Trails, die nur sehr selten beschrieben werden und deren Zugang in den Big-Bend-Karten nicht eingezeichnet und daher auch nicht ganz leicht zu finden ist. Dafür wird man mit einer wunderschönen Wanderung belohnt. Von **Panther Junction** aus kommend fährt man den Ross Maxwell Drive

Die Wüste blüht...

ein paar Kilometer Richtung Castolon. Kurz bevor man rechts das Zeichen zur Sam Nail Ranch sieht, zweigt linker Hand eine nicht gekennzeichnete Dirt Road in Richtung Berge ab, die man nur mit einem SUV *(Sport Utility Vehicle)* befahren sollte. Diese Dirt Road führt ca. 20–30 Minuten durch die Wüste und endet an einem Parkplatz. Von dort geht es zu Fuß weiter, bis rechts ein Zeichen den Weg nach Cattail Falls weist. Dort beginnt eine sehr abwechslungsreiche Wanderung durch offene Wüstenlandschaft. Dann geht es in den Canyon, an dessen Ende man an einen wunderschönen Wasserfall gelangt.

Länge: 5–6 km, Dauer: zwei Stunden, einfach.

Ostteil des Parks

Hot Springs: Von **Panther Junction** die Old Maverick Road ca. 28 km in südöstlicher Richtung fahren bis zum Abzweiger rechts nach **Hot Springs** (von dort ca. 2,5 km bis zum Parkplatz). Der Ausflug nach Hot Springs zum Baden in den heißen Quellen (41 °C) bietet sich vor allem morgens oder spätnachmittags/abends an. J. O. Langford hat hier 1909 ein Health Spa errichtet, weil er fest an die heilende Wirkung der Quellen glaubte. Überreste, etwa das ehemalige Motel oder Post Office, sind heute noch erhalten. In den 1940er Jahren wurde die Anlage Teil des Nationalparks. Nach einem Bad in den heißen Quellen kann man dem Weg am Fluss weiter folgen und biegt dann links ab zum Rückweg über die Klippe. Von hier aus hat man einen schönen Blick auf den Rio Grande sowie die Berge und die Wüstenlandschaft in Mexiko. Der Weg endet dann wieder am Parkplatz.

Länge: 1,2 km, Dauer: eine halbe Stunde, einfach.

Boquillas Canyon Trail: Von **Hot Springs** aus biegt man auf die Old Maverick Road in Richtung Rio Grande Village ab. Vor Rio Grande Village zweigt man links auf die Boquillas Canyon Road ab und fährt ca. 6 km bis zum Parkplatz am Ende der Straße.

Der Trail geht über einen flachen Limestone-Hügel. Viele Prickly-Pear-Kakteen säumen den Weg. Dann rechts halten, dem Weg zum Ufer des Rio Grande folgen, der wunderschöne Blicke auf den Fluss und die Mündung des Boquillas Canyon eröffnet.

Länge: 2,2 km, Dauer: eine knappe Stunde, einfach.

Chisos Mountains: beeindruckende Blütenpracht

Chisos Mountains

Window View Trail: Ein kurzer Rundweg Richtung Westen, der ganz in der Nähe der **Chisos Mountain Lodge** beginnt. Ein schöner Platz, um den Sonnenuntergang im Park zu beobachten.
Länge: 0,5 km, Dauer: eine Viertelstunde, sehr einfach (asphaltiert, daher rollstuhlgeeignet; Parkbänke).

The Window Trail: Der Trail startet vom **Chisos Basin Campground** in der Nähe des Platzes Nr. 52. Über eine Strecke von rund 3 km geht es zunächst deutlich abwärts (Höhenunterschied ca. 250 m) mit einem entsprechenden Wechsel in der Vegetation und hervorragenden Ausblicken auf die Gipfel der Chisos Mountains. Die letzten 1,5 km führen durch einen kühlen schattigen Canyon, der durch den Oak Creek geformt wurde. Am Ende des Weges erreicht man **The Window** – der das Chisos Basin entwässert. Die Gegend ist beliebt bei wilden Tieren, z. B. Javelinas, Füchsen und selten auch einmal einem Schwarzbären.
Länge: 7 km, Dauer: drei bis dreieinhalb Stunden, mittelschwer, vor allem starker Anstieg auf dem Rückweg.

Lost Mine Trail: Man fährt von **Panther Junction** die Old Maverick Road 5 km in Richtung Westen und biegt dann links in Richtung Chisos Mountain Lodge auf die Basin Road ab. Nach ca. 8,5 km folgt der Parkplatz von **Panther Pass** und der Eingang zum Trail. Ein idealer Weg, um Pflanzen- und Tiervielfalt der Chisos Mountains kennenzulernen. Der Weg startet auf einer Höhe von ca. 1700 m und steigt kontinuierlich an bis zur Spitze auf 2100 m, von wo aus man Pine und Juniper Canyon bewundern kann.
Länge: 7,7 km, Dauer: drei bis vier Stunden, anspruchsvoll, kaum Schatten.

Pine Canyon: Von **Panther Junction** aus fährt man die Old Maverick Road 8 km in Richtung Osten und biegt dann rechts auf eine Dirt Road, die Glenn Spring Road, ein, nach ca. 3,5 km dann rechts in die Pine Canyon Road. Auch diese Dirt Road sollte man möglichst nur mit einem SUV befahren.

Zu Beginn steigt der Trail an und führt durch eine offene, mit Sotol gesprenkelte Wüstenlandschaft. Nach ca. 1,5 km erreicht man den dicht bewaldeten, schattigen Canyon. Hier findet man Pinyon-Kiefern, Pinien, Eichen, Ahorne und Texas-Madronen. Der Weg endet am Fuße eines 50 m hohen Felsen, der sich nach kräftigen Regengüssen zu einem dramatischen Wasserfall entwickeln kann.
Länge: 6,4 km, Dauer: zwei bis zweieinhalb Stunden, einfach.

Eine Dreiviertelstunde nach Verlassen von Marathon, verschafft sich der **Big Bend National Park** erst einmal Respekt durch ein drastisches Tempolimit. Das bringt mehr Muße, die von fleißigen Park Rangers gepflanzten Vorzeige-Kakteen zu würdigen, und für die ersten spektakulären Eindrücke dieser Urlandschaft, die Felsmassive der Sierra del Carmen oberhalb des Boquillas Canyon im Osten zum Beispiel.

Wenn es ein Aschenputtel unter den amerikanischen Nationalparks gibt, dann heißt es Big Bend. Unter den Topstars der Naturwunder-Szene kursiert sein Name nicht, was vor allem an der Abgelegenheit des 1944 gegründeten Parks liegt. Selbst wer hier wohnt, bekommt das zu spüren. Zu einem guten Zahnarzt muss man oft bis nach San Antonio fahren. Und das dauert ja bekanntermaßen. Mobilfunkempfang ist eher ein Glücksfall. Zumindest erlauben WLAN und Satellitenschüsseln den Kontakt zum Rest der Welt. Aber Tageszeitungen? Nein. Big Bend an der großen Biegung des Rio Grande erweist sich als ein natürlicher Geheimtipp im Winkel.

Der riesige, insgesamt rund 3200 Quadratkilometer große Landschaftsbrocken vereint im Grunde drei unterschiedliche Parks: das **Zentralmassiv der Chisos Mountains**, umgeben von den grünsten und kühlsten Flecken der Region; die karge **Chihuahua-Wüste** zu ihren Füßen im Süden des Parks, heiße angeschwemmte Niederungen, durchbrochen von kleinen Mesas; und den **Rio Grande**, der 190 Kilometer lang den Grenzfluss im Park spielt und der außerhalb seiner drei großen Canyons (Santa Elena, Boquillas und Mariscal) eine oasenhafte Vegetation entlang seinen Ufern und in den Auen bewässert, die im scharfen Kontrast zum durchweg kargen Wüstengeröll steht.

Entsprechend vielfältig sind die Lebensräume und damit die vorkommenden Tier- und Pflanzenarten in Big Bend. Während die Schwarzbären, Berglöwen und Adler die kühlen Höhen der Bergwälder schätzen, Coyoten und Kaninchen, Schlangen und Eidechsen sich am liebsten an die stacheligen Meister des Wasserspeicherns in der Wüste halten, gefällt es den Schwalben, Wachteln und

Weitere Outdoor-Aktivitäten

Reiten: Ausritte werden vor allem von Lajitas aus angeboten – entweder auf Stundenbasis oder auch über mehrere Tage (vgl. Service & Tipps, S. 216).

Bootstouren: Vor allem die Canyons (Santa Elena und Bouquillas) kann man am besten vom Wasser aus erleben, entweder per Schlauchboot *(Rafting)* oder Kanu *(Canoing)*. Man ist allerdings sehr stark abhängig vom Wasserstand des Rio Grande, der im Sommer oft nicht genügend Wasser führt.

Am besten entscheidet man sich für eine Mehrtagestour mit einem lokalen River Guide. Darüber hinaus gibt es verschiedene **Mountainbiking**-Angebote (vgl. Service & Tipps, S. 215).

Canoing im Big Bend National Park

Regenpfeifern bei den Kies- und Sandbänken des Flusses am besten – auch dem feuerroten Cardinal, einer der 400 Vogelarten, die im Park gesichtet worden sind.

Die Temperaturen schwanken zwischen Sommer und Winter, Berg und Tal, Tag und Nacht beträchtlich. Auch das hat dazu beigetragen, Form, Funktion und Verhalten der Wüstenpflanzen und -tiere zu bestimmen. Unter den Wüstentieren gibt es wunderliche Formen der Anpassung an das extreme Klima, zum Beispiel bei der *spadefoot toad*, einer Krötenart, die bis zu zehn Monate pro Jahr in der Erde lebt. Erst nach einem Sommerregen versammelt sie sich mit ihren Artgenossen an temporären Wasserlöchern, um sich zu paaren und Eier in das stehende Wasser zu legen. Daraus werden innerhalb von Stunden oder wenigen Tagen Kaulquappen, die meist binnen zwei Wochen zu Kröten heranwachsen. Sollte das Wasserloch jedoch vorher austrocknen, dann dienen die verendeten Tierchen der nachfolgenden Generation als Nahrung.

Auch die Schlangen müssen sich vor dem Extremklima schützen. Es ist also keineswegs so, wie Besucher oft befürchten, dass der Park zu jeder Zeit von giftigem Getier wimmelt. Die Schlangen verziehen sich meistens unter Steine oder unter die Erde, wenn es zu heiß oder zu kalt ist, und weichen mit ihren Aktivitäten oft auf die Nacht aus.

Ein anderer typischer Wüstenbewohner ist die Kängururatte, die den Schlangen mit der Quaste an ihrem langen Schwanz Sand in die Augen streut. Sie kann Wasser nicht nur konservieren, sondern auch produzieren, denn aus den trockenen Körnern, von denen sie lebt, stellt sie chemisch H_2O her, *metabolic water*, wie es genannt wird. Mehr braucht sie nicht, keine Quellen, keine feuchtigkeitshaltigen Pflanzen oder Insekten.

Erstaunlich sind beim *black-tailed jackrabbit*, einem Wüstenkaninchen, die riesigen Ohren. Das durch sie zirkulierende Blut wird gekühlt und setzt so die Körpertemperatur herab. Ansonsten bevölkern Rehe, Schafe und Wildschweine (*javelinas*) die magischen Weiten unterhalb der Chisos-Berge, die vor 60 Millionen Jahren aus dem Magma zu blockartigen Gebilden, wie die der Casa Grande, des Tall Mountain und des South Rim erodierten.

Spärliche prähistorische Funde deuten darauf hin, dass hier vor 10 000 Jahren Indianer als Halbnomaden lebten. Man verlor ihre Spuren, andere indianische Jäger und Sammler kamen und verschwanden ebenfalls aus noch heute unbekannten Gründen. Um 1200 ließ sich eine Gruppe von Pueblo-Indianern aus New Mexico am Treffpunkt von Rio Conchos und Rio Grande als sesshafte Farmer nieder. Die Spanier, die Anfang des 16. Jahrhunderts auf der Suche nach Bodenschätzen in das Land einbrachen, mieden die unwirtliche Big-Bend-Region, die sie *El Despoblado*, das unbewohnte Land, nannten.

Zu Beginn des 18. Jahrhunderts dominierten die Apachen das Gebiet. Sie waren von den Comanchen aus den Plains nach Süden abgedrängt worden

Javelinas mögen Big Bend

und nervten die Spanier so lange mit Überfällen, bis diese sich Ende des 18. Jahrhunderts mehr und mehr zurückzogen. Den erhofften Reichtum hatten sie ohnehin hier nicht finden können. Als Mexiko 1821 seine Unabhängigkeit gewann, gaben sie völlig auf. Ihnen folgten die Comanchen, die ihrerseits von den Anglos aus den fruchtbarsten Gebieten verscheucht wurden. Sie mussten sich in dem kargen Land einrichten, und möglicherweise erwiesen sich ihre Überfälle auf Trecks als einträgliche Nebenverdienste für die neue Existenzgründung. Jedes Jahr im Sommer fielen die Comanchen auf ihrem gefürchteten *Comanche War Trail* in Mexiko ein und über Siedlungen und Ranches her.

Als Texas annektiert und in Kalifornien Gold gefunden wurde, kamen mehr weiße Siedler in die Gebiete und mit ihnen Soldaten, die die Indianer systematisch bekämpften und dezimierten. Ende des 19. Jahrhunderts begann der große Vorstoß der Gringos nach Big Bend. Die ersten Ranches entstanden an den Hängen der Chisos Mountains. Vieh und Pferde, Schafe und Ziegen wurden gezüchtet, aber ihr *overgrazing* strapazierte das Grasland. Als 1942 der Staat Texas Land und Ranches kaufte, war der Boden bis auf den letzten Halm abgegrast. Gut zu sehen ist das im Green Gulch (zwischen Basin Junction und dem Chisos Mountain Basin), wo die Eichen abstarben, weil das Wasser zu schnell versickerte.

In der ersten Hälfte des 20. Jahrhunderts blühte das Geschäft mit Zinnober, dem wichtigsten Quecksilber-Mineral. 1900–42 ließ man den gefährlichen Abbau im Wesentlichen von mexikanischen Arbeitern betreiben. Dann rutschte der Quecksilberpreis in den Keller, der Minenbesitzer, ein Industrieller aus Chicago, machte Pleite und Terlingua, die Minenstadt, wurde versteigert.

Kaktusblüte in den Chisos Mountains

Indessen geht die Wachsproduktion an der großen Krümmung weiter. Sie basiert auf der Wachspflanze *(candelilla)*, die nur hier, und auch nur auf Kalkstein wächst; eine blattlose Wüstenpflanze, deren Knospen eine milchige Flüssigkeit abgeben, die den Grundstoff für das Wachs bildet. Daraus werden Gummi, Fußbodenwachs, Politur und Schallplatten hergestellt. Anfang des 20. Jahrhunderts entstanden große Wachsfabriken in McKinney und Glenn Springs, bis die Pflanzen fast ausgerottet waren. Sie haben sich wieder erholt, werden noch ab und zu geerntet und mit Eseln aus dem unwegsamen Gebiet weggeschafft.

Den **ersten Tag** in Big Bend kann man zum Beispiel mit einer schönen Wanderung starten: Es empfehlen sich der

Von der alten Minenstadt Terlingua ist nicht mehr viel übrig geblieben

Window Trail (wegen der spektakulären Ausblicke und des Wildlife) oder **Cattail Falls** bzw. **Pine Canyon** beide wegen ihrer abwechslungsreichen Vegetation und des Wasserfalls jeweils am Ende des Trails.

Am (späteren) Nachmittag sollte man dann einen Besuch in **Terlingua** einplanen, der Geisterstadt aus alten Quecksilbertagen. Schwer vorstellbar, dass hier einmal 2000 Menschen wohnten; heute sind es vielleicht knapp 100. Ein paar Steinwürfe westlich von Study Butte, rechts am Schild TERLINGUA, führt die Schotterstraße zu dem merkwürdigen Ensemble erdfarbener Schuppen, vorbei an den alten Gräbern des sehenswerten Friedhofs, nach Downtown: eine Trading Company, ein paar Shops und Hotels sowie eine schöne Bar.

An klaren Tagen kann man von hier aus den freien Blick auf die Chisos Mountains genießen, während im Vordergrund die säuberlich aus Felsbrocken aufgeschichteten Ruinen der Erdhäuser im satten Licht der späten Sonne leuchten. Einige von ihnen sind wieder wohnlich hergerichtet, wenn auch nach wie vor meist

ohne Strom und Wasser. So wirken sie schlichtweg steinzeitlich, sind aber gerade recht und billig genug für die modernen Klausner, Aussteiger und schrulligen Käuze, die sich in diese gottverlassene Ecke der USA zurückgezogen haben.

Über allem ragt etwas höher gelegen **Perry Mansion**, früher das Wohnhaus des Minenbesitzers aus der Blütezeit des Zinnober-Abbaus, heute eine charmante Hotelruine in der man tatsächlich übernachten kann.

Wenn die Kraft der Sonne gebrochen ist, wird es auf der Veranda der **Terlin-**

Perry Mansion beherbergt heute ein Hotel

gua **Trading Company** dem Hangout der Local Heroes lebendig. Am besten man holt sich in der Trading Company ein Bier und gesellt sich dazu. Heute Nachmittag sind die Herren von der staatlichen Wasserkommission aus Austin eingetroffen. Bei jedem ihrer Besuche ärgern sie die Geister von Terlingua mit dem Hinweis, dass ihre Wasserversorgung wieder mal gefährdet sei, weil die Fluor-Grenzwerte überschritten wären. Man müsse jetzt endlich Zisternen bauen, um das Regenwasser aufzufangen. Aber woher soll, anders als in Austin, der Regen denn kommen?

Die Wasserprüfer wissen es auch nicht. Für sie steht erst mal nur fest, dass sie heute Abend trotz des klaren Sternenhimmels über Big Bend nicht mehr nach Alpine zurückfahren. Sie halten sich lieber an die fluorfreien Drinks. Im Lauf des Abends wird man sie nebenan in der Bar des **Starlight Theatre** wiedersehen, dem Szenetreff der Einsiedler. Dann aber nicht mehr als *water commissioners*, eher schon als *booze commissioners*.

Auf der Veranda der Terlingua Trading Company

Überregional machte Terlingua von sich reden, als hier 1967 die ersten Weltmeisterschaften im *Chili Cook-off* ausgetragen wurden; nicht in den ruinösen Resten des alten Camps selbst, sondern in der nahe gelegenen **Villa de la Mina**, einem alten Bau, halb Ranch, halb Motel, auf dem Grundstück einer ehemaligen Mine. Wettkochen von Chili-Gerichten war immer schon ein Volkssport im gesamten Südwesten, vor allem in Texas, wo man 1977 Chili sogar zum offiziellen »Staatsmenü« kürte. Aber so wild wie in Terlingua wird nirgendwo gekocht, für Feinschmecker und Schlinghälse gleichermaßen. *Having a good time,* die Devise aller Kochfestivals, ist hier mehr gefragt als anderswo. Die scharfen Schoten sind dabei nur der Anlass, das Drumherum zählt, vor allem,

wenn zu den paar Dutzend Eremiten plötzlich 5000 Menschen strömen. Da bleiben Eskapaden natürlich nicht aus.

Ein Koch ließ leichte Mädchen aus San Francisco einfliegen und kutschierte sie im Feuerwehrauto über das Festgelände. Anderen Garköchen wird nachgesagt, sie hätten sich tiefgekühltes Klapperschlangenfleisch von Neiman Marcus schicken lassen und es ihrem Chili untergejubelt. Das seriöse Warenhaus dementierte sofort. Man kann verstehen, dass viele Locals während des *Chili Cook-off* das Weite suchen.

Nachts hängt der schwarze Himmel tief und mit ihm die Sterne – sie scheinen zum Greifen nahe. Big Bends weiter Himmel ist unangefochten der beste Platz in den USA, um nachts die Sterne zu beobachten.

Kleiner Grenzverkehr am Rio Grande

Der große Moment wirkt unspektakulär. Vier Mitarbeiter der US Border Control waten am 10. April 2013 unbewaffnet und mit hochgekrempelten Hosen von **Rio Grande Village** durch den flachen Rio Grande. Der Fluss markiert die Grenze zwischen den USA und Mexiko. Auf der anderen Seite, im Dorf **Boquillas del Carmen**, werden sie von ihren mexikanischen Kollegen freundlich begrüßt.

Der Ausflug der grün uniformierten US-Beamten markiert eine Zeitenwende. Elf Jahre lang hatten die Amerikaner den einst florierenden Grenzverkehr stillgelegt. Nun lassen sie ihn wieder zu. Zwei mannshohe Maschinen, Geldautomaten nicht unähnlich, sorgen für die neue Reisefreiheit. Wer die Grenze Richtung USA überqueren will, muss seinen Reisepass und ein eventuelles Visum in einen Scanner einlegen, der die Daten in das mehr als 500 Kilometer entfernte El Paso übermittelt. Dort prüft ein Grenzbeamter die Dokumente, klärt Details mit dem Einreisenden telefonisch und erteilt dann mündlich die Einreisegenehmigung. Solche elektronischen Grenzkioske gibt es bislang zum befreundeten Kanada, im Bürokratenenglisch heißen sie »Class B Port of Entry«. Aber nach Mexiko?

Tatsächlich ist es der erste Übergang dieser Art an der 2000 Meilen langen Grenze zwischen beiden Ländern. Rund eine Milliarde Dollar haben die USA bisher investiert, um das Land vor den Gefahren aus Mexiko zu schützen: mit massiven Grenzzäunen, Hightech-Kameras und Radaranlagen. Und jetzt dieser praktisch unbemannte Grenzübergang. Dass er gerade hier steht, ist kein Zufall. Der Rio Grande bildet über 250 Meilen die natürliche Grenze zwischen Mexiko und den USA. Da der Fluss oft kaum Wasser führt, ist er leicht zu durchqueren: mit dem Pick-up, per Boot, mit dem Pferd oder einfach zu Fuß.

Warten auf die Grenzöffnung an beiden Ufern des Rio Grande: Boquillas

Gegenüber von Big Bend im Bundesstaat Coahuila liegt das mexikanische Dorf Boquillas del Carmen. Einst war es ein wichtiger Außenposten, um das in der Sierra del Carmen geschürfte Silber über den Rio Grande in die USA zu bringen. Mit Einstellung des Bergbaubetriebs 1944 verlor Boquillas seine wirtschaftliche Grundlage. Der Ort hat keinen Anschluss ans Stromnetz und auch sonst nichts. Die nächstgelegene Stadt ist fast 200 Meilen entfernt und nur per Staubpiste durch die Wüste zu erreichen. Wer sich mit dem Pick-up dorthin aufmacht, braucht fünf bis sechs Stunden. Was lag da näher als sich gegenseitig zu besuchen? Die Einwohner von Boquillas hatten kleine Jobs auf der US-Seite und kauften dort auch ein. Umgekehrt kamen Touristen aus Big Bend zum Essen und Trinken nach Mexiko. Freundschaften, Ehen, Beziehungen waren die Folge. Die Touristen genossen es, auf Pferden am Rio Grande entlangzureiten, sich ein paar Tacitos und ein Bier zu genehmigen oder die nahe gelegene Sierra del Carmen zu erkunden. Nachbarschaftshilfe gehörte zur Tagesordnung.

Die US Border Control duldete den informellen Grenzverkehr über Jahrzehnte, obwohl ihre Beamten an anderer Stelle häufig zur Waffe griffen, wenn Illegale über die Grenze wollten. Erst die verschärften Einreisebestimmungen nach dem 11. September 2001 setzten dem kleinen, aber intensiven Grenzverkehr im Mai 2002 ein jähes Ende. Seither sind Grenzübertritte illegal und werden entsprechend hart bestraft.

Das war das wirtschaftliche Aus für Boquillas. Menschen, die früher ein paar Minuten voneinander entfernt lebten, mussten – bei Nutzung offizieller Grenzübergänge – eine rund zwölfstündige Reise auf sich nehmen. Die meisten Einwohner gaben auf. Sie suchten ihr Glück in größeren mexikanischen Städten. Gerade einmal 120 sind

Diese Bar in Boquillas del Carmen gab es schon …

geblieben, unter ihnen der Tenor Victor Valdez. Mitten im Wasser des Rio Grande, noch auf mexikanischer Seite stehend, schmetterte er mit mächtiger Tenorstimme sein »Ay ay ay ay / Canta y no llores« durch den Boquillas Canyon. Mit Hilfe eines auf die andere Flussseite reichenden Klingelbeutels versuchte er, den Nationalparkbesuchern auf amerikanischer Seite ein paar Dollars zu entlocken.

... Ende der 1990er Jahre

Für die Grenzöffnung hat sich Boquillas herausgeputzt. Nach elf Jahren Isolation wurden die Häuser gestrichen. Abfälle weggeräumt, Geschäfte, die jahrelang leer standen, sind plötzlich wieder mit Kunstgewerblichem bestückt, und das halbe Dorf kocht für die Besucher von der amerikanischen Seite.

Morgens um 9 Uhr ist es dann auch für die ersten Besucher so weit. Mike Davidson, eigentlich für den Tourismus in Brewster County zuständig, gibt den Fährmann. Er muss heute richtig ran, 80 Besucher setzen über. Am Ende des Tages hat er einen mächtigen Sonnenbrand. Zufrieden ist er trotzdem: »Einer der schönsten Tage, an die ich mich erinnern kann. Dafür haben wir hier lange gekämpft.«

Am Anfang stehen sich Gastgeber und Gäste etwas unbeholfen gegenüber. Doch die Verlegenheit dauert nicht lang, bald sitzen alle beim Essen zusammen. Jetzt spürt jeder die Erleichterung. Die Menschen kennen sich seit Jahrzehnten. Wer konnte, hat sich auf den Weg gemacht. Und Victor Valdez kann endlich wieder trockenen Fußes seine mexikanischen Balladen schmettern.

Nebenberufs-Fährmann Davidson ist seit Jahren gut befreundet mit Ernesto Hernandez. Hernandez hat Mittel der amerikanischen Wirtschaftszone NAFTA lockergemacht, mit denen sich das Dorf vorbereiten konnte. »Die Öffnung der Grenze ist nicht viel mehr als ein erster Schritt«, sagt Hernandez. Er zeigt auf die Häuser, die dringend instand gesetzt werden müssen. »Wir brauchen Windgeneratoren und Photovoltaik-Anlagen. Und die Bodenerosion muss bekämpft werden.« Hernandez und seine Freunde auf der amerikanischen Seite haben große Pläne: »Die Schule von Boquillas soll in der Terlingua kooperieren. Und wir wollen hier eine nachhaltige touristische Infrastruktur aufbauen.«

Hindernisse gibt es genug. Zum Beispiel, dass kaum ein Mexikaner einen Reisepass und ein Visum hat. Nur mit diesen Dokumenten kann der neue Grenzkiosk Richtung USA passiert werden. Aber die 200 Dollar, die sie für die Papiere aufbringen müssten, hat niemand in Boquillas. So wird der Grenzübergang zunächst einmal eine Einbahnstraße in Richtung Mexiko bleiben.

Trotzdem, das Projekt ist ein mutiger Schritt, auch wenn es in beiden Ländern im tiefen Hinterland passiert. Leider ist fraglich, ob das mexikanisch-amerikanische Happy End in Boquillas den Politikwechsel unter Donald Trump überstehen wird. Vermutlich nicht.

Atempause
Touren im Big Bend Nationalpark

3. Tag: Big Bend

Vormittag: Bootsfahrten, Wanderung durch den **Santa Elena Canyon** und anschließender Stopp in **Castolon**.

Nachmittag: Nach **Hot Springs** und Baden in den heißen Quellen, anschließend Wandern auf dem **Boquillas Canyon Trail** (vgl. S. 197).

◁ *Santa Elena Canyon*

Wie ein *road runner* nach Big Bend zu flitzen ist eine Sache, an der »Großen Biege« eine tiefe Atempause zu machen, um die Stille der Bergwüste, die Formen der Steinwelt oder das Treiben des Flusses auf sich wirken zu lassen, eine andere. Dazu einige Vorschläge.

Da wären zunächst die **Bootsfahrten**, Touren für halbe oder ganze Tage oder gar länger. Die Trips zu Wasser außerhalb der Schluchten, das heißt westlich von Lajitas, sind in der Regel gemächliche Unternehmungen. Wayne hat uns zu einer solchen Fahrt eingeladen, aber ein spritziger Trip mit Härtetest und Nervenflattern wird nicht daraus. Dafür hat der Rio einfach zu wenig Wasser.

»Too skinny«, meint Jack, der mit roter Schwimmweste im Boot hinten sitzt und aufpasst, dass trotzdem nichts passiert. Er hat diesmal keine Stromschnellen zu meistern, sondern muss immer wieder raus ins Wasser, um das vollbepackte Schlauchboot von den dicken Steinen zu zerren und wieder flott zu machen. Auf mexikanischer Seite sichten wir an den Hängen eine Gruppe wilder Esel, die uns aus gebührendem Abstand mit gespitzten Ohren neugierig betrachten.

Spektakulärer sind die Trips durch einen der Canyons, am beliebtesten ist der von Santa Elena. Die Touren dauern einen ganzen Tag und länger, wenn zwischendurch auf den Sandbänken und den Grasflächen gezeltet und übernachtet wird. Diese grasbedeckten Uferpartien wirken so gepflegt, als sei hier ein Gartendirektor tätig gewesen. Im Winter kann es allerdings ziemlich kalt werden, weil die Sonne zwar vorher und nachher die lieblichen Flussauen bestrahlt, aber nicht in die Steinschlucht selbst eindringt. Vögel nisten im Canyon und ihre Rufe werden durch die engen Steinwände als Echo verdoppelt.

Gut gegen Rheuma, Blasenprobleme und Verstopfung: ein Bad in Hot Springs am Rio Grande

Eine Wanderung im **Santa Elena Canyon** und ein Stopp in **Castolon** (halber Tag) könnten so aussehen: Wer in Lajitas, Terlingua oder Study Butte übernachtet hat, kommt morgens von Westen und fährt die Old Maverick Road Richtung Westen bis zum Ende. Dutzende *road runners*, kreisende Falken, ein Kaninchen in weißen Unterhosen *(cottontail rabbit),* eines mit Riesenlöffeln *(jack rabbit),* Schmetterlinge, Käfer, bunte Insekten und lange dunkelrote Raupen sind die Zaungäste auf dieser kurzen Anreise. Vom Parkplatz aus muss man durch den je nach vorausgegangener Regenmenge mal schlapp, mal mitreißend fließenden Terlingua Creek waten, bevor man auf dem Santa Elena Canyon Trail in die Schatten spendende Schlucht eindringt.

Man vermutet ja, dass der Rio Grande nur so tut, als hätte er das alles selbst ausgefressen, dass er sich tatsächlich aber in das vom Rio Conchos gemachte Bett gelegt hätte, denn nur der sei imstande gewesen, diesen gewaltigen Einschnitt zu sägen.

Muscheln sammeln im knochentrockenen Big Bend? Aber ja, schließlich stand hier lange Zeit alles unter Wasser. Und während der Ozean wogte, bildeten sich Sedimente, die man heute noch finden kann. Austernbetten zum Beispiel.

Nach der kleinen Wanderung folgt man am besten der Straße flussabwärts nach **Castolon**. Unvorstellbar, dass die Flussauen zur Rechten mit Pappeln, Schilfgräsern und Weiden vor 50 Millionen Jahren üppige Savannen und Sumpfgebiete waren, in denen sich die Krokodile tummelten. Heute tun es ihnen Schildkröten, Welse, Hechte und Biber nach. Seit 1900 bauten hier mexikanische und amerikanische Siedler Mais und Baumwolle an; an einigen Stellen bei Castolon oder bei Rio Grande Village geschah das noch bis in die 1940er Jahre. Mittags drückt gewöhnlich die Hitze in Castolon, deshalb das schattige Bambusdach vor dem Geschäft der alten Trading Post, wo es wirklich alles gibt.

Schon zu Pancho Villas Zeiten war Castolon Handelsposten und Soldatencamp für die Garnison gegen die *bandidos*, von hier aus wurde am Rio Grande per Pferd patrouilliert. Geschmuggelt wird nach wie vor, denn der Fluss ist verlockend leicht zu überqueren – trotz deutlich verschärfter Grenzkontrollen.

Zurück fährt man den **Ross Maxwell Drive**, die *Scenic Route*, die sich von

Castolon zur Santa Elena Junction an verschiedenen Aussichtspunkten vorbei wieder nach Norden schlängelt. Unterwegs wechselt das Panorama von schokoladenbraunen über hellgelbe, zu eierschalen- und lilafarbenen Klippen und Hügeln, Ebenen, Canyons und Mesas. Lava und vulkanische Asche aus den Chisos Mountains gaben dieser Region ihre Farben, ihre Formensprache verdanken sie der Erosion. Wer in dieser Landschaft nicht nur als Tourist flüchtig vorbeischauen will, sondern überleben muss, braucht bestimmte Kenntnisse.

Allgemein gilt im Gebiet von Big Bend die scheinbar paradoxe Regel, dass man Wasser nur durch Klettern und Holz nur durch Graben findet *(you climb for water and you dig for wood)*. Das liegt daran, dass die Quellen an der Seite der Mesas oder Buttes ziemlich hoch austreten (keineswegs also aus dem Talgrund) und dass auch kleine Pflanzen mitunter ein beachtliches Wurzelsystem haben, nach dem man graben muss, um an Feuerholz zu kommen.

Beim **Sotol Vista Overlook** sollte man Ausschau halten, er gilt als der schönste und zugleich am bequemsten erreichbare Aussichtspunkt auf die Urlandschaft, in der man sich die gewaltigen Dinosaurier und fliegenden Superechsen gut vorstellen kann, die früher hier zu Hause waren.

Zwischen Burro Mesa zur Linken und den Chisos Mountains zur Rechten trifft die Straße an der Santa Elena Junction auf die US 118. (Wer von der Chisos Mountains Lodge kommt, fährt die beschriebene Route am besten in umgekehrter Richtung.)

Je nach Vorliebe kann man in den Chisos Mountains faulenzen, reiten, stramm oder geruhsam wandern (vgl. Tourbeschreibungen S. 198). In jedem Fall bewegt man sich in einer Region des Parks, die sich durch ihre Höhenlage und die dadurch kühleren Temperaturen von den anderen wesentlich unterscheidet.

Von der **Basin Junction** aus klettert die Straße durch den Green Gulch hoch zum **Chisos Basin**. Je höher man kommt, desto mehr weicht die Wüstenvegetation, um den Eichen, Ponderosa-Kiefern und Koniferen den Vortritt zu lassen. Am Parkplatz von Panther Pass beginnt der **Lost Mine Trail**, der die Anstrengungen seiner Benutzer (fast acht Kilometer hin und zurück bei 400 Metern Höhenunterschied, zu Details vgl. S. 198) mit farbigen Felsformationen und schönen Ausblicken belohnt. Im Basin, überragt vom Gipfel der Casa Grande, nistet die **Chisos Mountain Lodge**, die das Übernachtungs- und Beköstigungsmonopol innerhalb des Parks innehat. Hier kann man faul in der Sonne sitzen oder auch eine gemütliche Alternative zu Schweiß treibenden Wanderwegen finden, den **Window View Trail** nämlich, der praktisch vor der Tür liegt. Er ist lediglich 500 Meter lang und mit Bänken bestückt, von denen aus sich die eindrucksvollen Sonnenuntergänge im felsigen »Fenster« bequem erleben lassen – gemeinsam mit den lieblichen Taranteln, die um diese Zeit zum Abendspaziergang aufbrechen.

In der Wüste baden gehen, was gibt es Schöneres? Aber im Rio Grande? Lieber nicht, denn Treibsand und Strömungen machen ihn unberechenbar. Also, auf nach **Hot Springs** am besten am späten Nachmittag oder frühen Abend.

Ein paar Meilen vor bzw. westlich des Rio Grande Village zweigt von der Hauptstraße ein Weg in südlicher Richtung ab, der nach rund zwei Kilometern zu der Stelle führt, wo der kleine Tornillo Creek in den Rio Grande mündet. Hinter dem Parkplatz, einem alten General Store, vorbei an indianischen Piktogrammen in Kalksteinklippen, Schwalbennestern und Steinmulden, in denen Bohnen und Samen zermahlen wurden, liegt der historische Badeplatz – eine Schwimmbadruine. Die heilende Wirkung wurde in den 1920er und 1930er Jahren so gerühmt, dass man von Hot Springs als einem Jungbrunnen sprach, den Juan Ponce de Léon wohl übersehen haben muss. Das Wasser soll Rheuma, Blasenprobleme und Verstopfungen ebenso beseitigt haben wie die Sucht nach Tabak und Alkohol.

Der ursprüngliche Besitzer der Anlage, J. O. Langford, in Mississippi aufgewachsen und durch Malaria gesundheitlich geschwächt, ließ sich hier 1909 mit seiner Familie nieder und unterzog sich einer Badekur streng nach Anweisungen der Indianer. Er badete, trank das Wasser und wurde geheilt. Aber die Überschwemmungen des Rio Grande machten den Heilbädern bald danach den Garaus.

Trotzdem kann man sich heute hier im heißen Wasser entspannen, das geothermisch auf gleichbleibend etwa 41 Grad Celsius gehalten wird. Es stammt aus einem Becken »fossilen Wassers«, das sich vor mindestens 20 000 Jahren gesammelt hat. In der Regel ist es ruhig hier; mit ein Grund, weshalb sogar Mick Jagger hier auftauchte – weil er sicher sein konnte, von niemandem gesehen zu werden.

Zurück zur Hauptstraße und Richtung Boquillas Canyon. Der Ausflug über den **Boquillas Canyon Trail** ähnelt dem vom Santa Elena, immer vorausgesetzt, der

Einsame Piste: Parkstraße im Big-Bend-Gebiet

Wasserstand macht mit. Manchmal legt der Rio Grande nämlich kräftig zu und gibt sich völlig unnahbar. In einer knappen Stunde kommt man bequem hin und wieder zurück aus der Schlucht, über der sich weiter östlich die mächtigen Berge der Sierra del Carmen erheben.

Am frühen Abend in einem kleinen mexikanischen Schuppen an der Straße bei **Study Butte**. Wir sitzen bei einer saftigen Enchilada mit grüner Chile-Soße, die, wenn man Pech hat, das Gesicht auch schon mal grün färben kann. Ausgerechnet in diesem Augenblick fahren Mike und seine Familie, die wir gestern an einer Tankstelle kennengelernt hatten, im alten VW-Bus vorbei und grüßen. Big Bend zählt ja überhaupt zu den Regionen des intensiven Grüßens aus dem Auto. Sie laden uns ein, und bei Anbruch der Dunkelheit benutzen wir den kleinen Zettel, auf dem sie den Weg skizziert hatten. Ein paar Meilen geht es Richtung Alpine und dann über eine holprige Piste zum Steinhaus: zwölf Quadratmeter Wohnfläche, zwei Schlafstellen für die Kinder auf dem Boden, ein Bett für die Eltern, ein kleiner Tisch, drei Kerosinlampen. Kein fließendes Wasser, kein Strom, kein Internet. Die Kinder gehen nicht zur Schule, sie werden zu Hause unterrichtet. Von allem, was nach Staat und Gesellschaft, Fortschritt und Technik riecht, hat Mike genug.

Dem ehemaligen Soldaten ist außer Zynismus nicht viel geblieben. »Die Moral hierzulande ist dahin«, sagt Mike. Die Konsumwelt der Yuppies gebe den Ton an und herrsche über die Habenichtse. Als wir uns vor dem Haus auf die Bank setzen wollen, macht Mike gerade noch rechtzeitig einer *black widow* den Garaus. Dann blicken wir in die mondhelle Wüste, trinken Regenwasser und reden. Über den Nationalpark nebenan, der hier, wegen der Autotouristen, *Big Bend National Parking Lot* heißt; über militärische Taktiken der USA und überirdische Schauspiele auf dem Hen Egg Mountain, den man in der Ferne sehen kann und von dem herab schon bald ein neues Jerusalem käme, ein neues Zeitalter, eine bessere Welt.

Inzwischen ist im Dreieck zwischen Study Butte, Terlingua und Lajitas das gesellschaftliche Leben der *mountain people society* erwacht. Ein seltsames Völkchen, das im Blick auf den amerikanischen Durchschnitt nicht untypischer sein könnte: Aussteiger und Teilzeit-Jobber, die dem Anpassungsdruck an einen höheren Lebensstandard bewusst ausweichen und mit wenigen Ausgaben lieber so leben, wie es ihnen passt.

Und während auf der Veranda in Terlingua die Jack-Daniel's-Flasche zu kreisen beginnt, schart man sich in der »Kiva« um diverse Tequila-Sorten vom milden und teuren »Cuervo Gold« bis zum preiswerteren, weil aus heimischem Kaktus gewonnenen, »Sotol«-Verschnitt. Die Leute essen, sie schwatzen, machen Musik und tanzen. In der Saison sind meist ein paar Touristen dabei, die von ihren Bootsabenteuern auf dem Fluss schwärmen. Die Locals revanchieren sich, indem sie die Vorzüge ihrer Einsamkeit preisen, bisweilen auch von deren Nöten erzählen, zum Beispiel von den kalten Nächten, wenn nur noch Heizdecken helfen. (*You don't sleep with a local, and you don't sleep with a tourist. Just take your electric blanket.*)

Zuletzt stellt sich heraus: Einer hat kein Auto. Wir bringen ihn heim, unter dem Sternenzelt der Milchstraße nach Terlingua, in eines dieser Geisterhäuser, einen rohen, unverputzten Steinhaufen im Geröll, durch den der Wind fegt. Ein freundlicher Hund, ein Bett und ein Schreibpult warten schon: Pleistozän-Design für 45 Dollar Hausmiete im Monat.

2 **3** Service & Tipps

⚄ℹ️☎️✂️ Big Bend National Park (Park Headquarters)
US 385, Panther Junction, TX 79834-9999
✆ (432) 477-2251
www.nps.gov/bibe/
Visitor Center tägl. 9–17 Uhr, Park ganzjährig 24 Stunden geöffnet
Eintritt $ 25 pro Auto (gültig für sieben Tage)
Das Visitor Center bietet eine große Auswahl an Literatur und Karten für die Region. Faszinierende Landschaft an der »Großen Biege« des Rio Grande mit exzellenten Wander-, Reit-, Wassersportbedingungen und heißen Quellen. Weitere Informationen findet man unter: www.visitbigbend.com.

🏕️ Camping
Es gibt zahlreiche Campgrounds im Big-Bend-Gebiet, z. B. im **Chisos Mountains Basin** (Nähe Lodge) oder im **Rio Grande Village** (beide unter ✆ 1-877-444-6777). Im Frühjahr und Herbst kann es leicht zu Engpässen kommen, rechtzeitige Reservierung ist dann anzuraten.

🛏️ Innerhalb des Nationalparks existiert nur ein Hotel, die **Chisos Mountain Lodge**. Alle anderen Übernachtungsmöglichkeiten liegen im Westen, gerade außerhalb des Nationalparks in den Orten Terlingua, Study Butte und Lajitas. Die Wahl des Standorts ist abhängig von den individuellen Erwartungen.

🛏️✂️☎️ Chisos Mountains Lodge
Big Bend National Park
1 Basin Rural Station, TX 79834
✆ (432) 477-2292 und 1-877-386-4383
www.chisosmountainslodge.com
Ganzjährig geöffnet
Berg-Lodge mit dem einzigen **Restaurant** (✆ 432-477-2291, $–$$) innerhalb des Parks. Wer gerne mitten im Nationalpark wohnt und die typische Lodge-Atmosphäre nicht scheut, sollte hier übernachten. Viele Hiking-Trails starten in der Nähe. Eine Reservierung Wochen und Monate im Voraus ist erforderlich. $$$

ℹ️ Boquillas Port of Entry
Mi–So 9–18 Uhr (im Winter: 8–17 Uhr), Mo/Di geschl.

Boquillas Port of Entry – Grenzübergang zu Mexiko

Die Rückkehr von Boquillas nach Big Bend sollte man spätestens um 17.30 Uhr antreten. Man benötigt seinen Reisepass, der Grenzübertritt selbst ist kostenfrei, nur die Bootsüberfahrt kostet $ 5 pro Roundtrip. Die Bewohner von Boquillas warten mit Eseln und Pferden (Roundtrip $ 8) oder Pick-ups (Roundtrip $ 5), um die Besucher abzuholen. Man kann die knappe Meile bis ins Dorf aber auch zu Fuß zurücklegen.

Sobald man im Dorf angekommen ist, muss man sich beim Mexican Immigration Office (liegt in einem weißen Trailer rechter Hand, wenn man ins Dorf kommt) eine Aufenthaltserlaubnis *(Tourism Permit)* besorgen, die man beim Verlassen von Boquillas auch wieder zurückgibt.

Informationen unter:
http://boquillas.org
https://visitbigbend.com/visit-boquillas
www.nps.gov/bibe/planyourvisit/border_travel.htm.

⊠ 🍸 🏛 **Boquillas del Carmen**
Im Grenzdorf gegenüber vom Rio Grande Village in Mexiko gibt es zwei Restaurants: **Falcon's Restaurant** und **Restaurant Boquillas** bieten typische mexikanische Küche an, einen Shop mit Kunsthandwerk und die zünftige **Park Bar.**

Terlingua

Nur wenige Meilen vom westlichen Eingang des Big-Bend-Nationalparks. Wer die Atmosphäre einer wiederbelebten Ghost Town hautnah erleben möchte, sollte möglichst auch dort übernachten. Die nachfolgend aufgeführten Hotels sind eher klein, aber vermitteln am besten die Stimmung, die vor allem nachmittags und abends rund um die Terlingua Trading Company zu spüren ist.

🛏 **Holiday Hotel**
100 Ivey Rd.,
Terlingua, TX 79852
✆ (432) 201-1177
www.bigbendholidayhotel.com
Mitten in Terlingua neben der Terlingua Trading Company. Im Südwest-Stil eingerichtet. ($$$–$$$$). Der Eigentümer betreibt auch die

Local Hangout in der Wüste: Starlight Theatre Restaurant & Bar in Terlingua

etwas oberhalb gelegene Hotelruine **Perry Mansion** (1 Perry Mansion Dr., vgl. S. 202), einen alten, nur teilweise sanierten Adobe-Bau und früher das Wohnhaus des Minenchefs. Perry Mansion hat eine Suite mit zwei Schlafräumen. ($$$–$$$$)

La Posada Milagro Guesthouse and Casitas
100 Milagro Rd.
Terlingua, TX 79852
✆ (432) 371-3044
www.laposadamilagro.net
Mitten in Terlingua auf einem kleinen Hügel gelegen mit wunderbarem Blick. Stilsicheres Südwest-Design *(rustic chic)* in sanierten Steinhäusern aus der Zeit des Quecksilberbooms. Leider sind die Zimmerpreise für eine Ghost Town schon ziemlich ambitioniert. WLAN. Die kleine Espressobar **Espresso ...Y Poco Mas** gehört zum Hotel. $$$–$$$$

Chisos Mining Company Motel
Hwy. 170 (ca. 1 km von der Kreuzung der Hwys. 118 & 170)
Terlingua, TX 79852
✆ (432) 371-2254
www.cmcm.cc
Sehr einfache Motelzimmer, Cabin und Cottages. Nähe Terlingua Creek. $–$$

Starlight Theatre Restaurant & Saloon
631 Ivey Rd.
Terlingua, TX 79852
✆ (432) 371-3400
www.thestarlighttheatre.com
Tägl. ab 17 Uhr Dinner, Bar, oft Livemusik
Aus dem Theaterraum während der Blütezeit der Quecksilberstadt wurde eine rustikal-schicke Bar im Santa-Fe-Stil, raffiniert ausgeleuchtet und gemütlich mit Holzdecke. Südwest-Küche. $–$$

La Kiva Restaurant & Bar
Hwy. 170
Terlingua Creek, TX 79852
✆ (432) 371-2250
www.lakiva.net, tägl. ab 17 Uhr
Urige Bar, BBQ-Restaurant. Meist Livemusik. $–$$

Terlingua Trading Company
100 Ivey St.

Zeitvertreib in Boquillas del Carmen

Terlingua, TX 79852
✆ (432) 371-2234
www.terlinguatradingco.homestead.com
Tägl. 10–21 Uhr
In dem alten Laden der Chisos Mining Company werden Bücher, Chili-Utensilien, lokale Souvenirs und praktische Accessoires angeboten. Am wichtigsten ist der Kühlschrank in einem der hinteren Räume, wo man sein eiskaltes Bier für den Abend organisieren kann.

Angell Expeditions
✆ (432) 229-3713 und (305) 336-2787
www.angellexpeditions.com
Charles Angell bietet Mountainbiking, geführte Wanderungen, River-Rafting und Jeeptouren an. Reservierungen unter charles@angellexpeditions.com vornehmen.

Far Flung Outdoor Center
Hwy. 170, 1/2 mi westl. der Kreuzung Hwys. 118 & Farm Rd. 170, auf dem Weg nach Terlingua auf der rechten Seite
Terlingua, TX 79852
✆ 1-800-839-7238
www.bigbendfarflung.com

Ganzjährig Halbtages-, Tages- und mehrtägige Schlauchboot- oder Kanutouren. Jeeptouren in die Region.

⛏ Terlingua International Chili Championship
www.casichili.net/terlingua
1. Wochenende im November
Beim Chili Cook-off, dem früheren World Championship der Chili-Köche, geht es *rough & tough* zu. Diesen Zeitraum sollte man eher meiden, weil es dann mit der Beschaulichkeit im total überfüllten Terlingua vorbei ist.

⛏ Day of the Dead/El Día de los Muertos
Terlingua, TX 79852
2. Nov.

El Día de los Muertos – in Terlingua wird nach mexikanischer Tradition der Tag der Toten gefeiert

Auf dem Friedhof in Terlingua wird nach mexikanischer Tradition gefeiert. Den Verstobenen gedenkt man, indem man kleine Altäre auf dem Friedhof aufbaut, mit Bildern der Verstorbenen und den Dingen, die sie gerne gegessen und getrunken haben, sowie jeder Menge anderer Memorabilien und Totenköpfen.

Mit Beginn der Dämmerung kommen die Menschen aus der Umgebung zusammen und erinnern sich bei gemeinsamem Essen, Lagerfeuer, Gitarrenmusik, Gebeten und natürlich Bier und Tequila ihrer Verstorbenen.

Lajitas

Lajitas ist der Gegenentwurf zu Terlingua. Wer mehr Luxus und die typischen Annehmlichkeiten eines Resorts sucht, ist hier richtig aufgehoben.

🛏✕🍸⛱🎢👣 Lajitas Golf Resort & Spa
HC 70, Box 400
Lajitas, TX 79582
✆ (432) 424-5000 und 1-877-525-4827
www.lajitasgolfresort.com
Der Traum vom Old West als Luxus-Oase: Zwischen *Cowboy chic* und *Victorian charm,* verteilt auf diverse Hotelzimmer, Haciendas, Casitas.

Lunch und Dinner werden im angenehmen Esssaal des **Candelilla Café** mit schönem Blick serviert, außerdem Patio, mexikanisch geprägte und amerikanische Küche ($$– $$$). Rustikaler geht es im **Thirsty Goat Saloon** (Bar mit Live-Musik) zu, benannt nach der früher in Lajitas lebenden Ziege Clay Henry, die für ihren unstillbaren Durst auf *Lone Star Beer* berüchtigt war. Golfplatz (»Black Jack's Crossing«), Tennisplätze, Pool, Fitnesscenter und Wellness/Spa, Shopping am Boardwalk, eigener Flugplatz, Wander- und Bootstouren, Pferdeverleih. $$$$

🎢 Lajitas Stables
Hwy. 170 in Lajitas
Terlingua, TX 79852, 2 mi westl. des Lajitas Golf Resort & Spa
✆ (432) 371-2212 und 1-800-887-4331
www.lajitasstables.com
Tägl. 8–17 Uhr
Von hier aus werden kurze und lange Ausritte (mit Übernachtung) angeboten. 🌵

4 Entlang der River Road
Nach Marfa

»Der Rio Grande ist der einzige Fluss
in Amerika, der bewässert werden muss.«
Will Rogers

4. Tag: Terlingua – Big Bend Ranch State Park – Closed Canyon –
Presidio – Marfa (200 km/125 mi)

km/mi	Zeit	Route
	9.00 Uhr	In **Terlingua** auf die FM 170 nach Westen
22/14	9.30 Uhr	**Barton Warnock Environmental Education Center**, Rundgang durch den Wüstengarten. Weiter auf der FM 170 nach Westen
24/15	10.00 Uhr	**Lajitas**. Weiter auf FM 170 (River Road) zum
58/36	10.30 Uhr	**Closed Canyon Trailhead** (ca. eine Stunde Wanderung).
104/65	12.30 Uhr	**Presidio**, von da aus US 67 nach Norden über Shafter bis
200/125	13.30 Uhr	**Marfa**.

Alternativen und Extras

Von Presidio aus kann man die River Road noch weiter nach Westen fahren, sofern man über einen SUV verfügt. 58 km nordwestlich erreicht man **Ruidosa**. Nach 1 km zweigt dann die **Hot Springs Road** ab, die nach ca. 11 km nach **Chinati Hot Springs** führt (✆ 432-229-4165, www.chinatihotsprings.net, $$–$$$), eine kleine, abgeschiedene Oase in den Chinati Mountains, in der man die Heilkraft der natürlichen Quellen genießen und vollständig entspannen kann. Das Hotel stammt aus den

217

1930er Jahren und gehörte auch einmal Donald Judd. Man sollte die Anfahrt so planen, dass man auf keinen Fall im Dunkeln anreist. Außerdem muss man seine Verpflegung mitbringen, eine kommunale Küche steht zur Verfügung.

Von hier aus kann man am nächsten Tag weiterfahren nach **Marfa** über die **Pinto Canyon Road** und dann die **2810** nach Norden. Für die ca. 80 km lange Strecke, die teilweise nicht asphaltiert ist, muss man knapp zwei Stunden einplanen.

Heute heißt es Abschied zu nehmen von Big Bend, aber dem Rio Grande bleibt man entlang der River Road noch einen Teil des Tages treu. Je mehr *dips,* desto mehr ähnelt die FM 170 von Terlingua nach Westen einer Achterbahn. Kurz vor Lajitas verführt das **Lehrgärtchen von Grasprofessor Warnock** zu einer kurzen Lektion über die Tier- und Pflanzenwelt der Chihuahua-Wüste. Hier beginnt der **Big Bend Ranch State Park**, der sich von Lajitas bis Presidio entlang dem Rio Grande erstreckt.

Lajitas präsentiert sich wie ein potemkinsches Dorf West, wie eine perfekte Westernstadtkulisse: ein touristisches Servicepaket aus Holz mit Airconditioning. Big Bend, die Ruhe in Natur, im Aufschwung? Lange hatte es geheißen, das Quecksilber habe das gesamte Grundwasser verdorben. Also, Wassermangel.

Schon aus diesem Grund würde es hier kein rasantes Wachstum geben. Wer weiß, denn immerhin hat sich zu den bekannten Vorzügen von Lajitas – der Stille, dem alten Trading Post in Ufernähe und

Führt am Rio Grande entlang: die River Road

Wandern im Big Bend Ranch State Park

Man sollte bereits am Barton Warnock Environmental Education Center in Terlingua (vgl. Infos S. 224) den Eintritt für den Park bzw. für die Trails bezahlen und sich mit weiteren Informationen versorgen.

Closed Canyon Trail: 22 mi/35 km westlich des Barton Warnock Center erreicht man auf der River Road (FM 170) links von der Straße den Parkplatz zum Trail. Man klettert ein paar Felsen hinunter und folgt dann dem Wash zum Canyon-Eingang, gelegentlich unterbrochen durch kleine Wasseransammlungen (ca. 250 m von der Straße). Je näher man dem Ziel kommt, umso mehr rücken die steilen (bis zu 50 m hohen) Felswände zusammen, so dass man kaum mehr die Arme ausbreiten kann. Je nachdem, wie lange der letzte große Regen zurückliegt, stößt man auf u.U. von einem vorangegangenen Regen mit Wasser gefüllte tinajas (Spanisch für Krug), die den Weg in den tiefer gelegenen Teil des Canyons blockieren können.

Gegen Ende geht der Weg in Richtung Rio Grande in zunehmend steileren Stufen abwärts, die vor allem für den Rückweg eine entsprechende Kletterausrüstung (Wanderschuhe, Seil etc.) erfordern. Die meisten Wanderer kehren hier um.

Vorsicht: Beachten bzw. erfragen Sie beim Warnock Center die Wettervorhersagen, weil die steilen Canyonwände im Falle einer plötzlichen Überschwemmung keinen Fluchtweg bieten.

Länge: 2,3 km, Dauer: 30–45 Minuten, bis zum steilen Abstieg einfach.

Rancherias Canyon Trail: 1,5 km westlich vom Closed Canyon Trailhead (siehe oben) auf der River Road (FM 170) dem Hinweis auf den West Rancherias Trailhead folgen. Vom Parkplatz auf dem Fußweg bis zu einer Weggabelung. Linker Hand geht es zum Rancherias Loop, einem 33,5 km langen, sehr fordernden Trail, rechter Hand zum hier beschriebenen Rancherias Canyon. Rancherias ist ein tiefer und weiter Canyon, an dessen Ende man auf einen schönen Wasserfall trifft (Rancherias Falls). Kleine Steinhaufen markieren den Weg dorthin. Für den Weg zurück sollte man unbedingt dieselbe Strecke wählen.

Länge: ca. 15 km, Dauer: 5–6 Stunden, mittelschwer (Höhenunterschied ca. 300 m).

der Möglichkeit von Bootstouren auf dem Rio Grande ein Golf-Resort gesellt.

Also doch *nomen est omen*? Lajitas bedeutet »flache Steine«, einen sicheren Übergang über den Fluss, der auch so häufig genutzt wurde, dass 1915 die Errichtung eines Forts und die Stationierung von US-Truppen fällig wurden, um die mexikanischen Raubritter und Halsabschneider um Pancho Villa zur Raison zu bringen. Der Cavalry Post Motor Inn steht auf den Fundamenten dieses ehemaligen Kavallerie-Forts.

Zwischen Lajitas und Presidio wird die FM 170 zur **River Road**, zum *El Camino del Río*, einem der schönsten Highways des Westens. Je früher man vom Big Bend National Park losfährt, umso schöner ist gewöhnlich das Licht. Aber welche Tageszeit auch immer, die Straße tut alles, um hinreißende *vistas* und Perspektiven auf den Fluss und die ihn flankierende Bergwelt zu eröffnen. Sie steigt und fällt, taucht in *washes* und legt sich in Kurven, kurz, sie ist ein echter *Blue Highway*, eine jener stilleren Wege, die fernab der großen Interstates und Bundesstraßen über Land führen. »Blau« heißen sie, weil sie auf den älteren US-Karten blau eingezeichnet waren.

Wo heute die bequem durchreisenden Naturästheten auf ihre Kosten kommen, standen früher handfestere Interessen auf dem Spiel. Silbertransporte schlugen sich ebenso durch wie neidische Banditen, und während der nüchternen Prohibitionszeit sorgten die *Tequileros* und *Rumrunners* für (illegalen) Alkoholnachschub.

Die vielen noch kursierenden Geschichten von durchgebrachten oder verlorenen Schätzen halten die Hoffnung auf überraschende Funde wach, wie beispielsweise auf jenen dicken Brocken aus dem Konvoi des August Santleben, der hier 1876 mit einer Silber- und Kupferladung im damaligen Wert von rund 400 000 Dollar verschollen ging.

Schotter und Geröll garnieren die Fahrt am Rio Grande entlang. Die trockenen Halbwüsten kontrastieren mit dem trägen Wasserlauf auf unterschiedliche Weise, je nach Tages- und Jahreszeit,

Wetter und Regenmenge. Mal schleppt sich der Fluss braun und mager dahin, mal gurgelt und schäumt er wild, reißt alles mit und macht seinem großen Namen Ehre – immer dann, wenn zuvor heftiger Regen niederging. Dann mischen auch noch die Wassermassen des Rio Conchos mit, der aus Mexiko kommt und bei Presidio einmündet, aber vorher gewöhnlich gestaut wird. Plötzlich erinnern dann die grünen Berghänge (selbst die Ocotillo-Sträucher sind ungewöhnlich grün) sogar ein bisschen an Hawai'i; sie verwandeln die Strecke in ein Urtal aus paradiesischer Vorzeit.

Apropos Ocotillo: »Spazierstock des Teufels«, *devil's walking stick*, wird der staksige Geselle oft genannt. Gelegentlich schneidet man die langen Äste, befreit sie von den Dornen und nutzt sie zum Bau von Zäunen. Wenn es dann plötzlich heftig regnet, beginnt er ein zweites Leben und bildet wieder Wur-

»A long and lonely drive« – von Marfa nach Presidio

zeln. Ausnahmewetter durchkreuzte in den 1980er Jahren auch einmal Willie Nelsons Filmpläne. Er hatte sich diese dürre Ecke als ideale Westernkulisse für seinen Film »Barba Rossa« ausgeguckt, aber es goss in Strömen, und der fluxe Anflug von tropischem Regenwald vertrieb die Filmcrew – nach Alamo Village. Inzwischen steht auch diese Region unter Schutz, sie ist zum State Park erklärt worden.

Auf halber Strecke zwischen Terlingua und Presidio lädt der **Closed Canyon** zu einer Wanderung ein. Den Eingang erreicht man auf kurzem Weg vom Parkplatz und taucht dann in den steilen Canyon ein. Wanderer mit Neigung zur Klaustrophobie seien gewarnt: Die steil aufragenden Canyonwände kommen sich teilweise bedrohlich nahe.

Marfas prächtiges County Courthouse von 1886

Kurz vor Presidio lohnt sich noch ein Stopp bei **Fort Leaton**, einer wehrhaften Adobe-Anlage, die Mitte des 19. Jahrhunderts vor allem als Handelsposten diente. Einige der wiederhergestellten Räume vermitteln ein Bild, wie das Leben an der Grenze nach Mexiko in den 1840er Jahren ausgesehen hat.

Presidio – wegen der Lage am Zusammenfluss von Rio Grande und Rio Conchos einst *La Junta de los Ríos* genannt – ist nicht nur stolz auf seinen »Internationalen Flugplatz«, sondern vor allem auf seine künstlich bewässerten Melonen- und Zwiebelfelder. Die Honigmelonen (Cantaloupes) sind berühmt, und was die Zwiebeln angeht, so fühlt sich Presidio schlicht als *The Onion Capital of the World*. Der alte Handelsplatz am Chihuahua Trail, der sich in den letzten Jahren rasch entwickelt und selbst Orte wie Alpine überflügelt hat, lag lange auf mexikanischem Territorium. Erst nach dem Amerikanisch-Mexikanischen Krieg wurde der Rio Grande internationaler Grenzfluss, Presidio amerikanisch

und, jenseits des Flusses, Ojinaga das mexikanische Pendant. Ojinaga ist übrigens Kopfstation der spektakulären Eisenbahnroute über Chihuahua nach Los Mochis am Pazifik.

Halbwüsten und vulkanische Bergzüge beherrschen die Szene nördlich auf der US 67 von Presidio. **Shafter**, ehemalige Silberminenstadt und einstiger Drehort des Science-Fiction-Films »Andromeda antwortet nicht« ist nicht mehr die gänzlich verlassene Ghost Town. Wäsche flattert an der Leine, Hunde bellen zwischen den Ruinen. Von 1860 bis 1952 waren die Silberminen ergiebig; aber selbst viel versprechende Testbohrungen von 1970 brachten den Abbau nicht wieder in Gang.

Nördlich von Shafter folgen Breitwandbilder einer menschenleeren Westernlandschaft, endlose Weiten und wuchtige Bergprofile. Seit der Zeit der riesigen Büffelherden hat sich hier nicht viel verändert. Nur ab und zu torkelt, vom Winde verweht, ein Strauch über den Asphalt und verfängt sich im Zaun – *tumbleweed*. Im Frühjahr wachsen diese Sträucher rund und grün an den Zäunen, im Herbst brechen sie ab, tanzen über Land und verstreuen ihren Samen.

Das tun sie seit 1873, seit die Büsche als ein unerwünschtes Geschenk mit einer Schiffsladung Flachssamen aus Russland nach Nordamerika einwanderten.

Wasserpumpen und ein paar Antilopen beim Lunch – so sieht der Alltag in West-Texas aus. Auch die plötzliche Straßensperre gehört dazu: Checkpoint, Passkontrolle. An den meisten grenznahen Straßen gibt es solche Hürden der Border Patrol, die dazu dienen, die illegale Einwanderung der Mexikaner bzw. den Drogenhandel zu erschweren. Hier sollte man heute immer seinen Pass parat haben, sonst könnte die Begegnung mit den Beamten ungemütlich werden.

Weit und breit Rinder, Schafe, Ziegen. Verständlich, dass die ersten Siedler das hochgelegene Grasland einst zum Himmelreich der Kühe erklärten. Doch unversehens naht in der Verlängerung der Straße Kultur – das prächtige Gerichtsgebäude von **Marfa**. Welch ein Kontrast! Die alte Eisenbahnstation an der Southern Pacific Railroad und, ähnlich wie Lajitas, 1911 Truppendepot für die Bekämpfung der Bandidos während der mexikanischen Revolution, war lange Zeit vor allem ein adrettes Ranching Center. Im hübschen kleinen Stadtkern rund um das **County Courthouse** von 1886 stehen noch das Gefängnis und das restaurierte **Hotel Paisano** (207 N. Highland). Im Bereich der Lobby kann man der Pracht der 1930er Jahre nachhängen. Im Gästebuch finden sich die Namen so mancher US-Präsidenten, die hier nächtigten. Die Hollywood-Filmcrew der »Giganten« schlief ebenfalls hier, während die eigentlichen Stars (Rock Hudson, James Dean und Liz Taylor) in Privathäusern logierten, was angeblich das Gezänk zwischen ihnen nicht verhindern konnte.

Stolz verweisen die Locals auf die Wohltaten des Klimas und die gesunde Lage ihres Luftkurorts in über 1500 Metern Höhe, auf die guten Windbe-

Donald Judd: Untitled, 100 works in mill aluminum, 1982–86, Ausschnitt, Chinati Foundation

John Chamberlain: 24 variously titled works in painted and chromium steel, 1972–1983

dingungen für Segelflieger und auf ihr sauberes, ungechlortes Trinkwasser.

Am meisten aber begeistern sie sich für die *Marfa Lights*, mysteriöse Lichterscheinungen, von denen erstmals 1883 berichtet wurde und die etwas außerhalb des Städtchens meist nachts über plattem Buschland bei jedem Wetter leuchten. Nächtliche Spiegeleffekte? Elektrostatische Lichter? Entzündetes Gas? Oder vielleicht doch UFOs oder die Geister der Indianer? Keiner weiß sich einen Reim auf die geheimnisvollen Dinge zu machen, die da draußen vor sich gehen – *out there in the middle of nowhere*, wie es heißt. Theorien gibt es unzählige.

Dass die gottverlassene Wildnis nicht nur besondere Kräfte der Natur zu entfesseln vermag, sondern auch Raum für Kunst-Oasen hat, beweist die vom 1994 verstorbenen Maler und Bildhauer Donald Judd ins Leben gerufene **Chinati Foundation**, die seit 1986 fernab vom blasierten Kunstbetrieb Werke zeitgenössischer Künstler zeigt und fördert, unter ihnen die Serie blinkender Aluminiumwürfel von Judd und das »Denkmal für das letzte Pferd« von Claes Oldenburg. Die Werke sind teils in den hellen Hallen eines ehemaligen Gefängnisses für deutsche Kriegsgefangene aus dem Zweiten Weltkrieg, teils in historischen Bauten in Marfa selbst untergebracht.

Marfa hat sich inzwischen mehr und mehr zu einem Zentrum für Kunstbegeisterte entwickelt und zahlreiche Kunststiftungen und Galerien haben hier ihren ständigen Sitz. Das hat entsprechende Auswirkungen auf das Publikum und die lokale Hotel- und Restaurantszene. Kein Wunder, dass man deshalb im 200 Kilometer entfernten Terlingua nur den Kopf schüttelt über die hippe Art-Szene des 2000-Seelen-Städtchens.

❁ **Barton Warnock Environmental Education Center**
FM 170, ca. 1 mi östl. von Lajitas
HC 70, Terlingua, TX 79852
✆ (432) 424-3327
www.tpwd.texas.gov/state-parks/barton-warnock, tägl. 8–16.30 Uhr
Eintritt $ 5/3
Lehrreicher Garten der Chihuahua-Wüste: Exponate und Dioramen zur lokalen Fauna, Flora, Geologie und Geschichte. Zugleich das östliche Visitor Center des Big Bend Ranch State Park. Hier kann man bereits den **Eintritt für den Park** bzw. für den **Closed Canyon** bezahlen.

🏚🚆 **Big Bend Ranch State Park**
1900 Sauceda Ranch Road, Presidio, TX 79845
✆ (432) 358-4444
http://tpwd.texas.gov/state-parks/big-bend-ranch
Eintritt $ 5/0 (Hochsaison) bzw. $ 3/0 (Nebensaison) – am besten im östlichen Visitor Center Eintritt zahlen (siehe oben)
Tägl. 8–16 Uhr.
Zwischen Lajitas und Presidio (FM 170) erstreckt sich dieses 1988 zum Naturschutzpark erklärte frühere Ranchgebiet der Diamond Cattle Company entlang dem Rio Grande.

Der State Park ist flächenmäßig größer als alle anderen State Parks in Texas zusammen und bietet hervorragende Wanderwege (vgl. S. 219).

◉ **Fort Leaton State Historic Site**
FM 170 E., 4 mi südöstl. vor Presidio
Presidio, TX 79845
✆ (432) 229-3613
www.tpwd.texas.gov/state-parks/fort-leaton
Tägl. 8–16.30 Uhr, Eintritt $ 5, Kinder frei (Hochsaison) bzw. $ 3, Kinder frei (Nebensaison)
1848 von Ben Leaton als Fortanlage erbaut. Diente u. a. als Privathaus und als Handelsposten für Geschäfte mit den Apachen and Comanchen. Gut erhaltene Adobe-Substanz. Sieben der 40 Zimmer wurden sorgfältig restauriert. Zugleich das westliche Visitor Center des Big Bend Ranch State Park.

Marfa

ℹ️ **Marfa Visitor Center**
302 S Highland Ave, Marfa, TX 79843
✆ (432) 729-4772
Mo–Fr 8–17, Sa und So 10–16 Uhr
www.visitmarfa.com

🛏 **Hotel Saint George**
105 S. Highland Ave.
Marfa, TX 79843

Pause von der modernen Welt – Trailer in El Cosmico

Gut erhaltene Adobe-Substanz: Fort Leaton

✆ (432) 729-3700
2016 neu eröffnetes Hotel. 55 Zimmer. Stilsicheres Boutiquehotel. Mit eigenem Restaurant (**Laventure**, Dinner Do–Sa, französische und italienische Küche auf hohem Niveau, www.marfasaintgeorge.com/laventure, $$$) und **Bar Saint-George** (www.marfasaintgeorge.com). $$$$

🛏🖥🚻 **Thunderbird Hotel**
601 W. San Antonio St.
Marfa, TX 79843
✆ (432) 729-1984
www.thunderbirdmarfa.com
Ein 1950er-Jahre-Motel stilsicher und in minimalistischem Design geschmackvoll renoviert. 24 Zimmer, kleiner Pool, Fahrräder, WLAN, Continental Breakfast in der kleinen Lounge. $$$

🛏✕🚻 **The Hotel Paisano**
207 N. Highland Ave.
Marfa, TX 79843
✆ (432) 729-4942 und 1-800-650-9696
www.hotelpaisano.com
Als 1955 der Film »Die Giganten« in der Nähe von Marfa gedreht wurde, wohnte hier die Film-Crew, während die Stars James Dean, Liz Taylor und Rock Hudson in Privathäusern untergebracht waren. Architekt: Henry Trost. Nostalgisches Ambiente, Pool, Restaurant. $$–$$$

🛏 **El Cosmico**
802 S. Highland Ave., Marfa, TX 79843
✆ (432) 729-1950
www.elcosmico.com
Schräges Hotelprojekt in Marfa: In der Nähe der Chinati Foundation kann man entweder

in einem der elf liebevoll restaurierten Trailern, einem der 15 Tipis, in einer Jurte oder auch dem eigenen Zelt übernachten. Gemeinschaftsräume wie Outdoor-Küche, Lounge, Leseraum und Waschhaus vorhanden. Bei Übernachtung im Trailer $$.

◉ **Marfa Lights View Park**
9 mi östl. von Marfa Richtung Alpine, Hwy. 90
www.marfatxlights.com
Über die Bedeutung der nächtlichen Lichterscheinungen, der sogenannten Marfa-Lichter, wird noch immer diskutiert. Wissenschaftler glauben, es handle sich um Lichter von Fahrzeugen auf der US 67.

◉ **Presidio County Courthouse**
301 N. Highland Ave., Marfa, TX 79843
✆ (432) 729-4452
www.co.presidio.tx.us.
Mo–Fr 9–16.30 Uhr
Besichtigung und spektakulärer Blick von der Dachkuppel sind kostenlos.

🏛 **Chinati Foundation**
1 Cavalry Row, Marfa, TX 79843
✆ (432) 729-4362
www.chinati.org
Mo/Di geschl.
Eintritt $ 5
Führung durch alle Ausstellungen Mi–So tägl. 10 Uhr, $ 25/10. Die Führung dauert mehrere Stunden, unterbrochen von einer Lunchpause um 12 Uhr; verschiedene kürzere Touren sind möglich (vgl. Homepage)
Gemeinnützige Kunststiftung, von Donald Judd 1986 als alternatives Forum für zeitgenössische Kunst gegründet. Schwerpunkt sind

Innenstadt von Marfa

großformatige Installationen ausgesuchter Künstler. Auf die Verbindung der Exponate mit der umgebenden Landschaft wird viel Wert gelegt.

Zurzeit sind im ehemaligen Fort (800 m südl. von Marfa links von der US 67) u. a. Werke von D. A. Russell, John Chamberlain, Dan Flavin, Carl Andre, Roni Horm, Richard Paul Lohse, ein überdimensionales Hufeisen von Claes Oldenburg (»Monument to the Last Horse«, 1991) und Aluminium-Installationen des Minimal-Art-Pioniers Donald Judd zu sehen. Zugänglich nur im Rahmen geführter Touren.

Ballroom Marfa
108 E. San Antonio St., Marfa, TX 79843
✆ (432) 729-3600
www.ballroommarfa.org
Mi–Sa 10–18, So 10–15 Uhr
Untergebracht in einem ehemaligen Tanzsaal aus dem Jahre 1927 bietet die Galerie zeitgenössische Kunst in Form von Filmen, Bildern, Musik oder Aufführungen.

Ayn Foundation
107–109 N. Highland St.
Marfa, TX 79843
✆ (432) 729-3315
www.aynfoundation.com
I. d. R. Do–Sa 12–17 Uhr, Sommer und Wintermonate Do geschl.
Wechselnde zeitgenössische, großformatige Objekte international bekannter Künstler (z. B. Andy Warhol, Maria Zerres).

Marfa Gliders
Marfa Airport, Hwy. 17, ca. 5 km nördl. von Marfa, TX 79843
✆ 1-800-667-9464
www.flygliders.com
Rundflüge in der Region. Reservierung erforderlich.

Food Shark
909 W. San Antonio
Marfa, TX 79843
✆ (432) 386-6540
www.foodsharkmarfa.com
Mi–Sa 11.30–15 Uhr.
Tägl. wechselnde Lunchangebote. $.

Pizza Foundation
305 S. Spring Street
Marfa, TX 79843
✆ (432) 729-3377
www.pizzafoundation.com
Fr–So ab 14 Uhr
Wirklich gute Pizza. $

FRAMA Coffee & Ice Cream in der Tumbleweed Laundry
120 N Austin St.
Marfa, TX 79843
✆ (432) 295-2649
www.tumbleweedlaundry.com
Tägl. 8–20 Uhr (Coffee Shop)
Wäscherei und Coffee Shop in einem, mit wirklich exzellentem Cappuccino.

Marfa Book Company
105 S. Highland, Marfa, TX 79843
✆ (432) 729-3906
www.marfabookco.com
Do–Sa 10–19, Mi 10–17, So 11–17 Uhr
Exzellentes Buchsortiment, vor allem für Kunstbegeisterte.

Scenic Routes in Central West Texas
Alpine, Fort Davis und Umgebung

Extratag: Marfa – Alpine – Fort Davis – McDonald
Observatory – Alpine (238 km/149 mi)

km/mi	Zeit	Route	Karte vgl. S. 231.
0	Vormittag	Von **Marfa** auf US 90 nach	
42/26		**Alpine**, Museum of the Big Bend. Auf TX 118 Abstecher nach	
80/50		**Fort Davis** und zum Kavallerie-Fort. Weiterfahrt durch die Davis Mountains in Richtung Westen auf dem Scenic Loop über TX 166 und TX 118 zum	
176/110		**McDonald Observatory**. (Alternativ auf TX 17 Richtung Norden zum Baden in den **Balmorhea State Park** 33 mi/53 km nördl. von Fort Davis.) Zurück nach	
238/149	Abend	**Alpine**.	

Wer *Far West Texas* näher kennenlernen möchte, der sollte einen weiteren Tag in der Region einplanen. Am besten eignet sich Alpine als Standort, denn das Städtchen mit seinen knapp 6000 Einwohnern liegt ziemlich genau im Schnittpunkt zwischen Marfa, Marathon und Fort Davis.

Von Marfa kommend erreicht man Alpine über den Highway 90 Richtung Osten (ca. 26 mi). **Alpine** ist, wie man leicht heraushört, nach den Alpen benannt, auch wenn es die lokalen Berge nicht ganz so hoch schaffen. Es ist nicht nur Sitz der Verwaltung von **Brewster County** (flächenmäßig das größte County in Texas), sondern auch der **Sul Ross State University,** einer Hochschule für Ranch-Fans, einer Art Cowboy-Akademie. Hier

ist man stolz auf *Hands-on learning:* Schmiedehandwerk, Reiten, Tierheilkunde, Verwaltung einer Ranch, Zucht und künstliche Befruchtung von Rindern. Eben alles was man braucht, um später erfolgreich einen Ranchbetrieb zu managen.

Sehenswert ist auch das auf dem Campus liegende **Museum of the Big Bend**. Hier werden Geschichte und Kultur der Region auf sehr anschauliche Weise vermittelt. Vom Campus gelangt man über die Holland Avenue in Richtung Innenstadt. Wer sich für historische Häuser interessiert, schaut sich am besten die Straßenblocks zwischen Holland Avenue, 3rd Street, Sul Ross Avenue und 7th Street an. Im Visitor Center gibt es auch Kartenmaterial für die **Alpine Historic Walking Tour**.

Einen Abstecher sollte man in jedem Fall nach **Fort Davis** unternehmen. Die Fahrt nach Norden über die TX 118 geht vorbei an Ranchland, großen lindgrünen Bäumen und Adobe-Ruinen. Das historische Festungswerk wurde 1854 zum Schutz des Ortes und der nach Westen ziehenden Siedler und Goldsucher errichtet. Nicht nur Comanchen und Apachen setzen den Soldaten zu, sondern auch die Konföderierten, die Südstaatenarmee, die sich hier für kurze Zeit einnistete, bis dann die Apachen reinen Tisch machten. Sie zerstörten das Fort. 1867 baute die sogenannte *Negro Cavalry* Stein- und Holzgebäude wieder auf, die nach und nach restauriert wurden. Heute wird in den Sommermonaten das Soldatenleben von einst als Touristentheater nachgestellt.

Eindrucksvoll ist auch der von Bergpanoramen, offenem Ranchland und dem **McDonald Observatory** geprägte Scenic Loop westlich von Fort Davis über die Highways TX 166 und TX 118. Für Sternengucker ist der Besuch des Observatoriums Pflicht. Wasserfreunde dagegen sollten **Balmorhea State Park** nicht verpassen. Rund 33 Meilen auf der TX 17 von Fort Davis Richtung Norden liegt in Reeves County eine riesige, in den frühen 1930er Jahren um die San-Solomon-Quelle herum erbaute Badeanlage. Die ganzjährig angenehmen Wassertemperaturen locken vor allem in den heißen Monaten viele Besucher an.

Schließlich können Reisende, die die West-Texas-Rundreise abkürzen wollen, von Alpine aus am nächsten Morgen zum **Midland International Airport** aufbrechen und von dort über Dallas oder Houston die Heimreise anzutreten.

Fort Davis National Historic Site

E Service & Tipps

Alpine

ℹ Alpine Chamber of Commerce
106 N. 3rd St., Alpine, TX 79830
✆ (432) 837-2326 und 1-800-561-3712
www.alpinetexas.com, www.visitalpinetx.com

⊨✕ Holland Hotel
209 W. Holland Ave.
Alpine, TX 79830
✆ (432) 837-2800 und 1-800-535-8040
www.thehollandhoteltexas.com
Historisches Hotel aus den 1930er Jahren mitten in Alpine. Gutes Restaurant **Century Bar & Grill** (siehe unten). $$–$$$

⊨⌂ The Maverick Inn
1200 E. Holland Ave. (Hwy. 90 E)
Alpine, TX 79830
✆ (432) 837-0628, www.themaverickinn.com
21 Hotelzimmer, sehr geschmackvoll im Südwest-Stil eingerichtet. $$–$$$

🏛 Museum of the Big Bend
Sul Ross State University
E. Hwy. 90, Alpine, TX 79832
✆ (432) 837-8143/8730
www.sulross.edu/museum
Di–Sa 9–17, So 13–17 Uhr, Eintritt frei
Das Museum ist Teil des Campus der Sul Ross State University (✆ 432-837-8011) und dokumentiert die Geschichte der Region von prähistorischen Zeiten bis zu den Indianern und frühen Siedlern.

✕ Century Bar & Grill
Im Holland Hotel, 209 W. Holland Ave.
Alpine, TX 79830
✆ (432) 837-1922
www.thecenturybarandgrill.com
Tägl. Dinner ab 17 Uhr, Sa und So auch Brunch 11–14 Uhr
Fine Dining im historischen Holland Hotel. Nettes Patio.
$$–$$$

✕ Reata Restaurant
203 N. 5th St., Alpine, TX 79830
✆ (432) 837-9232, www.reata.net
Mo–Sa Lunch und Dinner

Auch über Alpine hinaus beachtete Texas & Southwestern Cuisine. $$

✕ La Casita
1104 E. Ave. H, Alpine, TX 79830
✆ (432) 837-2842
Einfaches, aber beliebtes mexikanisches Lokal.
$

☕ Plaine
215 E. Holland Ave.
Alpine, TX 79830
✆ (432) 837-5157, tägl. 7.30–20 Uhr
Exzellenter Espresso und Cappuccino. $

🍸🎵 Railroad Blues
504 W. Holland Ave., Alpine, TX 79830
✆ (432) 837-3103, www.railroadblues.com
Mo–Sa ab 16, Happy Hour 16–19 Uhr
Funkiger Musikklub mit tollen Livemusik-Auftritten.

Fort Davis und Umgebung

ℹ Fort Davis Chamber of Commerce
4 Memorial Sq., Fort Davis, TX 79734
✆ (432) 426-3015 und 1-800-524-3015
www.fortdavis.com

⊨✕⌂ Hotel Limpia
101 Memorial Square
Fort Davis, TX 79734
✆ 1 800-662-5517
www.hotellimpia.com
Solider Bau (31 Zimmer) mitten im Ort mit Schaukelstühlen auf der Veranda, Pool und Steak-Restaurant. $$–$$$

⊨⇄✕⌂⛳ Historic Prude Ranch
6 mi nordwestl. von Fort Davis auf Hwy. 118
Fort Davis, TX 79734
✆ (432) 426-3202
www.prude-ranch.com
Für Ferien auf dem Bauernhof wie geschaffen: Unterkunft, Verpflegung, Pools, Tennisplätze, Pferde; schöner Campingplatz. $$

⊨✕⌂⛳ Indian Lodge
Park Rd. 3 (1 mi auf der TX 17 nach Norden, dann 3 mi westl. auf TX 118, dann Park Rd. 3)
Davis Mountains State Park, TX 79734
✆ (512) 389-8982
www.tpwd.state.tx.us/state-parks/indian-lodge

Fort Davis: Im restaurierten Kavallerie-Fort wird in den Sommermonaten das Soldatenleben von einst nachgestellt

Hübsche, einsam im Park gelegene Adobe-Herberge aus den 1930er Jahren im Pueblo-Stil. Mit **Black Bear Restaurant**, Spielraum, geheiztem Pool (Reservierung empfohlen). $$

◉ 🍴 Fort Davis National Historic Site
Texas Hwy. 17, Fort Davis, TX 79734
✆ (432) 426-3224
www.nps.gov/foda
Tägl. 8–17 Uhr, Eintritt $ 7, bis 15 J. frei
Das Kavallerie-Fort am Nordende der Stadt wurde 1854 für die afroamerikanischen Buffalo Soldiers zum Schutz der Siedler und Goldsucher vor den Apachen errichtet. 1862 kurz von konföderierten Truppen besetzt, von Indianern zerstört und 1867 wieder aufgebaut. 1961 begann die Restaurierung. Von hier aus führen Wanderwege in die Berge.

McDonald Observatory

◉ McDonald Observatory
Frank N. Bash Visitors Center
3640 Dark Sky Dr.
McDonald Observatory, TX 79734
✆ (432) 426-3640
www.mcdonaldobservatory.org
Visitors Center tägl. 10–17.30 Uhr
Eintritt abhängig vom Programm $ 5–12
Die in ca. 2100 m Höhe gelegene Sternwarte gehört zur University of Texas at Austin. Beliebt sind abendliche Beobachtungen des Sternenhimmels (Twilight Programs, Star Parties).

◔ Balmorhea State Park
P. O. Box 15, Toyahvale, TX 79786
✆ (432) 375-2370
www.tpwd.state.tx.us/state-parks/balmorhea
Tägl. 8–17 Uhr, Poolnutzung bis Sonnenuntergang, spätestens aber 19.30 Uhr, Eintritt $ 7
Vor allem in der heißen Jahreszeit beliebt. Größter Quellwasserpool der Welt (ca. 7000 m²). Temperatur ganzjährig bei ca. 22–24 °C.

Midland

✈ Midland International Airport
9506 Laforce Blvd., Midland, TX 79706
✆ (432) 560-2200
www.flymaf.com
Der Flughafen ist ca. 163 mi (ca. 2,5 Stunden) von Alpine entfernt. United, Southwest und American Airlines bieten mehrfach tägl. Flugverbindungen nach Dallas und Houston an. ✺

Traumweiten
West Texas

5. Tag: Marfa – Van Horn – Guadalupe Mountains – White's City/
Carlsbad Caverns (314 km/196 mi)

km/mi	Zeit	Route
0	9.00 Uhr	In **Marfa** auf US 90 (Hinweis: Wer im McKittrick Canyon die 5- bis 6-stündige Wanderung zu The Notch plant, sollte besser früher starten.) nach Westen über **Valentine** nach
58/ 39	9.45 Uhr	**PRADA MARFA** (ca. 3 km nordwestl. von Valentine), von dort weiter über US 90 nach
120/ 75	10.30 Uhr	**Van Horn**, dort auf S 54 nach Norden. Achtung: Zwischen Van Horn und White's City gibt es weder Restaurants, Hotels noch Tankstellen!
208/130	10.30 Uhr	(11.30 Uhr *Central Time*) An der Kreuzung mit der US 62/180 diese nach Nordosten fahren. (An dieser Stelle zugleich Wechsel von *Central Time* zu *Mountain Time* und damit 1 Stunde Zeitgewinn.)
240/150	11.00 Uhr	(12.00 Uhr *Central Time*) **Guadalupe Mountains National Park, McKittrick Trailhead**

(ca. 11 km/7 mi nach dem Abzweiger zum National Park Headquarter in Pine Springs biegt man von der US 62/180, auf die Straße zum McKittrick Trailhead ab; Aufenthalt abhängig von der gewählten Wanderung (s. u.). Danach wieder zurück auf die US 62/180 nach Norden.

314/196 Nachmittag/ früher Abend — je nach Wanderung: **White's City**, Hotel-Check-in, danach oder am nächsten Morgen zu den **Carlsbad Caverns**. Alternativ, vor allem, wer die Carlsbad Caverns noch am selben Tag besucht, Übernachtung in **Carlsbad**.

Von Marfa aus geht es wieder auf die altbekannte US 90. Vorher sollte man sicherstellen, dass man für den Rest des Tages über genug Essen und Getränke verfügt, denn die Strecke zu den Carlsbad Caverns führt wirklich durch die Einsamkeit. Zu Beginn zeigt sich die US 90 nicht sonderlich reizvoll. Allenfalls trifft man auf die eine oder andere Fata Morgana, spukige Spiegelungen auf der Straße, so als ob Aquaplaning bevorstünde. Genau 187 Einwohner leben zurzeit im winzigen Valentine, in dem nur einmal im Jahr so richtig die Post abgeht: am Valentinstag im Februar, dem Tag aller Liebenden. Dann flattern Tausende von Grußkarten in dieses Nest und dem Postmeister auf den Tisch, um erneut freigestempelt *(remailed)* zu werden.

Kurz nach Verlassen von Valentine kommt auf dem linken Seitenstreifen des schnurgeraden Highways noch einmal ein künstlerisches Highlight ins Die Die Installation **PRADA MARFA** der Berliner Künst-

PRADA-Morgana: Kunstinstallation PRADA MARFA in the middle of nowhere

Wandern im Guadalupe Mountains National Park

Im zerklüfteten Nationalpark gibt es Wanderwege mit insgesamt rund 130 km Länge. McKittrick Canyon ist aber mit Abstand der attraktivste Trail, zumal er je nach Zeit und Energie verschiedene Optionen bietet. Die ideale Jahreszeit für die Guadalupe Mountains ist der Herbst, vor allem zwischen Mitte Oktober und Anfang November, wegen der unglaublichen Farbvielfalt des Herbstlaubs.

McKittrick Canyon: Der Canyon startet am McKittrick Trailhead, dazu verlässt man das Park Headquarter in Pine Springs und fährt ca. 7 mi/11 km die US 62/180 nach Norden und biegt dann links auf die Zufahrtsstraße zum McKittrick Canyon ein. (Achtung: Diese ca. 6 km lange Zufahrtsstraße wird bei Dunkelheit geschlossen.)

Die Wanderung führt bis zur ersten Überquerung des Bachs durch offene Wüstenlandschaft mit Yuccas, Agaven und Kakteen, den schon bekannten Wegbegleitern. Danach schließt sich ein sehr abwechslungsreiches Waldgebiet u.a. mit Ahornbäumen, Eichen und der Texas-Madrone, die unterwegs für Schatten sorgen, an. Nach knapp 4 km erreicht man **Pratt Cabin,** das Ende der 1920er Jahre am Westende des Canyons erbaute Sommerhaus von William Pratt. Pratt war Geologe und durch das Ölgeschäft zu beträchtlichem Wohlstand gekommen. Ihm gehörte der Großteil des heutigen Nationalparks. 1957 vermachte Pratt das Land dem National Park Service.

Von hier geht es weiter entlang dem Fluss zur **Grotto,** einem idealen Picknickplatz. Dort kann man die Wanderung zum ca. 2,5 km entfernten **Notch** fortsetzen. Der steile Aufstieg auf 2200 m Höhe (Höhenunterschied von ca. 600 m) ist zwar anstrengend, wird aber mit einem großartigen Panoramablick über die entfernte Wüstenlandschaft und den McKittrick Canyon belohnt.

Länge bis zur **Pratt Cabin:** 7,7 km für Hin- und Rückweg, Dauer: zwei bis drei Stunden; bis zur **Grotto** 11 km, vier bis fünf Stunden; und schließlich bis zum **Notch** 15,7 km, fünf bis sechs Stunden. Bis zum steilen Anstieg am Ende moderat ohne nennenswerten Höhenunterschied, danach anstrengend.

Sehr erfahrene Wanderer können die Wanderung bis zum **McKittrick Ridge** (insgesamt 24 km) fortsetzen, sollten aber für diesen schwierigen Teil des Trails eine Zeltübernachtung in den Bergen (McKittrick Ridge Camp) vorsehen. Wer das plant, muss sich im Headquarter in Pine Springs genau informieren und die erforderliche Genehmigung einholen.

Wichtig: Achten Sie auf genügend Wasservorrat (empfohlen sind vier Liter pro Person und Tag) und plötzliche Wetterumschwünge mit starken Winden im Frühjahr und plötzlichen Gewittern in den Sommermonaten; Kletterer sollten besonders an den Steilwänden vorsichtig sein, das Gestein gilt als brüchig und unsicher! Vorsicht auch mit Kakteen, Klapperschlangen und Skorpionen.

Bitte beachten Sie, dass es außer zwei kleinen Campingplatzen (Pine Springs Campground und Dog Canyon Campground) keine Übernachtungsmöglichkeiten in der Nähe des Nationalparks gibt. Vom Pine Springs Visitor Center ca. 53 km nach Süden liegt der erste (wenig attraktive) Übernachtungsort White's City. Ca. 105 km in Richtung Norden kann man im (ebenso wenig attraktiven) Van Horn übernachten. Dies sind auch die einzigen Orte, wo man tanken und Lebensmittel einkaufen kann.

ler Michael Elmgreen und Ingar Dragset ist keine Fata Morgana. Sie präsentiert in einem weiß getünchten Showroom original Prada-Schuhe und Handtaschen der Herbstkollektion 2005. Das Objekt selbst ist versiegelt und erlaubt nur *window shopping*. Die Sponsoren des Projekts betonen, dass die Installation Zeitzeichen sein soll, und egal, ob sie als Objekt für Schießübungen wilder Cowboys oder von Graffiti-Sprayern genutzt wird – das am 1.10.2005 vollendete Projekt wird nie mehr geöffnet, renoviert oder gar instand gesetzt. Es soll nach und nach verfallen.

Danach ist endgültig Schluss mit der Kunst: **Van Horn** und dann noch Sauwetter, das ist hart. Kalter Regen prasselt gegen die Scheiben des Büros der Tankstelle. Die Frau sitzt in dicker wattierter Jacke hinter ihrer Kasse. Nur ja keinen Schritt zu viel nach draußen tun. »Verkaufen Sie auch Zeitungen?« »Nein, wir haben keine. Drüben gibt es welche, auf der anderen Straßenseite. In dem orangen Kasten da. Manchmal sind sie auch ausverkauft.« Kurze Pause und Ratlosigkeit.

Blick über blühende Jumping-Cholla-Kakteen auf die Guadalupe Mountains

Dann holt sie ihren Feldstecher aus der Schublade, peilt den Zeitungsautomaten an und stellt scharf. »Tut mir leid. Alles ausverkauft.«

Westlich von Van Horn beginnt die Mountain Time und bringt auf dem Rest der Reise eine Stunde Zeitgewinn. Noch wichtiger aber ist, Van Horn mit einem gut gefüllten Tank zu verlassen. Auf der weiteren Reise gilt es eine lange Durststrecke zu überwinden bis zur nächsten Tankstelle in White's City. Die S 54 von Van Horn nach Pine Springs erweist sich als Geduldsprobe. Sie führt durch das Tal des **Salt Flat Basin**, eines geschlossenen Systems insofern, als die Niederschläge aus den Bergregionen (zum Beispiel der Apache und Delaware Mountains im Osten) durch keinen Fluss entwässert werden, sondern sich in kleinen Seen sammeln, die schnell austrocknen. Weißliche Salzablagerungen sind die Folge. Viele maritime Fossilien von hier bestätigen, dass Berg und Tal einst Riffe und Meeresböden waren. Links ragen die Berge der Sierra Diablo empor, deren rote Narben an den Flanken auf früheren Silber- und Kupferabbau schließen lassen.

Langsam ziehen sich die Rotlinge zurück und tatzenähnliche Formationen in steinfarbenen und grünlichen Tönen treten hervor, bis schließlich nur noch das alpine Massiv der Guadalupe Mountains dominiert, ein urzeitlich fossiles Riff, 250 Millionen Jahre alt: Grüße aus dem Perm-Zeitalter. Es gehört zum **Guadalupe Mountains National Park**, der vom Guadalupe Peak, dem mit 2667 Metern höchsten Berg von Texas, überragt wird. Allerdings stiehlt ihm der um 200 Meter niedrigere **El Capitan** (2462 m) mit seiner blankgeschliffenen Flanke die Schau, weil er aus der Perspektive der Straße größer wirkt.

Vor allem wegen seiner abgeschiedenen Lage und der fehlenden touris-

In den Carlsbad Caverns können Besucher 230 Meter tief in die Unterwelt absteigen

tischen Infrastruktur liegt Guadalupe Mountains in der Hitliste der Nationalparks noch weit hinter Big Bend. Anders als in Big Bend kann man die Schönheit des Parks nur durch eine Wanderung erleben. Insbesondere lockt die wilde, gewundene Schlucht des **McKittrick Canyon** mit kleinem, quellgespeisten Bach, Ahorn-, Walnuss- und Wildkirschbäumen, Eichen und Eschen, die unterwegs für Schatten sorgen – sobald die Wüstenlandschaft zurückgelassen ist. Zu den bemerkenswertesten Bäumen gehört die seltene Texas-Madrone (Erdbeerbaum), ein malerischer Baum mit glatter, rötlicher Rinde und immergrünen Blättern. Im Herbst reifen leuchtendrote, beerenartige Früchte, die für die meisten Vögel ein gefundenes Fressen sind. Neben Wildhasen, Maultier- und Wapiti-Hirschen leben hier Coyoten, Stachelschweine, Graufüchse, Pumas und viele Fledermäuse. Der Trail gilt zu Recht als einer der schönsten in ganz Texas, vor allem

im Herbst zwischen Mitte Oktober und Anfang November, wenn sich die Blätter leuchtend rot, gelb und orange färben.

Nach Verlassen des Parks windet sich der Highway weiter den Pass hinauf nach New Mexico, ins *Land of Enchantment*, ins Traumland der Verzauberung, wie sich dieser Bundesstaat gern nennt. In der Ferne glänzen ein paar weiße Häuser. Logisch, das Ganze heißt ja auch so: **White's City**. Von wegen. Der Apostroph hätte schon skeptisch stimmen sollen, denn er bringt die Wahrheit an den Tag: Seit der Cowboy Jim White 1901 die Höhlen als erster entdeckte, ist White's City Eigentum der Familie White. Ihr gehört praktisch der ganze Ort: Campingplatz, Motels, Restaurant, Shops und Minigolf. Nur die berühmten Höhlen gehören der Famile

Carlsbad Caverns

neingangs. Zwischen April und Oktober starten sie vor Anbruch der Dämmerung zum luftigen Insekten-Dinner, einem Spektakel, das allabendlich Hunderte von Schaulustigen anlockt. Angeblich bringen es die Tiere auf drei Tonnen Nahrung pro Nachtmahl. Was davon übrig bleibt, die Guano-Ablagerungen, werden seit der Wende zum 20. Jahrhundert als ebenso hochwertiges wie begehrtes Düngemittel genutzt, das unter anderem den süßen Früchten in den Zitrusgärten Kaliforniens zugutekommt.

Die Höhle selbst wurde erst in den 1920er Jahren erforscht und Schritt für Schritt zugänglich gemacht, bis sie 1930 zum Nationalpark erklärt wurde. Heute sorgen flotte Aufzüge dafür, dass die 75 Stockwerke Höhenunterschied in einer Minute überwunden werden: eine Art kontrollierter freier Fall für alle, die wenig Zeit haben. Spannender ist nämlich der Abstieg zu Fuß durch die spukige Dunkelheit der Raumstrukturen und deren Formenfülle, die von Kleinkleckersdorf über Spaghetti-Eis und Streuselkuchen zu überwältigenden Steinkathedralen reicht.

Die hohe Luftfeuchtigkeit von etwa 95 Prozent drückt auf die Lungen. Außerdem verführen die bizarren Höhlendecken leicht zur Genickstarre, was den Gleichgewichtssinn nicht fördert. Viele Besucher wandern denn auch sichtlich benommen herum, schwanken und torkeln seltsam wie im Trancezustand. Es tröpfelt von der Decke, ein Ranger flackert mit der Taschenlampe, ein bisschen Friedhofsgeruch lässt gruseln, und Geisterbahn-Effekte bleiben nicht aus.

Doch Ende gut, alles gut. Die technisch gestylte Boden- bzw. Verköstigungsstation wirkt so vertraut wie das Szenario eines antiquierten James-Bond-Films. Und Souvenirstände, Fotoshop und Cafeteria sorgen auch unter Tage für die gewohnte Sicherheit.

nicht. Sie waren allerdings der Anlass für die Gründung von White's City, denn vom Ort sind es nur noch ein paar Meilen bis zum **Carlsbad Caverns National Park**.

Wer die Schönheitskönigin unter den wilden Wunderwelten der US-Parks ist, darüber wird gern gestritten. Nicht aber über die besondere Qualität der Tropfsteinhöhlen von Carlsbad, denn sie sind der einzige Nationalpark mit eingebauter Klimaanlage und damit von den Launen des Reisewetters und der Jahreszeiten unabhängig. Konstante 13 Grad Celsius Kühle umgeben den Besucher auf seinem Abstieg in die 230 Meter tiefe, durch Sickerwasser entstandene Märchenunterwelt, eine der größten der Erde. Die ersten Siedler um 1880 nannten sie *Bat Cave*, Fledermaushöhle, wegen der Millionen Fledermäuse unterhalb des Höhle-

5 Service & Tipps

🏔ℹ️ Guadalupe Mountains National Park
400 Pine Canyon Rd., an US 180/62
Salt Flat, TX 79847
✆ (915) 828-3251
www.nps.gov/gumo
Visitor Center tägl. 8–16.30 Uhr
Eintritt $ 5, bis 15 J. frei
Park mit dem höchsten Berg von Texas, dem
Guadalupe Peak (2667 m).

🏔 Carlsbad Caverns National Park
3225 National Parks Hwy.
Carlsbad, NM 88220
✆ (575) 785-2232
www.nps.gov/cave
Ende Mai–Anfang Sept. tägl. 8–19, im Winter 8–17 Uhr; der Höhleneingang schließt für Fußgänger im Sommer 15.30 Uhr, im Winter 14.30 Uhr; letzter Lift abwärts 17 Uhr, im Winter 15.30 Uhr, Eintritt $ 10, bis 15 J. frei
Die **Red Tour**: mit dem Lift sofort in den **Big Room** und zurück (eine Stunde), eher etwas für Senioren; **Blue Tour**: zu Fuß abwärts (und mit dem Lift zurück), dauert zwei bis drei Stunden; zu den Highlights zählen **Scenic Room, Veiled Statue, Green Lake Room** und **Kings Palace**.
Visitor Center und ein Teil der Höhlentour eignen sich auch für Rollstuhlfahrer. Vorsicht ist geboten für Besucher mit Herz- bzw. Atembeschwerden.

White's City

Zu diesem sehr schlichten Versorgungszentrum (vgl. www.hotelscarlsbadcaverns.com) für Höhlenbesucher gehören außer den beiden eher bescheidenen Motels ein Restaurant (Cactus Café), Shops und Campingplatz *(full hookups)*. Eine größere Auswahl an Hotels und Restaurants hat das ca. 25 km entfernte **Carlsbad** zu bieten.

🛏️🏊 Rodeway Inn
6 Carlsbad Cavern Hwy.
White's City, NM 88268
✆ (575) 785-2148
Schlichtes Hotel sieben Meilen vom Carlsbad Caverns National Park, mit Pool.
$$

Carlsbad

🛏️💻❌🍸 The Trinity Hotel & Suites
201 S. Canal Carlsbad
Carlsbad, NM 88220
✆ (575) 234-9891
www.thetrinityhotel.com
Einziges Boutiquehotel in Carlsbad; geschmackvoll eingerichtet. Full Breakfast und WLAN eingeschlossen. Außerdem Bar und Restaurant (Mo–Sa) im Haus. $$$

Herbstfarben im McKittrick Canyon

6 Wüster Gips
White Sands National Monument

6. Tag: White's City – Carlsbad – Alamogordo – White Sands
National Monument – Las Cruces – El Paso (482 km/301 mi)

km/mi	Zeit	Route
0	8.30 Uhr	Von **White's City** US 62/180 nordostwärts nach
32/20		**Carlsbad**, dort auf US 285 in Richtung Norden nach **Artesia**, dort US 82 nach Westen über Hope nach
235/147	11.30 Uhr	**Cloudcroft**, auf US 54 nach Süden bis
267/167		**Alamogordo**, weiter auf US 70/82 zum
317/196	12.30 Uhr	**White Sands National Monument** (Die Rundfahrt durch den Park auf dem Dunes Drive ist insgesamt 16 mi/26 km lang und dauert ca. 40 Minuten; je nach Wanderung vermutlich insgesamt Aufenthalt von zwei bis drei Stunden). Zurück zur US70/82 Richtung
400/250	16.00 Uhr	**Las Cruces**, dort auf NM-28 nach Süden (Avenida de Mesilla)
408/255		**Mesilla** (halb- bis einstündiger Rundgang). Auf der I-10 nach Osten Richtung
482/301	18.00 Uhr	**El Paso**.

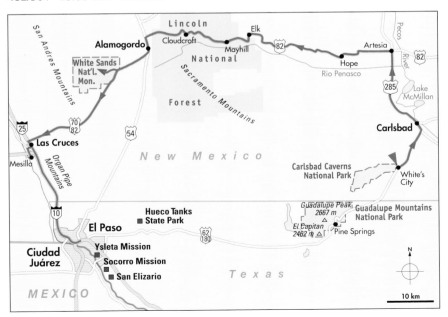

Abfahrt: von Cloudcroft ins Tal von White Sands

Wandern im White Sands National Monument

In White Sands gibt es vier verschiedene Trails um die Dünenlandschaft zu erkunden. Man erreicht diese vom Visitors Center aus über den 13 km langen, szenischen Dunes Drive.

Achtung: Man kann sich in den Dünenfeldern schnell verlaufen (gilt vor allem für den Alkali Flat Trail bzw. Off-Trail-Wanderungen), wenn starker Wind die Fußspuren verweht bzw. die Sicht behindert. Ein Kompass oder ein mobiles Navigationsgerät sind dann eine gute Hilfe.

Playa Trail: Ca. 4 km vom Visitors Center entfernt, führt der Weg zu einer flachen Senke *(playa)*, die sich nach starken Regenfällen mit Wasser füllt, den Großteil des Jahres aber ausgetrocknet ist.
Länge: 0,3 km, Dauer: Viertelstunde, einfach.

Dune Life Nature Trail: Nach ca. 4,5 km auf der Dünenstraße erreicht man den Parkplatz zum ersten Weg durch den Wüstensand. Im Randbereich der Dünen leben die meisten Wüstenbewohner und Pflanzen. Holzpfähle im Sand weisen den Weg. Kleine Schilder stellen die wichtigsten Tiere und Pflanzen vor.
Länge: 1,6 km, Dauer: knappe Stunde, einfach.

Interdune Boardwalk: Startet ca. 7 km vom Visitors Center entfernt. Von dem Rundweg über den angelegten Boardwalk bekommt man großartige Ausblicke auf das Tularosa Basin. Der Trail führt durch einen sehr sensiblen, für das Leben in

der Wüste unentbehrlichen Bereich *(cryptobiotic crust),* der den Boden vor Erosion schützt und zugleich Feuchtigkeit sowie lebenswichtige Nährstoffe für Pflanzen liefert. Ein einzelner Fußabdruck kann die Organismen zerstören. Man darf daher den Boardwalk nicht verlassen.
Länge: 0,6 km, Dauer: halbe Stunde, sehr einfach, für Rollstuhlfahrer geeignet.
Alkali Flat Trail: Der Trail startet fast am Ende des Dunes Drive (ca. 11 km nach dem Visitors Center). Am Trailhead sollte sich jeder, der eine Wanderung unternimmt, ein- und wieder austragen. Der Weg führt auf und ab durch eine wunderschöne Dünenlandschaft bis zum ausgetrockneten Seebett des **Lake Otero**, der in der letzten Eiszeit das Tularosa Basin über rund 4144 km² mit Wasser gefüllt hat und in dem der Gipssand entsteht. Der Trail ist durch entsprechende Pfähle im Sand markiert. Sollte man bei stärkerem Wind den nächsten Streckenposten nicht mehr erkennen können, ist es höchste Zeit umzukehren.
Länge: 7,4 km, Dauer: zwei Stunden, mittelschwer.

Nichts, aber auch gar nichts erinnert in **Carlsbad** an Karlsbad. Die meisten der rund 25 000 Einwohner werden das vermutlich bestätigen. Die Namensgebung liegt lange zurück: Am Ende des 19. Jahrhunderts meinte man, der Mineralgehalt einer nahen Quelle ähnele dem der Heilquellen des böhmischen Karlsbad. So wenig Carlsbad aber für Vergleiche mit der Alten Welt taugen mag, so sehr eignen sich seine Supermärkte zur Bevorratung für ein Picknick in den Dünen von White Sands.

Ein Stück gestauter Pecos River (Lake McMillan), Rinder hinter Gittern und Gattern, Ranchland und künstlich bewässerte Äcker begleiten die Fahrt bis **Artesia**, eine nicht unansehnliche Kleinstadt, die lange von Ackerbau und Viehzucht lebte, bis 1923 Ölfunde ihr Wachstum beschleunigten. Die Mineralquelle in der Umgebung verlieh dem Städtchen seinen poetischen Namen; gelebt aber hat es mehr von Ölprodukten. Die Raffinerie am Weg legt Zeugnis davon ab.

Westlich von Artesia gewinnt das Ranching wieder die Oberhand und damit die Einsamkeit. Auch ein Nest wie **Hope** kann daran wenig ändern. Hier ist jeder erst mal auf sich selbst gestellt. Je näher

die Berge rücken, umso lieblicher sehen die sanften Hügel aus, durch die sich der **Rio Penasco** zieht. Die Straße folgt seinem Lauf durch ein Tal mit fast paradiesischen Zügen, so schön und zugleich fruchtbar ist es. Hier und da ein Holzhaus. Es folgen kleine Siedlungen wie Elk und Mayhill, wir sind längst im **Lincoln National Forest** und ziemlich auf der Höhe, genauer gesagt, auf 2637 Metern, hoch in den Wolken – der Name **Cloudcroft** deutet es an.

Dass die Gemeinde in einem Ferien- und Skigebiet liegt, das übrigens in seinem nördlichen Teil das Reservat der Mescalero-Apachen einschließt und auch von ihnen verwaltet wird, erkennt man leicht, denn aus den Ranches werden plötzlich Resorts und Ferienhäuser. Auf den Almwiesen grasen keine Kühe mehr, sondern Makler nach Zweitwohnungen und Skihütten. Zusätzlich werden dem Vorbeifahrenden Äpfel und Birnen, Pflaumen und Pfirsiche, Mais, Tomaten und Kürbisse angeboten.

Die Abfahrt aus dem Hochwald der Sacramento Mountains durch den steilwandigen Canyon ins knochentrockene **Tularosa Valley** vermittelt zweifellos die stärksten landschaftlichen Eindrücke am

heutigen Tag: traumhafte Aussichten auf die gestaffelten Felslandschaften und im Hintergrund bereits White Sands wie ein Schneefeld – Breitwandkino vom Feinsten.

Vielleicht wird in **Alamogordo** gerade eine Fiesta gefeiert. Dann sollte man getrost seinen Picknickvorrat vergessen und sich unter das ohnehin bunte Volk mischen. Indianer, Mexikaner und Yankees, Kinder und Omas, Lasso schwingende *vaqueros* und Grundschullehrerinnen sind auf solchen Straßenfesten vereint und erkennbar bester Dinge; an Musik und Tanz, Essen und Trinken fehlt es nie.

Szenenwechsel. Von der menschenfreundlichen Fiesta zum lebensfeindlichen Gips im Tularosa Basin, zum **White Sands National Monument**. Irgendwo hat man das fotogene Granulat schon einmal

tem Gesicht zum nächsten Wasserloch schleppt.

In Wirklichkeit ist White Sands aber halb so schlimm. Wie sonst könnten die Dünen ein beliebter Wochenendtrip sein, auf dem sich die Wagenkolonnen, gut gefüllt und schwer beladen, zur riesigen Gipswüste schleichen. Die Wüste lebt. Dass sie das wirklich tut, sieht man erst, wenn die Besucherströme ihr Freizeit-Soll erfüllt haben und abgezogen sind, also wochentags oder zu ruhigeren Besuchszeiten im Frühjahr oder Herbst. Dann lockt der gewellte Puderzucker zu einzigartigen Wanderungen vor dem purpurnen Hintergrund der San Andres Mountains im Westen und der Sacramento Mountains im Osten.

Wer möchte, kann sich im Visitors Center für eine Nachtwanderung bei Voll-

Rutschfeste Dünen: White Sands National Monument

gesehen. Im Kino? Ja, in Westernfilmen, wo Pferde mit weißem Schaum vor dem Maul zusammenbrechen und den Gnadenschuss bekommen, während sich der Held mit rissigen Lippen und rotgefleck-

mond anmelden. Außerdem werden naturkundliche Führungen, Sternkundeprogramme und Einführungen in die Geologie angeboten. Aber man kann auch einfach so durch den Gips laufen – barfuß und querbeet – oder sich still hinsetzen und dem fernen Gewitter zusehen. Obwohl die Dünen ratzekahl sind, haben sich einzelne Pflanzen den extremen Wachstumsbedingungen angepasst. Man hat schon welche mit einem Wurzelsystem von mehr als zehn Metern Länge gefunden. Andere Pflanzen stehen seltsam verloren da, weil die Düne bereits Kilometer weitergewandert ist. Auch für die wenigen Kleintiere, die zum Selbstschutz das Weiß ihrer Umgebung angenommen haben, ist das Überleben hier schwer. Keine Frage, die Gipsästhetik

begeistert vor allem die Menschen.

Der naturkundliche Wanderweg **Big Dune Nature Trail** zeigt, wer im Einzelnen hier sein zu Hause hat. Und wer länger durch die Dünenlandschaft laufen will, sollte den **Alkali Flat Trail** entlangwandern.

In der Nähe von Las Cruces sorgen viele poppig bemalte Wassertürme für optische Abwechslung – strenge Konquistadoren, reitende Cowboys und torkelnde Astronauten. Die Raumfahrtgesellen erstaunen an dieser Stelle nicht, denn White Sands ist außer einem märchenhaften Naturwunder auch eine martialische Mischung aus Raumfahrtbahnhof, Raketentestgelände und – in seinen nördlichen Ausläufern – sogar Schauplatz der ersten Atombombenexplosion. Am

White Sands National Monument

16. Juli 1945 ging sie in Trinity Site hoch, in jener Ebene mit dem bezeichnenden Namen *Jornada del Muerto*.

Im Osten wird **Las Cruces** geradezu alpin von den stattlichen **Organ Pipe Mountains** überragt, aus denen der Wind scharf gezackte Gipfel modelliert und eine Skyline der Orgelpfeifen geschaffen hat. Über ein halbes Jahrhundert lang, von 1849 bis 1902, beutete man die Bodenschätze der »Orgeln« aus – Kupfer, Zink und Blei. Die Stadt ist mit ihren rund 62 000 Einwohnern das größte Handelszentrum im südlichen New Mexico. Die »Kreuze« stammen angeblich von den Gräbern eines spanischen Trecks, der in der ersten Hälfte des 19. Jahrhunderts eine Attacke der Apachen nicht überlebte. Der ursprüngliche Name, *La Placita de las Cruces*, wurde später abgekürzt.

Die übrigen Stationen der Stadtgeschichte sind friedlicher: der anfängliche Indianer-Pueblo, die nachfolgende spanische Siedlung, die Versorgungsstation für die in Fort Seldon stationierten Soldaten, das Bergarbeitercamp. Nur kurz mögen die Querelen zwischen Billy the Kid und Pat Garrett dem Ruf der Stadt geschadet haben. Garrett, der 1881 den Outlaw Billy erschoss, liegt auf dem Masonic Cemetery begraben. Im 21. Jahrhundert jedenfalls ist die landwirtschaftliche Welt im fruchtbaren und klimatisch milden Mesilla-Tal in Ordnung – durch jede Menge Trauben, Nüsse, Chili und Baumwolle.

Die Plaza im alten **Mesilla** (»kleiner Tisch«) lohnt einen kleinen Abstecher. Dem idyllischen Platz rund um den bunten *gazebo*, den kleinen Pavillon, und der angrenzenden **San Albino Mission** sieht man das viele Kommen und Gehen nicht an, das sich hier früher abgespielt hat. In alten Tagen lag Mesilla am Chihuahua Trail, auf dem der Warenverkehr entlang dem Rio Grande vorbeirollte. Um die Mitte des 19. Jahrhunderts wurde

hier der sogenannte Gadsden Purchase unterzeichnet, der Kaufvertrag, der das heutige Süd-Arizona und New Mexico für ganze zehn Millionen Dollar den USA einverleibte und die heutige amerikanisch-mexikanische Grenze festlegte. Dann (1858–61) stoppten hier die Kutschen der Butterfield Overland Mail Route. Das heutige La Posta Restaurant war die ehemalige Poststation auf dem ebenso berühmten wie langen Trail (4473 km). Im Bürgerkrieg schließlich zogen die Texaner ein; 1861/62 besetzten die Konföderierten die Stadt.

Mesilla begreift sich heute keineswegs als Vorort von Las Cruces, sondern präsentiert sich seit einigen Jahrzehnten als eine eigene und selbstständige Gemeinde. Die Plaza, die ausnahmsweise nicht gerade der Szenetreff der Locals ist, wurde sorgsam restauriert. Trotz ihrer touristischen Gastronomie und zahlreicher Kunstgewerbeläden entfaltet sie durchaus ihren provinziellen Charme.

Auf dem letzten Wegstück nach Texas ziehen zahlreiche Rinderstationen vorbei und schließlich schlüpft der Highway den Pass hinunter in die Stadt, die daher ihren Namen hat: **El Paso**. Der erste Blick streift die mexikanische Seite mit wild besiedelten Geröllbergen, armseligen Buden und Schrotthütten: **Ciudad Juárez**, die Schwesterstadt. Sie sorgt für viel schlechte Luft – auch in El Paso. Vier Brücken verbinden die beiden Städte. Links und rechts der Brückengeländer sind die Wahrzeichen des Tortilla-Vorhangs befestigt, die Metallzäune, die im Stadtbereich scharf bewacht werden. Ähnlich wie in den meisten anderen Grenzstädten trägt das Flussbett im Stadtbereich ein Betonkorsett. Weil der Rio Grande zu oft seinen Lauf wechselte, wurde die Grenze irgendwann auf diese Art festgeschrieben, und so legte man den lebendigen Fluss in ein tristes Steinbett, einem

Abwasserkanal nicht unähnlich. Der Rio Grande sei »keine Grenze, sondern eine Narbe«, formulierte einmal Carlos Fuentes in seinem Roman »Der alte Gringo«.

Heute zählt Ciudad Juárez leider zur mexikanischen Hochburg der Kriminalität. Drogenkriege rivalisierender Banden führen zu einer erschütternden Mordbilanz. Da redet man doch besser übers Wetter. *Sun City*, El Pasos Untertitel, spielt auf die überdurchschnittlich vielen Sonnentage pro Jahr an und leuchtet jedermann sofort ein. *El Paso* selbst auch: Pass, Grenze und Schnittstelle dreier Kulturen: der indianischen, der hispanischen und der der Yankees. *Paso del Norte* nannten die *conquistadores* diesen Fleck am Ende des 16. Jahrhunderts. Etwas über 1000 Meter Höhe erreicht er zwischen den Juá-

rez und Franklin Mountains, was soviel heißt wie zwischen dem Ende der Sierra Madre und dem Beginn der Rocky Mountains, die sich von hier aus über 5000 Kilometer bis nach Alaska erstrecken. Auch sonst liegt die Grenzstadt irgendwie dazwischen. Symptomatisch: Hier und in der Umgebung herrscht *Mountain Time*, während in ganz Texas die Uhren anders gehen – nach der *Central Time*. Einer der wenigen Fälle, wo Texas und New Mexico im Einklang sind.

Abends flimmern unterhalb des erhöhten Freeway die Lichterteppiche von El Paso und Juárez. Nachts machen beide Städte einen richtig guten Eindruck: Man sieht nichts mehr außer Lichtern und Reflexen. Dann fehlt nur noch ein guter Song im Autoradio.

El Paso – Sun City

⊛🛈 White Sands National Monument
19955 Hwy. 70 West
Alamogordo, NM 88310
✆ (575) 479-6124, www.nps.gov/whsa
Zufahrt zum Dunes Drive tägl. ab 7 Uhr möglich. Schließung abends variiert je nach Monat (siehe Homepage).
Visitor Center im Sommer tägl. 8–19, sonst bis 17 Uhr, Eintritt $ 5/0, Infos und Camping-Permit für die Gipswüste
712 km² wasserhaltiger, schwefelsaurer Kalk bilden eine gleißende Dünenlandschaft. Vom Visitor Center aus führt der szenische **Dunes Drive** ca. 13 km durch die Gipswüste. Wer zwischen Mai und Oktober an einem *full moon hike* teilnehmen will, sollte mindestens zwei Wochen im Voraus reservieren (Termine siehe Website). Eine Alternative sind die täglichen *sunset strolls*, die ca. eine Stunde vor Sonnenuntergang vom Visitors Center aus starten (vgl. Website).
Die unmittelbare Nähe zur White Sands Missile Range hat leider auch ihre Schattenseiten. Für die Dauer von Raketentests auf dem benachbarten Gelände werden der Dunes Drive und eventuell auch die Hwy. 70/82 zwischen Alamogordo und Las Cruces u. U. für einige Stunden geschlossen. Deshalb sollte man danach vorab telefonisch fragen.

🛈 Las Cruces Convention & Visitors Bureau
211 N. Water St.

Unwirklich: Picknickplätze im White Sands National Monument

Las Cruces, NM 88001
✆ (575) 541-2444
www.lascrucescvb.org

⊠ Mesilla Plaza
Calles Principal & de Parian, Mesilla, NM 88046
Für die mexikanischen Restaurants an der Plaza (z.B. **La Posta**, www.laposta-de-mesilla.com, $–$$) gilt: Folklore geht vor Gaumenfreude. Salate, kleine Vorspeisen und Weine liegen dafür deutlich über dem geschmacklichen Niveau der Hauptspeisen.

El Paso

🛈 El Paso Convention & Visitors Bureau
1 Civic Center Plaza, El Paso, TX 79901
✆ (915) 534-0600
www.visitelpaso.com

🛏⊠🍷📶🖨 Camino Real Hotel
101 S. El Paso St., El Paso, TX 79901
✆ (915) 534-3000
www.caminoreal.com/elpaso
Historisches Hotel (1912) im Zentrum, in dem u. a. schon Pancho Villa, LBJ, Charles Lindbergh und Herbert Hoover übernachteten. Schöne **Dome Bar**, zwei Restaurants, Pool, Sauna, Fitnessraum. $$$–$$$$

🛏🛧 Da die meisten Besucher von Paso vermutlich am nächsten Tag die Heimreise antreten, empfiehlt sich evtl. ein **Hotel in Flughafennähe**. Der Flughafen in El Paso ist angenehm überschaubar und die Mietwagenrückgabe befindet sich direkt neben dem Terminal, so dass kein Shuttle benötigt wird.

🛏🖨📶 Hotel Indigo El Paso Downtown
325 N. Kansas Street
El Paso, TX 79901
✆ 0800 723-5185 und (915) 5325200
www.ihg.com/hotelindigo
Das 2016 eröffnete Boutique Hotel kombiniert sehr geschickt die Mid-century-Architektur der 60er Jahre mit modernem Design. Große Wandmalereien (Murals) thematisieren die gemeinsame Geschichte der Twin Towns El Paso und Juarez.
 Eigenes Restaurant **The Downtowner** im Haus (tägl. Frühstück, Lunch und Dinner) mit guter Südwest-Küche ($$). Wer tolle Ausblicke auf die Stadt und die nahegelegenen Berge

genießen will, sollte die *rooftop bar* **Circa 1963** (tägl. ab 16 Uhr) besuchen. Neben gut gemixten Cocktails gibt es auch eine kleine Speisekarte mit Pizza, Fondue etc. ($). $$$–$$$$

⬛⊠⬛⊠ Wyndham El Paso Airport Hotel & Water Park
2027 Airway Blvd.
El Paso, TX 79925
✆ (915) 778-4241 und 1-877-999-3223
www.wyndham.com
Bequem unmittelbar (fußläufig) am Flughafen gelegen (Fußnähe). Fitness, Freibad und Restaurant. $$–$$$

⊠ Cafe Central
109 N. Oregon St. (One Texas Court, Downtown), El Paso, TX 79901
✆ (915) 545-2233
www.cafecentral.com
Mo–Mi 11–23 Uhr, Do–Sa 11–2 Uhr, So geschl. Lounge und Restaurant zum *fine dining* mit mexikanisch inspirierten Gerichten – eine kulinarische Oase in Downtown. $$$

⊠⊠ Cattleman's Steakhouse
Indian Cliffs Ranch, Fabens, TX 79838
Anfahrt: In El Paso auf I-10 East etwa 48 km bis Exit 49 (Fabens), von dort 7 km nach Norden. Dauert eine gute halbe Stunde von Downtown El Paso
✆ (915) 544-3200
www.cattlemansranch.com
Mo–Fr 17–22, Sa/So 12.30–22 bzw. 21 Uhr Institution für anspruchsvolle Steakfreunde im Westernmilieu außerhalb der Stadt: *family style country western dining*. Cocktail Lounge. Besonders zum Sonnenuntergang sitzt man hier schön. $$

⊠ Crave Kitchen and Bar
300 Cincinnati Ave., El Paso, TX 79902
✆ (915) 351-3677
www.cravekitchenandbar.com
Tägl. Frühstück und Lunch, Mo–Sa auch Dinner Moderne amerikanische Küche in coolem Design. $–$$

⊠⊠ Forti's Mexican Elder Restaurant
321 Chelsea St.
El Paso (East), TX 79905
✆ (915) 772-0066
www.fortis-restaurant.com

Fiesta in Alamogordo, New Mexico

Mo–Do 9–22, Fr/Sa bis 23, So bis 20 Uhr Hacienda mit guter, traditionell mexikanischer Kost (beliebt sind hier alle Fajitas-Variationen) zum Drinnen- und Draußensitzen. Meist mit Mariachi-Musik. Cocktail Lounge. Frühstück, Lunch ($) und Dinner. $–$$

⊠ Avila's Mexican Restaurant
6232 N. Mesa St., Nähe Sunland Park Dr.
El Paso (West), TX 79912
✆ (915) 584-3621
www.avilas.co
Mo–Do 11–14 und 16.30–18.30, Fr/Sa 11–20.30, So 9–15 Uhr
Herzhafte Tex-Mex-Gerichte. Immer dabei: frische Tortillas und *sopapillas*. $

⊠ La Hacienda Restaurant
1720 W. Paisano Dr.
El Paso, TX 79922
✆ (915) 533-1919
www.shambala.net/milehigh/lahacienda
Mexikanische Variationen – einfache und feinere Gerichte, gegrillt mit Mesquiteholz. Tipp: *chiles rellenos*. Hübscher Patio (einer der wenigen in El Paso) in einem alten Gebäude an der Stelle, wo Don Juan de Oñate 1598 den Rio Grande überquerte. $ ✺

7 Sun City
El Paso – Abschied von West-Texas

7. Tag: El Paso Downtown und Mission Trail: Ysleta, Socorro und San Elizario Mission (vgl. Karte 6. Tag, S. 238)

Alternativen und Extras

Hueco Tanks im gleichnamigen State Park. Auf US 180/62 gut 38 Meilen östlich von El Paso und FM 2775 nach Norden. Die Mulden *(huecos)* in den mächtigen Basaltbrocken wirken wie steinerne Zisternen, in denen sich Regenwasser sammelt, die, weil es in der Region äußerst selten regnet, seit Jahrtausenden Menschen und Tiere anlocken. Sogar die Kutschen der Butterfield Overland Mail Route legten an dieser Oase einen Erfrischungsstopp ein – auf ihrem Weg von St. Louis nach San Francisco. Naturfreunde können rund um die Pools picknicken, wandern oder auf dem Campingplatz Quartier beziehen. Ideal für Kletterfreunde, denn die Löcher der Huecos bieten Händen und Füßen guten Halt.

Prähistorische Felszeichnungen – man hat 5000 mythische Figuren, Menschen- und Tierbilder gezählt – deuten auf eine frühe indianische Mogollon-Kultur hin; jüngere Spuren verweisen auf Mescalero-Apachen. Die Spanier dagegen schienen die Wasserlöcher nicht zu kennen, was wiederum die Indianer nutzten, um von diesem Unterschlupf über die verhassten Eindringlinge herzufallen.

Hueco Tanks State Park & Historic Site, 6900 Hueco Tanks Rd. No. 1, El Paso, TX 79938, © (915) 857-1135, www.tpwd.state.tx.us, Öffnungszeiten vorab telefonisch erfragen, da Besuchsmöglichkeiten limitiert werden. Eintritt $ 7, unter 12 J. frei.

Downtown El Paso, besonders Santa Fe Street, mischt munter Neuzeit und 1930er Jahre. Die älteren, oft angegammelten Discount-Läden sind fest in der Hand der hispanischen Bevölkerung, die auch hier wohnt, weil es in der Stadt sonst nirgendwo billiger ist. Tagsüber herrscht reges Geschäftsleben, nachts wird es spukiger. Doch trotz Schwarz- und Drogenhandels und patrouillierender Sheriffs gilt El Paso als sichere Stadt. Mehr als 80 Prozent der rund 680 000 Einwohner tragen spanische Familiennamen; zusätzlich kommen täglich Hunderte Tagelöhner über die Brücken. Die Stadt ist komplett zweisprachig. Vor allem Schuh- und Bekleidungsindustrien haben sich hier festgesetzt – was zum Shopping insbesondere von Westernkleidung ermutigen sollte.

Eine Möglichkeit, den Tag zu beginnen, ist der Besuch des **El Paso Museum of Art**. Den Grundstock der ständigen Sammlung bildet die Kress-Kollektion aus den späten 1950er Jahren, deren Schwerpunkt auf der italienischen Renaissance liegt – in merkwürdigem Kontrast zum Ort des Gezeigten. Wer sich für die Pflanzenwelt der Chihuahua-Wüste interessiert, kann auch das **Centennial Museum** und die dazugehörigen **Desert Gardens** auf dem Campus der Universität von Texas besuchen.

Für den Nachmittag empfiehlt sich, ähnlich wie in San Antonio, eine Mission-Tour. Sie beginnt im **Reservat der Tigua Indians**, denen die Spanier nach der Pueblo-Revolte im Norden des heutigen New Mexico 1680 diesen neuen Siedlungsplatz zuwiesen. In der Nähe steht die **Ysleta Mission**, die älteste Kirche von Texas, 1682 erbaut, auch Corpus Christi de Ysleta del Sur genannt. Überschwemmungen und Feuer ruinierten allerdings den ursprünglichen Bau und etliche Nachfolger.

Was man heute zu Gesicht bekommt, entstand 1908 auf den Fundamenten dieser Vorgängerbauten – eine Alamo-ähnliche Front mit einer integrierten kleinen Statue des heiligen Antonios und einer silbrigen Glockenturmkappe, die allerdings erst einige Jahre später (1925) aufgesetzt wurde. Wie die meisten Missionskirchen des Südwestens ist die Kirche nach Osten ausgerichtet, denn die Indianer glaubten, dass ihre Götter aus dieser Richtung zurückkämen. Alle Gottesdienste werden heute auf spanisch gehalten.

Nächster Stopp: die **Socorro Mission**, deren Dachbalken noch aus den ersten Tagen dieser Kirche (1681) stammen. Ihre archaisch wirkende Fassadenform entspricht dem indianischen Regenwolkensymbol. Auch ihre Existenz hängt mit den Vorgängen in New Mexico zusammen, mit Socorro, von wo aus die christianisierten Indianer (und Spanier) nach dem erwähnten Aufstand flohen, um hier ihr neues Socorro *(del Sur)* zu gründen. Heute ist der Kirchenraum für tägliche Messen der ringsum schnell wachsenden Bevölkerung längst zu klein geworden; außerdem setzen Regen und Grundwasser den knapp zwei Meter dicken Lehmziegelwänden zu. Also beschränken sich die Gottesdienste nur noch auf Hochzeiten und Beerdigungen. Lohnend ist auch der Besuch des nahe gelegenen alten Friedhofs.

Am Ende der Mission-Kette steht die **Presidio Chapel of San Elizario**, die Kapelle des San Elizario Presidio von 1789, ein kleines wehrhaftes Fort, das die spanischen Padres vor den Überfällen der marodierenden Apachen und Comanchen schützen sollte. Die heutige Gemeinde der Bauern ringsum ist stolz auf ihr Erbe, denn historische Dokumente belegen, dass an dieser Stelle das erste Erntedankfest auf amerikanischem Boden stattgefunden haben soll – und zwar 1598, und das war 23 Jahre vor dem im historischen Plymouth im östlichen Massachusetts, wo die frommen Pilgerväter landeten. Es soll von den Kolonisten unter Don Juan de Oñate hier gefeiert worden sein, nachdem sie auf seiner Expedition eine lange karge Strecke durch die Wüste von Chihuahua hinter sich gebracht hatten. Man speiste Enten und Ziegen, während die (noch) friedlichen Indianer sie am Rio Grande mit frischen Fischen versorgten.

Frühe Felszeichnungen der Mescalero-Apachen im Hueco Tanks State Park

7 Service & Tipps

🏛✿ Centennial Museum and Chihuahuan Desert Gardens
The University of Texas
500 University Ave., El Paso, TX 79968
✆ (915) 747-5565
www.museum.utep.edu
Di–Sa 10–16.30 Uhr
Chihuahuan Desert Gardens tägl. bis zur Dämmerung
Eintritt für Museum und Garten kostenlos
Das Centennial Museum liegt auf dem Campus der University of Texas. Im Mittelpunkt stehen die Pflanzenwelt und kulturelle Geschichte der Grenzregion zwischen dem Südwesten der USA und Mexiko, insbesondere der Chihuahua-Wüste. Beeindruckende Sammlung lokaler Keramik. Die Desert Gardens zeigen mehr als 600 lokale Pflanzenarten in verschiedenen Themengärten.

🏛 El Paso Museum of Art
One Arts Festival Plaza (Main & Santa Fe Sts., Downtown), El Paso, TX 79901
✆ (915) 532-1707
www.elpasoartmuseum.org
Di–Sa 9–17, Do bis 21, So 12–17 Uhr, Mo geschl.
Eintritt frei
Grundstock der ständigen Sammlung ist die Kress-Kollektion vom Ende der 1950er Jahre, der Schwerpunkt liegt auf der italienischen Renaissance. Auch Wechselausstellungen.

🏛 Magoffin Home State Historic Site
1117 Magoffin Ave., El Paso, TX 79901
✆ (915) 533-5147
www.visitmagoffinhome.com
Tägl. außer Mo 9–17 Uhr, nur geführte Touren starten zur vollen Stunde, letzte Tour beginnt um 16 Uhr, Eintritt $ 4/3
Typische, 1875 im Territorialstil erbaute Adobe-Hacienda von J. W. Magoffin, einer prominenten Pionierfamilie des Südwestens. Antike Möbel, Tafelbilder und andere Kunstgegenstände hinter dicken Lehmziegelwänden.

⊙ Presidio Chapel of San Elizario
1556 San Elizario Rd., San Elizario, TX 79849
✆ (915) 851-1682
www.nps.gov/nr/travel/tx/tx4.htm und

El Paso vor der Kulisse der Franklin Mountains

www.visitelpasomissiontrail.com
Mo–Fr 7–11 Uhr, Sa/So während der Messen
Die Missionskirche von 1773 gehört zum Presidio, das die Padres vor den Überfällen der Apachen schützen sollte. Gegenüber liegt das alte Gefängnis.

◉ **Socorro Mission La Purisima**
328 S. Nevarez Rd./FM 258 (südöstl. von El Paso), El Paso, TX 79927
✆ (915) 859-7718
http://visitelpasomissiontrail.com
www.nps.gov/nr/travel/tx/tx1.htm
Tägl. 9–16 Uhr
Die Dachbalken stammen noch aus den ersten Tagen dieser von Piro-Indianern erbauten Kirche von 1681 mit der wahrscheinlich ältesten aktiven Gemeinde in Texas. Ihre Fassadenform entspricht dem indianischen Regenwolkensymbol. Nur noch Bruchstücke des ehemaligen Gebäudes sind erhalten, was heute sichtbar ist, stammt von 1840. Lohnend ist auch der Besuch des nahen alten Friedhofs.

◉ **Ysleta Mission**
131 S. Zaragoza Rd., El Paso, TX 79907
✆ (915) 859-9848
www.visitelpasomissiontrail.com
www.ysletamission.org
Mo–Sa 7–16 Uhr, So geschl.
Messen (auf Spanisch) Mo–Fr 7 und 18 Uhr
Die älteste Missionskirche in Texas wurde 1682 von den Spaniern erbaut, die vor dem Indianeraufstand in New Mexico geflohen waren. Die gegenwärtig zu besichtigende Kirche entstand 1908 auf den Fundamenten ihrer verschiedenen Vorgängerbauten, die durch Überschwemmungen und Feuer zerstört wurden.

🎒 **Justin Boot Factory Outlet**
7100 Gateway Blvd. East, El Paso, TX 79915
✆ (915) 779-5465
www.justinboots.com
Exzellenter Cowboyschuster.

🎒 **Lucchese Boots**
6601 Montana Ave. & F St.
El Paso, TX 79925
✆ (915) 778-8060, www.lucchese.com
Große Auswahl an High-End-Westernstiefeln.

🎒 **Starr Western Wear**
112 E. Overland Ave. (Downtown)

Hauptsache Hüte: Western Store, El Paso

El Paso, TX 79901
✆ (915) 533-0113
www.starrwesternwear.com
Shopping-Tipp für Westernkleidung: Stiefel, Hüte, Gürtel und Textilien.

🎒 **Tony Lama Factory Store**
7156 Gateway Blvd. East (Nähe Hawkins)
El Paso, TX 79915
✆ (915) 772-4327
www.tonylama.com
Eine von mehreren Filialen des berühmten Stiefelschusters. Suchen Sie sich ein passendes Paar unter 15 000 Modellen aus.

🐂 **Southwestern Livestock Show & Rodeo**
Erste und zweite Woche im Februar
Im El Paso County Coliseum mit viel Country Music. ❋

Presidio Chapel of San Elizario

TEXAS PANHANDLE

1 Yellow Rose of Texas
Amarillo

*This country's so flat
you can see for two days.*

Redensart

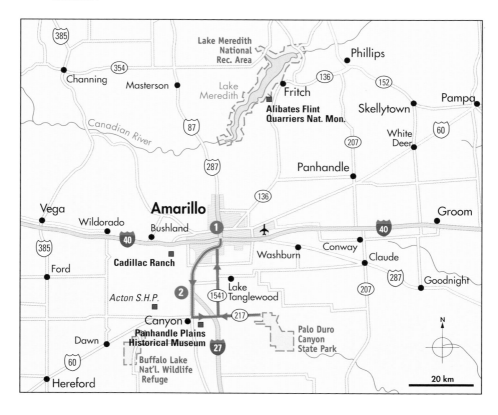

1. Tag: Amarillo

Vormittag   Flug nach **Amarillo**.

Nachmittag   **Route 66 District** und **Cadillac Ranch**.

Alternativen und Extras

Amarillo Livestock Auction – eine der größten privaten Viehauktionen ihrer Art in ganz Texas, jeweils montags ab 11 Uhr. Übers Jahr wechseln hier mehr als 100 000 Rinder den Besitzer (100 S. Manhattan St., Western Stockyards, Amarillo, TX 79120, ✆ 806-373-7464, www.amarillolivestockauction.com).

Auch wenn man nicht unbedingt ein Pferdeliebhaber ist, lohnt der Besuch des **American Quarter Horse Hall of Fame and Museum**, I-40 East, Exit 72 (2601 Quarter Horse Dr., Amarillo, TX 79104), ✆ (806) 376-5181, www.aqha.com/museum, Mo–Sa 9–17 Uhr, Eintritt $ 7/3 (6–18 J.). Es gibt Einblick in die Cowboykultur und die Geschichte der ältesten amerikanischen Pferderasse, der American Quarter Horses, muskulöser Gesellen, die sich auf kurzen Strecken als äußerst schnell erweisen.

Bei einem längeren Aufenthalt in Amarillo: Ausflug zum **Alibates Flint Quarries National Monument**, Fritch, TX 79036, ✆ (806) 857-3151, www.nps.gov/alfl. Von Amarillo: auf Hwy. 136 etwa 32 mi nach Nordosten, dann 1 mi hinter Turkey Creek Plant links auf Alibates Rd. abbiegen. Zügig zieht sich die Straße aus der Stadt zurück auf plattes Land. Dann der alte Steinbruch am Südufer des **Lake Meredith**, aus dem die Indianer der High Plains, 7000 Jahre bevor die Ägypter ihre Pyramiden errichteten, Flintgestein abbauten, um Waffen und Werkzeuge herzustellen, die in Nordamerika gehandelt wurden. Pueblo-Ruinen und Petroglyphen nur mit Ranger-Führung. (Touren beginnen zwischen Memorial und Labor Day i.d.R. täglich 10 und 14 Uhr, sonst nach telefonischer Voranmeldung.) Schöne Aussichten auf den nahen Lake Meredith. Für die kleine Wanderung zum und im Steinbruch braucht man feste Schuhe und Sonnenschutz. Für sportliche Angebote am/im See: **Lake Meredith Recreation Area** (Fritch, TX 79036, ✆ (806) 857-3151, www.nps.gov/lamr).

Gruppenbild mit Cowboy: Western Stockyards in Amarillo

Auf dem kurzen Flug oder der langen Autofahrt nach Amarillo bleibt Zeit, sich ein paar Gedanken über den **Texas Panhandle** zu machen. Ein spanischer Kolonist, der sich hier 1808 von San Antonio nach Santa Fe durchzuschlagen versuchte, notierte: »Es gab nichts als Gras und ein paar Regenlöcher ... Auf der Prärie, wo wir kampierten, musste man Pfähle für die (Anbindung der) Pferde einschlagen.« Diese bestückten ein Hochplateau, die High Plains, die sich von hier nach New Mexico erstrecken, eine riesige Mesa an einem Stück, die so aussieht, als sei sie wie ein Sockel aus dem umliegenden Gebiet herausgedrückt worden.

Lange galt die Gegend als unbesiedelbar. Die Meinung änderte sich erst, als man die Indianer vertrieben hatte. Weiße Büffeljäger rückten nach, und bald entstanden große Ranches wie »XIT«, »Matador«, »JA«, »T Anchor« und »LS«. Der berühmte Viehzüchter Charles Goodnight (1836–1929), der sich als Texas Ranger und Erfinder des *chuck wagon* (der bei den Pionieren beliebten Proviant- und Feldküche) einen Namen machte, war der erste, der seine Herde hierher trieb und sich niederließ. Als man unterm Gras fruchtbaren Boden entdeckte, wich das Ranchland mehr und mehr Baumwoll- und Getreidefarmen.

Im Ersten Weltkrieg nahm die Weizennachfrage drastisch zu, und immer mehr Farmer gingen dazu über, die Decke des ehemaligen Büffelgrases zu lüften und die Erde unterzupflügen. Das bot der Winderosion unbegrenzte Angriffsflächen. Die Oberbodenverluste gingen schließlich so weit, dass die gesamte Region unter den Sammelbegriff der *Dust Bowl* – Staubschüssel – rückte, die durch Steinbecks Roman »Die Früchte des Zorns« zu literarischen Ehren kam. Erst nach dem Desaster kümmerten sich die Farmer um effizienteren Windschutz

und Bewässerungsmethoden. Heute gehört der *Golden Spread* des Panhandle wegen seiner ausgeprägten Bewässerungskunst zu den fruchtbarsten Gebieten der USA.

Amarillo, auf Spanisch »gelb«, verdankt seinen Namen den üppigen gelben Wildblumen, die man im Frühling und Sommer entlang dem Amarillo Lake findet. Deshalb wird Amarillo häufig auch liebevoll The Yellow Rose of Texas genannt. Wenn man hier jemandem begegnet, der wie ein Cowboy aussieht, ist er vermutlich auch einer. Die große Wahrscheinlichkeit, dass jemand oder etwas echt ist, trägt dazu bei, dass in dieser rund 1000 Meter hoch gelegenen und 1887 gegründeten Metropole des Panhandle, die aus einer *ragtown,* einer Zeltstadt, herauswuchs, noch der selbstzufriedene und familiäre Ton des Old West kursiert.

Und Bodenständigkeit und Viehauktion passen besonders gut zusammen, was sich vor Ort feststellen lässt. Von romantischer Schwärmerei und *Urban Cowboy*-Mode keine Spur. Alles dreht sich um propere Bullen, nüchterne Kaufleute und harte Dollars. Über 70 Prozent aller texanischen Rinder wechseln in Amarillo den Besitzer. Neben dem Viehhandel rühmt sich die Stadt, Zentrum der nordtexanischen Öl- und Gasindustrie zu sein. Auch für ästhetische Tupfer ist Platz. Immerhin leistet man sich ein hochgeschätztes Sinfonieorchester (Amarillo Symphony) und eine renommierte Ballett-Truppe (Lone Star Ballet).

Wer sich den Tag über nicht in den gemütlichen Cafés und Souvenirläden entlang der Route 66 vergnügt, der sollte sich zu den schrägen Caddies der kuriosen **Cadillac Ranch** aufmachen, die sicher kein hinreichender Programmpunkt für einen Pandhandle-Besuch sind, aber doch ein notwendiger. Kurios

Stonehenge, USA: die Cadillac Ranch bei Amarillo

ist er schon, dieser Auto-Gag auf dem Acker, Stonehenge, USA. Zehn zur Hälfte eingegrabene Cadillacs aus den Baujahren 1948–63 strecken ihr Hinterteil *(tail fins)* in die Höhe, in Schieflage wie die Enten im See, hübsch ordentlich hintereinander.

Die Installation stammt von der Künstlergruppe »Ant Farm« (Chip Lord, Doug Michels und Hudson Marquez) aus San Francisco, die den Auftrag und das Geld dazu von dem exzentrischen Kunstmäzen Stanley Marsh 3 erhielten; eine Art Peter Ludwig des Panhandle. Er hat verschiedene lokale Projekte in Amarillo in-

itiiert unter anderem auch die witzige Verfremdung von Verkehrsschildern.

An Interpretationen hat es diesem Autofriedhof nie gemangelt. Einer der Urheber sprach von einem »weißen Schrott-Traum«, was allerdings heute nicht mehr ganz nachvollziehbar ist, denn über die Jahre haben die Touristen Hand angelegt und die Karosserien eingekratzt, besprüht, bepinselt oder mit Kugeln durchsiebt. Der Mäzen selbst meinte, die Ranch symbolisiere »die große Flucht, die sexuelle Freiheit, die Freiheit der Wahl, die Möglichkeit, einfach abzuhauen«.

Hartes Holz
Palo Duro Canyon State Park

2. Tag: Amarillo – Panhandle Plains Historical Museum – Palo Duro Canyon State Park – Amarillo (106 km/66 mi)

km/mi	Route
	Route vgl. Karte S. 252.

0   Abfahrt von **Amarillo**, an der Kreuzung I-40/I-27 auf I-27 nach Süden Richtung CANYON und LUBBOCK. Ausfahrt nach Canyon und geradeaus, an der Ampel 4th Ave. stehen Schilder für das Museum und den Palo Duro Canyon: hier links bis zur nächsten Ecke

29/18   **Panhandle Plains Historical Museum**. Vom Museum weiter über 4th Ave. (= TX 217) nach Osten zum

59/37   **Palo Duro Canyon State Park**. State Park Rd. 5 führt durch den Canyon – Rückfahrt nach Amarillo: Vom Parkausgang über die gleiche Straße zurück. Am ersten Blinklicht rechts die Texas Farm Road 1541, eine schöne Landstraße, nach Norden bis

106/66   **Amarillo**.

Ein spannendes Museum und ein toller Canyon füllen einen weiteren Tag in Amarillo aufs Beste. Im **Panhandle- Plains Historical Museum** kann man sich unter anderem schon einmal ein Bild vom Canyon machen, weil man hier die Schlucht in Miniatur besichtigen kann.

Brettgerade führt dann der Texas Highway 217 zum **Palo Duro Canyon State Park**. Kein Berg, nicht mal ein Hügel sind zu sehen. Kann denn hier überhaupt ein Canyon sein? Damit wird klar, wie hoch die Ebene selbst schon liegen muss und dass es nur noch abwärts gehen kann. Prompt zeigen sich auch die ersten roten Furchen: Vorboten des imposanten Canyon, der von einer der drei Gabeln des Red River gegraben wurde. Wegen seiner Größe und vielfarbigen Gesteinsschichten, wird er auch gerne der »Grand Canyon von Texas« genannt.

Der Name *Palo Duro* ist spanisch und bedeutet »hartes Holz« – wahrscheinlich in Anspielung auf die zähen Juniper- und Mesquitebäume an den knallroten Canyonwänden. Die farbigen Felsschichten und die hervorstechenden, durch Wind- und Wassererosion erzeugten Steinpfähle *(hoodoos)* machen den Reiz der Schlucht aus. Wer in sie hinabsteigt, legt dabei auch Millionen Jahre geologische Entwicklung zurück – im Zeitraffertempo versteht sich.

Der heutige Park umfasst nur einen Teil des weitläufigen Canyons, in dem schon vor 12 000 Jahren Nomaden Büffel jag-

Wandern im Palo Duro Canyon

Lighthouse Trail: Der Trail startet von der Park Road 5 und führt zum Lighthouse Peak, dem bekanntesten, ca. 100 m hohen Gipfel im Park, der Dank jahrtausendelanger Wind- und Wassererosion die Form eines Leuchtturms angenommen hat. Der Trail ist sehr populär und daher gut entwickelt. Vom Trailhead geht es zunächst in westlicher Richtung auf die roten Canyonwände zu, bevor der Trail nach Norden um einen Bergkamm dreht. Dann geht es weiter in westlicher Richtung, nach ca. 2,5 km kommt der Lighthouse Peak in Sicht.

Das letzte Stück des Weges erfordert einige stark erodierte Stufen zu erklimmen, bevor man eine Bank erreicht, von der man den wundervollen Blick auf die Lighthouse Formation genießen kann. Zurück geht es auf gleichem Weg.
Länge: 10 km, Dauer: drei Stunden, moderat, Anstieg von ca. 100 m.

ten, wie Funde belegen. Auf seiner Suche nach den sieben goldenen Städten bekam Coronado das Territorium 1541 auf seiner Expedition zu Gesicht, als er hier in einen schlimmen Hagelsturm geriet und fast scheiterte. Im Zuge der Westbesiedlung wurden Comanchen und *comancheros* (Mexikaner, die mit den Comanchen handelten) bis 1874 nach und nach aus der Region vertrieben. Zwei Jahre später grasten bereits die Rinder der JA Ranch an dieser Stelle, die Charles Goodnight, einer der berühmtesten texanischen Rancher, für sich und die Seinen ausgeguckt hatte.

Vergangenheitsbewältigung, freilich aus ganz anderer Perspektive, betreibt das historisch-patriotische Freilichtmusical »Texas«, das während der Sommermonate im Pioneer Amphitheater vor der Canyon-Kulisse die Erschließung des Texas Panhandle thematisiert – ein Dauerbrenner seit über 40 Jahren, bei dem vor allem texanische Patrioten voll auf ihre Kosten kommen.

Lighthouse Rock im Palo Duro Canyon

1 2 Service & Tipps

ℹ Amarillo Convention & Visitor Council
1000 S. Polk St.
Amarillo, TX, 79101
✆ (806) 374-1497 und 1-800-692-1338
www.visitamarillo.com
Mo–Fr 9–18, Sa/So 10–16 Uhr, im Winter So
geschl.

⊨⊠⊼ Courtyard Amarillo Downtown
724 S. Polk St.
Amarillo, TX 79101
✆ (806) 553-4500 und 1-800-992-2694
www.marriott.com
Gutes Hotel in Downtown untergebracht in
einem Hochhaus aus dem Jahre 1927 – dem
schönsten der Stadt. $$–$$$

⊨⊠≋⊼ Drury Inn & Suites
8540 I-40 West
Amarillo, TX 79121
✆ (806) 351-1111
www.druryhotels.com
Gutes Hotel mit 163 geräumigen Zimmern
und Suiten. Reiches Frühstück. $$–$$$

**⊨≋⊼ Holiday Inn Amarillo West Medical
Center**
8231 Amarillo Blvd.
West Amarillo, TX 79124
✆ (806) 322-4777, www.ihg.com
Neueres Hotel westlich von Downtown.
$$–$$$

⊨⊠≋ Amarillo Inn and Suites
1911 I-40 E. (Ross/Osage Exit)
Amarillo, TX 79102
✆ (806) 372-8741
www.amarilloinnandsuites.com
Guter Standard. Restaurant, Pool, Fitnessraum,
Sauna, Minigolf. $–$$

⊨≋ Fort Amarillo RV Resort
10101 W. Amarillo Blvd. (I-40, Exit 64/Soncy,
1 mi westl.)
Amarillo, TX 79124
✆ (806) 331-1700 und 1-866-431-7866
www.fortrvparks.com
Platz mit *full hookups*, Telefon, Kabelan-
schluss, Wireless-Internetzugang, geheizter
Pool. Reservierung ratsam.

**🏛 American Quarter Horse Hall of Fame
& Museum**
2601 I-40 East, Exit 72 (Quarter Horse Dr.)
Amarillo, TX
✆ (806) 376-5181, www.aqha.com/museum
Mo–Sa 9–17 Uhr, Eintritt $ 7/3 (6–18 J.)
Das Museum gibt Einblick in die Cowboy-Kul-
tur und die Geschichte der American Quarter
Horses.

🏛 Panhandle-Plains Historical Museum
2503 4th Ave. (Nähe 24th Ave.)
Canyon, TX 79015
✆ (806) 651-2244
www.panhandleplains.org
Im Sommer Mo–Sa 9–18, sonst bis 17 Uhr, So
geschl., Eintritt $ 10/5
In diesem geräumigen Art-déco-Gebäude
(1933) ist nicht nur eine Western Town komplett und originalgetreu wieder aufgebaut
worden, sondern auch andere Elemente der
Besiedlung des Panhandle: zum Beispiel ein
drilling rig, ein imposanter Ölbohrturm. Außerdem sind Oldtimer der Automobilszene zu
bewundern.
   Gut aufgemacht ist auch das Thema *wind-
mills of the west*, das die texanische Windrad-
kultur nachzeichnet. Es gab einen *windmil-
ler,* der dafür verantwortlich war, die Räder
aufzubauen und darauf zu achten, dass sie
in Schwung kamen und funktionstüchtig blieben. Diese Leute arbeiteten sowohl als Ange-
stellte der Ölfirmen als auch als Unabhängige.
   Besonders sehenswert ist die erste Etage,
die fast komplett dem Thema Petroleum gewidmet ist: mit einem Defilee von Bohrrüsseln
und dem Nachbau des herrschaftlichen, holz-
und lederträchtigen Büros eines Ölbarons. Im
»Petroleum Theatre« läuft ein Film über die
Ölgewinnung. In der Tierabteilung gibt es neben vielen Monstern, Knochen und Zähnen
u. a. Bisonskelette, Mammutzähne aus dem
Pleistozän und ein Gerippe des Allosaurus,
der einer der gefährlichsten Fleischfresser
der Jurassic-Periode war.

◉ Cadillac Ranch
Von Amarillo ein paar Meilen auf I-40 West,
Exit 60 (Arnot Rd.) und auf der gegenüberliegenden Seite über die Frontage Road rechts
ein Stück zur Ranch.
Die zehn schräg in den Acker gerammten und
nach Westen ausgerichteten Cadillacs (Bau-

jahre 1948–64) ergeben keine Ranch, eher ein Stück Land-Art oder ein Denkmal für das goldene Zeitalter der Route 66 und die amerikanische Autokultur, gesponsert 1974 vom Prärie-Mäzen und Helium-Millionär Stanley Marsh 3 aus Amarillo.

Ⓢ Harrington House Historic Home
1600 S. Polk St., Amarillo, TX 79102
℃ (806) 374-5490
www.harringtonhousehistorichome.org
Einstündige Führungen (kostenlos) nach telefonischer Anmeldung, max. vier Personen, nur Erwachsene, nur Di und Do 10–12.30 Uhr, leider nicht behindertengerecht
Die prächtige klassizistische Villa (1914) des betuchten Ranchers John Landergrin wird betreut von der Don & Sybil-Harrington-Stiftung.

Ⓢ☕✕ Historic Route 66 Old San Jacinto District
W. 6th St. zwischen Georgia und Forest Ave. Amarillo, TX
www.amarillo66.com
Bunte Nostalgie- und Flohmarkt-Meile im kleinstädtischen Viertel von Old San Jacinto mit Läden, Cafés und kleinen Imbissrestaurants. Etwa Wilson Electric Lamp, 2912 W. 6th Ave.
Zur Stärkung: **Golden Light Cafe**, 2906 S.W. 6th Ave. (zwischen Kentucky und Alabama St.)., Amarillo, TX 79106, ℃ (806) 374-9237: Burger-Restaurant, Bar und Grill, unscheinbar, aber beliebt.

⛺📷🍴🐾 Palo Duro Canyon State Park
11450 Park Rd. 5 (SR 217), Canyon, TX 79015
℃ (806) 488-222
www.tpwd.texas.gov/state-parks/palo-du ro-canyon
Tägl. 8–18, von Frühjahr bis Herbst teilweise bis 20 bzw. 22 Uhr, Eintritt $ 5
Der zweitgrößte Canyon in den USA erwächst aus dem Prairie Dog Town Arm des Red River. Scenic Drive, Wander- und Reitwege, Pferde kann man mieten, Campingplatz. Der Park bietet leider nicht allzu viele Wanderwege, am bekanntesten ist der Lighthouse Trail.
Wer gerne reitet, kann bei den **Old West Stables** (direkt im Canyon, ℃ 806-488-2180) an geführten Touren etwa zur berühmten Lighthouse-Formation teilnehmen.
Die Freilichtbühne **Pioneer Amphitheater** zeigt

Museum des größten Pferdezuchtverbands der Welt in Amarillo

Anfang Juni–Ende August Di–So 20.30 Uhr das Musical »Texas« über die Geschichte und Erschließung des Texas Panhandle. Tickets an der Theaterkasse und beim **»Texas« Information Office** in Canyon, 1514 5th Ave., Reservierung: ℃ (806) 655-2181, www. texas-show.com.

✕ Crush Wine Bar & Deli
701 S. Polk, Amarillo, TX 79101
℃ (806) 418-2011
www.crushdeli.com
Mo–Sa Lunch & Dinner, So geschlossen
Gute amerikanische Küche mitten in Downtown, raffinierte Salate, Restaurant und Bar mit großer Wein- und Bierauswahl. $$

✕🍸 Ohms Cafe & Bar
619 S. Tyler St., Amarillo, TX 79101
℃ (806) 373-3233
www.ohmscafe.com
Di–Fr Lunch, Di–Sa Dinner
Internationale Küche, importierte Spirituosen. Den Namen lesen viele Einheimische als Abkürzung von *On Her Majesty's Service*. $$$

✕🍸 Big Texan Steak Ranch
7701 I-40 East (Lakeside Dr., Exit 75)
Amarillo, TX 79118
℃ (806) 372-6000
www.bigtexan.com
Tägl. 7–22.30 Uhr
Das gastronomische Wahrzeichen des Panhandle. Vieles von dem, was ringsum kreucht und fleucht, wird hier verbraten wie Büf-

Big Texan Steak Ranch in Amarillo

felfleisch und frittierte Klapperschlangen. Hausgemachter Gag: Wer das berühmte *72 oz steak* (über 2 kg!) in einer Stunde verdrücken kann, braucht es nicht zu bezahlen. Vorsicht: Im gleichen Zeitraum muss man auch die Beilagen verschlungen haben (Folienkartoffel, Shrimp-Cocktail, Salat, Brötchen). Wer aufgibt, muss zahlen. Oft C&W-Musik *(live opry)* und Tanz. $$–$$$

☒ Tyler's Barbeque
2014 Paramount Blvd., Amarillo, TX 79109
✆ (806) 331-2271
www.tylersbarbeque.com
Di–Sa 11–20 Uhr, So/Mo geschl.
Der Platz für Barbecue-Fans. $$

☒☛ Golden Light Cafe
2906 W. 6th Ave. (zwischen Kentucky & Alabama St.), Amarillo, TX 79106
✆ (806) 374-9237
www.goldenlightcafe.com
Mo–Sa ab 11 Uhr
Zur Stärkung, unscheinbar, aber beliebt – seit 1946 ununterbrochen. $

☛☒ The 806 Coffee + Lounge
2812 S.W. 6th Ave., Amarillo, TX 79106
✆ (806) 322-1806
www.the806.com
Mo–Sa 8–24, So erst ab 9 Uhr

Jede Form von Espresso-Spezialitäten. Kleinigkeiten zum Essen. $

☛ Palace Coffee Company
817 S Polk St #102, Amarillo, TX 79101
www.palacecoffee.co
Mo–Fr 7–16, Sa 8–16 Uhr, So geschlossen
Vermutlich der beste Espresso und Cappuccino in Amarillo, ansonsten nur Kleinigkeiten. $

☿ Midnight Rodeo
4400 S. Georgia St., Amarillo, TX 79110
✆ (806) 358-7083
www.midnightrodeoamarillo.com
Do–Sa 20–2 Uhr
Tanzclub und Bar mit DJ-Musik.

☀ Cowgirls & Cowboys in the West
Liegt auf der Los Cedros Ranch (19300 South F.M. 1258, Amarillo, TX 79118) am östlichen Rand des Palo Duro Canyon
✆ (806) 672-9256
www.cowgirlsandcowboysinthewest.com
Der beste Platz weit und breit um zu Reiten. Für erfahrene Reiter, aber auch für Novizen. Terminabsprachen im voraus empfohlen.

⚑ Working Ranch Cowboys Ranch Rodeo World Championship
Im November in Amarillo.

Service von A bis Z

Anreise, Einreise

Zur Einreise in die USA benötigen Besucher aus Deutschland, Österreich und der Schweiz (auch Babys und Kinder) einen **maschinenlesbaren Reisepass**, der mindestens bis zum Ende der geplanten Reise gültig sein muss. Für deutsche Staatsangehörige ist nur der **rote Europapass** zulässig, der auch biometrische Daten sowie ein digitales Foto enthalten muss.

Kinder benötigen ihren eigenen elektronischen Reisepass (e-Reisepass), um ohne Visum reisen zu können. Mit Kinderreisepass oder -ausweis wird zusätzlich ein Visum benötigt.

Wer ohne Visum über das sogenannte *Visa Waiver Program* in die USA einreisen und weniger als 90 Tage bleiben will, muss sich bis spätestens 72 Stunden vor dem Abflug auf der **ESTA-Webseite** des Department of Homeland Security registrieren, am besten über https://esta.cbp.dhs.gov/esta/. Die ESTA-Gebühr beträgt 14 Dollar. Die Reisegenehmigung ist bis zu zwei Jahre oder bis zum Ablauf des Reisepasses gültig, je nachdem, was früher eintritt.

Der neue elektronische Antrag im Netz läuft in vier Schritten ab: Antrag ausfüllen, abschicken, Antragsnummer notieren, Einreisegenehmigung vom Ministerium abwarten (oft kommt sie nur Sekunden nach dem Absenden). Das US-Ministerium empfiehlt, sich den Antrag mit allen Angaben auszudrucken und zu den eigenen Unterlagen zu nehmen. Die Antragsnummer benötigt man, um später ggf. Aktualisierungen wie Änderungen der Adresse oder der Reisepassnummer vornehmen zu können.

Seit 1.11.2010 müssen die Fluggesellschaften im Rahmen von **Secure Flight** 72 Stunden vor Abflug die maßgeblichen Passagierdaten zur Weiterleitung an die TSA/Transportation Security Administration vorliegen haben, d.h. voller Name gemäß Reisepass, Geburtsdatum, Geschlecht. Eine komplette Adresse in den USA inkl. Postleitzahl muss ebenfalls spätestens bei Check-in angegeben werden.

Auch wenn die Einreise vorab genehmigt wurde, kann sie vor Ort von den Beamten der Zoll- und Grenzschutzbehörde dennoch verweigert werden. Sollte die Einreisegenehmigung nicht erteilt werden, bedeutet dies keine endgültige Ablehnung. Man muss sich dann um ein Visum bemühen. **Visa-Informationen** erhält man unter http://german.germany.usembassy.gov.

Die Einreisemodalitäten auf US-Boden haben sich deutlich vereinfacht, seit an über 30 Flughäfen Computer zur Erfassung der Daten im Einsatz sind. Wenn alles gut läuft, müssen Fluggäste nunmehr nur noch ihren Ausweis scannen sowie die Abnahme von Fingerabdrücke und einen Augen-Scan zulassen. All dies geht maschinell vonstatten und ist mit etwas Glück binnen weniger Minuten erledigt.

Nur bei Unregelmäßigkeiten fällt ein zusätzliches Gespräch mit einem Immigration Officer an. Dies ist jedoch kein Grund, unruhig zu sein. Wenn es dazu kommt, erkundigt sich der Beamte nach dem Zweck *(vacation)* der Reise und setzt die Aufenthaltsdauer fest. Manchmal wird auch nach dem Rückflugticket und der finanziellen Ausstattung gefragt. Ihr **Gepäck** sollten Sie bei der Aufgabe nicht verschließen, sonst besteht die Gefahr, dass es von den Behörden mit Gewalt aufgebrochen wird.

Wichtigste **Zielflughäfen in Texas** sind Dallas/Fort Worth (DFW) und Houston (IAH). Nonstopflüge verschiedener Fluggesellschaften aus Europa erreichen die texanischen Airports nach rund elf Stunden Flugzeit (und sieben Stunden Zeitunterschied) meist am frühen Nachmittag. Der Rückflug ist in der Regel eine Stunde kürzer. Der Dallas/Fort Worth Airport (DFW) liegt etwa 30 km von beiden Stadtzentren entfernt. Zwischen Flughafen und den Städten verkehren Schnellbusse und Taxis.

Wer mit dem **Auto** anreist, erreicht Texas von den angrenzenden Bundesstaaten durch Interstate Highways und US-Bundesstraßen. Von Osten, d. h. von Louisiana, führen zwei Interstates nach Texas: die I-10 (im Süden) in Richtung Beaumont und Houston und die I-20 (weiter nördlich) in Richtung Dallas. Im Nordosten verbindet die I-30 Arkansas mit Texas, d. h. Little Rock und Dallas. Die wichtigste Nord-Süd-Achse bildet die I- 35, sie kommt aus Oklahoma und führt nach Dallas und weiter nach Austin, San Antonio und Laredo. Wer Texas nur kurz durchfahren möch-

te, kann das nur im Panhandle: über die I-40, die in Ost-West-Richtung an Amarillo vorbeiführt (und die der legendären Route 66 folgt). Den Westzipfel von Texas erreicht man – von New Mexico oder Arizona kommend – über die I-10 in El Paso. Die Überlandbusse benutzen dieselben Fernstraßen.

Alle größeren Städte in Texas haben im Innenstadtbereich **Busbahnhöfe** der Greyhound- bzw. Trailways-Linien. Mit der **Eisenbahn** ist es in Texas nicht weit her. Nur wer mit Amtrak von New Orleans oder Los Angeles anreist, kann dreimal pro Woche die Bahnhöfe in San Antonio und Houston erreichen.

Grundsätzlich genügt für den **Grenzübertritt nach Mexiko** der Reisepass, sofern man den Aufenthalt auf die Grenzstadt beschränkt. Zollbestimmungen sind an den Übergängen und bei den örtlichen Touristenbüros zu erfahren. Mit dem Leihwagen ist es aus versicherungsrechtlichen Gründen nicht erlaubt, über die Grenze nach Mexiko zu fahren. Der Krieg zwischen kriminellen Organisationen, die um die Kontrolle des Drogenhandels in Mexiko kämpfen, hat die Gewalt in der mexikanischen Grenzregion in den letzten Jahren dramatisch verschärft. Die Auseinandersetzungen werden zwar in erster Linie zwischen den rivalisierenden Drogenkartellen und gegen Polizeieinheiten und Strafverfolger geführt. Dennoch sind auch Touristen bereits Opfer von Morden und Entführungen geworden. Von Besuchen im Nachbarland Mexiko wird daher zur Zeit abgeraten, das gilt insbesondere für Ciudad Juárez, die Hochburg der mexikanischen Drogenkriminalität, aber auch für die anderen größeren Grenzstädte (Ciudad Acuña, Nuevo Laredo, Reynosa und Matamoros).

Das US-Außenministerium (State Department) hat im April 2016 erneut eine Reisewarnung, insbesondere für die grenznahen Gebiete in Nordmexiko, herausgegeben. Den aktuellen Stand erfragt man am besten unter: www.travel.state.gov. Informelle Grenzübertritte sind nach den Bestimmungen des Heimatschutzministeriums (Department of Homeland Security, www.dhs.gov) seit 2002 illegal und werden entsprechend bestraft. Das bedeutet auch, dass die in Big

Bend früher üblichen Stippvisiten in die auf der anderen Seite des Rio Grande gelegenen mexikanischen Dörfer (z.B. Boquillas del Carmen, Paso Lajitas) nicht mehr möglich sind. Jedenfalls nicht, indem man einfach den Rio Grande auf eigene Faust überquert. Seit April 2013 kann man allerdings erstmals wieder am Boquillas Canyon einen winzigen offiziellen Grenzübergang nach Boquillas del Carmen nutzen (vgl. S. 205 ff.).

Auskunft

ℹ **Texas Tourism**
c/o Lieb Management & Beteiligungs GmbH
Bavariaring 38, 80336 München
✆ (089) 45 21 86-24
www.traveltexas.de
Auf der o.g. Website findet man eine Fülle von Tipps für die Reiseplanung.

Auskunft vor Ort
Fast alle Orte haben haben ein **Visitor Center**, ein **Chamber of Commerce** bzw. ein **Convention & Visitors Bureau**, das kostenlos Informationen und Broschüren anbietet und auch bei Buchungen und der Unterkunftsuche hilft. Deren Adressen, Rufnummern sowie Websites finden Sie auf den blauen bzw. gelben Seiten dieses Buches.

Automiete, Autofahren

Man sollte das Auto bereits vor Antritt der Reise über ein Reisebüro oder online mieten, da im Paket dann im allgemeinen Vollkasko und sämtliche Steuern und Gebühren enthalten sind. Vor Ort sind die Urlaubertarife nicht zu haben.

Für Autos gilt grundsätzlich das texanische Prinzip des Think big. So trifft man in Texas noch mehr als in anderen Bundesstaaten auf große Fahrzeuge. Auch wenn preisliche Gründe und die höheren CO_2-Emissionen gegen einen Geländewagen (SUV bzw. Sport Utility Vehicle) sprechen, tatsächlich fühlt man sich in dieser Wagenklasse in Texas durchaus wohler. Hinzu kommt, dass man vor allem in West-Texas auf Dirt oder Off Ro-

ads vor allem hohe Bodenfreiheit *(high clearance)* und damit die Geländetauglichkeit zu schätzen weiß; Allradantrieb *(4-wheel-drive)* hingegen ist nicht ganz so wichtig. Gerade bei den eher hochpreisigen SUVs lohnt sich ein kritischer Preisvergleich der verschiedenen Mietwagenangebote.

Und dann noch GPS: Vor allem in den großen Städten ist ein GPS-System sehr empfehlenswert. Allerdings ist außerhalb der großen Städte Vorsicht geboten. Viele schöne, hier im Buch empfohlene Straßen fallen bei GPS-Systemen dem Gebot der Schnelligkeit zum Opfer, obwohl gerade in Texas die sogenannten Blue Highways die Schönheit des Landes erschließen, während auf den Interstates alles an einem vorbeirauscht. Sie sollten sich daher möglichst – trotz GPS – an die im Buch empfohlene Routenführung halten, zumal vor allem in West-Texas die Geschwindigkeitsregelungen auf Landstraßen teilweise sehr großzügig gehandhabt werden.

Um das gebuchte Auto abzuholen, muss man den **nationalen Führerschein** und eine **Kreditkarte** vorlegen. Wer keine Kreditkarte besitzt, ist nach amerikanischer Denkungsart nicht kreditwürdig und muss deshalb (wenn er keinen Gutschein, sprich Voucher, hat), im Voraus bezahlen und eine Kaution hinterlegen.

Achtung: Die Autovermieter versuchen regelmäßig, dem Kunden beim Ausfüllen des Mietvertrags weitere **Versicherungen** zu verkaufen, die absolut unnötig sind. Auf den deutschen Gutscheinen ist eine genaue Leistungsbeschreibung aufgeführt. Wenn da zu lesen ist »Rückerstattung der Selbstbeteiligung bei Schäden an Reifen, Glas, Dach und Unterboden«, brauchen Sie keinerlei Zusatzversicherung. Im Schadensfall wird der lokale Vermieter die Selbstbeteiligung von der hinterlegten Kaution (Kreditkarte) einbehalten; diese Kosten werden dann sämtlich vom hiesigen Mietwagenunternehmen zurückerstattet.

Unabhängig davon sollte man bei Übernahme genau überprüfen (Reserverad, Automatikschaltung, Kofferraum), um ggf. Mängel erkennen bzw. Fragen stellen zu können.

Yellow Roses of Texas: Lunch-Time in Taylor

Europäische Autofahrer können sich auf den US-Highways erst mal entspannt zurücklehnen. Man fährt dort vergleichsweise erheblich rücksichtsvoller und vor allem – langsamer.

Landkarten und Stadtpläne bekommt man beim amerikanischen Automobilclub AAA, aber auch an vielen Tankstellen, Drugstores und Buchhandlungen.

Zur Verdeutlichung der Straßentypen hier die in Texas üblichen Unterscheidungen:

Interstate Highway (z.B. I-35 oder IH-35): gut ausgebaute, kreuzungsfreie Autobahnen. Gerade Zahlen stehen für die Ost-West-Richtung, ungerade für die Nord-Süd-Richtung.

U.S. Federal Highway (US): auch interstaatlich, aber nicht ganz so aufwendig

Texas State Highway (z.B. S 71 oder SR 71): texanische Landstraßen

Texas Farmroad oder **Ranchroad** (FM oder RM): kleine, aber in der Regel gut ausgebaute Landstraßen innerhalb von Texas, wo man am meisten vom Land sieht.

Einige **Verkehrsregeln** und Verhaltensweisen unterscheiden sich von denen in Europa:

– Die **Höchstgeschwindigkeit** ist ausgeschildert: auf Interstate Highways je nach Staat 55 und 80 m.p.h. (Meilen pro Stunde; d.h. 88 bzw. 129 km/h), in Ortschaften 25–35 m.p.h. (40–56 km/h). Die Höchstgeschwindigkeiten gelten auch für die riesigen Trucks, was durchaus einschüchternd wirken kann.

– Manche Straßen und Brücken sind **mautpflichtig**.

– **Schulbusse** mit blinkender Warnanlage, die Kinder ein- und aussteigen lassen, dürfen nicht passiert werden. Das gilt auch für Fahrzeuge aus der Gegenrichtung!

– **Rechtsabbiegen an roten Ampeln** ist in den von der Reise berührten US-Staaten erlaubt, aber erst nach vollständigem Stopp und Vergewisserung, dass kein Fußgänger oder anderer Wagen behindert wird.

– Außerhalb von Ortschaften muss man zum **Parken oder Anhalten** mit dem Fahrzeug vollständig von der Straße runter.

– **Fußgänger**, besonders Kinder, haben immer Vorfahrt!

Die **Farben** an den Bordsteinkanten markieren die Parkgesetze:

Rot: Halteverbot

Gelb: Ladezone für Lieferwagen
Gelb und Schwarz: LKW-Ladezone
Blau: Parkplatz für Behinderte
Grün: 10–20 Minuten Parken
Weiß: 5 Minuten Parken während der Geschäftszeiten.

Wenn keine Farbe aufgemalt ist, darf man ungestraft und unbegrenzt parken, aber nie an Bushaltestellen und vor Hydranten!

An **Tankstellen** muss man manchmal im Voraus bezahlen (PAY FIRST) bzw. eine Kreditkarte hinterlegen. Die Preise variieren: Gegen Barzahlung und/oder bei Selbstbedienung (SELF SERVE) ist der Sprit oft günstiger als auf Kreditkarte und/oder beim Tankwart (FULL SERVE).

Bei Pannen sollte man sich als erstes mit seiner Mietfirma in Verbindung setzen, um die weiteren Schritte abzusprechen. In Notfällen wendet man sich an die Highway Patrol. Diese informiert dann Abschleppdienste, Notarzt usw.

Auch der **Automobilclub AAA** unterhält einen eigenen Pannendienst, den man als Mitglied des ADAC, ÖAMTC und anderer Clubs beanspruchen kann. Die Notfallnummer lautet: ✆ **1-800-222-4357**.
Polizei, Feuerwehr und Notarzt ruft man über ✆ **911.**

Diplomatische Vertretungen

ℹ️ **Generalkonsulat der Bundesrepublik Deutschland**
1330 Post Oak Blvd., Suite 1850
Houston, TX 77056-3018
✆ (713) 627-7770
www.houston.diplo.de

ℹ️ **Consulate of Switzerland**
11922 Taylorcrest Rd.
Houston, TX 77024
✆ (713) 467-9887
www.eda.admin.ch

ℹ️ **Österreichisches Honorarkonsulat**
11000 Brittmoore Park Drive
Houston, Texas 77041
✆ (832) 615-151
www.austrianconsulatehouston.org

Einkaufen

Shopping ist für viele Amerikaner Volkssport. Die Jagd nach dem günstigsten Schnäppchen, dem coolsten Turnschuh oder dem neuesten Gadget kann zuweilen bizarre Ausmaße annehmen – etwa wenn der Parkplatz der vermeintlich besten Mall trotz stadionwürdiger Kapazitäten bis auf den letzten Platz gefüllt ist, weil es mal wieder 70 Prozent auf die ohnehin schon 50 Prozent reduzierten Artikel gibt.

Wer keine Berührungsängste vor der Konsumkultur hat, kann sich in den großen texanischen Städten nach Herzenslust austoben. Vor allem Kleidung und Schuhe sind für deutsche Begriffe preiswert, wobei der aktuelle Dollarkurs als Variable darüber bestimmt, ob gar die Klassifizierung »spottbillig« gilt. Die ursprünglich zum Verkauf von B-Ware oder angestaubten Kollektionen ins Leben gerufenen Outlet Centers oder Malls sind nicht zwingend die erste Adresse, denn auch in gewöhnlichen Geschäften bestimmen aberwitzige Rabattschlachten den Alltag.

Der rituelle Konsum vollzieht sich in speziell dafür geschaffenen Kunstwelten, die sich oft in verkehrsgünstiger Lage etwa in der Nähe von Autobahnkreuzen befinden. Der Charme eines urbanen Bummels bleibt dabei bis auf wenige Ausnahmen auf der Strecke, was auch die Amerikaner zunehmend als Zeichen fehlender Lebensqualität empfinden. Wo immer es möglich ist, versuchen Planer daher Innenstädte oder Stadtteile zu kreieren, die *walkable* sind.

Essen und Trinken

Die kulinarische Vielfalt der USA gart in ihren ethnischen Töpfen und Küchen. Die Empfehlungen in diesem Buch versuchen, einige dieser Deckel zu heben und Türen zu öffnen. Leckerbissen findet man vor allem in den individuell geführten Restaurants der Großstädte, in Dallas, Fort Worth, Houston, Austin und San Antonio. Die lokale Küche von Texas wird von drei typischen Gerichten beherrscht: Barbecue, Tex-Mex und Chicken-fried Steak.

Der Begriff **Barbecue** kommt aus dem Spanischen. *Barbacoa* bezeichnet einen Grill, auf dem Fleisch gebraten wird. Barbecue bedeutet einmal die Art der Fleischzubereitung, aber auch das gesellschaftliche Ereignis um das Essen herum. Was Pasta für Italien, bedeutet BBQ für Texas: Alles (außer Eiscreme) wird hier gegrillt. An erster Stelle steht natürlich Rindfleisch (gefolgt von Hähnchen, Würstchen etc.) das, mit einer würzigen Soße ständig bestrichen, über einem offenen Feuer gegrillt wird. Überall im Staat servieren Restaurants BBQ in großen Mengen billig und selten ohne die Begleitung großer Bierhumpen. Hier einige Merkmale, an denen man zünftige BBQ-Restaurants erkennen kann:

1. Mesquite-Holz ist draußen gestapelt.
2. BBQ wird auf Pergamentpapier serviert anstatt auf Tellern.
3. Schon von Weitem sollen Geruch und Rauch den Anschein erwecken, als würde das Lokal brennen.
4. Plastikbesteck (wenn überhaupt), bloß kein Silberbesteck!

Tex-Mex: Diese Mischgerichte haben mit mexikanischen Nationalgerichten, die leicht und fein im Geschmack sind, nichts zu tun. Tex-Mex ist schwerer, fetter und flüssiger, aber lecker. Die meisten Gerichte sind wegen des dazugehörigen Chili rotbraun, würzig bis scharf, mit Käse überbacken und müssen günstig sein, sonst sind sie nicht echt Tex-Mex. Weitere Erkennungsmerkmale: Bilder von Stierkämpfern an den Wänden, Dekor mit Kakteen, Plastikrosen und -bullen, mit der Speisekarte werden sofort Tortillachips mit scharfer Soße gebracht, mexikanisches Bier steht auf der Speisekarte.

Chicken-fried Steak: Dieses Nationalgericht (ein Überbleibsel aus der Zeit der Depression) hat nichts mit Hähnchen zu tun. Es ist ein preiswertes Stück Rindfleisch, paniert, gebraten und zart genug, um es mit der Gabel zu zerteilen. Die Kruste soll knusprig und hell aussehen. Dazu: Kartoffelpüree und über allem braune Soße. Die guten Adressen erkennt man an den Polizeiautos und Pick-ups mit Gewehrhaltern, die zur Lunchzeit auf dem Parkplatz stehen; am Geräusch vom Plattschlagen der Fleischstücke; daran, dass

Chicken-fried Steak an erster Stelle auf der Karte als Spezialität aufgeführt ist und – dass es billig ist.

Lunch: Mittags sind die Gerichte in den Restaurants durchweg originell und angemessen portioniert und vor allem preisgünstig – im Gegensatz zu vielen Dinner-Angeboten, bei denen man nicht immer weiß, was einen erwartet, und die oft zu vollgepackt und inzwischen richtig teuer geworden sind. Nirgends ist es übrigens ein Problem, sich Hauptgerichte zu teilen!

Dinner: Im Vergleich zu Europa essen die meisten Amerikaner früh zu Abend; in kleineren Städten heißt das: vor 21 Uhr. Selbst in den Großstädten fällt es mitunter schwer, nach 22 Uhr noch ein offenes Restaurant zu finden.

Fürs **Picknick** oder auch für die Abend-Vesper im Hotelzimmer empfiehlt es sich, gleich zu Beginn der Reise einen ausreichend geräumigen (ab 20 Liter) Cooler bzw. eine (billigere) Styropor-Eiskiste für den Kofferraum zu kaufen. Eis gibt's reichlich in Supermärkten, kleinen Läden und Tankstellen. Picknickfreunde und Selbstversorger sollten überdies wissen, dass man sich in den Restaurants grundsätzlich alles, was man einmal bezahlt hat, zum Mitnehmen einpacken lassen kann. Für Kleinigkeiten und Zwischenmahlzeiten sind Supermärkte (das Highlight: *Whole Foods Markets)* dagegen oft wahre Fundgruben, weil sie Gemüse, Obst, Sandwiches, Gebäck usw. frisch, lecker und preiswert anbieten – und oft zu jeder Tages- und Nachtzeit. Auch die Shops der Tankstellen sind als Versorgungsstationen nicht zu verachten.

In Texas gibt es nach wie vor Gemeinden, die der Prohibition treu geblieben sind, sogenannte *dry counties*, in denen kein **Alkohol** verkauft werden darf und wo die meisten Restaurants auch keinen servieren. Für Hotelgäste gibt es dann oft die Möglichkeit, »Mitglied« in einem der dortigen Privatclubs zu werden, um an einen Drink zu kommen. Von einer »trockenen« Gemeinde muss man in eine »nasse« (*wet county*) fahren, um sich dort einzudecken. Und auch sonntags ist der Verkauf von Alkohol in Geschäften eingeschränkt. Ansonsten bekommt man Bier, Schnaps oder Wein am preiswertesten in Supermärkten oder Discountläden. Mehr zahlt man meist in *liquor stores*, die sich auf Alkohol und Zigaretten spezialisiert haben.

Unter den **Biersorten** ist die Marke »Lone Star« das unumstrittene Nationalbier. Mitteleuropäischen Gaumen schmeckt das mexikanische Bier würziger als das leicht wässrige US-Bier: z. B. Bohemian, Tecate, Dos Equis, Carta Blanca und Corona. Wenn **Tequila** pur, dann bitte nur die mexikanischen Marken wie z. B.»Cuerro«, »Herradura«.

Und, Texas steht längst nicht mehr nur für Cowboys und Rodeo, denn es wird auch **Wein** produziert in Texas und durchaus edle Tropfen. Am bedeutendsten sind die Weinbaugebiete am Pecos River, im zentralen Hochland bei Lubbock und auf den Hügeln bei Fredericksburg. Renommierte Weingüter sind z. B. Texas Hills, Becker Vineyards, Llano Estacado oder Flat Creek.

Die neue amerikanische **Kaffeehauskultur** und ihre süßen Theken haben auch schon lange die texanischen Großstädte erreicht, oft in Kombination mit Buchhandlungen oder Zeitungsständen. Diese Läden sind meist gemütlich, bunt und anheimelnd eingerichtet – ganz im Gegensatz zum Sanitärdekor vieler neudeutscher Bäckerei-Ketten. In der texanischen Provinz wird man aber oft verzweifelt nach einem guten Kaffee Ausschau halten.

Die unter **Service & Tipps** zu den einzelnen Tagen empfohlenen Restaurants sind nach folgenden **Preiskategorien** für ein Abendessen (ohne Getränke, Vorspeisen, Desserts, Steuer und Trinkgeld) gestaffelt:

$	–	bis 15 Dollar
$$	–	15 bis 25 Dollar
$$$	–	über 25 Dollar

Feiertage, Feste, Veranstaltungen

An den offiziellen Feiertagen quellen viele beliebte Ausflugziele über – besonders im Sommer. Weil viele *holidays* auf Montage fallen, entstehen lange Wochenenden und oft touristische Staus. Das »Superbowl Weekend« Anfang Februar z. B. ist stets besonders fest in amerikanischer Hand; das gilt erst recht für die Wochenenden von **Memorial Day** (Beginn der Reisesaison) und **Labor Day** (Ende der Reisezeit). Banken, öffentliche Gebäude und viele Sehenswürdigkeiten und Museen sind feiertags geschlossen.

Offizielle Feiertage:
New Year's Day: 1. Januar
Martin Luther King Day: 3. Montag im Januar
Presidents' Day: 3. Montag im Februar
Texas Independence Day (2. März)
San Jacinto Day (21. April)
Memorial Day: letzter Montag im Mai, Beginn der Hauptsaison
Independence Day (Unabhängigkeitstag): 4. Juli
Lyndon B. Johnson's Birthday (27. August)
Labor Day (Tag der Arbeit): 1. Montag im September
Columbus Day: 2. Montag im Oktober
Veterans Day: 11. November
Thanksgiving (Erntedankfest): 4. Donnerstag im November
Christmas Day (Weihnachten): 25. Dezember

Für den Zaungast sind die inoffiziellen, lokalen (und ethnischen) Feste meist viel ergiebiger, denn auf den Fiestas, Rodeos und Festivals geht es bunt her. Es gibt immer etwas zu essen und trinken, viel zu sehen und oft gute Musik zu hören, und jeder findet schnell Anschluss, weil Kind und Kegel mit von der Partie sind.

Am 1. Weihnachtstag sind in den USA fast alle Restaurants geschlossen.

Geld, Kreditkarten

Eigentlich braucht man Bares nur fürs Trinkgeld (bei der heimischen Bank Dollars in kleiner Stückelung vorbestellen), weil man ansonsten alles, wirklich alles, mit der **Kreditkarte** zahlen kann. Wer lieber mit Scheinen reist: Bargeld darf bis zu $ 10000 eingeführt werden. Weil manche Läden manche Kreditkarten nicht gerne nehmen, ist es gut, wenn man mehrere zur Auswahl hat wie Eurocard/Mastercard, Visa oder Barclay.

Generell sind Kreditkarten ein Muss und gelten nicht nur faktisch als Zahlungsmittel, sondern auch als Nachweis, dass man kreditwürdig ist. Mit dem Plastikgeld kann man fast überall bezahlen (Ausnahme: Manche B&B-Villen bevorzugen Bares); mit der Kreditkartennummer kann man jede Reservierung bargeldlos abwickeln und auch bei der Automiete ist die Karte obligatorisch. An Geldautomaten zieht man mit Kreditkarte und PIN-Nummer Bargeld. PIN-Nummer nicht vergessen bzw. einige Wochen vor der Abreise beantragen! Mittlerweile kann auch mit der Maestro-EC-Karte an ATM-Automaten Geld gezogen werden.

Der US-Dollar ist in 100 Cents unterteilt. Die **Dollar-Scheine** *(bills, notes)*, die es im Wert von $ 1, 2, 5, 10, 20, 50 und 100 gibt, sind alle gleich groß. Weil $-50- und $-100-Noten nicht gern angenommen werden, sollte man bei seiner Bank eine möglichst kleine Stückelung verlangen. **Münzen** gibt es als 1 Cent *(penny)*, 5 Cents *(nickel)*, 10 Cents *(dime)*, 25 Cents *(quarter)*, 50 Cents *(half dollar)* und – selten – als 1 Dollar. (Wechselkurs im November 2016: $ 1 = € 0,90, 1 € = $ 1.11).

In den USA ist es üblich, Preise ohne Umsatzsteuer anzugeben, d.h. man zahlt grundsätzlich mehr, als ausgewiesen ist. **Zu allen ausgezeichneten Beträgen kommen, je nach Bundesstaat, Region und Kommune bis 10 Prozent** *(sales tax)* **hinzu!** Bei den meisten Hotels in den Großstädten fallen zusätzliche Parkgebühren an, die z.T. mehr als $ 20 pro 24 Stunden betragen können.

Sperrnummern für Maestro- und Kreditkarten finden Sie unter »Notfälle, wichtige Rufnummern«.

Hinweise für Menschen mit Handicap

Ein Gesetz garantiert, dass in den USA Behinderte nirgendwo aus dem öffentlichen Leben ausgegrenzt werden dürfen. Deshalb finden sich Einrichtungen für Rollstuhlfahrer erheblich öfter und besser ausgestattet als bei uns. Allgemein kann man sich darauf verlassen, dass alle öffentlichen Gebäude (z.B. Postämter, Besucherzentren) mit Rampen versehen sind. Das gilt auch für die meisten Supermärkte, Museen, Sehenswürdigkeiten und Vergnügungsparks. Durchweg sind Bordsteine an den Fußgängerüberwegen ab-

geflacht. In vielen Hotels und Hotelketten (z.B. Motel 6) gibt es Rollstuhlzimmer. Die Firma AVIS z.B. vermietet Autos mit Handbedienung.

Internet

Wer mit dem eigenen Notebook in die USA reist, sollte keine größeren Probleme haben, online zu gehen. High-Speed Internet (per LAN-Anbindung) oder WLAN ist heute in vielen Hotels Standard – leider nicht immer gebührenfrei *(complimentary)*. In einigen Hotels gibt es eigene Business Center, wo die Gäste in einem separaten Raum Computer und Internet nutzen können. Einige Hotels bieten Internetfunktionalitäten auch über das Fernsehen an.

Reisende können aber auch sog. HotSpots *(WLAN Access Point)* in Cafés (z.B. kostenfrei bei allen Starbucks Cafés), Bars oder an Flughäfen etc. nutzen. Die Modalitäten sind recht unterschiedlich. Einige bieten WLAN kostenlos an, andere verlangen Gebühren oder man muss einen Vertrag mit einem Provider (z.B. AT&T) abgeschlossen haben, um den Zugang nutzen zu können.

Die meisten Notebooks und Smartphones können **110-Volt-Input** vertragen, das ist auf der Rückseite des Geräts vermerkt. Den passenden Adapter bzw. Stecker für die amerikanischen Steckdosen bringt man am besten

Längenmaße:	1 *inch (in.)*	= 2,54 cm
	1 *foot (ft.)*	= 30,48 cm
	1 *yard (yd.)*	= 0,9 m
	1 *mile*	= 1,6 km
Flächenmaße:	1 *square foot*	= 930 cm²
	1 *acre*	= 0,4 Hektar
		(= 4 047 m²)
	1 *square mile*	= 259 Hektar
		(= 2,59 km²)
Hohlmaße:	1 *pint*	= 0,47 l
	1 *quart*	= 0,95 l
	1 *gallon*	= 3,79 l
Gewichte:	1 *ounce (oz.)*	= 28,35 g
	1 *pound (lb.)*	= 453,6 g
	1 *ton*	= 907 kg

Temperaturen:

Grad Fahrenheit (°F)

104 100   90   86   80   70   68   50   40 32

Grad Celsius (°C)

40   37,8 32,2 30   26,7 21,1 20   10 4,4 0

von zu Hause mit, zur Not ist er vor dem Start an allen deutschen Flughäfen zu kaufen. In den USA gibt es die Stecker bei Häusern der Kette Radio Shack (siehe auch »Strom«).

Austin bietet Wireless Zones (Municipal Wi-Fi, WLAN) flächendeckend im innerstädtischen Bereich und in ausgewählten öffentlichen Räumen an, die kostenlos genutzt werden können. Kostenfreie Wi-Fi-Nutzung ist außerdem an vielen Rastplätzen *(rest areas)* der texanischen Autobahnen und Bundesstraßen verfügbar. Achten Sie auf »Texas Safety Rest Areas« und »Travel Information Centers«. Die Verbindung stellt man über www.textreks.com her.

Klima, Reisezeit, Kleidung

Angesichts der Größe von Texas variiert das Klima natürlich je nach Region. Charakteristisch für das wetterwendische Texas ist allerdings der viele Sonnenschein das ganze Jahr über von der Golfküste bis zu den hohen

Bergen. Die Faustregel lautet: heiße Sommer (mit einem Durchschnitt über 30 °C); milde Winter im Süden, kalt im Norden; trocken im Westen, feucht und mehr Regen im Osten.

Wer sagt: »Ich mag das Wetter in Texas nicht«, bekommt prompt zu hören: »Warte fünf Minuten, dann ändert es sich.« Das stimmt. Grauen Dauerregen gibt es hier nicht, das Wetter wechselt schneller. Temperaturstürze kommen hauptsächlich im Winter (und dann im Panhandle, im nördlichsten Teil) vor.

Winter heißt in Texas eigentlich nur Januar und Februar. Schnee gibt es in der Regel nur in den High Plains. Ansonsten bedeutet Wintersport in Texas: Angeln, Segeln und Picknick am Strand.

Der **Frühling** gehört zu den schönsten Jahreszeiten. Die Tagestemperaturen sind angenehm, abends wird es kühl bis kalt. Das Strandleben beginnt, und das ganze Land blüht in allen Regenbogenfarben – mit Wildblumen und auch schon Kakteen.

Im **Sommer** kann es sehr heiß werden, aber die Luftfeuchtigkeit ist (bis auf Houston und Ost-Texas) im Allgemeinen gering und die Innenräume (auch die meisten Autos) klimatisiert. Das Meer, die vielen Seen und Flüsse, Wasservergnügungsparks und die Pools in den Hotels bringen dann die ersehnte Abkühlung.

Ausgesprochen angenehm und farbenfroh sind die Tage im **Herbst** von Anfang Oktober bis Ende November, wenn das Herbstlaub leuchtet, die Mücken tot und die meisten Touristen schon wieder zu Hause sind. Besonders attraktiv ist dann die Golfküste: milde Tage mit leuchtend blauem Himmel und kühle Nächte.

Extrem, aber äußerst selten sind **Hurrikane und Tornados.** Sollte sich wirklich ein Hurrikan der Küste nähern, wird so früh gewarnt, dass man noch in Ruhe ins Landesinnere entkommen kann. Die Fluchtwege sind ausgeschildert: EVACUATION ROUTE. Im Übrigen trösten sich die Golfbewohner damit, dass der Fischreichtum danach umso größer ist. Über Tornados, die ab und an Flecke im Inland heimsuchen, macht sich in Texas selbst offenbar keiner Gedanken.

Als **Kleidung** empfiehlt sich für alle Jahreszeiten der flexible Zwiebelstil, d.h. mehrere Stücke übereinander zu tragen, die man dann je nach Bedarf an- oder ausziehen kann. Da es ab und zu, je nach Jahreszeit und Aufenthaltsort, zu Temperaturschwankungen kommen kann bzw. die Abende stark abkühlen können, sollte man wärmere Kleidung dabeihaben (Pulli, lange Hose, feste Schuhe). Wichtig ist vor allen eine winddichte Jacke. Anfang April z.B. kann es in den Bergen im Big Bend Park nachts frieren, aber sich tagsüber dann auf 30 °C erwärmen. An der Golfküste kann der Wind im Frühjahr recht kalt pfeifen, während man windgeschützt die Sonne genießt. Ansonsten ist legere bzw. sportliche Freizeitkleidung immer angebracht, es sei denn, Sie möchten elegant dinieren – das geht selten ohne Krawatte und entsprechendes Zubehör.

Maße und Gewichte

Vor einigen Jahren schien die Umstellung der USA auf das metrische System schon in Sicht, doch heute ist wieder alles beim alten, d.h. bei *inch* und *mile, gallon* und *pound*. Man muss sich also wohl oder übel umstellen. Die Tabellen links oben soll dabei helfen.

Medizinische Versorgung

In den USA ist man automatisch Privatpatient, und die Arzt- bzw. Krankenhauskosten sind happig. Da die meisten gesetzlichen Krankenkassen keine Kosten erstatten, sollte man unbedingt eine **Auslandskrankenversicherung** abschließen, die für Urlaubsreisen äußerst preiswert zu haben und manchmal bereits bei der Kreditkarte beinhaltet ist. Allerdings, auch wenn Sie versichert sind: In den USA muss beim Arzt oder im Krankenhaus sofort bezahlt werden, meist im Voraus.

Dafür erweist sich wiederum eine Kreditkarte als sehr nützlich. Erkundigen Sie sich deshalb auch, welche Leistungen Ihre (oder eine) Kreditkarte im Krankheitsfall im Ausland einschließt.

Apotheken *(pharmacy)* sind meist in Drugstores zu finden, die auch Toilettenartikel, Snacks, Softdrinks, Schreibwaren und Kosmetika führen. Dort bekommt man Medikamente gegen Durchfall, Erkältungen, Kopfschmerzen und leichte Erkrankungen. Ständig benötigte Medikamente sollte man selbst mitbringen (und möglichst ein Attest ausstellen lassen für den Fall, dass der Zoll Fragen stellt). Viele Medikamente, die in Europa rezeptfrei zu haben sind, können in den USA nur vom Arzt verschrieben werden.

Mit Kindern in Texas

Amerikaner sind kinderfreundlich. Kindermenüs, eigene Sitzkissen und Kindertische in den Restaurants, preiswerte, wenn nicht gar kostenlose Unterbringung in Hotels und Motels sind selbstverständlich. Besonders mit dem Camper macht den Kindern die Rundfahrt Spaß: Grillen oder auch kleine Wanderungen lassen keine Langeweile aufkommen. Auch die Amerikaner reisen häufig mit Kind, so dass Kontaktmöglichkeiten nicht ausbleiben.

Bei etlichen Attraktionen wird der Preis *per car* berechnet, so dass eine Familie dasselbe zahlt wie ein Solobesucher. Bei den Eintrittsgebühren für Museen und Freizeitparks gibt es oft einen ermäßigten *Family plan*-Preis. In Restaurants und an öffentlichen Plätzen können sich Kinder viel ungehemmter (und lauter) benehmen als hierzulande, ohne dass die Eltern kritische Blicke einfangen.

Notfälle, wichtige Rufnummern

Die zentrale **Notrufnummer** ✆ **911** gilt in den gesamten USA und alarmiert Polizei, Ambulanz oder Feuerwehr. Ansonsten wählt man »0« und erreicht den Operator. Man nennt Namen, Adresse oder Standort und Sachlage. Der Operator informiert Polizei, Rettungsdienst oder Feuerwehr. Bei Autopannen erweist es sich als Vorteil, Mitglied eines Automobilclubs zu sein. Der amerikanische Club AAA hilft auch den Mitgliedern europäischer Clubs (Ausweis mitbringen!).

In den Nationalparks wird die Polizeigewalt von den Rangern ausgeübt, die auch für Notfälle zuständig sind.

Beim Verlust von Ausweispapieren helfen die diplomatischen Vertretungen (siehe S. 266). Bei Diebstahl oder Verlust von EC- oder Kreditkarten müssen diese umgehend **gesperrt** werden. Erkundigen Sie sich, ob Ihre Karte über die **zentrale Sperrnummer** für Deutschland **011 49 116 116** (zusätzlich **011 49 30 4050 4050**) gesperrt werden kann. Von den USA wählt man sonst folgende Nummern:

ec-/Maestro- und Bankkarten:
Deutschland ✆ 011 49 1805-021 021
Österreich ✆ 011 43 1 204 88 00
Schweiz ✆ 011 41 1 271 22 30
UBS ✆ 011 41 848 88 86 01
Crédit Suisse ✆ 011 41 800 800 488
Mastercard ✆ +1-800-627-8372
Visa ✆ +1-800-627-8372 (R-Gespräch nur vom Festnetz)
American Express ✆ 011 49 69 97 97 20 00
Diners Club ✆ 011 49 69 90 01 50-135/136

Landesvorwahl USA ✆ +1
Landesvorwahl Deutschland ✆ 011 49, **Österreich** ✆ 011 43, **Schweiz** ✆ 011 41

Öffnungszeiten

In den USA gibt es kein Ladenschlussgesetz und damit auch keine gesetzlich geregelten Öffnungszeiten. In den Städten haben Geschäfte überwiegend von 9.30 Uhr bis mindestens 18 Uhr geöffnet. Für Getränke, Obst und andere Kleinigkeiten halten die zahlreichen Eckläden in den Städten ihre Türen aber meist von 7–22 Uhr und noch länger offen. Ebenso gibt es große **Supermärkte, Convenience Stores** und **Drugstores**, die bis Mitternacht oder gleich rund um die Uhr offen sind.

Die **Shopping Malls** sind meist Mo–Mi 10–19, Do–Sa 10–21 und So 11–18 Uhr geöffnet. Kleine Läden, besonders sogenannte **Liquor Stores**, die alkoholische Getränke verkaufen, haben oft eigenwillige Öffnungszeiten, die zwischen wenigen Stunden täglich bis rund um die Uhr variieren können. **Fast-Food-Restaurants** sind in der Regel zwischen 24 und 6 Uhr geschlossen.

Tankstellen haben ihre Zapfsäulen meist durchgehend in Betrieb. **Banken** öffnen meist um 9 Uhr, sperren aber meist ihre Bürotüren schon um 15 oder 16 Uhr zu. **Museen** haben vielfach montags geschlossen und sind sonst 10–17 Uhr, donnerstags oft bis 20 oder 21 Uhr und an Feiertagen wie sonntags offen.

Post, Briefmarken

Postämter gibt es sogar in den winzigsten Orten. Je kleiner das Nest, umso kürzer sind die Wartezeiten für den, der ein Päckchen aufgeben oder Briefmarken kaufen will. Die Beförderung einer Postkarte in die Heimat dauert inzwischen etwa eine Woche. Das Versenden einer Postkarte kostet aktuell $ 1.20.

In den USA hat das Telefonsystem mit dem Postwesen nichts zu tun, daher findet man in den Postämtern keine Telefonzellen.

Presse

Tageszeitungen sind auch in Texas noch weit verbreitet. Neben den eigentlichen Tageszeitungen werden in den großen Städten auch Wochenblätter mit Ausgehtipps etc. verlegt, die meist gratis ausliegen. In Texas lohnt es sich, einen Blick in die führenden Tageszeitungen der großen Städte zu werfen: *Houston Chronicle, The Dallas Morning News, Austin-American Statesman* und *San Antonio Express-News*. Entsprechend der konservativen Grundhaltung der meisten Texaner sind auch die Tageszeitungen eher dem konservativen Lager zuzuordnen.

Rauchen

Die USA galten lange Zeit als raucherfeindliches Land, inzwischen jedoch unterscheiden sie sich kaum noch von Europa. In öffentlichen Gebäuden, Restaurants oder Shopping Malls ist der Tabakkonsum verboten. Wie in einigen deutschen Bundesländern bilden manche Bars noch eine Ausnahme. Die Missachtung des Nichtrauchergebots wird keineswegs als Kavaliersdelikt betrachtet.

Reservierungen

Das verbreitete Klischee vom »Amerikaner« (zupackend, kaugummikauend-lässig, pragmatisch und talentiert beim Improvisieren) legt den Schluss nahe, sein Land sei eine jederzeit jedermann zugängliche *drop-in culture*, eine Gesellschaft, in die man mir nichts, dir nichts hineinplatzen kann, weil alle doch immer so gut gelaunt sind und es deshalb schon irgendwie klappen wird.

Die Praxis sieht in der Regel anders aus. Ob Nobelrestaurant oder Motel, Kanutrip oder Ranchbesuch – die erste Standardfrage lautet eisern: »Haben Sie reserviert?« Freizeit-Amerikaner sind geradezu besessen von Reservierungen, Vorkehrungen, Bestätigungen; das gehört ganz einfach zu ihren Spielregeln.

Sicherheit

Trotz teilweise deprimierender Kriminalstatistik mancher US-Metropolen sind die USA insgesamt ein sicheres Reiseland. Tagsüber auf jeden Fall, aber auch abends.

Ethnische Wohnviertel und solche mit aktiven Straßengangs bergen die meisten Gefahren, für den Fußgänger auf jeden Fall, aber auch mit dem Auto kann es böse Überraschungen geben. In den großen Städten sollte man sich deshalb im Wesentlichen in jenen Stadtbezirken aufhalten, die im Buch erwähnt sind. Nach dem Abendessen oder Barbesuch muss man nicht unbedingt noch »um den Block« spazieren oder zu Fuß zum Hotel zurücklaufen. Nehmen Sie ein Taxi!

Auch die sogenannte freie Natur birgt Risiken, die viele der an Parks und Stadtwälder gewöhnten Mitteleuropäer unterschätzen. Die Wildnisregionen in den USA eignen sich nur bedingt zur Kaffeefahrt oder zum unbekümmerten Spaziergang! Skorpione, Klapperschlangen, Schwarze Witwen oder Moskitos können den Urlaub ebenso vermiesen wie unvorhergesehene Regengüsse und die in den Wüsten gefürchteten *washes* – plötzlich durch Regenfälle entstandene Sturzbäche, die alles mit sich reißen. Wenige wissen, dass in der Wüste mehr Menschen ertrinken als verdursten!

»Handmade«: Cowboyhüte und ...

Informieren Sie sich bei den Rangern der National oder State Parks über potenzielle Gefahren und wie man ihnen vorbeugt! Tragen Sie auch festes Schuhwerk und führen in der heißen Big-Bend-Region genügend Trinkwasser mit sich. Das gilt im Übrigen auch für Benzin. Vor allem im Westen von Texas ist die Tankstellendichte zum Teil extrem gering (vgl. die Hinweise bei den Routen).

Sport und Erholung

Eine Reise in die USA ist in der Regel verbunden mit dem Gedanken an weite Natur, an

... Lassos aus Alpine

Aktivitäten wie Surfen, Wildwasser- und Kanutouren, Ausritte, Wandertouren, Mountainbiking, Angeln und vieles mehr. Halbtages- und Tagesausflüge lassen sich meist kurzfristig vor Ort buchen. Mehrtagestouren, wie Reitausflüge, Bergwanderungen oder Klettertouren, müssen geplant und reserviert werden. Hinweise dazu gibt es auf den blauen und gelben Seiten unter Service & Tipps.

Picknicken und Baden an einem See, am Meer oder in heißen Quellen sind vielerorts problemlos möglich. Angellizenzen und -ausrüstungen kann man vor Ort kaufen oder mieten.

Sprachhilfen

Schulenglisch reicht für Texas allemal aus. Es kann aber nicht schaden, den einen oder anderen Ausdruck zu kennen, der gewissermaßen am Wege liegt: Spezielle Ausdrücke und Wendungen, die unterwegs gebräuchlich und deshalb häufig zu hören sind.

Wortschätze rund ums Auto

AAA (sprich: triple-A)
	– Amerikanischer Automobilclub
air pressure	– Luftdruck
to accelerate	– beschleunigen
brake	– Bremse
Denver shoe	– Radkralle
engine	– Motor
fender	– Kotflügel
gear	– Gang
hood	– Motorhaube
licence plate	– Nummernschild
muffler	– Auspuff
steering wheel	– Lenkrad
tire	– Reifen
transmission	– Antrieb
trunk	– Kofferraum
windshield	– Windschutzscheibe
wiper	– Scheibenwischer

Tankstellen *(gas stations)* haben nur noch selten zwei Zapfreihen, eine für *self serve* und eine (teurere) für *full serve*, wo u.a. auch das Öl nachgesehen wird *(to check the oil)*

und die Fenster gesäubert werden. Hier lautet die Anweisung an den Tankwart normalerweise: *Fill it up, please*. Sprit *(gas* oder *fuel)* gibt es als unverbleites *(unleaded)* Normalbenzin *(regular)* bzw. als Super *(premium)*. Nahezu alle Mietwagen laufen mit Normalbenzin. Häufig kann direkt an der Zapfsäule mit Kreditkarte bezahlt werden. PAY FIRST steht angeschlagen, wenn man vor dem Zapfen erst mal bezahlen bzw. eine Kreditkarte hinterlegen muss. Unterwegs gibt es einiges auf Schildern zu lesen:

DEAD END oder NO THRU STREET	
	– Sackgasse
YIELD	– Vorfahrt beachten
WATCH FOR PEDESTRIANS	
	– auf Fußgänger achten
SLIPPERY WHEN WET	
	– Rutschgefahr bei Nässe
DIP	– Bodensenke
MPH	– Meilen pro Stunde
SPEED LIMIT	– Tempolimit
MAXIMUM SPEED	
	– Höchstgeschwindigkeit
MERGE	– einfädeln
U-TURN	– wenden
NO PASSING	– Überholverbot
ROAD CONSTRUCTION AHEAD	
	– Baustelle
FLAGMAN AHEAD	
	– Baustelle (Straßenarbeiter mit roter Warnflagge)
MEN WORKING	
	– Straßenarbeiten
DETOUR	– Umleitung
R.V. (recreational vehicle)	
	– Camper
ADOPT A HIGHWAY	
	– Diese Schilder zeigen (oder suchen) Schulen, Firmen etc., die freiwillig ein Stück der

Straße sauber halten.

Geparkt wird meist am Straßenrand *(curb)*, dessen Bordsteinkante verschiedene Farben haben kann:

LOADING ZONE (gelb)	
	– Ladezone
PASSENGER LOADING ZONE (weiß)	
	– nur Ein- und Aussteigen

HANDICAPPED PARKING
　　　　– nur für Behindertenfahrzeuge
RESTRICTED PARKING ZONE
　　　　– zeitlich begrenztes Parken;
　　　　bei Hydranten herrscht ein
　　　　ebenso striktes Parktabu wie
　　　　in den *tow away zones*, wo
　　　　man nicht nur einen Strafzet-
　　　　tel *(ticket)* bekommt, sondern
　　　　abgeschleppt wird. Tickets
　　　　sind auch fällig, sobald die
　　　　Parkuhr *(parking meter)* ab-
　　　　gelaufen ist *(expired)* und bei
　　　　zu schnellem Fahren *(spee-
　　　　ding)*.

Texas-Vokabular

Der folgende Schnellkurs über die Linguistik des Wilden Westens soll Engpässe in der Verständigung vermeiden helfen. Sie können schon durch ungewohnte Wortbetonungen entstehen, z.B. durch die typisch texanische Aussprache der Vokale. Diese werden oft so lang gedehnt, dass man einen Mittagsschlaf auf ihnen halten kann. Da hört man etwa folgendes:

All	gesprochen	oil
ranch	–	ray-inch
dance	–	day-ins
great	–	gra-a-a-ayt

In anderen Fällen wiederum legen die Texaner Tempo bei der Aussprache vor, z.B. bei *business* (gesprochen wie *bidness*), *real* (gesprochen wie *rill*), *deal* (gesprochen wie *dill*) und dadurch, dass sie bei vielen »ing«-Endungen das »g« nicht mitsprechen.

An einige texanische Redensarten gewöhnt man sich schon deshalb schnell, weil sie immer wieder vorkommen, z.B.:

Howdy	– kürzeste Begrüßungsformel, Cowboyversion des korrekten *How do you do*
How ya' doin'?	– dasselbe, nur etwas länger
Y'all	– linguistisch: die Abkürzung von *you all*; soziologisch: An-

rede, die aus nur zwei Personen gleich eine ganze Gruppe macht

Y'all come back	– Abschiedsgruß und Einladung zugleich
Aggies	– Studenten der Landwirtschaftsschule »Texas A & M University« in College Station, östlich von Austin. Über sie kursieren, ähnlich wie bei uns über die Ostfriesen, jede Menge Witze, in denen *Aggies* als Tölpel vorkommen.
bandana	– Halstuch
blowout	– Öl, das unter großem Druck aus dem Bohrloch schießt (früher auch *gusher* genannt)
bolo tie	– modisches Detail im Western-Look: Brosche, an Lederriemchen getragen – wie und anstelle einer Krawatte
Boot Hill	– Friedhof für die Bösen, so genannt, weil sie mit ihren Stiefeln begraben wurden. Im Gegensatz zu den Guten, die, wie es sich gehört, im Bett und ohne Schuhe starben.
buckle	– Gürtelschnalle
buffalo chip	– Kuhfladen
chaps	– lederner Beinschutz für Reiter (modische Version: Fransen-Look)
chuck wagon	– Feldküche auf Rädern, wie sie während der Viehtrecks mitfuhr
fly low	– (mit dem Auto) rasen
cow town	– Stadt mit Eisenbahnstation, wo die Cowboys und cattlemen (Viehtreiber) ihre Herde ablieferten
Gimme cap	– die typischen Mützen mit Schirm und Gummizug. *Gimme* kürzt das *Give me* ab, mit dem die Leute nach solchen Kappen verlangten, als es sie noch in Geschäften und an Tankstellen gratis gab.
honky-tonk	– Kneipe mit Parkplatz voller Pick-ups mit Gewehrhaltern, einfach eingerichtet, oft mit Live-Band oder Jukebox. An-

dere Typen: Texas *ice house* (der Männerwelt vorbehalten, wo es Eis und Bier zu kaufen gibt), und der *beer joint*: noch rauer und rauchiger als der *honky-tonk*, ohne Band.

longneck – beliebte Bierflasche mit langem Hals, außerhalb von Texas nur noch selten in den USA gebräuchlich

maquiladora – grenznahes mexikanisches Montagewerk in US-Besitz, der billigeren Arbeitskräfte wegen

maverick – streunendes Vieh ohne Brandzeichen. Im übertragenen Sinn: eine freiheitsliebende, unabhängige Person – so, wie sich die Texaner selbst gern sehen

old boy – jede männliche Person über 18 Jahre

shitkickers – Slang für Stiefel

six pack – Karton mit 6 Bierbüchsen/-flaschen

snowbirds – Leute, die im Winter nach Süd-Texas kommen, weil es dort so schön warm ist

tall boys – Bierbüchsen, etwas länger als das Standardformat

wildcatter – Ölsucher und -erschließer, der auf eigene Faust und nicht als Angestellter einer Firma arbeitet

Yankee – jeder, der nördlich des Red River geboren wurde

Strom

Das Stromnetz in den USA verfügt über 110 Volt/60 Hertz. Rasierapparate, Föne oder Akkuladegeräte arbeiten problemlos, wenn sie einen Spannungsumschalter von 220 auf 110 Volt besitzen. Das sollte man vorher in der Bedienungsanleitung nachlesen, bevor man sich darauf verlässt, Fön, Rasierapparat oder andere Geräte unterwegs nutzen zu können.

Darüber hinaus sollte man für Smartphone und Kamera Adapter für amerikanische Steckdosen dabei haben, die man als »Amerika-Stecker« in Elektroabteilungen zu Hause oder auch noch am Flughafen bekommt.

Telefonieren

Das Telefonieren von öffentlichen Telefonen, sog. *payphones*, ist im Zeitalter von Mobiltelefonen aus der Mode gekommen und vielfach aus dem öffentlichen Leben verschwunden. Hilfreich ist zu allen Zeiten der **Operator** (»0«), der Rufnummern vermittelt, Vorwahlnummern *(area codes)* und Preiseinheiten für Ferngespräche angibt.

Europäische **Mobiltelefone/Handys** (*cell phone* oder *mobile phone*) funktionieren in den USA wie gewohnt, wenn es sich um Mehrband-Mobiltelefone handelt (siehe Bedienungsanleitung oder beim Provider direkt erfragen). Allerdings zahlt man bei Benutzung in den USA einen recht hohen Roaming-Zuschlag. Alternativ kann man auch eine Prepaid-SIM Karte eines US-amerikanischen Mobilfunkdienstleisters erwerben. Im Voraus sollte man sich bei seinem Provider erkundigen, ob man in den USA 1-800er Nummern kostenlos anwählen kann, denn dann hat man über die Kombination Telefonkarte mit eigenem Handy eine kostengünstige Möglichkeit, in den USA zu telefonieren.

Eine preiswerte Art zu telefonieren sind **Calling Cards/Prepaid phone cards**. Man kann sie schon zu Hause im Internet bestellen, oder in den USA in fast jedem Supermarkt, Drugstore (z.B. bei Walgreens) oder jeder Tankstelle eine solche Karte mit unterschiedlichen Kapazitäten (für $ 5–20) erwerben. Tarifbedingungen (z.B. *maintenance fee* und *rounding*) und Preise (ab 1c/Min.) variieren je Anbieter (bei einigen sind diese auf der Rückseite der Karte aufgedruckt), wobei Karten für *international calls* für Anrufe nach Europa meist die beste Alternative sind.

Gebührenfreie Nummern: 800er-, 866-, 877-Rufnummern sind innerhalb der USA kostenlos, in der Regel sind das kundenfreundliche Servicenummern von Firmen wie Hotels. Ruft man sie vom Festnetz aus an, muss man eine 1 vorwegwählen, also z.B. 1-800, vom Handy ist das nicht notwendig. In manchen Hotels werden auch diese Nummern mit einer Gebühr abgerechnet, die dann das Hotel kassiert, deswegen im Hotelzimmer am besten zuerst die Gebühren studieren.

Vor dem Anwählen von amerikanischen 800er-Nummern von Europa aus sollte man prüfen, ob die Telefongesellschaft dies unterstützt und wie teuer dies werden kann. Oft funktioniert die Anwahl von gebührenfreien US-Nummern von Deutschland aus gar nicht. Auskünfte über die gebührenfreien »1-800«-Nummern gibt es unter 1-800-555-1212.

Landesvorwahl USA ✆ +1
Ländervorwahlen (country codes):
Deutschland ✆ 011 49
Österreich ✆ 011 43
Schweiz ✆ 011 41

Danach im Anschluss die Ortsvorwahl ohne Null und dann die jeweilige Anschlussnummer.

Trinkgeld

Man gibt, man gibt: bei den bellboys, den Kofferträgern, je nach Hotelklasse etwa $ 1 pro großem Gepäckstück, Taxifahrern und Frisören etwa 15–20 % vom Rechnungsbetrag, in den Bars etwa $ 1 je Drink und dem Zimmermädchen bei mehrtägigem Aufenthalt $ 3–4.

Restaurants sind ein Kapitel für sich. Hier lässt man rund 15 % des Rechnungsbetrages als tip auf dem Tisch liegen. Das ist allerdings nicht als hohes Trinkgeld aufzufassen, da dieses in den USA nicht im Preis enthalten ist und die Bedienung im Wesentlichen davon lebt und nicht vom Gehalt. Im Klartext, 15 % ist die Untergrenze!

Unterkunft

Hotels und Motels in den USA sind durchweg einwandfrei, zuverlässig und stimmig, was das Preis-Leistungs-Verhältnis angeht. Einige der hier gelisteten Hotels oder Motels können von Europa aus reserviert werden. In den USA selbst sollten Sie dazu die stets gebührenfreien 1-800-Nummern nutzen. Anzuraten ist das in der Hauptreisezeit Juni bis August und/oder an Wochenenden und Feiertagen, besonders für ländliche Erholungsgebiete. Zumindest aber sollte man zu Zeiten des sogenannten tourist frenzy einige Tage zuvor Zimmer bestellen. Reservierungen über die 1-800-Nummern kosten bei Hotelketten oft weniger als beim Einchecken vor Ort. In den Infostellen an den Bundesstaatsgrenzen (zumeist am ersten Parkplatz nach der Grenze an der Autobahn) erhält man Hotelbroschüren mit Coupons für günstige Unterkünfte.

Auch bei der Hotelreservierung gilt: Ohne eine Kreditkartennummer läuft nichts. Haben Sie eine, wird das Zimmer garantiert. Wird eine Reservierung ohne Kreditkarte akzeptiert, muss man bis spätestens 18 Uhr einchecken.

Bei der kurzfristigen Zimmersuche sind die örtlichen Visitors Bureaus behilflich. Dort und in Besucherzentren liegen oft auch Coupon-Hefte aus, die für eine Nacht preisgünstig zu einer Unterkunft verhelfen. Inzwischen sind fast alle Zimmer in Hotels/Motels non smoking rooms.

Die unter den Tages-Infos auf den blauen und gelben Seiten angegebenen Preiskategorien gelten jeweils für einen double room mit wahlweise einem (meist 1,80 m) oder zwei Betten (1,40/1,50 m). Einzelzimmer – DZ mit nur einem Bett – sind nur unwesentlich billiger, während man für ein zusätzliches Bett etwa $ 5–10 zuzahlen muss. Für Kinder, die im Zimmer der Eltern schlafen, wird meist kein Aufpreis berechnet.

Die in diesem Buch unter Service & Tipps der einzelnen Reisetage aufgeführten Unterkünfte sind nach folgenden **Preiskategorien** für einen double room (für zwei Personen) gestaffelt:

$	–	bis 100 Dollar
$$	–	100 bis 150 Dollar
$$$	–	150 bis 250 Dollar
$$$$	–	über 250 Dollar

Verkehrsmittel

Reisen in Texas ohne eigenes Auto macht keinen Spaß. U-Bahnen gibt es nirgendwo, und da sich die Städte nach allen Himmelsrichtungen munter ausdehnen, sind Taxis teuer und Busse unerträglich langsam. In Fort Worth verkehren Busse in bestimmten Zonen der Innenstadt immerhin kostenlos; außerdem gibt es Busverbindungen zu den Stockyards und in den Cultural District. In Dallas fährt zwar eine schicke Straßenbahn, aber nicht allzu weit und selten. Taxis bekommt man am besten bei den großen Hotels. Auf der Straße sind sie meist nicht, von Ausnahmen werktags zwischen 9–17 Uhr in Downtown Fort Worth, Dallas, Austin, San Antonio, El Paso und Houston abgesehen.

Ein typisch texanisches Produkt ist die hocheffiziente Southwest Airlines: Es gibt keine Klassenunterschiede und keine Mahlzeiten an Bord, dafür ist sie preiswert, schnell und fliegt meist von City-nahen, d.h. nicht von den internationalen Mega-Airports – eine gute Buslinie in der Luft.

Zeitzonen

Ganz Texas liegt innerhalb der Central Standard Time Zone (sieben Stunden früher als MEZ) – mit Ausnahme von El Paso, wo die Uhren entsprechend der Mountain Time eine Stunde früher anzeigen.

Auch in New Mexico gilt Mountain Time. Zwischen Mitte März (ab dem zweiten Sonntag im März) und Anfang November (bis zum ersten Sonntag im November) herrscht Sommerzeit (Daylight Saving Time, DST). Dann wird die Uhr ähnlich wie in Europa um eine Stunde vorgestellt.

Zoll

Zollfrei in die USA mitbringen darf man außer der persönlichen Reiseausrüstung (Kleidung, Kamera etc.):

– 200 Zigaretten oder 100 Zigarren (möglichst nicht aus Kuba) oder 3 Pfund Tabak
– 1 Liter Alkohol von mehr als 22 Vol.-%
– Geschenke im Wert von bis zu $ 100.

Tierische und pflanzliche Frischprodukte (Obst, Wurst, Gemüse) dürfen nicht eingeführt werden. Die Zollbeamten sind da unerbittlich; Wurststulle und Orange werden konfisziert. Dagegen sind eingeschweißte Waren wie Gebäck, Käse und Süßigkeiten (keine Schnapspralinen!) erlaubt.

Den eigenen Wagen darf man (bis zu einem Jahr) mitbringen, was sich aber nur ab einer Aufenthaltsdauer von mindestens zwei Monaten lohnt. Bleibt man länger als zwölf Monate, muss das Fahrzeug nach den amerikanischen Sicherheitsbestimmungen umgerüstet werden. Wenn man seinen Wagen nach einer Reise in den USA verkaufen möchte, heißt es ebenfalls umrüsten und zusätzlich Zoll bezahlen.

Bei speziellen Fragen zu den amerikanischen Zollbestimmungen setzt man sich am besten mit dem nächsten US-Konsulat in Verbindung.

Bei der **Rückreise** dürfen für den persönlichen Bedarf abgabefrei eingeführt werden:
– 200 Zigaretten oder 100 Zigarillos oder 50 Zigarren oder 250 g Tabak
– 1 Liter Spirituosen mit einem Alkoholgehalt von mehr als 22 Vol.-% oder 2 Liter mit einem Alkoholgehalt von maximal 22 Vol.-%
– andere Mitbringsel bis zu einem Warenwert von € 430.

Überschreiten die Reisemitbringsel die Reisefreimengen, so fallen Einfuhrabgaben an. Am besten die Kaufbelege aufbewahren, ansonsten wird der Wert geschätzt. Bis zu einem Wert von € 700 werden pauschal 17,5 % Zoll erhoben, bei allem, was darüber liegt, wird genauer gerechnet. Auskünfte erhält man beim Informationsmanagement Zoll unter # (03 51) 448 34-510, www.zoll.de. ✳

Adolphus Hotel, Dallas: S. 57
Amarillo Convention & Visitor Council: S. 261
Austin Convention & Visitors Bureau: S. 72 u.,
82; Geoff Duncan Photography: S. 83; Lauren
Logan: S. 75
Barry Banner: S. 202/203
Beaumont Convention & Visitors Bureau: S. 182
u., 179; Richard Nowitz: S. 176
Beaumont Enterprise: S. 179, 181
Big Bend National History Association: S. 218
Kenny Braun/TxDOT: S. 5/ 2. v. o., 7, 13, 49, 81,
125, 146, 165, 168, 171 o., 191, 204, 220, 245,
257, 260, 273 o., 273 u.
Denise Chambers, Austin: S. 11 o.
Dallas Convention & Visitors Bureau: S. 9 o., 53,
56, 61 o., 63, 64 o., 65, 66; Justin Terveen: S.
54/55; Mark Knight Photography: S. 64 u.; Tim
Hursley: S. 60;
Hauke Dressler/LOOK, München: S. 253
The Driskill Hotel, Austin: S. 72 o.
El Cosmico, Marfa: S. 224
Sean Fitzgerald, Dallas: S. 61 u.
Fort Worth Convention & Visitors Bureau: S. 8/9,
40 o., 42, 45, 46 o., 46 u., 48, 51
Fotolia/Natalia Bratslavsky: S. 5 u., 255; Dfikar:
S. 153; Qooba78: S. 80; John Saunders: S. 137
o., 137 u.; Mathew Risley: S. 161; Teddy and
Mia: S. 127
Fredericksburg Convention & Visitors Bureau/
Carol Barrington: S. 100; Jim Fox: S. 98; Richter
Architects: S. 106 o.; Steve Rawls: S. 95
Galveston Convention & Visitors Bureau: S. 140,
148 o., 152
Gillespie County Historical Society, Fredericks-
burg: S. 4/2 v. u., 102
Peter Ginter, Köln: S. 19 o., 67 u., 116 u., 149,
187, 192, 239, 251 o.
Greater Houston Convention & Visitors Bureau:
S. 4 o., 4 u., 128, 129, 131, 132, 135, 136, 139,
142, 143, 147; Hickey-Robertson: S. 141; Julie
Soefer: S. 138
Greater New Braunfels Chamber of Commerce:
S. 90; Jim Flynn: S. 89
Christian Heeb/LOOK, München: Haupttitel: S.
2/3, 6, 19 u., 44, 96, 147, 211, 211
Florian Holzherr/Chinati Foundation: S. 222 (Donald Judd, 100 untitled works in mill aluminum,
1982–1986, detail, permanent collection, the
Chinati Foundation, Marfa, Texas, photograph
by Florian Holzherr, 2002, Judd Foundation/ VG
Bild-Kunst, Bonn 2017); S.223 (John Chamberlain, 24 variously titled works in painted and
chromium steel, 1972–1983, permanent collection, the Chinati Foundation, Marfa, Texas,
photograph by Florian Holzherr, 2001, copy-
right Art Judd Foundation, Licensed by VAGA,
NY/VG Bild-Kunst, Bonn 2017)
Tim Hursley, ATTPAC: S. 58, 59
Institute of Texan Cultures, San Antonio: S. 33

u., 35 u., 36
iStockphoto/albertc111: S. 69; artiste9999: S. 94
u., CrackerClips: S. 235 o.; Davel5957: S. 10; David Sucsy: S. 73, 235 u.; David Hughes: S. 228,
237; Dhughes9: S. 229 o.; drmakkoy: S. 52; Ar-
turo M. Enriquez: S.18; EntropyWorkshop: S.
249; Shannon Forehand: S. 1; Evan Gearing:
S. 116; Kim Hammar: S. 241; Jerry Hopman:
S. 227; Dave Hughes: S. 236; D. Huss: S. 167;
Jerryhopman: S. 229 u.; Duncan Johnson: S.
16/17; Kirkle: S. 101; LeongKokWeng: S. 208
o.; Frank Leung: S. 178; Pamela Moore: S. 174;
Nclauzing: S. 121; Norman Pgiam: S. 5/2. v. u.,
246; James Pharaon: S. 196, 198; Rauluminate:
S. 122, 148 u.; Sciple: S. 181; Shoemcfly: S.
163 o.; David Sucsy: S. 109; Denis TangneyJr: S.
231, 250; Nic Taylor: S. 94; theresajam1: S. 230
u.; Wildroze: S. 11 u.; chris_williams: S. 163 u.;
XtemerX: S. 39; YangYin: S. 173; Yenwen Lu: S.
199; zrfphoto: S. 208 o.
Jon King Keisling, National Trust for Historic Pre-
servation: S. 115
Matt Lankes, Austin: S. 193
Kimbell Art Museum, Fort Worth: S. 43
Kimber Modern, Austin: S. 78
Lauren Logan Photography: S. 75
Library of Congress, Washington, D.C.: S. 26
Joni Marginot, Marfa: S. 221
Marks Moore, San Antonio: S. 114
Nasher Sculpture Center/Tim Hursley: S. 60
Al Rendon, San Antonio: S. 4/2. v. o., 97, 110, 118
San Antonio Conservation Society: S. 34
San Antonio Convention & Visitors Bureau: S.
23, 111, 117, 119, 269; Stephanie Colgan: S.
116 o., 126
Horst Schmidt-Brümmer, Köln: S. 12, 21, 71, 91,
92 o., 92 u., 105, 108, 156, 159, 202, 242 l., 247,
278
Carina Sieler, Köln: S. 77, 84, 103, 123, 124, 205,
206, 207, 213, 215, 216, 218, 232, 242/243, 251 u.
Andy Schrader, Austin: S. 83
shutterstock/CrackerClips Stock Media: S. 195;
Fotoluminate LLC: S. 151; Gimas: S. 259; E. Dan
Klepper: S. 158; NeonLight: S. 157; Tim Zurow-
ski: S. 256
South Padre Island CVB: S. 172
Space Center Houston: S. 144, 145
Richard Stockton/SPI CVB: S. 170
David Strohl, Austin: S. 76
Texas State Library, Archives Division, Austin: S.
31, 33 o.
TxDOT (Texas Department of Tourism), Austin:
S. 7, 14, 20, 40/41, 106/107, 169, 175, 183, 184,
234, 265
The Tremont House, Galveston: S. 150
Visit Big Bend/Brewster County Tourism Council:
S. 200, 201, 208 u.
VISTA POINT Verlag, Potsdam (Archiv): S. 5 o.,
15, 180, 186, 252

Titelbild: Auf den ausgedehnten Ländereien in Texas dürfen sich wilde Mustangs frei bewegen, Foto: iStockphoto/Jeannehatch
Vordere Umschlagklappe (innen): Übersichtskarte von Texas mit den eingezeichneten Routenvorschlägen
Schmutztitel (S. 1): Bluebonnets im texanischen Frühling, Foto: iStockphoto/Shannon Forehand
Haupttitel (S. 2/3): Feld mit Bluebonnets, der texanischen Staatsblume, Foto: iStockphoto/Evan Gearing
Hintere Umschlagklappe (außen): Auf der Texas River Road bei Terlingua westlich des Big Bend National Park, Foto: iStockphoto/Denis TangneyJr
Umschlagrückseite: Cowboys als Zuschauer beim Bullenreiten, Foto: Kenny Braun/TxDOT (oben); die Cadillac Ranch bei Amarillo, Foto: Fotolia/Natalia Bratslavsky (Mitte); Santa Elena Canyon, Foto: Visit Big Bend/Brewster County Tourism Council (unten)

Konzeption, Layout und Gestaltung dieser Publikation bilden eine Einheit, die eigens für die Buchreihe der **VISTA POINT Reiseführer** entwickelt wurde. Sie unterliegt dem Schutz geistigen Eigentums und darf weder kopiert noch nachgeahmt werden.

© VISTA POINT Verlag GmbH, Birkenstr. 10, D-14469 Potsdam
7., aktualisierte Auflage 2017
Alle Rechte vorbehalten
Reihenkonzeption: Horst Schmidt-Brümmer, Andreas Schulz
Bildredaktion: Andreas Schulz, Carina Sieler
Lektorat: Kristina Linke; value EDIT/Claudia Boss-Teichmann
Layout und Herstellung: Sandra Penno-Vesper, Britta Wilken
Reproduktionen: Henning Rohm, Köln; Noch & Noch, Datteln
Kartographie: Berndtson & Berndtson Productions GmbH, Fürstenfeldbruck, und Kartographie Huber, München
Druckerei: Florjančič, Slowenien

ISBN 978-3-95733-708-5

An unsere Leser!
Die Informationen dieses Buches wurden gewissenhaft recherchiert und von der Verlagsredaktion sorgfältig überprüft. Nichtsdestoweniger sind inhaltliche Fehler nicht immer zu vermeiden. Der Verlag übernimmt keine Haftung für die Richtigkeit von Informationen. Für Ihre Korrekturen und Ergänzungsvorschläge sind wir dankbar.

VISTA POINT Verlag
Birkenstr. 10 · 14469 Potsdam
Telefon: +49 (0)331/817 36-400 · Fax: +49 (0)331/81736-444
www.vistapoint.de · info@vistapoint.de · ◼ www.facebook.de/vistapoint